U0136272

近代中日關係研究 第一輯 4

日本帝國主義下的臺灣

矢內原忠雄編
陳鵬仁譯著

LITERARY TIMES
蘭臺出版社

譯者的話

陳鵬仁

本書是矢內原忠雄著《帝国主義下の台湾》一書的全譯。因這個「帝国」是指日本而言，所以本書之名叫做《日本帝國主義下的臺灣》。

這本書出版於一九二九年，是作者在東京帝國大學教書時所撰寫。兩篇論文構成的。因其書名，曾轟動日本全國上下。其實他所寫的都是事實，極為客觀，惟日本帝國當局覺得被指出其不是之處，所以非常「感冒」。

因作者為東京帝國大學的教授，教殖民政策，故無法馬上對他「開刀」，但後來一九三七年所寫的論文〈國家的理想〉，遭到陸軍的攻擊，遂被迫離開東京帝大。以其為反戰思想，而戰後復職東京帝大，一九五一年出任東京大學（戰後東京帝大改稱東京大學）校長，以至一九五七年。

矢內原批判日本帝國對於台灣的各種政策，是基於愛人類的立場。他是基督徒，但主張無教會主義，意思是說基督徒不一定要到教會，只要心裡有神，有耶穌基督就行。

矢內原忠雄的這本書，台灣有三種中文譯本。第一本是陳茂源的翻譯，第二本為周憲之所譯，第三本是林明德的譯本。他們的書名都叫做「日本帝國主義下之台灣」。

至今台灣雖然已經有三種本書的中文譯本，但我還是要翻譯這本書，因為本書是日治時代有關台灣的經典之著作，可以流傳萬世。

不過這本書的原文有一個事實上的錯誤，和需要做更詳細說明的官銜。一個錯誤是，矢內原把當時擔任台灣總督的兒玉源太郎，在日俄戰爭時所需的職務，滿洲軍總參謀長誤譯為參謀總長。日俄戰爭時日軍在第一線有三個軍，每一個軍有其參謀長，而兒玉是這三個軍及滿洲軍的總參謀長。當時的參謀總長是山縣有朋。

另外需要做更詳細說明的是後藤新平的官銜。兒玉源太郎擔任總督時之副手的後藤新平，其起初的官銜是總督府民政局長（一八九八年三月二日），該年六月二十日，民政局長改稱民政長官。所以寫後藤新平在台灣總督府的官銜時，要留意其時間，否則會弄錯。不過如果不是在撰寫正式的學術論文，通稱其民政長官也無關宏旨。

要順便一提的是，民政長官這個頭銜，到一九一九年田健治郎總督時代，改稱為總務長官，一直到日本投降的一九四五年八月十五日。而為其第一任總務長官的是下村宏，其日期為一九一九年八月二十日。

在本書後面，我附上我自己編撰的日治時期台灣年表作為附錄。這個年表對於各位讀者理解日治時代的種種應該有幫助的。另外，致良所出版《世紀之足跡—台灣人日本海軍志願兵》一書很值得參考。

最後，要由衷感謝蘭臺出版社負責人盧瑞琴女士幫我出版這一本就台灣人而言是有極為重要意義的這本書，感謝耐心閱讀本書的各位朋友，並請方家賜予指正。

二〇〇九年五月二十日　陳鵬仁

序

矢內原忠雄

本書是將刊登於《国家学会雜誌》第四十二卷第五號至第九號的第一篇拙作，和刊載於《経済学論集》第七卷第一號的第二篇拙稿，分別予以增補而成的。首次在這些論文雜誌發表之後，伊能嘉矩氏的遺著《台灣文化誌》這是三卷大約三千頁的巨著。板澤武雄氏的跋文說，伊能氏的書稿已經全部完成，只是書名未定就去世。據說伊能氏本來有意將其書名定為《清國治下的台灣》，惟因敘述範圍跨於清國領有時代的前後，為網羅歷史地理政治經濟宗教教育種族民族學藝等文物百般的綜合研究，故遺稿出版者將其書名定為《台灣文化志》。但此書的最主要部分是清國領有時代，也寫到日本之獲得台灣。又在內容上，著者的論述主點擺在清國統治的行政制度上面。

伊能氏巨著所論述的主題是「清國治下的台灣」，而我這本書可以題名為「日本治下的台灣」。也就是主要以日本領有以後在日本勢力下台灣如何發展的研究，從時代來說連續了伊能氏的著作。本書除與伊能氏的著作不僅主題的時代不同，分量、頁數少得許多之外，在內容的處理上我認為有若干的特徵。

第一，本書的內容雖然也討論經濟政治法制教育等各種問題，但我卻把重點擺在經濟的發展，其他部分敘述得比較簡略。這當我不意味著其他的不重要，而是由於我的研究主要是經濟的緣故。

而且日本統治台灣的各種政策，一向以發展經濟為其主要重點，更正確地來說，由於日本對於發展台灣經濟的要求，是決定台灣統治之各種政策的最主要原因，所以要探求日本統治台灣的意識，必須把研究的重點擺在經濟關係的分析才對。

第二，本書雖然也敘述歷史的事實，但我的主力則放在說明事實之意義。對於日本領有台灣以後的情勢，關於其沿革和現況的敘述，台灣總督府的出版物及其他著作已經不少。所以我的目的是，欲以這些官方和民間出版物所提供的事實作為材料，嘗試對於台灣經濟政治發展之事實關係的分析，探求其社會上的意義，以弄清楚統治台灣的性質。因其意義及性質，具有作為獨佔資本主義階段之帝國主義的特徵，故本書提名為《帝國主義下的台灣》。

如上所述，本書係以經濟為中心所觀察台灣之社會發展的科學分析。以一定的理論分析社會事實嘗試探求其意義，以其具體分析的結果來確立或修正科學的理論。而殖民地之社會科學的研究也只有靠這種的分法。不只台灣，朝鮮、印度、阿爾及利亞以及其他一切殖民地也都要用這個方法才能真正認識其殖民地的性質。興此同時這稱作才能搞清楚統治這個時代之國民經濟和政治以及世界經濟和政治的活動型態，才能真正瞭解其社會上的意義。我認為殖民地之學術研究的可能性和主要性在此。因此，本書的主題雖然是台灣，但同時也是日本帝國主義，以及一般帝國主義殖民政策的研究。這是以台灣及具體的例子，以其活動的型態來說明帝國主義殖民政策的理論及日本的殖民政策的。

本書是科學分析的著作，不是提倡政策的政論。但事實關係的分析，明白地指出問題的所在和性質，同時歷史發展的瞭解，將告訴我們今後的發展方向。過去之政策的說明，現在之政策的批判，以及將來之政策的建立，唯有正確認識事實的發展才有可能。決定今日和將來政策的是，出現於過去和今日的事實及事實發展的方向。而正確銳利地分析這個事實關係，知其社會意義追蹤其發展方向乃是科學的任務。因此，科學是令人鑑往知今預想將來。以此修訂政策是政治家的任務。本書雖然不是政論，但我要說這是有關殖民地統治之方針的若干「天氣預報」。

我不敢說本書是上等之書，卻是我在科學上的一種精心著作。但如果要坦白說出我關於殖民地問題的心情，我是由衷盼望能實現「被虐待者的解放，沉淪者的向上，自主獨立者的和平的結合」（拙著《殖民及殖民政策》六〇七頁「本全集第一卷四八三頁」）。本書是具有這種心腸的，著者以這種的心情所作學問上的一種精心寫作。

如一開始就說過，本書係由已發表的兩篇論文所構成。雖然作了若干補充，今日將其併成一書，乃基於友人之建議為了方便於閱讀而這樣作。在作序文之時，特別就本書之性質作說明並言明我的志向。

目次

第一篇　帝國主義下的台灣

本篇以研究作為我殖民地之台灣問題的帝國主義性質，或作為帝國主義內日本之殖民地的台灣為目的。這裡的所謂帝國主義，乃是指獨占階段之資本對外的政治、經濟統治擴張運動而言。小著雖然不過是概觀問題，但如能弄清楚帝國主義殖民政策的活動形態，進而能對處理台灣問題有所參考則屬不幸。我同時能探索經濟教育政治各層面，這些帝國主義發展必然對其對極結果引起的民族運動。首先，在序論我們從領有台灣的沿革讀起。

一九二九年（昭和四年）九月
於東方大森八景板上
著者

第一章　台灣的領有

台灣為東西四百里南北七百里面積二・三三二平方里，比日本九州稍微小一點的島嶼，因其天然資源和地理位置，故在近世初期重商主義時代，曾經為各殖民地國家競爭欲爭奪，迨至十九世紀末帝國主義時代，各國又爭先恐後欲予以染指。而這兩次日本都是關係者。

十六、七世紀的西歐諸國，在政治上其國內逐漸完成近代國家的統一，在經濟上資本漸漸發展為產業資本的形態，結合兩者之要求和實力，驅使各國出於組織上的殖民地活動。對於東洋方面西班牙奪取菲律賓，葡萄牙占領澳門，這兩國的勢力尖端甚至及於日本。在北進的途上葡萄牙的航海者在海上看見綠樹鬱蒼的一個島嶼，稱其為"**Ihla Formosa!**"（美麗的島嶼）。這就是台灣。在這個發現時代西班牙和葡萄牙的航海者，探險世界各處，看到陸地時好像常常發出這種歡呼的聲音，今日在歐洲、亞洲、非洲，和南北美洲，據說叫做**Formosa**的地名有十二個地方[一]。其中以台灣最為出名。當時在台灣佔著確實的地步使其為殖民地的是荷蘭。

一　Nitobe, I, The Japanese Nation, p.233.(Ch. Ix. Japan as a Coloniser.)

台灣的原住民是今日的所謂生蕃。當時明朝曾嘗試征略，但沒有統治之實，成為日本和中國的海盜的根據地。可是荷蘭拼命往南洋東洋方面從事殖民地經略，一六〇二年設立了東印度公司，一六〇三年前來進攻澎湖，一六二四年由台灣西南的鹿耳門口進入台江[二]。兩年之後，西班牙藉口保護呂宋、日本間之貿易，意圖佔據台灣北部，登陸基隆和淡水築城，但於一六四一年被荷蘭人全部趕走。

荷蘭人沿著台江築城於今日之安平與台南之地，由駐紮巴達維亞的東印度公司總督統治，在台灣駐有領事（Comprader）。他們以貿易上的利益為主要目的，為了獎勵商業之目的物的商品的生產，他們也致力於拓殖農業，從中國大陸招來墾民，輸入家畜，給予資本，規定地利，並在土蕃的教育有了效果。由於這樣的原因，人口的增加，米穀、砂糖的生產和貿易等皆有很大的進展。一六五〇年左右，主要貿易品的砂糖的輸出達七、八萬旦（**一旦為一百斤——譯者**），其大半輸出到日本。

日本人之到台灣比荷蘭人還要早。即在日本戰國時代末葉倭寇已以武力侵佔今日的基隆、淡水、台南、高雄地方及澎湖，作為襲擊華南方面的根據地，迨至豐臣秀吉致書「高山

二　當時台南地方一帶的海岸線深深彎入東方，台南城市的西端近瀕海面，形成一個內港。這個內港叫做台江。其外屏斷續有幾個小嶼沙洲，鹿耳門是由外海入台江的水路。當時的台江為「汪洋浩瀚可泊千艘」的好港口。荷蘭人占領此地，在其外屏的島嶼鯤身（今日之安平）建立(Zeelandia)城，並在與相對的台江內岸赤嵌（今日的台南）建蓋(Provintia)城。台江因日後地盤隆起和堆積泥沙，地形變化（伊能嘉矩著《台灣文化志》上卷五五頁，下卷九七頁以下）。

國」（即台灣）王其功入貢[三]（文祿二年，西曆一五九三年），德川氏於初年，長崎的商人村山等安曾獲頒渡航高砂的御朱印狀（元和元年，一六一五年），從海盜掠奪之域進而從事商業活動，且不服從在台灣地步穩固之荷蘭人統治之威令，也不服當地中國人所課的人頭稅，一六二八年（寬永五年）發生了柏原太郎左衛門浜田彌兵衛等對荷蘭領事損害要償談判等文件，惟因欠缺有組織的武力和政治的後援，無法排除荷蘭人的勢力，因一六三九年（寬永十六年）德川幕府的鎖國令，與台灣的正式交通遂斷絕。

日本由於西班牙人和葡萄牙人的前來，被捲入當時世界經濟和政治的一端，受外面的刺激，在內部因豊臣、德川兩氏的國內統一的餘威，也就積極地成為發展海外的一股勢力。即因面臨重商主義列國的登場，日本乃亦早熟而外形地作了至高主義的出師態勢。惟因日本的資本和軍備實力很難抗拒外國的來勢，亦很難貫徹插足外面，可能因此而實施鎖國令。

荷蘭人之統治台灣，自一六二四年至一六六二年，前後三十八年，終於被鄭成功趕走，鄭氏之統治台灣為二十一年，於一六八三年（康熙二十二年）被清朝打倒，從上以後兩百多年台灣為清國的屬地。荷蘭人走了之後，西方人之侵略東洋斷絕很久，所以與台灣沒有

三　當時日本稱台灣為高砂或高山口。據說這是由許多日本人訪問過的打狗地方的蕃社打狗山（片假名音譯）社地名轉訛而來（其他還有幾種說法）。豊臣秀吉北征朝鮮，南開興呂宋的交通，於一五九三年令原田孫七郎前往呂宋中途傳信台灣勸台灣進貢。但由蕃社部落形成的台灣並沒有能接受國書的「高山國王」的存在，故沒有得到通商外交上的任何結果。繼而德川家康亦於一六〇九年秘密命令有馬晴信令其部下視察台灣島內。

什麼來往，迨至十九世紀中葉，歐美資本主義列強的殖民地活動，又掀起台灣及其周邊的風浪。而為其先鋒的是英國。即一八四〇年鴉片戰爭時，為牽制而窺台灣，後來又因清國敗戰於英法，結果，依一八五八年的天津條約，開台灣的安平、淡水、打狗和雞籠的港口。繼而於一八六〇年為探險台灣派遣波斯船砲擊南部蕃社；一八六七年，美國軍艦砲攻蕃社；一八六九年，因在地英國商社與官警的衝突，英國軍艦砲轟安平鎮；一八七四年（明治七年）發生日本征討牡丹社事件；一八八四年，因有關安南的談判破裂爆發中法戰爭，法國艦隊司令官克柏（Courbet）砲擊和封鎖基隆、淡水和澎湖，隔年帝國主義政策之實行者的費利內閣倒台，中法兩國成立和平始解除封鎖。因為外患頻繁清朝感覺有防備台灣之必要，故中法戰爭後將台灣設為獨立的一省，置專任巡撫，以劉銘傳出任此職。劉銘傳整頓行政組織，進行土地調查和經濟的開發，勵精圖治，惟因改革太快故失去民心，遭到抵抗，在任六年挂冠。甲午中日戰爭，結果台灣和澎湖成為日本的領土。這是一八九五年（明治二十八年）的事，清國領有台灣二百一十二年。

甲午戰爭日本快要獲得勝利前，對於要求割讓土地一事，據說陸軍主張要遼東半島，海軍要求以台灣作為「南邊的跳板」。媾和結果兩者都得到了，但因三國的干涉，遼東半島歸還清國，旋即被俄國租去，台灣和澎湖的割讓在列國間亦非風平浪靜。亦即戰爭最後懼怕日軍來襲台灣和澎湖，清國政府把安南中法戰爭的勇將劉永福派往台南，負責南部的守備，但相信台灣和澎湖必落入日軍之手，乃欲將其讓給英國，使日本失望，他將此意通告英國政府，據說為英國所拒絕，自中法戰爭以來著眼此地的法國為之煩悶，二艘法國軍艦乃駛入媽宮港，通報守備的清將日本艦隊之來襲，並告訴既無法守備，不如暫時將其讓給法國以避免遭到攻擊，事後再將其歸還清國。但在安南事件恨法國和為此痛苦的劉永福拒絕了這樣的建議[四]。不久比志島大佐登陸和占領了澎湖。馬關條約一決定要把台灣和澎湖割讓給日本，巡撫唐景崧便集兵在台北建立共和政府，國號稱為台灣民主國，取政府之模範於法國，請求法軍來援，極力抵抗日軍的占領，但這個共和國自一八九六年五月二十二日至六月十一日，存在得很短，因其內部的混亂和日軍的壓迫而崩潰。

俄國對滿洲有野心，法國欲在東洋獲得根據地，以舟山列島和膠州灣以及台灣澎湖為目標。法國皇帝尤其主張最喜歡台灣，但德國政府主張以沒有英清密約為條件要舟山列島，終於獲得皇帝的同意。（對於舟山列島因英清間有密約，德國乃獲得膠州灣）。如上所述法國很執著於台灣和澎湖，德國雖不要求獲得台澎，但又不喜歡法國在這裡具有勢力，因此在甲午戰爭後三國干涉時，法國主張作為三國干涉的一項，規定澎湖宣言中立和禁止建設要塞，或日本得澎湖要付出代價，惟因主要遭受德國的反對沒有成功，日本政府終於宣告台灣海峽

四　竹越與三郎著《台灣統治志》一三八～三九頁，伊能喜短著《台灣文化志》下卷九八六～九一頁。

的自由航行，又約定不把台澎讓渡給任何國家才圓滿獲得解決五。

如此這般確定日本領有台澎，而懼怕日本勢力之南進的西班牙政府，乃與日本政府於一八九五年（明治二十八年）簽定協約，以巴士海峽的中央為界，約定西班牙不要求其北及東北之島嶼的主權，日本不要求其南及東南之島嶼的主權，繼而一八九八年美西戰爭結果美國獲得菲律賓，一八九九年德國繼西班牙收買了卡羅琳、帛琉、馬利亞那群島。

從以上所述，我們知道日本是在怎樣的國際情形下獲得台灣和澎湖的。這是在十九世紀後半列國帝國主義活動爭奪殖民地競爭的大風暴中得到的。英美德法皆接觸台灣，予以「砲擊」，有的欲獲得它，至少排斥日本的永久占領。這些強國當時已進入帝國主義時代，以獨占資本的壓力，有意識和有計畫地欲在東洋擴張其領土。而日本之領有台澎，是以帝國主義之領土競爭的當事者所完成的。但當時日本的經濟實力，並未發展到列寧所舉出帝國主義之特徵的獨占資本主義的高度階段。所以甲午中日戰爭到底是國民戰爭還是帝國主義戰爭，日本之領有台澎，究竟是國民主義的活動還是帝國主義的活動，是一個問題。

因天津條約開台灣四港的一八五八年是日本的安政五年，為日本與英、美、法、荷、俄五國簽訂所謂安政五國條約承認領事裁判權的一年，繼而於一八六六年（慶應二年）商約輸出入從價五分的片面協定稅率。即台灣和日本於同一時期與歐美列強的帝國主義開始接觸。

五　立作太郎《明治二十七、八年戰役與歐洲列國的外交》（五五～七二頁。）

台灣因此刺激有劉銘傳的行政軍備的充實和改良，有經濟的資本主義的努力；在日本成功為明治維新和維新後的發展。

無需說，明治維新為日本由封建國家轉入近代國家，這個革命的動機，大多因為歐美列強迫近日本四周的情勢所促成。所以日本統一成為近代國家之後，馬上以這些歐美諸國的水準和形態之國家為目標，對內有民權說、資本主義化，對外有征韓論，一八七四年的征台之後（**牡丹社事件—譯者**）。一下子努力於立憲政治、資本主義經濟和對外的發展，首先整頓經濟，其次開設國會，對外的膨脹引起甲午中日戰爭。

在甲午戰爭之前，日本整備了資本主義經濟的機關，發展的陣容漸成。即從一八八六年（明治十九年）一月一日起，政府紙幣逐漸交換本位貨幣，進而確立了兌換制度。一八九〇年（明治二十三年）三月公佈商法，建立有關商事公司的制度，該年八月制定銀行條例，皆自一八九三年七月起開始實施。該年又制定和公佈現行的交易所（原文為取引所）條例，開啟運用股票（株式）的新紀元，票據（手形）交換所於一八八七年設立於東京，四年後革新了組織。如上所述日本雖然整頓了經濟機關，日本的資本仍然非常不充實，所以在日本並不存在非出於以資本的壓力來獲得殖民地之行動的帝國主義的必然性。一八九八年台灣民政長官後藤新平氏的獻策要項中，提出日本經營殖民地特別困難的一個項目是，「日本的利息高，使要資本投入殖民地很困難」。領有台灣後為維持軍政，一年需要一千萬日圓以上經費，其中七百萬日圓需要中央政府補助。因為七百萬日圓的補助金，就日本而言，領有台灣為「奢侈」成為輿論，國內的有識之士甚至附和外國人主張說應以一億日圓把台灣賣給外國或中國，日本政府終於一八九七～九八年的國會，將補助金減至四百萬日圓。以這個預算兒玉（源太郎）總督和後藤民政長官重新負責台灣的統治，欲振興其經濟的資本主義的發達，遂在台灣設立新式製糖公司，其企畫由政發起獲得成功，由總督、長官努力於勸說財界有力人士，在井上馨的政治勢力的後援下，好不容易以三井、毛利等其他股東總數九十名，於一九〇三年十二月，以資本金一百萬日圓設立了台灣製糖株式會社（股份公司），而且其中的一千股是以獎勵的意思由宮內省出資的。台灣總督府於一九〇三年度補助一萬二千日圓，次年補助五萬五千七百八十四日圓。由從公司繳納股金五十萬日圓來看，這是很大的補助獎勵。作為台灣的中央金融機關，設立台灣銀行的法律於一八九八年制定並公佈，惟因股份募集不順利，政府於一八九八年制定台灣銀行補助法，該銀行之五百萬日圓資金中一百萬日圓由政府負責，從創立往後五年政府所承受股份的紅利納入虧損填補準備金，在五年之內，政府不拋售所承受的股份，而且規定政府要以相當於二百萬日圓的銀幣無利息貸款五年。因此股份募集獲得成功，迨至一九〇二年台灣銀行得以開始營業。

要之，甲午中日戰爭當時，日本整頓了近代經濟機關的形態，但尚未實行金本位制度，資本的充實尚為微弱，其殖民地發展係由政府發起計劃和很大的保護獎勵才得進行。當時英德等殖民地的獲得，係為獨占資本的積極活動，以資本家活動之特准殖民公司的形態，引導政府策動政府之所為，故西歐之帝國主義政策與日本帝國主義政策實不能同日而語。所以，當時的日本，並沒有實行高度發展階段的獨占資本主義國，亦即實行作為金融資本主義國之帝國主義的實質。

但在意識形態上，當時的日本已經是十足的帝國主義國家。一八九七年公佈的台灣銀行法的制定理由有設立該行的旨趣，由它說「台灣銀行以台灣的金融機關通融商工及公共事業資金，以開發台灣之富源，尋求經濟之發達，進而將營業之範圍擴張至華南地方及南洋諸島成為此等諸國之商業貿易機關調和金融為目的」，我們也能夠知道當時日本這個國家的性質。當時出版的一本書也說「大日本正在膨脹之時，今日台灣落入我國手裡。若治績就緒拓殖舉功時，此地將為我國伸展雙翼之根據乃為自然之趨勢。望南菲律賓在咫尺之間，南洋諸島有如踏石相連，香港安南新加坡亦不遠，皆為我國人嘗試雄飛之地。然此等之事唯由將來所將發生之事證之」[六]。

這個「將來所將發生之事」，已由我殖民地台灣實現帝國主義的使命，但在當時我國資本之發展階段並沒有要求它的內在的必然性。唯在歐美列強帝國主義的獲得領土競爭浪潮中，因我國領有台灣，我國之獲得台灣使得日本具有帝國主義的意義。在國際關係的帝國主

六　松島剛、佐藤實共編《台灣事情》（明治三十年二月刊）一三頁。

義時代，使進入這個框架中之日本的活動也染上這樣的色彩。由於這種原因，日本雖不具有帝國主義的實質，卻採取了其形態和意識形態。因此，當時日本的獨占資本主義雖然不發達，對於結果獲得台灣等的甲午中日戰爭，我們不能單純地說它是國民戰爭。它實具有早熟的帝國主義，帝國主義前進期，以政治軍事行動開展帝國主義時代的性質。可以說是非帝國主義之帝國主義的實踐。首先踏出實踐的第一步，實質跟著前進。即世界的政治和經濟的發展階段對於進入該框架中之後進國家日本的限制，有如德川時代之重商主義的限制。日本的勢力曾經倒退由荷蘭領有台灣，下來排除英法勢力日本領有了台灣。

第二章　台灣的資本主義化

竹越與三郎著《台灣統治志》（一九〇五年）的序文說：「拓化野蠻之國土予以文明之德澤，被相信為白人多年來之負擔。現今日本崛起於遠東之海上，欲分擔白人之大任。不知我國國民是否具有完成黃種人之負擔的能力。統治台灣之成敗可以說是解決這個問題的試金石」。日本領有台灣時並不擁有經營之實力的充分資本，至於政治上的準備事實上等於一張白紙。而且當時的台灣的情況並沒有光明的前途。德國欲在東洋獲得根據地之時，德國皇帝極力主張要台灣，而德國政府之不積極，乃因為精通清國情況的李希特荷芬（Ferdinand von Richthofen）教授不贊成獲得，理由是台灣沒有能停泊巨輪的好港口，人口比較稠密，有很難征服的蠻民，不適於殖民，其面積大，對於垂涎她的外國如法國很難防禦該島[七]。在馬關條約日本要求台灣時，據說李鴻章甚至採取欲擺脫痲煩東西的態度，以該島難為良治，舉出極難根絕匪亂，吃鴉片之習慣很深很難消除，氣候非常不好，生蕃之砍頭（出草）經常威脅經濟之開發等理由，意圖壓低日本希望獲得台灣之興趣。說是這樣難於統治的台灣，在兒玉、後藤政治之下，經過十年（事實上為八年多——譯者）治安完備，衛生獲得改善，經濟發達，財政獨立，以日本殖民政策之成功，獲得國內外之驚嘆，前述竹越氏的名著可以說

七　立作太郎《明治二十七八年戰役與歐洲強國的外交》五九頁、七一頁。

是其凱歌或讚美歌。從經濟上來看，這是台灣資本主義化的進展。尤其是一九〇四年的幣制改革，一九〇五年完成土地調查，一九〇八年縱貫鐵路全部開通，基隆、高雄的建港亦已完成，有助於經濟的迅速發展。

在日本國內，甲午戰爭後的十年，因收受戰爭賠款，獲得台灣，以及募集外債等，經濟界呈顯一遍好景氣，銀行的繳納資本從一億日圓增加至三億七千萬日圓，存款金額自一億三千九百萬日圓增加到七億七千五百萬日圓，增加五倍半，如果從這中間只就普通銀行的存款而言，將是十一倍半的成長。因此有人說：「這樣大的發達率，不只是在日本，在世界金融上恐怕亦絕對不可能。……又過去日本沒有過國民之產業活動如此盛況，財富之增值這般豐偉」[八]。爾後經過日俄戰爭（第一次）世界大戰，日本資本之累積躍進，因此對於台灣的企業也大為發展，而台灣的資本主義的發達，對於日本資本之帝國主義的發展也有很大的貢獻。

以下，本章將敘述為台灣資本主義化之基礎事業的土地調查，度量衡和幣制改革，其次說明日本資本在台灣的樹立及獨占，台灣財政與資本主義化的關係，隨資本主義發展殖民者（日人即內地人）對居住者（台灣人即本島人、生蕃）之階級上的對立，最後將論述日本帝國主義內之台灣的地位。

八　東洋經濟新報社編《金融六十年史》二三七頁。

第一節　土地問題

第一項　領台前的土地制度

關於日本獲得台灣以前的土地制度，這裡不擬詳細敘述（其詳細請參看臨時台灣舊慣調查報告書《台灣私法》第一卷，伊能嘉矩著《台灣文化志》中卷及下卷），自荷蘭時代以來台灣之殖民地的性質上，關於土地問題產生了二、三種特徵。一為有許多隱田；二為土地所有關係的封建性質；三為與蕃人的關係。

台灣的原住民為所謂生蕃，本來居位於全島，他們的土地逐漸歸於殖民者，其居住地域愈來愈小。清國領有之後中國移民來台者日多，以譎詭、暴力頻頻「霸耕侵佔」蕃人之土地，其結果使蕃人對外來者兇暴事件不絕，清國政府乃劃境界，立石或土牛溝[九]，以其線內地為蕃人地區，禁止民蕃互相越入，即「劃界遷民」。於是不服清國統治之蕃人退居高地。這叫做生蕃或高山蕃。而服清國統治居住平地者被稱為熟蕃或平埔族，對於他們承認在一定地域的管業權，禁止漢人侵佔或收購。亦即以隔離制（Segregation）和保獲制（reservation）[一〇]來避開原住民的蕃人和殖民者的漢人的衝突，同時確保平原的良地為漢人

九　所謂土牛是土壘的意思。挖長溝處處堆土牛，作為境界。這就土牛溝或土牛紅綠。（伊能嘉矩著《台灣文化志》下卷二九六頁以下）。

一〇　拙著《殖民及殖民政策》三七一頁、四四四頁。

的活動區域。在蕃界外不為任何人佔有的土地為官有地，經許可賣給民間，但「自首墾」（擅自開墾者，相當於所謂souat' ters）[一一]則予以默認。雖然有以上的規定，漢人的霸耕侵佔不斷，故清國政府終於決定開墾台灣全土，於一八七四年（同治十三年）解除了禁入蕃地。

在這樣情形之下，由政府獲得官地開墾許可者，或霸耕侵佔者（私墾者）多為有力者的豪族。他們將其土地借給真正在開墾的經營者，經營者再把它交給佃戶耕種。佃戶（日本人稱為小作人）將叫做小租的租穀繳納給開墾經營者（小租戶）。小租戶再向開墾利權者的豪族繳納叫做大租的租穀。對其權利者亦即開墾權利者稱為大租戶。大租戶向政府繳納地租，如果由蕃人獲得開墾土地的利權，對它要負擔蕃租（或蕃大租）。所以清國時代的台灣土地制度具有封建的性質。

大租權與土地沒有直接的關係，只有收取大租的權利，因大租權小租權分別讓渡，故對於同一土地誰是大租戶或小租戶互相不認識，有關土地的權利關係極為紛亂。而這些權利的性質也不明確，大租權雖然立足於土地，但實質上只有收取大租的權利，故可以說是既非物權亦非債權的一種特別的財產權，又小租權與現實的土地管理同時轉移，所以是一種物權但不是所有權，因為有繳納大租的義務，故可以視為一種附負擔所有權[一二]。由於這樣權利關係

一一　同前注，四六五～六六頁。
一二　臨時台灣舊慣調查會報告書《台灣私法》第一卷上三一一頁、三三四～三五頁；伊能嘉矩著《台灣文化志》

的紛亂和性質不明確的結果，應以大租戶還是以小租戶為業主不清楚，因此納稅義務者應該是誰也就不分明。（所謂業主權是關於土地的最高權利。基於一切土地為「王土」之中國的觀念，所以產生了不同於純然個人主義法制下之私有財產權的所有權的業主權的觀念）。

不但納稅義務人不清楚，也有不少完全沒有負擔納稅義務的土地，這叫做隱田。由於上述豪族開墾的情況，使他們擁有許多的隱田。據說，清朝政府默許隱田是為了獎勵開墾招來移民，才沒有進行土地的丈量一三。

第二項　土地調查

以前項所述過程和形態，在清國治下開墾台灣兩百年，這是封建的作法。對於後代資本主義開墾的要求，這是桎梏至極。台灣資本主義開發的先驅是劉銘傳。他於一八八五年（光緒十一年）出任台灣巡撫。那是中法戰爭近後的事，為台灣四周被歐美資本主義諸列強拼命垂涎的時期。劉銘傳的使命是對台灣從事資本主義的開發，圖謀富國強兵，以抗衡資本主義列國的野心。他的主業為建設自基隆至新竹的鐵路，購買輪船，由沿岸與大陸、香港、新加坡、西貢、菲律賓航海，郵政制度，樟腦的公賣，理蕃事業等，都是由劉銘傳推動的。而土

中卷五四六頁以下。

一三　台灣守備混成第一旅團司令部報告書《台灣史料》一三四～三五頁。

地丈量調查也是他的事業之一。
蓋所謂業主權，係基於中國王土觀念之領土權和私法上之土地所有權尚未分開時代的遺物，大租戶、小租戶的關係也是帶有封建性質的土地制度。對於土地業主之不明確，不動產權轉移方式也不明確，對於擅自開墾者之土地的權利關係也不明確等，一切在政府徵收地租上，土地權利之私法的移轉上皆不便，所以對於土地制定單一而明瞭的所有權，以落實納稅及經濟交易，實為資本主義近代政府在任何殖民地，首先應該做的事業。於是劉銘傳最早丈量台灣的土地，整理隱田，並意圖確定土地業主權之所在。即他承認小租戶為業主，使其為納稅義務人，由之減少了四成的大租。就大租戶而言，除被解除納稅義務外，大租收入變成既定額的六成。這就是減四留六之法。（但據說在南部，因特殊情況，仍然以大租戶為納稅人，但事實上業主權者還是小租戶）[一四]。惟因劉銘傳的土地清賦事業是以增加稅收為主要目的，調查過於苛酷，所以引起人民的反抗，故他在事業的中途就辭職。
劉銘傳的意圖沒有成功的土地調查事業，日本領台後因更明確的意識和周到的計劃與堅強的權力而實行了。則兒玉總督、後藤長官上任後首先著手的事業之一是調查人籍（戶口）和地籍。關於人籍於一九〇六年制定戶口調查規定，以比日本本土早一步的近代國勢調查的方法，舉行了一九〇五年十月一日上午零時當時的第一次臨時戶口調查。關於土地調查，在

一四　《台灣私法》第一卷上，二八八頁；《台灣文化志》中卷，五五三頁。

一八九八年「匪徒」的猖獗仍然不斷的時候早就成立臨時土地調查局（局長為中村是公），實施了地籍調查三角測量和地形測量的三種事業。調查結果確認了大租權，並禁止一九〇三年十二月五日以後不得設大租權，一九〇四年予大租權者以公債作為補償金以消滅其權利。這猶如明治維新之際的秩祿公債（**對於奉還家祿和賞典祿的士族，以米祿市價換算其待遇以現金或公債一次給付時的公債——譯者**）封建之遺制的大租戶、小租戶的關係由之消滅，確定以從前的小租戶為業主，以單一和明確土地所有的權利關係。關於土地權利的轉移，於一九〇五年制定了土地登記規則，以登記為繼承或依遺囑時之外，作為強制的權利轉移之發生效力條件（不是如在日本本土之單純的對抗條件）（從一九二三年一月一日起，日本的民法及不動產登記法開始在台灣實施）。

土地調查的效果是，因算清楚地理地形而得到治安上的便利此其一；整理隱田增加土地甲數（面積），大租權消滅，土地收益增加，因修改地租增徵（一九〇四年）的結果得到財政上增加稅收此其二；明確土地權利關係，使其買賣安全，因而獲得經濟上的利益此其三。這個經濟上的利益招來了資本，給予日本資本家在台灣投資土地，設立企業的安全。正如當時撰寫之竹越氏的著作所說「內使田制安全，外令資本家安心投資田園其效果當是永遠無限」[一五]。是故土地調查台灣為資本主義化，日本資本之征服台灣必要的前提，也是其基礎的工程。

一五　竹越與三郎著《台灣統治志》二二四頁。

第三項　林野調查及林野之整理

前述之土地調查確定田園（田畑，水田和旱田）的業主權，但並未及林野。從一九一〇年度起花了五年調查林野，分別確立官有和民有。其結果，官有地有九一萬六千七百七五甲，民有地為五萬六千九百六十一甲。（一甲為日本的九反七畝二十四步）。不過決定為官有的林野，因當地人民多年來善意地佔有，為採取竹本等經濟的利用，具有所謂「緣故關係」，不承認緣故關係者的業主權卻保護其利益，乃規定以保管林之名義附以某種限制，准許其繼續佔有和利用，對此徵收相當的保管費。由於在清國領時代，山林從來沒有丈量賦課過，故對於山林業主權未發行過地券之類，林野業主權的取得，或以田園或以厝地（寶地）之從物，或依採取竹林等事實上之佔據利用，或根據買賣等其他之權限。關於買賣，一甲之山林之契字的製作屬於比較近年的事，從前大多是口頭的契約。如上所述由於山林原野的業主權大多依從習慣，所以日本領台後官有林野取締規則（一八九五年）第一條規定：「無能證明所有權之地券或其他無確證之山林原野一律為官有」即無主地國有之原則，但這個「地券」或「確證」指什麼並不明確，舊慣調查會將其解釋為不僅是書面（文件）上的證據，也包括人證、其他事實上之佔有狀態。[一六]一八九八年的無主地開墾規定須經官方許可，但以後仍然有私自開墾耕作或造林，或採取林野產物，事實上沒有任何障礙繼續利用者。林野調查

一六　《台灣私法》第一卷下，七七頁。

事業，在現場測量調查林野，其大部分「因無足以承認有所有權之憑證的結果，被核定為官有地」，同時又不能完全忽視「緣故關係」，因而規定前述保管林的制度[一七]。

林野調查事業的效果，核定大部分的林野為官有，由之予事業家以拋售林野之法律上和經濟上的基礎，而「緣故關係」的附帶係土地所有權的斑點，使林野的利用處分成為不徹底，為了一掃這些「緣故關係」，繼續從一九一五年度起進行整理官有林野事業，於一九二五年度完成。這個事業將官有林野區分為要存置林野和不要存置林野來調查，對於不要存置林野，再作處分調查，實地調查之後對於保管林者、私自開墾者等的「緣故者」的申請予以出售，也出售預約開墾成功地。區分調查的總面積為七十一萬七千八百三十五甲，其中要存置林野三十一萬九千二百九十四甲，不要存置林野為三十九萬八千五百四十一甲。後者之中以拋售及出售地處分者為二十六萬六千三百九十九甲，其中「緣故地」為大約十八萬七千甲[一八]。

整理林野事業的目的，在於求得官有地之完全，在另一方面，要使人民從不確定的「緣故關係」轉移到取得確定的所有權，憑此以防止林野的荒廢和增進土地的利用，消滅以往常常發生的「利用這些土地開辦官業或經營大規模事業等時，發生種種紛議的障礙」這樣的情

一七　台灣總督內務局《台灣官有林野整理事業報告書》一頁。
一八　同前注，二七七～七八頁。

況[一九]。要之，林野調查和整理事業的效果，在於確定林野的所有權，使境界明確，歸於官有者，要使官業經營或拋售民間資本家的基礎確實，與此同時以「緣故地」為民有，使民有地的經濟上利用及交易獲得安全的法律上的保障。這是準備授予和確立林野之私有財產制，引誘資本，資本家之前來投資的措施，是林野的資本主義化。

作為林野整理事業的附帶事業，在台灣東部的台東和花蓮港兩廳下進行了土地調查。因為這兩廳下的蕃人的佔據地區，為其開墾的土地不少，有各蕃社相信其佔有區域為其所有，不許外面者隨便進來的習慣，因與其他州的情況完全不同，故從未實行過土地調查，且亦有過嘗試失敗的例子，最近隨蕃情趨於平穩，鑒於其酷愛土地之情日強，「遂認為應乘此機會趕緊進行地籍之調查的必要，……一九〇〇年（實行林野調查之年）以前佔有之開墾地，且現今也在耕作者，斟酌以往之習慣，承認其所有權，其開墾日子尚淺者拋售給該開墾者，使他們生活安定，……以期地籍整理之完備」[二〇]。由此對於台灣東部田園設定了私有財產制，實行地租制度，廢止了由各蕃社頭目徵收部內蕃人土地貢租的舊習慣。即國家（政府）取代了頭目。

一九　同前注，一～二頁。

二〇　同前注，三頁。

第四項　森林計劃事業

一八九八年至一九〇四年的土地調查，使台灣西部的田園所有權明確，從一九〇〇年度至一九一四年度的林野調查事業，區分林野的官有和民有，其次自一九一五年度至一九二五年度，官有林野整理事業，使林野和台灣東部田園的所有權明確。這是台灣土地投入資本主義企業的前提，同時也是資本逐漸支配全台灣土地的開端。因為資本主義以完全的私有財產制的確立為其不可或缺的基礎。今日剩下來的就是蕃界。台灣總督府策定自一九二五年度起十五年的森林計劃事業；（一）決定是否需要因森林治水調查進行治水上和保安國土上的作業；（二）因區分調查在治上國土保安產業公益和軍事見地上是否需要作林野的區分調查；（三）以測量測定面積及地形；（四）依施業案編成調查的施業方法之決定，因「近來新興產業日益發達，鑒於確立林業之基本迫切，愈認為有速成該事業之必要，乃於一九二七年擴張其規模，將其縮短為十年」[二二]。

則接受林野調查之九十一萬六千甲官有林野中，因林野整理拋售和出售者為二十六萬六千甲，依官有森林原野預約賣渡規則、官有財產管理規則、樟樹造林獎勵規則、以及官有森林原野貸渡規則，對於事業家預約拋售、出租或拋售出租地預定存置的面積為大約十萬甲（一九二五年年底），扣除保管林九千甲，大學演習林大約十三萬甲，現今作為官有林野能

二二　台灣總督府《台灣事情》（昭和三年版）三五九頁。

利用處分的面積只有四十萬甲，而且其中有許多地形地質上和經濟上很難利用者，或林野行政上不能拋售民業者，所以在產業發展經濟開發，即資本進出的要求以林野調查地域不能滿足的餘地不多。可是台灣林野總面積二百六十五萬甲中，一百七十二萬甲存在於蕃界，今日在森林計劃到事業下蕃界林野之實行調查整理施業，為國家資本及民間資本開拓插足之路，實為當然之趨勢。

現今資本敲著具有原始共產部落制度的蕃界門戶。事實上近年政府的施策是拼命逐漸使高山蕃遷移至山崖的平地。散在高山的蕃戶部落，密集於平地過聚落生活，曾經在廣大地域打獵或從事地域循環粗笨農業者，逐漸過著定居和集結的農業與養豬的生活。蕃社的社會制度和經濟關係，因其遷居發生急激的變革。他們的健康狀態和心理狀態也在發生急激的變化。原始社會的近代化過程，與其影響的善惡，目擊並欲研究者，應該去看看。蕃界林野一因這些高山蕃社的下山政策而「自由」，又因以區分調查為殘存蕃社依設立保留地制，區分立蕃社有地和官有地，這樣所將獲得的官有地或利用於官業，或拋售民業，至此森林產物之採取，鳳梨栽培等的資本家企業將由之產生。於是資本將征服整個台灣。

第五項　關於土地之本質的資本累積

土地和林野調查的結果，啟開了業主權確定的原住者的土地，合法而平穩地轉移到資本家手裡的途徑，但如果沒有強權政府的保護，資本之本質的累積不會那麼容易。政府強權的援助為（一）官有林野之確定及其拋售；（二）對於耕地所有權之私法轉移的官警的援助。我們先來說明第二點。

土地調查事業是政府支出三百七十七萬九千四百七十九日圓消滅大租權，以確立人民的土地所有權，不是如從前愛爾蘭之有計劃地沒收土地所成就的。即不是政府沒收人民的土地。由此只不過是土地權利的享有和交易成為安全確實而已。但在前資本主義時代的台灣，要設立新的資本主義企業，需要集體收買大面積的土地，但其收買自非容易。因為農民不想賣土地，至少大多不能接受企業家所提出的價格。尤其這不單單是經濟關係，而且是政治社會上外來壓迫勢力之日本人的資本時，其收買土地更加困難。可是總督府的政策在於資本家企業之台灣經濟的開發。因此政府開始援助資本家收買土地，其手段是假警察強權勸誘強制賣地。如南部、中部之製糖公司、私營農場等之收買土地，屢屢似乎有過這種「官警的援助」，特別是土地調查結束後的一八九八、九九年左右，佐久間（左馬太）總督之下的資本進入時，似乎更多這種情況。一八九九年因總督府勸進設立林本源製糖公司時，在台中州保溪發生的強制收買土地事件最為出名，因非難抗議強烈，當時的民政長官大島久滿次氏由之引咎辭職[二二]。不過在資本家企業普遍，台灣社會完全被納入資本主義架構中的近幾年，已沒

二二　「官僚與會社所想出的名案是，一下子便宜地買下來自己經營農場。但所有人不便宜賣是當然的事。這種時候最中用的還是警察和官員。警察不時利用傳單召來所有人，對於不答允者予以體罰或扣留。這種悲劇最

有強制收買土地的情形，也沒有這稱作的必要。製糖公司雖然很熱衷於擴張土地之所有，但那是純粹的經濟交易，以資本之壓力就足夠。

其次，官有林野的確定及其拋售，對於資本家的獲得土地政府強權的援助具有何種的意義？則林野調查的結果大部分被核定為官有林野，而且因對於林野業主權的取得從前的習慣並不明確，欠缺日本法律所要求的確實證據，即如上所述。因此在欠缺業主權確實證據而被編入官有林野，拋售給民業之中，也有當地人民以「緣故者」一向事實上繼續佔有和利用者。設立保管林制度，或拋售「緣故者」制度，以保護這些「緣故者」，但卻也有不少漏掉保護的「緣故者」，在這種意義上，這是政府強權之實質上的沒收，將其拋售給資本家時可以說是以國家權力近接援助的本質的累積。而為其著名例子的就是一八九八年以來的所謂竹林事件，是竹山、斗六、嘉義三郡的竹林及造林一萬六千甲歸於三菱製紙公司的事件[二三]。

著名的是一八九九年，中部台灣溪州林本源製糖會社的土地收買事件。……這個收買事件時，懼怕有不想賣而不帶圖章的地主，臨時找圖章店來現場開店，連登記所也派出差人員來辦理。」（蔡培火著《告日本國民書》，六二一～六二三頁）。

二三　跨越台中、台南兩州的這個竹林，本來是五千幾百戶的當地良民採取竹木竹筍等，以維生計的，以其業主權不明確而核定為官有地，於一八九八年強制解除林役權，作為總督府的模範竹林，一九〇一年總督府委託由其後援下在林內（地名）設立的三菱製紙所經營這個模範竹林。於是當地居民利用竹林備受限制和禁壓，由之產生失去生計之途的人。一九一二年的林杞埔事件（暴徒襲擊巡查派出所殺死三個人）主要是這種原因發生的。但三菱製紙所的竹紙製造，因為技術上的問題終於失敗，暫時關閉，一九一五年將此地區為三菱的預約出售許可地。對於此舉當地居民非常不滿，一九二五年秩父宮（雍仁）殿下行啟台灣經過林內車站時，群眾曾意圖直接告目前，以令高山蕃下山政策逐漸開始的蕃界林野利用，也是依政府強權對資本的本質的累積援助。這雖然不是資本發展的必然要求，但政府應該充分考慮蕃社之社會、經濟生活的基礎，創設適當的保留地制以保障他們的生活，避免急激的變革，使其逐漸向上發展。說是曾受被殖民者霸耕侵佔而入山的他們，再次下山如能或為和平而繁榮的農耕之民的話，日本之台灣殖民政策，在這一點將在殖民史上留下一個光明。政府應該保護今後他們不遭受平地資本和山地資本的挾擊，在山崖新居住地被奴隸化甚至餓死。

官有林野之預約拋售、出租，以及預約拋售或出租地的預定存置，這也是幫助資本之本質的累積的制度。大資本家之最享受其利益就是由於這種原因。譬如許多旅行者參觀蕃社訪問新竹州角板山來回途中，台車（輕便車）所通過左右的山野是三井合名（股份）公司的所有地，充滿預約開墾拋售地、出租地、預定存置地等標柱。其所謂所有地，是預約的開墾已成功並得到拋售者。三井股份有限公司已逐漸在這裡經營一大茶園。

如上所述在台灣，並沒有如他國殖民地的歷史那種極端地沒收原民者的土地，強行分割

狀。三菱的預約開墾成功期限為一九二五年到期，便以成功地出售給三菱。一九二五年六月，當地居民一千三十一人向總督府提出請願書，請求以舊慣恢復他們的權利，但未獲採用。但屬於台中州之區域部分，於該年由台中州知事調停，三菱與當地居民之間立契約，這個歷史事件獲得解決。由此當地居民得到用役、利用竹林之方便，土地所有權之在於三菱的事實獲得確認。（拙著《殖民及殖民政策》四四七～四八頁；山川均著《殖民政策下之台灣》三二二頁以下）。

共有地[二四]。政府對於土地林野的施設事業，乃以周到的計劃和慎重的考慮文明地進行。但與此同時，顯而易見，這也是資本插足的準備，本質的資本累積的過程。以政府權力集中土地資本，或基於規劃來強制援助是不爭的事實。是即權力是本質的資本累積的助產士。

第六項　土地的分配

關於土地的分配，我們必須觀看土地所有及經營之集中狀態，土地的分配權在何種程度上歸於內地人（日本人）特別是其資本家。

在台灣的耕地所有和經營的集中，即土地的獨占程度比日本本土多少低一些，但還是呈現顯著的狀態[二五]（其數字請看注二五）。雖然沒有顯示殖民者（內地人即日本人）和本島

二四　前引拙著，四四三～四九頁。

二五　耕地所有狀態（戶數百分比）一九二六年。
未滿一町者　日本七三・五七　台灣六四・〇八
五十町以上　日本〇・〇九　台灣〇・一四
耕地經營狀態（同上）
未滿一町者　日本六八・五三　台灣三三・一〇
五町以上　日本一・六三　台灣四・五八
又在台灣未滿一甲的耕地面積十萬三千五百甲（百分比為一四・三五），其所有戶數為二十六萬戶（百分比六四・〇八）；與一百甲以上的耕地在面積大約相等（九萬四千七百十二甲，百分比一三・〇六），其戶數只有一百九十六戶（百分比〇・〇五）（《台灣農業年報》一九二五年度）。（釋注：日本的一町與台灣一甲的面積差不多。）

人[二六]之土地分配狀態的統計，但將日本人之土地所有狀態個別地舉出，便可以知道日本資本家插手土地的情況。即新式製糖諸會社支配的土地，所有地七萬八千六百零一甲，取得佃種權地二萬五千二百三十七甲，共計十萬三千八百三十八甲（一九二五年年底），佔台灣耕地總面積的八分之一。如在花蓮港廳管下，鹽水港製糖公司的所有地為九千四百二十八甲，其中耕地佔五千零一甲，獨占該廳下耕地面積的四分之一多。這些新式製糖公司事實上全部為日本資本家所支配。

在台灣西部，一八九九、九〇年左右，在移民計劃之下開設了私營農場，該日本農民移殖事業雖然失敗，但日本人資本家之土地所有的事實都已確立。即合資會社三十五家公司（經營者為愛久直哉氏）所開設之源成農場的所有地為大約三千甲，同樣南降農場為大約四千甲，今村繁三氏的今村農場約六千甲（一九二三年年底）。又今日，日本拓殖會社（鈴木系）在新竹州中壢郡下擁有三千甲水田，據說其佃種關係非常不好。

關於中小地主，花蓮港廳下舊官營移民村的所有地為大約二千七百甲，一九二五年整理行政時，拋售給退職官吏土地大約四千七百甲。

二六　所謂「本島人」通常指居住在台灣的漢民族而言。他們是從對岸的福建廣東地方移民來的，曾經立於對原住民的「生蕃」的殖民者地位。日本領台後「內地人」對於本島人和生蕃人立於殖民者的地位。一九二七年當時，台灣的人口有大約四百三十三萬七千人，其中本島人大約四百萬九千人，佔全部的九二%，內地人為大約二十萬三千人，生蕃人大約八萬七千人，外國人大約三萬八千人。

只共計以上所說，日本人所支配的土地達大約十二萬甲，佔整個耕地面積的一五%，而且其大部分係歸屬於少數的會社。我認為，在實際上更多的土地屬於日本人特別是其資本家。

其次，我們來看看林野的獨占狀態和屬於日本人資本的比率，它更甚於耕地的情況。現在我們舉出幾個例子，屬於台東開拓株式會社的大約二萬甲（一九二三年台東廳的報告，其中已開墾地一千甲），三井合名會社茶園一萬七千甲，台灣拓殖株式會社茶園一千甲，三菱製紙會社新竹及造林地一萬五千甲等。新竹州大湖郡的普通行政區域全面積一萬七千甲，於一九〇七年北埔事件後抛售給五十六名資本家，其中台灣人只有一名。又，國家資本的專賣局樟樹造林地三萬五千甲，阿里山、八仙山、宜蘭濁水溪的林業官營地八萬三千甲，帝國大學演習林十三萬甲等。由此可知日本資本家和國家資本插手、獨占林野的一般。

台灣本來就有家族頭家的大、中地主，即使土地調查也獲得保存其權利，故在今日耕地的大部分還是屬於他們。惟近年來製糖會社在熱衷於擴張所有地，隨資本主義的發展，土地集中、農民之無產者化的程度上昇，耕地支配權受到具有優勢資本力的日本人資本家的日愈侵蝕，對於林野的這些資本家的獨占和支配，我相信必將更加發展。土地的獨占性支配，以及日本資本家之對其插足，這是台灣土地問題發展的結果，也是將來的趨勢。這是日本殖民政策的意義。

第二節　度量衡與貨幣制度

社會經濟資本主義化的前提是生產物的商品化，商品生產和交換，各個的商品需要量的規定。基於商品的雙重性質，需要規定商品之物理的大小和規定價值量。前者是度量衡，後者為貨幣。為了建立和普及商品經濟也就是資本主義經濟，不僅要成立度量衡和貨幣，更需確立、普及和統一其制度。則為商品流通之規道的這些制度，其結構和軌幅都需統一，商品的流通才會順暢和自如。因此本國要資本主義化殖民地時，不但要確立和統一殖民地社會的度量衡和貨幣制度，而要盡量統一於本國的制度，這是當然的事。由之殖民地在資本主義上成為本國的一部分，本國及殖民地包括在同一經濟領土。而這在台灣完全實現了。

首先關於度量衡，「從前在本島使用的度量衡，全部是中國式，其種類為多種多樣，器物之製作修復等隨意放任民間，地方不同其器、其量也不同，故發生種種之弊害。於是領台後總督府立刻著手予以改正，早於一八九五年十月開引進內地式度量衡器販賣之途」二七，以一九〇〇年公佈翌年實施台灣度量衡條例，改正和統一於內地式，自一九〇三年十二月三十一日為最後禁止使用舊式度量衡，一九〇六年四月，度量衡器的製作、修復及販賣完全為官營。因為從前的承包製作滿足不了新式度量衡器的需要。要之，這是台灣度量衡制度的

二七　台灣總督府《台灣事情》（昭和三年）四二〇～五〇一頁。

統一，從中國式改變為日本式，度量衡器由官營供給之新制度的確立和普及。一切都是台灣之日本資本主義化的準備過程，所以與下面所將要敘述的貨幣制度之修正大約同年代同時並行也就不足為怪。

台灣的貨幣制度，與以往清國一樣極為混亂複雜，貨幣的種類有一百幾十種，以秤量授受，日本領台當時為支付軍費運往許多日本銀行兌換券一圓銀幣和補助幣到台灣流通，故其通貨更加複雜。將其整理在日本同一制度下統一，乃是台灣貨幣制度改革的要旨。

日本於一八九七年公佈貨幣法，實行金本位制度，將其延長至台灣亦為日本殖民政策之要求，但要馬上實施為台灣的經濟狀況所不許可。於是在台灣只有在相當期間內決定以黃金計算與從前一樣通用銀幣，等待時機，改為與日本本土同一制度的方針，日本政府乃在公定金銀比價下，以一圓銀幣為法幣，一八九九年台灣銀行開業即發行以一圓銀幣為兌換銀行券。一八九七年八月，台灣銀行對於大藏大臣的左列稟議清楚地說明了當時的情形。

「由本島舊習慣與交易上與對岸在今日的關係來看時，台灣的實際流通貨幣在相當時期將是銀幣，惟本島在地理上與帝國本土連接，土地廣袤，戶口數目畢竟不能建立獨立之幣制，在經濟上尤其需與日本關係密切自不必論，如果貨幣制度不同時，其必然結果為將導致與內地產生匯兌行市，有礙交易，妨礙本國商工業者對於台灣的資本投資，其他種種障礙非常清楚，因此貨幣之制度應與本國同一，實際流通貨幣預定以銀及兌換券，請呈報以敕令發布明治三十年法律第十六號貨幣法及明治十七年第十八號布告兌換券銀行券條例施行於台灣，謹此稟議。」（旁點為矢內原所加）。

即要把當時在經濟上屬於中國的台灣轉移到日本的統治，是關於台灣幣制之政策的根本目的，前述以黃金計算之銀圓法幣制度之為過度性質，由此可以得到證明。為此過渡的制度本島人彼此之間的交易，不受到傷害，但與內地人的關係卻受到影響。因為本島人之間的交易，價格的標準和交換的媒介在習慣上仍然使用銀幣，但總督府的收支，內地人相互間的交易和內地人與本島人之間的交易，計算的本位為金幣，交換的媒介為銀幣，計算的記帳很複雜，而且因為金幣比價的變動，混亂債權債務關係，助長投機，所以台灣銀行的立場最為痛苦。於是台灣銀行董事長乃於一九〇三年提出論述修改台灣幣制的必要性和實施金幣制度的建議書，台灣總督亦於該年稟議大藏大臣，結果於一九〇四年六月，令臺灣銀行發行兌換金幣的銀行券，禁銀圓公納以外的強制通用。繼而於一九〇八年更禁止銀圓公納，銀圓的兌換期限為翌年四月底，銀圓兌換的銀行券為十二月三十一日，以其完全處理完畢，遂於一九一一年四月實施貨幣法，成為完全與日本本土一樣的統一制度。

一九〇四年台灣總督府稟議的一節說：

「觀看近來狀況，台灣銀行券的民間流通金額尚未達到五百萬日圓，不但與當初預期相去甚遠，請求交換銀幣者仍然巨額，屢屢使銀行來不及鑄造兌換基金。事實上多數島民仍然以銀元作為價格標準來交易，蓋富於守舊之風乃為中國民族的通性，要一掃本島人愛銀之觀念不是短時日所能奏效，故從島民方面來看改制之時機尚未成熟，但本島之貿易關係，由於實施關稅定率法的主因，意外地在迅速變遷，今日與金幣國的關係其貿易總額幾達大約七成，與昔比較，與銀幣國的關係完全相反，從此點來看改制之時機可以說已經成熟，如果今日改制必將更加連與內地的近接關係。」[二八]（旁點為矢內原所加）

換句話說，金幣制度的實施，不是出自台灣人本身經濟情況的要求，對臺灣來說這是出自外面的「金幣國」資本的要求，主要是日本人對台灣貿易及投資的增加所要求。因為這個改革，台灣在資本上更加速「與內地的近接關係」。台灣事業界的發達是一九〇四年以後的事，雖然以日俄戰爭為跳板的日本資本本身的發展，大多得力於在這個時期完成了台北的土地調查、度量衡和貨幣制度的修正等事業，確立了台灣資本主義化和內地資本之插手台灣的途徑的緣故。這不外乎都是保障投資的安全，獎勵內地資本家之各種事業的勃興，台灣資本主義化的基礎工程。

二八　台灣銀行《台灣銀行二十年法》三一頁以下。拙著《殖民及殖民政策》四八四～四八七頁。

第三節　資本家的企業

在前述台灣資本主義化的基礎事業上如何發展資本家的企業，特別是日本資本家的企業呢?這包括驅除外國資本，資本形態的發展（自商業資本至金融資本），獨占的成立，以及插手島外。以下本節將依次說明。

第一項　驅逐外國資本

自一八五八年天津條約台灣開港以來，英、美、法等國資本與台灣接觸，其勢力遠超過清國商人，主控了貿易及金融權。他們大多以廈門為根據地，當時的台灣貿易大部分以對岸和香港為對象。日本領台的效果是，轉移這個商權使其屬於日本資本家手裡，將貿易路轉往日本本土。

首先是砂糖，它以一八五八年美商羅比聶（Robinet）公司在打狗從事砂糖的輸出為開端，一八七三年澳商梅爾埔侖砂糖公司工作人員前來打狗訂購大量砂糖，日本領台當時德記、怡記、慶記、美打、海興、東興等洋行利用買辦制度對製糖業者預付貨款投資，契約一手收買砂糖。對於其運出，除帆船外要用輪船時必須經得這些洋行的允許。當時台灣的輪船海運由以香港當根據地的英商道格拉斯輪船公司所獨占。所以甲午中日戰爭前後之台灣白砂糖貿易幾乎為外國商人獨占。

反此，日本的三井物產公司於一八九八年在台北開設分公司，一九〇三年才開始購買黑糖，因外商與製糖業者和輪船公司間有特別約定，在收購運出皆很不利和不方便，惟以豐富的資金吸收外商專屬的買辦，拼命投下預付貨款，極力扶植。又於一九〇五年橫濱增田產商店開始砂糖貿易，以火車站交貨對抗打狗安平交貨，且進一步改在產地交貨，以方便製造業者，因此唯靠買辦制度的外商逐漸被拖走地盤，三井物產公司也廢止買辦制度，與製造業者直接交易。又在總督府的補助政策之下大阪商船公司插足台灣，迨至道格拉斯公司終於一九〇五年退出台灣海運界，運出砂糖的外國勢力便完全消聲匿跡。從一九〇七年至〇八年，神戶的鈴木商店和湯淺商店，大阪糖業公司及其他開始收購砂糖，一八九九年，日本有力糖商成立所謂糖商俱樂部的卡特爾組織。由之外國人和本島人的糖商在一九〇〇、〇一年左右完全沒落，有的全部由台灣撤退，有的將資金投入製糖業，或轉行從事米的買賣。前述洋行中繼續營業的只有怡記（　　商行）、德記（　　商行）二洋行而已，而且怡記由砂糖貿易撤退在台南廳下建設改良糖廠，但於一九一二年被台灣製糖株式會社收買，德記洋行完全關閉了砂糖部。如此這般，在糖業界外國資本完全都被逐出台灣。

其次，茶葉的輸出，以一八六九年英國商人約翰・達特（John Dodd）直接輸出大約二十一萬斤到紐約為其濫觴，逐漸繁榮，爾後以廈門為根據地的洋行獨占茶業的輸出，同時作為金融機關具有強大的勢力，製茶買賣價格獨占地由洋行決定，並壟斷其利益。德記及其他洋行由廈門的外國銀行獲得資金，預備給媽振館[二九]，由媽振館再預借給茶館，茶館預借給生產者，由之一手收買了製茶的一切（收購砂糖也使用同樣手法）。融資給洋行的銀行主要是香上銀行。這是在東洋英國資本活動之中樞的Hongkong & Shanghai Bank。由此我們可以知道台灣存在於英國帝國主義國內的存在。而對它挑戰的是日本資本的戰士三井物產公司及野澤組，一九〇七年左右開始從事茶葉貿易，外國人商行只剩下英商三家，美商一家。在茶葉貿易尚有外國資本的勢力，可能因為其它物產的貿易路線幾乎轉向日本內地，主要是因為今日茶葉輸出到外國比銷到日本本土更好的緣故。今後三井合名會社等的私有地式直營茶園發達，隨日本資本家輸出茶葉之大量生產，生產的資本家支配，與其結合使商業資本更加有力，所以茶葉貿易上的外國資本勢力，必將逐漸被趕出去。

關於樟腦，早有英船的走私輸出，據稱清國咸豐年間台灣開港的天津條約尚未批准交換前，英商怡和行與官員勾結輸出樟腦獲得大利。以後外國商人爭先恐後地前來台灣，壟斷輸出台灣樟腦的利益。清國時代曾經兩度欲將樟腦官業專賣，皆因遭到外國（主要是英國）商人和領事的抗議而未成功，外國資本家在台灣樟腦界的獨占地牢不可破，日本領台時政府

二九 「所謂媽振館，係胚胎於原來的英語的merchant這個名稱，從前為茶葉者間的主要金融機關。其業態並非純粹的茶商，也不是仲介商，而是作為茶商，立與其他茶商與洋行中間經營製茶之委託販賣的同時，以製茶為擔保從事資金的通融。」（台灣銀行《台灣銀行二十年誌》九頁）。

很警戒在樟腦業界之外國資本家的反抗。一八九五年制定製造樟腦取締規則，隔年訂定樟腦稅則課以一定之稅，由之與外國商人不斷發生衝突，遭受其抗議，當時與諸外國之交涉事件的大部分為有關樟腦。這樣能將外商勢力驅逐，完全因於一八九九年實施專賣制度的緣故。因國家權力的行使，樟腦商權遂由外國人的獨占轉移到政府的獨占。實施專賣之後，樟腦的輸出，由輸出業者以投標競爭，不由特定人一手包辦，結果落標於英商沙繆。沙繆商行實際上仍然由外國資本獨占。迨至一八九八年，總督府將其販賣方法變更為直營，並委托三井物產株式會社販賣之後，樟腦商權始歸於日本資本家之手。也就是由於專賣制度，才將外商利權轉移成為國家的獨占，由此將牢不可破的外商之權在制度上形式上轉變為總督府的直營販賣，才將沙繆轉移到三井。使外國資本家之堅城的樟腦商權歸於日本資本家之手，乃是由於政府強權的直接保護所促成。

鴉片為領台當時輸入品中斷然價格最高的重要商品，其輸入完全經由外商，惟因同樣實施專賣制度，結果由三井物產和其他日商取代。

米一向也是台灣的重要物產，日本資本家之開始交易台灣米始於一九〇一年三井物產之插手。一九〇四年在任台灣總督出征的總參謀長兒玉（源太郎）將軍，下令三井物產交納三十萬石作為日俄戰爭的軍用米，據稱這包含開拓和獎勵台灣米之銷路的政策[三〇]。而外國商

三〇　關於日本領有以前的台灣的產業，請參看伊能嘉矩著《台灣文化志》中卷六一一頁以下，下卷一～五七頁等。

人也逐漸由米的生意撒手，但台灣人米商的勢力卻仍然相當強大。現在台灣米因其品質銷到日本本土者不多，以在島內的交易為主。這有如以輸出外國為主之茶葉的外國商行的殘餘勢力。所以近年台灣蓬萊米生產普及的結果，台灣米之運往日本本土者激增，同時輸入台灣的外國米也增加，對日本本土米遂迅速貿易品化，日本商人嚮往者日多，尤其乘一九二七年瑞泰、泉和組等最有力台商破產，米交易的霸權日漸移往三井及其他日商之手。

此外，關於海運，如前面提到，對岸和香港航路，為英商達格拉斯公司所獨占，由於一八九九年總督府給予大阪商船會補助命令開闢航路結果，達格拉斯公司受到壓迫，於一九〇五年左右完全由台灣退出。

如上所述，台灣的貿易和海運在日本領台當時，實掌握在外國資本家手裡，但到一九〇〇年左右幾乎統統被趕出去，其商權轉而落入日本資本家手裡。其商權轉移的原因我認為應該如下：

（一）日本商人比外國商人在競爭上具有優越的資本力，譬如在收購黑糖競爭時的三井、增田屋等。

（二）日本資本作為產業資本在台灣創設企業。因此日本商業資本與其結合，比單純的作為產業資本在活動的外商在資金上更有力。譬如日本資本家之新式製糖會社的勃興，將其產品的分密糖販賣權給予日本本土的有關商人。即台灣製糖株式會社將其一手販賣權交給三井物產；明治製糖株式會社起初交給增田屋，一九二〇年增田屋沒落後交給三菱商事；鹽水港製糖株式會社交給鈴木商店和安部幸商店，似皆基於同一資本或資金系統特約的。

（三）日本資本又以銀行資本樹立於台灣島內。故外商以唯一武器的預先貸款皆依靠自己資力或廈門的香上銀行分行等，但日本商人能夠得到台灣銀行的密切援助，遠比外商有利。

（四）國家之實施專賣制度，將輸出入商權轉移給日本商人樟腦、鴉片、香煙等。

（五）國家直接而差別地保護了日本資本家。譬如航路補助金。

（六）因關稅制度統一於日本本土，日本本土、台灣間的關稅消滅，台灣、中國、香港間的關稅於一八九九年以來提高，主要貿易路由對岸轉向日本本土。

總之，顯而易見能從台灣把外國資本趕出去，是由於日本資本本身的勢力和國家直接間接援助的結果。

第二項　資本形態的發展

從歷史上來看，資本的最初形態是商業資本，而且是外國貿易資本。像台灣前資本主義殖民地社會的資本主義化，無法以固有的資本來進行，只有完全依靠外國的商業資本來促成。在日本領台前後，外國資本只以單純的商業資本接觸台灣的四周，社會內部的生產關係本身並沒有資本主義化，亦即沒有設立產業資本家的企業。它停留在以產業資本掠奪前資本主義社會的形態。可是日本領台後樹立強大的近代政府，討伐「土匪」以維治安，調查土地和林野，統一度量衡及貨幣等以保障投資的安全的基礎事業成功，資本的活動形態發展近入日本本土，設立企業，生產關係本身也隨之資本主義化。要之，從單純的商業資本發展到產業資本。

產業資本每每由商業資本家提供。因為在殖民地貿易商業資本家要人家大量生產輸出之目的物的殖民地主要物產，又為創造其輸入商品之大量銷路，需要自己在殖民地內創辦企業。商品的資本家生產和消費，係商業資本家之要求，而且前資本主義的殖民地本身沒有能夠滿足它的資本。所以上述商業資本家本身成為產業資本家，成為資本家企業的創立者。又商業資本家隨其資本之充實，欲支配利潤之泉源的生產過程本身，自己遂成為產業資本家。這個過程在台灣也表現得非常清楚。譬如最初的新式製糖會社之台灣製糖的最大股東為三井物產株式會社；鹽水港製糖係由安部幸商店所創立後成為鈴木商店的旁系；東洋製糖乃由鈴木商店所創辦。此外其他糖商也創立了不少改良糖廍。

這樣台灣的產業資本化係由商業資本家的活動而開始，既走向企業勃興的機運，產業資本的供給不一定透過產業資本，產業資本反而支配商業資本，與其結合，特約，或親自從事商業資本的活動。譬如明治製糖在日本本土的販賣，交給自己母會社的明治商店，外國的販賣則令自己同一資本系統的三菱商事獨占；大日本製糖則自營販賣等等。

不特產業資本發達，商業資本和產業資本結合，日本本土與台灣的銀行資本本身作為一個資本家企業發展，且與產業資本、商業資本結合，並發展這些。而且由於在資本的集中累積過程，金融的勢力具有決定性的影響，產業資本由銀行資本供給和援助並受其支配。則資本會發展成為金融資本形態。三井、三菱及台灣銀行的金融勢力，在台灣之促進、援助資本家企業的勃興、發展和集中是非常之大的。

首先關於台灣產業之大宗的糖業，日領台左右之前，有許多粗雜的甘蔗耕地和利用原始的人力或畜力的製糖技術的在來糖廍（所謂糖廍是「取糖漿來煎糖的地方」，即壓榨甘蔗的製糖場），在製造黑糖；在以同樣幼稚的技術的糖間，製造白糖（稱為再製糖）。兒玉、後藤之台灣政治的中心是產業發展政策，而其中心放在獎勵糖業，也在農業和工業方面很努力於技術的改良和經濟上的獎勵。成為糖業獎勵計計之基礎的新渡戶（稻造）博士的〈糖業改良書〉，對於製糖業的企業形態，認為有建設大資本之新式機器的大工廠的必要，在台灣各地依地方情況鼓勵設立用小型機器德的中小工廠，同時令耕作者組織糖業合作社，共同經營擁有機器設備的製糖廠。上述之中第一種的企業形態為台灣製糖株式會社之濫觴的資本家大企業；第二種是所謂可以稱為改良糖廍的中小資本家的企業；第三種為合作社企業，但沒有實現。改良糖廍是大企業家去台灣者不多，資本累積勢力尚未成氣候時代勃興一時，從一九〇六年至〇八年這個時期，其產糖能力比新式大企業還要大。但其發達增加只到一九一〇年至一一年，以後因新式大工廠之發展的壓力日漸減少，大多為其收買或合併。亦即其本質為在來糖廍時代到新式工廠時代的過渡企業形態。在另一方面，在來糖廍在糖業獎勵政策的初期以來繼續逐漸減少。尤其於一九〇五年為新式工廠制定原料採取區域以後，在該區域內不再許可新設在來糖廍，從前限於濁水溪以南的製糖業，自一八九九年以後發展到中北部，一九一三年以降，也及於台灣東部，原料採取區域幾乎包括全島蔗作適地，今日，在來糖廍僅僅一百多所存在於山間僻地而已。又糖門也從一九〇五至〇六年左右衰微，厲行一九一〇年期砂糖消費稅的結果，因不合算完全絕跡。如此這般，大資本家企業的新式工廠獲得壓倒性的勝利，一九二六年至二七年度總產糖能力的九五·三%，總產糖額的九八%屬於新式工廠[三一]。

三一　各種製糖場之盛衰軌跡如下（台灣總督府殖產局〈台灣糖業統計〉及日本糖業調查所〈日本糖業年鑑〉）。

（自十一月至翌年十月）	新式製糖廠			改良糖廍			舊式糖廍		
	個數	能力	產糖高	個數	能力	產糖高	個數	能力	產糖高
	個所	英噸	擔	個所	英噸	擔	個所	英噸	擔
明治三四年—三五年	一	三〇〇	一八、五〇二	一	一	一	一一一七	一一一七〇	八九〇、二〇二
同　三八年—三九年	八	一五三九	二二七、六五二	五二	三二七六	一八三、六九九	一一〇〇	一一〇〇〇	九六二、五三三
同　四三—四四年	二一	一六五二六	三、二三七、四六一	七四	六一三〇	六七九、二三二	四九九	四九九〇	五八八、九五四

糖業之外，關於台灣在來之主要產業的製茶、樟腦和米，新興產業的鳳梨和香蕉，這些市場開於日本本土和外國，隨生產物的性質由島內消費轉移到輸出商品，其產業逐漸資本家企業化。如台灣前資本主義殖民地之資本家企業的勃興，只有依靠外面市場的存在和政府事業來進行。在糖業其他的資本家的企業化和政府的土木事業等的補助地位，以及相互的關聯，新興電力、機械、水泥等企業，於是資本家企業化終於全盤地波及。而且因為資本主義的生產與資本主義的金融不可分，產業的資本家企業化，以台灣銀行的創立為始，與島內金融機關的資本家企業化相互相伴進行。要之，一個產業的資本家企業化不是單獨所能進行的。台灣各種事業的資本家企業化的歷史，即不外乎為台灣資本主義化的歷史，實無法個別地予次敘述。現在只就三、四主要產業在附注三三簡單敘述[三三]。

大正　四—五年	三五	二六〇九〇	四、八七六、一九三	三二一	二四六〇	二七七、二五一	二二七	二二七〇	一九七、六二七
同　九—一〇年	四二	三一八七〇	四、〇一九、四八二	二二一	一九〇〇	八六九五五	一七一	一七二〇	一〇五、七九九
同一五—昭和二年	四五	三五二〇九	六、七一〇、一八四	九	六〇〇	五五、七一九	一一五	一一五〇	八六、四三七

（所謂能力是一天一夜壓榨甘蔗的能力。舊式糖廍的噸數為估計噸數）。

三二　關於砂糖，如本章各項所敘述透過生產販賣成立了廣大的資本家企業。詳細將在本書第二篇台灣製糖帝國主義論述。

三三　關於茶葉，輸出由三井物產、野澤組和外國商行，不過其生產尚未十分資本家企業化。但從一九一七、八年左右，三井合名會社著手於以新式製茶工廠為中心的直營私有式大茶園（面積二千四百三十四甲），台灣拓殖製茶株式會社也同樣開始經營大茶園（一千三百十八甲），前者預定於一九三六年，後者預定於該年七月完成工程。亦即製茶業也在資本家大企業化。總督府也自一九一八年以來獎勵大茶園，尤其令小生產者設立組合或公司，現在其數目有八十（單位為一百甲）。這相當於糖業的獎勵改良糖廍。總之製茶在今日逐漸經過「產業革

日本領有前的台灣為前資本主義的經濟，沒有任何近代銀行、近代公司和近代工廠。近

命」期。從前因為米在島內消費遠比輸運出多，其生產還沒有資本家企業化，沒有像朝鮮的東洋拓殖株式會社、朝鮮興業株式會社等的存在。但我認為在不久的將來，台灣的種稻也必將資本家大企業化。理由是，（一）近年來因蓬萊米的發展台灣米的生產轉向銷到日本本土。（二）製糖會社已擁有很大面積的耕地。（三）台灣米之銷往日本本土不但價錢能提高，在另一方面因對抗農作物的關係蔗價故砂糖生產費也將提高。所以種稻比製糖有利時，製糖會社能轉變為種稻會社。（四）因嘉南大圳能將其灌溉區域內的土地，在三年輪作集體耕作制下，每各農作物大約各五十甲集體耕種，以一百五十甲為一輪作業，故能幫助土地所有和經營集中，而成為促成資本家企業化的原因。

鳳梨罐頭是於一九〇二年由岡村民，繼而於一九〇七年由濱口氏所嘗試為其濫觴的新興產業，而其發展是最近四、五年來的事。一九二六年運往日本本土金額為一百七十六萬日圓，到隔年則增加到三百十七萬日圓。製罐業者是由二十多家小企業家構成。栽種鳳梨的面積二千三百甲，將來的適合栽種面積可達六萬七千甲以上，隨技術的改良和販賣的擴張，相信將對於此業興起大資本家企業。

香蕉是今日台灣僅次於米和砂糖的運往日本本土的重要產品，一九二六年的輸日金額為一千三百六十多萬日圓，栽種面積一萬七千甲以上，從一九二二、二三年左右，突然在日本本土獲得市場，生產大為增加的新興產業。對於香蕉的生產至今還沒有大企業。在其主要產地的台中州，自一九二四年以來，成立香蕉栽種者（農民）同業組合，叫做台中青果同業組合，高雄州和台南州也向中台州看齊，同時也組織了其同業組合聯合會。同業組合共同從事青果物檢查、捆包的改善和統一、共同計算的共同出貨和調整出貨。同業組合將販賣和運輸委託台灣青果株式會社。青果會社為資本金一百五十萬日圓的資本家企業，其業務性質不過是收取手續費商人的仲介業而已。香蕉的栽種、加工（香蕉乾之製造）、運輸（冷凍船的設備等），販賣等大企業化屬於將來的課題。

煤，劉銘傳曾經邀請英國工程師來經營過，但半途而廢。日本資本之注目於煤是第一次世界大戰後煤價高漲的一九一七、八年左右，大倉組、藤田組、三井、芳川、赤司等日本本土及台灣的資本相繼成立了十幾家新煤礦會社。惟因一九二二年的不景氣以後勢力關係發生變化，在今日三井系最有勢力。

黃金，日本領台後不久就由日本本土資本家著手開掘，金瓜石鑛山是田中長一郎，瑞芳鑛山由藤田組於一八九七年以來著手事業，武丹坑金山於一九〇二年開坑，屬於基隆的木村久太郎。台灣銀行以一手吸收台灣產黃金為目的，與這三金山訂供給資金和收買產金的契約，其所生產黃金除作台灣銀行的本位貨幣準備外，也供

代銀行始於一八九五年九月大阪中立銀行（後來被三十四銀行合併）在基隆開設辦事處（原文為出張所）專門代辦國庫事務；第一家近代公司是於一八九九年，以二萬日圓資金所創立的四十萬合名會社，該年六月株式會社台灣銀行開業。近代工廠以一九〇三年台灣製糖株式會社橋仔頭工廠為最早，據說當時為防備土匪的襲擊，曾在軍隊及武裝的社會援護之下作業。是即在台灣的資本家企業的成立，完全是日本領台以後的事。與三十年後的今日，台灣全盤資本主義社會化真有隔世之感。在台灣有本店的會社如下大為增加。

		會社數	資本金出資額	繳納金額
一八九九年		三	一〇、一七〇、〇〇〇日圓	八、八六〇、〇〇〇日圓
一九二五年	株式會社	三九一	五六三、三〇〇、〇〇〇	三三一、九八六、三八一
	合資會社	三六三	一五、五二〇、八二八	一五、五二〇、八二八
	合名會社	六四	八、八一九、四五一	八、八一九、四五一

給日本銀行。現今還在採掘的有金瓜石、瑞芳二鑛山，前者於一九二六年由金瓜石鑛山株式會社繼承，後者於一九二〇年以來轉移到台陽鑛業株式會社（三井系）經營，武丹坑鑛山於一九一八年廢止。

從以上所述，我們可以知道台灣重要產業的資本家企業化，係領台後由日本資本家所完成，日本本土及外國市場的成立為資本家企業化的前提的一斑。如此這般台灣完全作為日本的殖民地資本主義化，而擔任這個事業的就是日本的資本家（關於台灣的事業界，請參看〈台灣事業〉、〈台灣銀行二十年誌〉、杉野嘉助著《台灣商工十年史》、武內貞義著《台灣》等）。

若是，在台灣如此迅速的資本家企業發達的原因是什麼呢？一言以蔽之為日本資本的力量和政府的力量。也就是經過中日、日俄戰爭和第一次世界大戰所累積日本資本的運動使台灣迅速資本主義化，而且發展到高度資本形態的根本原因。亞熱帶的自然和勤勉富於貨殖心且生活程度低的居民的存在使台灣企業的利潤很高，十分具有日本投資的引誘力。

但如前面所說有關驅逐外國資本，如果沒有政府的援助，台灣的資本家企業或許不可能有那麼迅速地勃興。即：

（一）首先安定治安，調查土地，完成幣制改革等的基礎事業。

（二）國家資本的活動。譬如鐵路築港等。這些事業是一般資本家企業的發展條件，其本身同時也是一個資本家企業。另外，阿里山、八仙山以及宜蘭濁水溪的官營林業，基於專賣制度的官業，也是由國家本身經營資本家企業的。有的企業由民間資本著手或要著手未成而由國家資本完成的。鐵路和阿里山林業便是[三三]。

（三）國家的直接援助。政府在行政上和財政上對於資本家企業直接予以很大的援助。而為其最大的是獎勵糖業，改良和配給蔗苗，拋售土地，制定原料採取區域，以及補助金

三三　關於鐵路，日本領台當時（一八九五年六月）曾發起成立台灣鐵道株式會社，因募集股份未成功，故未成立會社。一八九九年終於求其財源於公債官營，決定建設縱貫鐵路，一九〇八年完開全通。

關於林業，阿里山於一九〇六年由大阪藤田組著手經營，因不合算，於一九〇八年停止事業，一九一〇年由總督府收買開始官營。反此，八仙山和宜蘭濁水溪的五年計劃討蕃事業成功後，於一九一五年皆開始官營。

（對於設立製糖會社及製糖所、購買製糖機器、撤除改良糖廍、原料糖、原料消費、冰糖、開墾及灌溉排水費的各種補助金）等。從一九〇〇年度至一九二五年度的二十六年，為著糖業總督府支出的這些補助金的總金額為一千二百七十多元日圓（此外還有免費配給蔗苗二億四千六百萬元），有關糖政的事務和事業的經費大約一千二百萬日圓，共計總督府支出達二千四百七十多萬日圓[三四]。這些補助金的大部分已經廢止，現今仍然在繼續的只有灌溉排水工程費補助（一九二四年度十三萬日圓），和蔗苗現貨的免費配給。對於糖業的資本家企業的發達，總督府的保護實無微不至。此外，依特別法創辦台灣銀行和台灣電力株式會社，獲得國家資本及資金的援助。又不只是台灣稀有的大工程，在世界也是屈指可數的大水利工程的嘉南大圳，起初計劃為官營，後來以公共埤圳組合開始實施，收用土地和徵收組合費不但能利用國家權力，總工程費預算四千八百萬日圓中，半數由總督府補助，而且總督府更以低利貸款一千四百四十六萬日圓。實即總督府不僅以豐富的財政自己經營大企業，也創辦半官半民的大企業，基於其獎勵政策，促進民間設立大企業，對於這些企業也給予相當的補助和援護。

（四）人事上的援助。對於資本家企業，與其有資本關係或資金關係的其他大企業遣派董事等，係支配企業的一種形態，同時也是對其提供經營新企業的手腕和信用。在台灣的

三四　台灣總督府殖產局《台灣糖業概要》，二二一頁。

企業界，這種例子也很多。而且總督府的官吏之就任新設會社之經營者也屢見不鮮。而為其最著名的人物可能是明治製糖的社長相馬半治民，他的前身是舊台灣臨時糖務局技師（工程師）。創立林本源製糖株式會社時，執行業務的幹部，也由糖務局和台灣銀行派遣。其他大者有台灣電力、台灣青果等諸會社的社長，小者如地方農會、農業倉庫，台灣事業界人物充滿退職官吏實不足為奇。又如同業組合、公共埤圳組合情形也是一樣[三五]。這樣以退官吏供給事業經營者，基於在前資本主義社會迅速資本家企業勃興的台灣殖民地情況，不失為必須而有效的方法，但也有其危險性。其弊端之一為事業的經營變成官憲的，農民勞動者或組合員等會被當作「人民」的危險。其二為在官界隨其達到的高地位，對於企業或組合的經營課以不相稱的重大負擔。其三為事業經營會陷於疏慢。台南新報記者杉野嘉助著《台灣商工十年史》（發行於一九一九年）憤慨濫設會社，事業經營疏慢，批評其原因在於「不是為事業的會社，而是有提供所謂救濟人物之工具的味道」[三六]。有的可能因為退職官吏的加入而得到能幹的經營事業的才幹。但如果它不是作為退職官吏的收容所，被經濟力不相稱之居民利用於新設大事業則屬不幸。

（五）勸說創辦企業。關於台灣的經濟開發，總督府曾經很熱心地勸誘資本家投資。

三五　台灣青果會社社長係由殖產局長，台灣電力會社社長係由台北醫專校長，嘉南大圳管理者係由台南州知事轉任的。

三六　杉野嘉助著《台灣商工十年史》三四頁。

對於日本本地的資本家和台灣人都照樣勸誘。但投資的效果這兩者是不同的。日本本土的資本家以企業的支配實權者出現，而台灣人為單純的出資者。因為政府的獎勵勸誘創立會社，應募股份的結果，台灣人以吸收台灣人資金於會社股份，令經營會社之實權者和會社利潤（紅利及獎金）之主要獲得者為日本本土資本家。林本源製糖會社之設立經營便是它的例子。但總督府如何以設立資本家企業為主要政策來勸說，以及其結果導致濫設會社、經營疏慢，我們來引用前述杉野氏的著作則可知。他說「泡沫會社的濫設為設立熱的煽動，對於事業的將來沒有確信，努力亂吸收本島人股東」，「會社的設立多少具有官廳的後援性質時，其發起人之募集股份不必花太多勞力，由官廳斡旋常對一般勸誘為股東」，台灣人股東多是由於官廳或有力者的後援之「請託勸誘」的結果，「欲辭無門不無前途不安之念不得已」應募股份，所以對於事業既不理解也不熱心，事業經營疏慢，「不是為事業的會社，而是有提供所謂人物救濟之工具的味道」（重引），勸誘濫設會社可能是「為了維持開發殖民地的面子」[三七]。要之，台灣人的資金被動員成為會社資本，以供日本本土資本家支配。這是資本的本質累積。而「官廳」為其助產士，「殖民政策」是它的領導者。有如我們所看土地之本質的累積。

這樣日本本土之資本累積的發展，台灣投資條件之良好，加以總督府的政策和政治，使

三七　杉野嘉助著《台灣商工十年史》，三一～三五頁。

台灣的資本家企業，有如在溫室中發育。

第三項　獨占的成立

在台灣成立和發達的資本家企業，又迅速地獨占化。它作為日本本土資本獨占運動和反映，以及在總督府助力之下，非常模型地和溫室地進行。

首先我們來看看糖業，新式製糖會社的資本金共計二億六千零一萬日圓，繳納金額一億六千四百十四萬五千九百九十日圓，台灣株式會社全部的總資本為五億六千三百三十萬日圓，繳納金額三億二千一百九十八萬六千三百八十一日圓，佔大約一半（一九二六年底）。而台灣的耕地總面積為大約八十萬甲中，包括在製糖會社的原料採取區域者佔七十八萬五千甲。即台灣耕地幾乎全部，有關蔗作的部分已為取新式製糖會社獨占和支配的區域，小規模的舊式糖廍不但僅僅存在於山間僻地，而且也沒有新設立製糖會社之原料採取區域之餘地。栽種甘蔗總面積為大約十三萬甲，蔗作農家戶數為大約十二萬戶，對於總戶數七十五萬戶的一六%，相當於農家總戶數三十九萬戶的大約三成（一九二五年）。惟因為台灣蔗作需要三年輪作，能依次作蔗作的耕地及農家總數需要其三倍，所以在面積原料採取區域內耕地的大約二分之一，在戶數農家總戶數的幾乎全部，應該屬於新式製糖會社關係之下。即不管關於台灣的總資本，或關於耕地面積和農家戶數，其很大比例被新式製糖會社所支配。而且台灣的外國和日本本土的輸運出總金額（一九二六年）二億五千萬日圓中，砂糖是佔一億日圓的主要產業，其總產糖額的九八％屬於新式製糖廠。由以上所述可知，新式製糖會社在台灣事業界所佔的主要勢力，以及在糖業界的獨占地位。

新式製糖會社到最近有十三家（台灣、新興、明治、大日本、東洋、鹽水港、林本源、新高、帝國、台南、台東、新竹、沙轆的十三社），其中林本源於一九二六年合併於鹽水港，東洋合併於大日本，故減少兩社，巨大的台灣製糖企業集中於十一社。（一九二六年經濟恐慌後台南製糖經整頓，代之設立了昭和製糖會社）。一九〇二年新式製糖會社只有台灣製糖一社，其工廠數三百噸能力者一，資本金不過一百萬日圓。可是於一九二八年六月三十日，新式製糖會社數為十一，許可工廠四十八，工廠能力共計四萬三千噸，資本總額達二億八千萬日圓[三八]。在這巨大資本累積企業膨脹的過程中，資本累積及集中的發展，尤其有力的三十四大會社特別顯著。即只是台灣製糖一社的資本金就有六千三百萬日圓，工廠數十三，工廠能力一萬二千噸。台灣、明治、大日本、鹽水港、新高、帝國六社的資本金合計二億六千六百九十一萬六千六百日圓，相當於上述新式製糖會社總資本額的九四％，工廠數合計四十，佔全部的八三％，工廠能力合計三萬八千六百二十噸，佔全部的九〇％。由之可知其他五會社所佔勢力之如何輕微。如果不觀察各別會社，只就資本及資金系統來看的

三八　台灣總督府《台灣事情》（一九二七年版），三四八頁。

話，一九二七年經濟恐慌過後糖界新領域的製糖工廠能力，三井系（台灣、沙轆）大約一萬一千噸；三菱系（明治、鹽水港）大約一萬二千噸；藤山系（大日本、新高）大約一萬噸；台灣銀行系（昭和、台東、新興）大約三千噸；松方系（帝國）三千噸，此外台灣的地方資本家的新竹製糖為五百六十噸[三九]。在台灣的企業界佔最主要地位的糖業，是新式糖業會社的獨占，而這也是三井、三菱、藤山、台銀、松方的獨占，尤其三井、三菱、藤山之三大資本的鼎立佔有台灣的糖界的四分之三。台灣的總會社資本的一半，全部耕地面積的一半，全農家戶數的幾乎全部，大體上在這三大資本家之糖業資本的獨占支配之下。加以諸製糖會社自一九一〇年十月以來，組織卡特爾台灣糖業聯合會，限制生產數量及分配各社，對於精糖業原料糖供給的分配，限制販賣價格，義務輸出之分配等的協定，以獨占市場，維卡特爾價格，以致力於提高利潤率。在卡特爾內部，各會社間的競爭，並不妨害國家、消費者，以及對於農民勞動者之糖業資本之獨占的存在，反而因為競爭會促成卡特爾內部有力會社之生產和資本的集中，其結果更將強化卡特爾的獨占地位。

獨占由資本的累積和集中形成。新式製糖會社或以自己工廠蔗園等的新規增設，或改良糖廍，或收買、合併其他新式製糖會社，以擴張其事業。因為這些工廠、事業的增設或收買一時需要巨額的出資，故在資金上有辦法的會社最能實行企業的集中。而資金供給者之有

三九　請參考第二篇〈台灣糖業帝國主義〉。

支配事業的傾向，也是企業集中的正式的必然。這個金融資本的支配地位，在台灣糖業也很明顯地可以看得出來。日本本土的最大金融資本家的三井、三菱，由於這種理由在台灣糖業亦與日本製糖並列佔著霸王的地位。又，台灣銀行之經營台東製糖和昭和製糖（去年整頓台南製糖而設立的），乃基於資金關係的原因。要之，獨占地支配台灣糖業的是日本的金融資本家。今日的台灣糖業是日本金融資本主義的一部分。所以這是發展到金融資本之階段的東西。

企業之集中不只是同一生產階段的，譬如工廠或農場，單純的企業形態的擴張，大多又透過各生產階段以混合企業形態進行。由於糖業是需要結合農業部門和工業部門之最顯著的產業，故混合形態的均衡發展是為增大該企業安全利潤的絕對必要條件，近年有力製糖會社之拼命要擴張擁有蔗園是理所當然的。台灣糖業的混合企業形態是屬於最典型，關於農業方面即原料甘蔗的生產，擁有土地、自營蔗園、製造肥料，上溯到開墾以擴張蔗園。其次，關於原料甘蔗、材料、製品及員工等的運輸，自己鋪設鐵路軌道，同時從事一般運輸事業。（台灣的鐵路，幹線為官線，地方的鐵路和軌道幾乎都是製糖會社的社線）。又第一次世界大戰後船錢暴漲時，帝國、鹽水港、台灣製糖三會社皆購買輪船，運輸自己產品和兼營一般海運業。下來在製糖部門為其中心之製造分密糖外，因在台灣的耕地白糖和再製爪哇糖設備以及在日本本土的精糖工廠的自營，使由粗糖到精糖之技術和經濟的聯結有利，同時設立以其副作物之廢糖密為原料的酒精工廠。關於製品之內外販賣，屬於同一資本系統或具有資金關係的商事會社之手。（譬如台灣製糖為三井物產，明治製糖的海外販路屬於三菱商事，其日本本土販路交給自己直系會社的明治商店。破產之前的鈴木商店具有屬於其支配下之鹽水港製糖、東洋製糖的販賣權。大日本製糖的販賣是自營）。關於砂糖製品，鹽水港製糖擁有冰糖工廠，台灣製糖是森永製菓（製造糕點）株式會社的大股東，明治製糖作為明治製菓株式會社的母會社，支配製菓業。今後台灣的鳳梨罐頭事業如果發達，製糖會社為著製糖的生產消費可能會投資於這個事業。如上所述，為栽種原料甘蔗從開墾事業開始，以至蔗作、製糖、運輸、販賣及生產消費（製菓），糖業資本在廣泛的全部技術及技術過程支配著混合企業形態。雖然不是各會社的事業統統通曉其全部過程，但從整個糖業資本來看這是完全的混合企業形態的支配，愈有力會社實際上由此獲得企業集中和獨占的範圍愈廣，基礎愈鞏固。譬如從在開墾地撿石頭的生蕃人老幼，到蔗園、工廠的台灣人農民和勞動者，精糖（上白糖）工廠的日本人勞工，森永喫茶店之楚楚女服務員，台灣製糖的，也就是三井的，全盤支配的一個聯結。其他會社也大同相同。獨占資本之社會勢力實在是廣泛而強大。

如此這般，三井、三菱和日糖三者逐成為台灣糖業的獨占者。但日本本土的大資本家之插手台灣不止是糖業。日資在台灣的企業家歷史最久事業範圍最大的是三井。前面我們提到領台後不久三井物產作為糖商，率先與外國商行角逐壓倒對方，又三井物產之最大股東的台灣製糖會社之為新式製糖會社之濫觴設立。此外，於一九〇七年左右，它也揮手輸出茶葉業與外商為伍，近年烏龍茶輸出數量之二六%屬於三井物產。三井合名會社從一九一七、八年左右，得到新竹州蕃地的預約開墾拋售，並著手於開墾二千四百三十四甲的近代私有大茶園，以它中心建設大工廠，近年開始正式製茶。據說它將完成於一九三七年，這不外乎是茶葉生產的企業化，也就是合理的混合企業形態的建設。它將使製品規格統一並能大量供給，既能恢復近年來受李布頓紅茶壓抑的台灣烏龍茶的銷路，也將增進屬於同一資本系統的三井物產的茶葉貿易勢力，於是在茶葉生產和貿易，我認為三井系資本將獲得獨占的支配地位。又在稻米貿易方面，近年來三井物產的勢力也大為增強，在專賣局關係方面，鴉片原料及外國香煙的輸入也幾乎都是三井物產的獨占，樟腦的販賣也自一九〇八年至一九一八年創辦日本樟腦株式會社之間，也是三井物產的獨占。關於鑛業，煤總產量的四五%為三井系所經營的基隆煤礦和台陽鑛業兩社所佔，三井物產擁有總出煤額之六〇%的販賣權。現今在運作中的台灣二金山中之一的瑞芳金山也是一九二〇年以來歸於台陽鑛業株式會社之手，所以隨台陽鑛業自一九二五年以來委托三井系基隆煤鑛株式會社經營一切，瑞芳金山也歸於三井系。此外，我們可以知道三井合名為台灣電力株式會社的大股東等，三井的資本及於台灣主要產業的各方面，掌握著廣泛的生產和貿易上的獨占地位。

三菱之插手台灣是比較近年來的事，其範圍亦無法與三井相比。明治製糖株式會社於一九〇六年，主要是由三菱合資會社出資創業的，此外三菱系的事業成氣候的並不多。即著名的竹林事件，起因於一九〇九年三菱製紙株式會社事業計劃，林內製紙所於一九一一年開始作業，以生竹為原料的製造竹紙在技術上沒有成功，不久於一九一四不得不關閉工廠，惟其竹林造林場一萬五千甲於一九一五年獲得預約拋售許可，迨至一九二五年正式歸於三菱所有。據說近幾年三菱注目於鳳梨的栽種，收買台南州斗六郡的三百甲土地，計劃建設罐頭工廠。台灣適宜於栽種鳳梨，不但還擁有六百甲適宜土地，目前總督府計劃中的開放蕃界如果實現的話，將會得到更廣大適宜於栽種鳳梨的土地。不過日本的製罐技術還趕不美國。因此台灣的鳳梨產業蠻有前途，如果有總督府的保護、獎勵和大資本家的插手，我認為今後發達的餘地還是很大。如果三菱對它設立兼營農場工廠的資本家企業，對於北部三井的茶園，南部將是三菱的鳳梨園。近年來三菱對於台灣的作為，很令人注目其將來的發展。

三井、三菱以在日本本土累積的資本插手台灣，反此鈴木商店以台灣為基礎為出發點完成了其百大的資本累積事業和擴張。亦即合名會社鈴木商店以資本金五十萬日圓設立於一九〇二年，以台灣為事業的根據地，開始砂糖和樟腦的生意，一九二七年破產當時有直系和投資會社六十多家，資本總金額達五億日圓[四〇]。東洋製糖為其直系會社，鹽水港製糖也以鈴木商店為大股東。這兩家會社和林本源製糖的販賣權也幾乎為鈴木商店所獨占。關於樟腦，獨

四〇　《銀行論叢》第九卷臨時增刊（一九二六年七月），根據《昭和恐慌史》。

占專賣局工廠和再製樟腦製造的再製樟腦株式會社，以及獨占精製樟腦的製造和粗製精製樟腦之委托販賣的日本樟腦株式會社為鈴木商店的直系，製造樟腦之副產物的紅白油和茅油的委托販賣也獨占地給予鈴木商店。

以上所述，我想說的是什麼呢？第一，台灣之代表產業白糖業為三井、三菱、藤山、鈴木等大資本家所獨占；第二，這些大資本家的獨占不僅是糖業，甚至及於台灣的整個產業；第三，這些大資本家不但在台灣，在日本全國也具有獨占的勢力。也就是在台灣的獨占資本，是日本帝國的獨占資本的一部分。這不只是關於台灣的地方性獨占，也是日本帝國的獨占的一連環。不管資本家活動的出發點像三井、三菱在日本本土，還是像鈴木在台灣。日本本土資本獨占化台灣的資本家企業，以這個獨占化而提高其本身在日本帝國的獨占地位。不久以前鈴木商店的沒落，使台灣企業界的獨占狀態更前進一步，同時使日本帝國的獨占資本的地位更向前進步。

獨占由大資本力量形成。但國家權力之直接間接的援助也不少。資本與權力結合時真會成為真正的獨占。如在台灣這樣的殖民地，資本家的獨占，因政府的權力和政策新創始的情況尤其明顯。原料採取區域制及其他獎勵一般的資本家企業的政策暫且不談，這裡只敘述與政府權力有直接關係的獨占企業。

（一）因特別法的獨占企業的創立。台灣銀行和台灣電力株式會社便是。設立台灣銀行的由來前面已經說過。那是被賦予發行兌換券之特權的獨占性殖民地銀行，在資本上和資金上支配現今台灣的台灣商工、華南、彰化、台灣貯蓄四銀行的一切。日本本土銀行又在台灣設分行（支店）的只有日本勸業銀行和三十四銀行的兩家。台灣諸銀行（包括勸業銀行和三十四銀行的分行）的總資本金為九千九百四十萬日圓中，台灣銀行四千五百萬日圓，勸業銀行分行三千三百萬日圓，總存款金額四十九億二千五百萬日圓中，台灣銀行三十八億九千四百萬日圓，總放款金額四十四億二千五百萬日圓中，台灣銀行三十九億一千五百萬日圓（一九二五年底）。台灣銀行之佔有台灣金融界的獨占地位是非常清楚的。

台灣電力株式會社是於一九一九年四月，依台灣電力株式會社令設立之資本金三千萬日圓的會社，政府估計從前為官營之台北、基隆、高雄、彰化等電力事業全部為一千二百萬日圓出資，餘數一千八百萬日圓由民間出資，設立會社的目的在於要在日月潭發十萬千瓦特的水力電，以電氣化台灣全島。可是日月潭工程未能成功，投下工程費三千六百萬日圓，於一九二六年第五十二次議會停止了工程。亦即這個獨占計劃失敗，會社不過是由總督府繼承的舊官營電力事業的經營，但這樣還是具有一萬七千千瓦特的發電力。台灣的電力會社有八家，其發電力共計二萬七千千瓦特，總資本金四千三百八十七萬日圓（一九二六年十二月底），台灣電力佔六三%的發電力，資本金佔六八%[四一]。

（二）官業及專賣。台灣的林業和鐵路，單純地以國家資本的官營企業所獨占。反此專賣制度不僅成立官營的企業獨占，依指定委托的方法給予民間資本家獨占的地位。專賣事業為國家資本的獨占，而且使民間資本的獨占寄生於它。專賣制度之所以利權的泉源在此。在台灣的專賣中，鴉片的製造係官營獨占，其輸入的大部分在三井手中。關於鹽，天日製鹽由一般鹽業者（一九二五年為二千二百四十一人）；煎熬鹽的製造於一九一九年因總督府的斡旋成立的台灣製鹽株式會社獨占；粉碎洗滌鹽的製造是，專賣局製鹽所自營的獨占，鹽之運往日本本土乃由日本製鹽株式會社一手包辦。關於樟腦，再製樟腦製造的一部分，只由專賣

四一　台灣電力株式會社是在醉心於第一次世界大戰後的好景氣，欲電化台灣全島使其成為大企業百花煥發之母的構想而計劃的，因日月潭工程的挫折未能照預定進行時財界一變，工程費三千六百萬日圓「雖然成立了卻成為未實現」的資本腐朽於山中，為搬運材料鋪設的十九哩鐵路，由國家收買（三百八十萬日圓）獲得救濟，其他一切工程停止。這個會社之所以未成為泡沫會社，完全是因為政府在創立會社時以官營電力事業作為實物出資的緣故。今日會社經營它得六分的紅利。會社的股份政府股二十四萬股，普通股三十六萬股（其中台灣銀行五千股，小池厚之助三千五百股，三井合名三千股），章程規定普通股的紅利達到八分之前政府股不分紅。（請參看《東洋經濟新報》臨時增刊《續會社鑑》）。即政府無報酬地利用其設施，一般股東獲得六分的紅利。將利潤的淵源歸於生產手段的自然生產力，故以生產手段的提供者為利潤的正當獲得者的學說在這裏是不通用的。所以由此可能出現利潤的淵源在於政府的恩惠這樣的學說！！自來殖民地企業以英國的南海公司(South Sea Company)、約翰．羅的Compagmie L'Oceident為首的投機分子居多，而國家保障具有經濟上投機危險之事業不成為投機是近代帝國主義殖民政策的特徵。這是經濟投機在政治上的　　。而所謂國家的保障，是要由誰來保障呢？又對於事業的失敗，誰來負責呢？（在總督府保護下令台灣電力株式會社募集外債，再度著手日月潭工程的預算案，於一九二八年冬天至二九年春天在帝國議會提出並獲得通過）。

局工廠自營；山製樟腦的製造，由於一九一八年統一從前的樟腦業者所成立的台灣樟腦株式會社獨占，再製樟腦的大部分給予一九一九年設立的再製樟腦株式會社，山製及再製之粗製樟腦的委托販賣和精製樟腦之製造和販賣給予於一九一八年設立的日本樟腦株式會社，樟腦之最大消費者的賽璐璐（Celluloid）素地製造給予於一九一九年設立的大日本賽璐璐之株式會社分別獨占。這個台灣和日本本土之樟腦事業的各階段的獨占會社，在一九一八、一九年事業隆盛的利權時代，基於總督府之「力說」和「慫恿」統一同業者所設立的四二。香煙的製造在專賣局工廠，外國香煙的輸入主要由三井物產負責，日本本土香煙的供給由專賣局承受。酒的專賣開始於一九二二年，令從前的民營造酒廠的大約兩百所全部關閉，代之連設了十五所專賣局的工廠。即是專賣局自營獨占的成立。如上所述專賣制度創始和發達國家資本和日本本土資本之獨占企業，同時專賣局製品在台灣島內的販賣則由指定商人獨占，以為對於台灣人的利權。

（三）受總督府特別監督的特殊企業。我把台灣青果株式會社和嘉南大圳歸於此類。台灣青果株式會社是因近年來香蕉銷往日本本土大增結果，於一九二五年以資本金一百五十萬日圓設立的會社，以青果物之委托販賣和仲介，對於青果物業者的融資，以及運輸青果物為其勞務。蓋台灣香蕉的生產和輸運出之大增，乃是一九二二、二三年以來之事，其生產主

四二　台灣總督府專賣局《專賣事業》，五一～五四頁。

要是台中州，高雄、台南兩州次之。這三個州的生產者分別組織青果物同業組合，以進行青果物的檢查，出貨包裝的改善和統一，以及調節出貨，同時組合員要在每一商標團體之共同計算下共同出貨。共同組合的幹部原則上由組合員選舉產生，但在相同期間內由知事提名推薦，各州同業組合長皆為州的內務部長，同業組合聯合會長則由總督提名台中州知事出任。同業組合與青果會社訂契約，將生產物委託其一手販賣和運送。因此青果會社是運往日本本土金額高達一千萬日圓之香蕉委托販賣和運輸的完全的獨占者。不經過青果會社不得販賣和運輸是總督府的政策，這是於一九二五年夏天香蕉自由運往日本本土問題時已證實[四三]。青果會社之獨占當為總督府的理解下的計劃，由會社之董事監事的選任以及利益金之處分，要經過總督府之承認（許可）這樣章程的規定可以得知。事實上，青果會社的創立本身可能出自總督府的政策。因為當時的殖產局長退休出任了該會社的社長。所以同業組合、同業組合聯合會、青果會社之全系列的計劃、幹部，以及透過經營上的聯絡，青果會社之獨占運輸香蕉到日本本土，乃是出自總督府的政策[四四]。

四三　台中州青果同業組合以排除香蕉交易的仲間人制度為目的，平地一甲以上或山地三甲上香蕉栽種者為組合員，設立於一九二四年，販賣與運輸則委托青果會社。可是沒有上述組合員資格的小農民的香蕉生產者，於一九二五年夏天沒有經過青果會社，意圖共同出貨將兩千籠香蕉運往基隆。惟因大阪商船會社徵求總督府意見之後拒絕其運輸，香蕉終於碼頭白白爛掉。該年秋天因廢除了上述組合員資格的限制，全體生產者便都能參加青果同業組合。

四四　香蕉生產者經由同業組合委託青果會社販賣和運輸，青果會社將香蕉運往日本本土批發商的收理貨組

嘉南大圳的灌溉面積十五萬甲，相當於台灣全部耕地的五分之一，利害關係人（受灌溉土地之所有者、質權者、佃農以及埤圳主）四十萬人，台灣全農戶數十分之一以上的一大水利工程，獨占區域內的給水排水事業。這個事業是於一九一七年總督府以官營的想法開始計劃的，因其工程極為龐大，因預算關係於一九二〇年設立公共埤圳組合來負責，總督府停止官設埤圳，將其預算餘額一千一百萬日圓全部補助這個組合。（後來，因為工程費增加，政府的補助款增加了一倍）。公共埤圳組合關於其章程（原文為規約）、預算和埤圳的變更，需要經過總督府的同意，其管理者，州知事或廳長認為必要時，得指定人或自行代為管理。換句話說要服從總督府的特別監督。嘉南大埤本為總督府的計劃，其設立公共埤圳組合當時的管理者為總督府土木局長，副管理者為台南州知事，一九二一年設專任管理者時，由原來之副管理者的台南州知事退職來出任。其他組合的幹部，多是由土木局人員轉任而來的。關

合。將扣除的百分之七作為批發商的佣金，百分之三為青果會社的佣金（其中百分之一作為出貨獎勵金給予同業組合），餘金在出貨後半個月或一個月將落入生產者之手。香蕉出貨之危險負擔不在同業公會和青果會社，完全歸於生產者。因作為商品的香蕉具有很大投機的性質，故近年來價格之下跌使生產者曾蒙受極大的打擊。而且青果會社的收入，作為獨占佣金商人最為確實。會社的總股數三萬股，分給日本本土批發商、當地生產者和會社的董監事，日本本土六千股，生產者台中州一萬五千股，高雄州和台南州各三千五百股，從人類的比率來看，生產者（栽種香蕉的全部農戶大約為三萬四千戶？）的分配股數太少了。因此在比率上會社利潤的主要歸屬處也非常清楚。所以生產者之間似有人對於青果會社抱著懷疑的態度。關於香蕉業之以上的制度，是新的而且在試驗的階段，將來同業組合能否成為生產者的協同組合，轉變成為直接經營生產和販賣的主體，或者如青果會社在英國領土西印度的United Fruit Company經營透過栽種製造販賣香蕉的大企業。總之如現今之制度的青果會社，將被視為沒有什麼作用的存在。

於其計劃、監督和幹部，以及關於四千八百萬日圓這個龐大工程費預算之半數的補助，嘉南大埤可以說是總督府「直系的」、「女會社」（原文為娘會社）的獨占事業[四五]。在總督府的『台灣事情』官設埤圳的項目說：「嘉南大圳雖然是民營，為了方便起見在這裡概說其內容」[四六]，這個說法是理所當然的。

四五　嘉南大圳工程於一九二〇年開工，本來預定於一九二五年竣工的，因在技術上工程困難必須變更設計，所以財界不景氣遭遇資金困難等情事，遂延長預定，計劃於一九二九年落成，目前正在積極進行中。其總工程費為四千八百十六萬日圓，其中半數為總督府的補助，其他總督府的貸款一千四百四十六萬日圓，勸業銀行貸款四百三十七萬日圓，普通銀行貸款四百五十二萬日圓。工程費負擔及借款償還的組合員負擔為五千萬日圓，工程完成後土地收益將大為增加。要之本工程無論在工程設計、灌溉面積和利害關係者，都是極為大規模的計劃。不過竣工後仍然沒有足夠灌溉全灌溉面積的水量！於是依給水排水的技術上需要，將強制全區域十五萬甲的三年輪作集團耕作。這對於製糖會社將如何有好處，以本書第二篇來敘述；對於甘蔗耕作本來需要三年輪作的作物，稻米為連年，不，在台灣可能有二作，故可知嘉南大圳水利工計劃不是以稻米為中心，而是以蔗作為中心的。而且給水排水的水路需要全區域的設施，所以今年輪到蔗作或雜作的土地，事實上一部分全部不受水的供給卻同樣要負擔水路敷設及維持費。這樣水量不足，因此當局說：「自計劃當初……就明白將來日月潭水力電氣完成時預定引用增加水量，惟其竣工日期不清楚，故將在左表水量範圍內給水（《嘉南大圳事業概要》）。「日月潭工程失敗而停止的今日，嘉南大圳之水量不足是確定了的。說這種水利事業（以作稻米為目的）為世界絕無的大工程」（田川大吉郎《台灣訪問記》六八頁），其本身就是建立在又不過是大計劃的日月潭工程之基礎上「水上之機關」。今日不得已隨以三年輪作為目的。給水計劃進行工程中。烏山頭水庫之堤壩工程是大工程。整個工程預定於一九二九年度落成，即使不得已再延期幾年，我們也真希望它能完成。竣工後這個地區的生產力必將大增，生產關係也必將改變（請參閱本章注二八）。好歹能作這種大工程的冒險，是日月潭之所以日月潭，和台灣之所以台灣。

四六　《台灣事情》（一九二八年版）三〇五頁。

以上，我們敘述了與政府具有直接關係的獨占企業的成立。對於日本本土大資本家之插手台灣的日本帝國的獨占，在限於台灣的地方獨占企業，其關係尤甚顯著。因為權力在本質上躊躇的地方也會創造獨占。如前資本主義殖民地的資本主義化為資本主義政府的殖民政策，資本主義化之殖民地的獨占化，也是資本主義政府之必然的殖民政策。殖民地的經濟，將從前資本主義階段飛躍地急進獨占階段。這是資本主義經濟之胎生的發展[四七]。而要求它並使其成為可能的是日本本土的獨占資本和政治權力。我對於台灣所敘述之諸事實的意義也在此。

如果就在台灣的資本家企業的日本帝國和地方的獨占化，從日本本土資本家對台灣人資本家的關係來看，我們可以知道這是日本本土資本家的獨占。在像台灣這樣的殖民地討論企業獨占的成立時，需要可謂民族的獨占這個層面，關於這一點，擬在本章第五節階級的關係討論。

第四項　對外面的發展

插手台灣使其資本主義化，由之成長、發展、累積到巨大獨占階段的日本資本，更以台灣為基礎使其事業及於台灣以外的地區，擴大其資本家的支配。而製糖會社和台灣銀行便是

四七　拙著《殖民及殖民政策》二三六頁。

其最好的例子。

如前面所說，台灣的諸製糖會社，為其產糖的處分，以發展成為兼營精糖的混合企業狀態為有利，尤其於一九一五、六年以來，盛行收買或新設日本本土的精糖工廠。又琉球的製糖業，自一九一六年至一九年之間，統統被東洋製糖和台南製糖收買合併。關於北海道的甜菜糖業，帝國製糖於一九一九年創立北海道製糖會社，明治製糖於一九二三年收買了日本甜菜製糖會社。在朝鮮，大日本製糖於一九一七年創辦了朝鮮製糖會社，後來予以合併。在滿洲的南滿洲製糖會社的創立為鹽水港系，上海的明華糖廠是明治製糖的精糖工廠。對於南洋，大日本製糖和南國產業株式會社（台灣製糖直系）在爪哇擁有糖廠，明治製糖在印尼創立直系會社蘇門答臘興業株式會社，開始栽種樹膠。是即台灣製糖會社在日本本土的精糖業（大正製糖除外），包括琉球的粗糖業，北海道和朝鮮的甜菜糖業，不但獨占了日本帝國內的整個糖業，也擴張其事業到滿洲、上海和南洋。

其次，台灣銀行曾經在其設立理由書宣佈說：「開發台灣富源，圖謀經濟之發展，進而將營業範圍擴張至南洋地方和南洋諸島，使其成為此等諸國的機關，以調和其金融為目的」，以台灣為根據地之對外發展為其設立的使命之一。亦即在一方面開發當初在神戶，後來於一九〇六年在大阪開設分行，爾後更在日本本土各地設立分行，在另一方面，同樣一開業便於一八九九年在廈門設分行，一九〇三年開香港分行，後來又在華南、南洋各地、倫敦、紐約、孟買（Bombay）等地設立分行或辦事處，以援助日本人對外貿易和企業的發展。今日在台灣的政府及事業的援助暫且不談，茲將台灣銀行的對外關係的事績略述如下[四八]。

（一）助長貿易。第一為日本本土、台灣間匯兌的調整和改善，日本本土及台灣關稅之統一以及補助航路的開設，由之助長了日本本土、台灣間的貿易。第二為因總督府對於台灣、南洋間航路的補助命令政策，直接能夠聯絡，台灣銀行自一九一四年以來，獎勵經由台灣，日本本土與南洋間的仲介貿易而給予匯兌的方便。第三是台灣與外國間的貿易援助，譬如一九一〇年因台灣產糖增產的結果，迫於需要向中國輸出過剩的糖，糖業聯合會作了義務輸出的協定，為了援助它，總督府令大阪商船會社，新開設從高雄經由福州、上海、青島、大連至天津的補助命令航路。台灣銀行又於一九一一年開設上海分行，為對抗外國糖，比運往日本本土的糖降低了由台灣輸出糖的匯兌利率（但獲得政府的補助）。一九一八年左右，對於爪哇政廳禁止輸入外國茶葉，台灣銀行分行令組織輸入茶商組合運動結果，使對方緩和了對於台灣包種茶的禁止輸入。因此不但獎勵台灣的輸出貿易，第四從日本本土援助一般對外國的貿易，於一九一四年勸說日本本土的輸出業者創立輸出組合，台銀本身為獎勵貿易，

四八　台灣銀行在台灣島內的事績是，整理幣制、處理國庫事務、應募政府貸款和公債，疏通和降低利息，借款重要物產，對於島內金融機關、事業會社和組合等之資本上、資金上與經貿上之援助，不動產放款等，總之不僅作為發行銀行券之中央銀行援助政府之財政，負責金融之統制，同時也從事商業金融、拓殖金融與事業會社的投資，直接貢獻資本家企業之發達（《台灣銀行二十年誌》四〇八～一一頁）。

乃於該年十一月以後由政府及日本銀行（中央銀行——譯者）給予海外匯兌及其資金上的援助。要之，台灣銀行不僅是台灣，也是作為日本帝國向外國貿易銀行在活動，「不但在金融關係，經常援助當業者，以謀求我輸出品在輸入地擴大其銷路，不怠慢於去除其障礙」四九。

（二）對於中國和南洋的投資。(1)發行一般銀行業務和在華南的台銀支付支票和努力於圓銀的流通。台銀支付支票的發行「不僅使日本商店方便於交易，內外因此芟除援受硬幣的不方便，進而能提高日本財政上的勢力和信用」五〇。即不外乎日本商品和貨幣進入華南，以及扶植日本資本的勢力。(2)台灣銀行於一九〇五年對於福建布政使之提議的借款，以答應單獨出資為濫觴，爾後至一九一八年十二月，答應單獨出資借款總金額一千二百多萬日圓，銀三百萬美元和七十多萬兩。此外，台灣銀行所參加對華共同投資總金額為一億八千二百多萬日圓，台銀負擔四千九百多萬日圓，這個共同投資的大部分，即一億三千多萬日圓，係台灣銀行、日本興業銀行和朝鮮銀行三銀行所組織的對華經濟借款共同借款團的投資，台銀的分擔金額為四千三萬多日圓（一九一八年十二月底五一）。即台灣銀行為與日本興業銀行、朝鮮銀行一起或單獨，參加海外投資銀行團，對華投資的一大勢力。(3)台灣銀行作為女會社在中國設立了中日實業株式會社、中日銀行、中華匯業銀行等中日合辦事業，利用於作為對華投

四九　台灣銀行《台灣銀行二十年誌》四一九頁。
五〇　同前，三八四頁。
五一　同前，四〇五～〇六頁。

資的仲介機關。前述中國借款的大部分，都是由其仲介的。又台灣銀行勸誘台灣和南洋華僑的資本家，於一九一九年共同創立之女銀行的華南銀行，其總行設在台北，具有南洋貿易和金融機關的使命[五二]。(4)幫助南洋方面日本人的事業。即在南洋方面開設分行，除輪船貿易會社外，給予樹膠、砂糖等企業家金融上的幫助。[五三]

如以上所述，台灣銀行不僅對於台灣的產業開發，更是對外貿易和投資的機關。其活動範圍以台灣為主辦於日本本土，對外以華南和南洋為主及於一般外國。台灣銀行主要幫助輸出在台灣所生產的商品，和幫助輸出在台灣所累積的資本。不僅在金融上幫助，更積極地計劃、獎勵、且擔任實行台灣銀行是殖民地銀行。但不止於此。它是以台灣為基礎的日本資本之發展帝國主義的機關。有如朝鮮銀行之日本北方帝國主義銀行，台灣銀行為日本南方帝國主義銀行。

銀行活動的基礎在於生產貿易商品和累積資本。因此台灣銀行的活動基礎也在於台灣的商品生產和資本之累積。至於台灣資本家企業之如何發展下來，我們在前面已經敘述過。由此產生了龐大的商品生產，但生產過剩必然地要輸出商品。請看隨台灣糖業的發展，為處理過剩的糖，在一九一〇、一一年左右，需要對中國輸出砂糖時，大阪商船會社開闢了上

五二　同前，四〇一～〇四頁。
五三　同前，四三〇～三二頁。

海、天津航路，台灣銀行在上海開設分行，總督府對於航路給予補助，對於銀行則給予匯兌資金的補助。受第一次世界大戰的影響，台灣糖業得到大發展的機會，糖業家購買爪哇糖，經營爪哇粗糖業，插手經營橡膠園等，這個貿易和投資的發展，因一九一六年台灣總督府的補助，大阪商船會社開闢南洋命令航路，促使台灣銀行在泗水（Surabaya，一九一五年）、三寶壠（Semarang，一九一七年），雅加達（Jakarta，一九一八年）等地開設分行，予以幫助。台灣銀行對華借款投資之為在台灣累積的資本是不難窺知的。所以，因台灣產業的資本家企業化所生產的商品累積的資本，由大阪商船的海運和台灣銀行的金融承擔，這一切的一切，獲得政府的援助政策，以華南、南洋為主對外發展的。第一次世界大戰給予這些良好機會和刺激。於是日本帝國主義採取了適當的措施。台灣為日本資本完全成為「圖南的跳板」。領有當初，他日拓殖之功呈顯的話，必將成為日本膨冀伸張之地台灣，已在十分完成它的使命。而為其使命之擔任者的台灣銀行確有此認識。

《台灣銀行二十年誌》說：「本行與普通銀行不同，負有特別的重任，在其營業上有時不能只有損益之打算，經常要以國運之伸張、國威之發揚為念，應有多少之犧牲的覺悟自不待言」[五四]。台灣銀行隨鈴木商店之破產，幾乎要「二人三腳競賽」般倒掉，遂斷然切斷其紐帶，讓鈴木商店倒閉，腳跟站不穩，眼花繚亂的台銀，得到政府強有力的支持，以國民

五四　同前，四〇七頁。

負擔的三億日圓的「關心藥」始得生存。鈴木商店出發於台灣，以台灣為基礎的資本家，嘗試飛躍於世界，而台灣銀行之予以援助乃是理所當然的事。鈴木商店沒落之際，其債務一共四億五千萬日圓中，三億五千萬是台灣銀行的貸款。台銀對於鈴木的貸款於一九二〇年對財界反動時代不過是幾千萬日圓而已，其所以增加那麼多，被批評為是台灣獨特的「漂亮的離錢」所造成的災禍[五五]。但在台銀行的認識，可能出於援助發展日本對外的貿易也說不定。可惜的是，「以國運之伸張，國威之發揚為念」的，卻援助了鈴木商店的投機，「不得已時亦應有多少之犧牲的覺悟」，最後以我納稅人巨億之負擔來清算。不過台灣銀行的損失乃其經營上的問題，不因此失去其存在的歷史意義。它是以台灣為基礎之帝國主義的實行機關。惟因其太過於帝國主義而破產而已。去年七月，台灣銀行調查會所決定整理案第一條說：「台灣銀行之所以有多額缺陷，基礎欠缺安定，畢竟逸脫其本來之使命作了不負責和偏倚的貸款所造成，因此今後該行的經營方針將以本來之使命的供給台灣的產業資金為中心，當以其餘力推動在華南和南洋的外國匯兌業務。」也就是台灣銀行要暫時不作世界產業的投機，專心於風平浪靜而溫暖的台灣資本之累積，以養「其餘力」鞏固在華南和南洋的事業。一陽來復以台灣為基礎的日本資本相信更將對外躍進發展。

日本資本跟隨日本國旗前來台灣，驅逐外國資本，樹立自己勢力，動員日本本土的投資

五五　《銀行論叢》臨時增刊〈昭和金融恐慌史〉。

和台灣人的資本，以發展資本家企業，形成日本帝國和地方的獨占，把台灣事業界的一切掌握在日本本土大資本家的手裡，並以台灣為基礎進一步對外發展。日本本土的資本，係在台灣豐富的天然和低廉的勞動以及堅強的總督府保護之下累積的。這樣累積的資本是日本資本累積的一部分，為其帝國主義的累積，更是日本帝國主義的實行力量。

第四節　財政與資本主義化

甲午中日戰爭後獲得台灣的當時，台灣的財政主要是不得不依靠日本國庫的補助，一八九六年度的歲入九百六十五萬日圓中，補助款為六百九十四萬日圓，一八九七年度的歲入一千一百二十八萬圓中，補助金為五百九十六萬圓，令人對於領有台灣課予日本的財政負擔皺眉頭。兒玉、後藤政治的一大重點是要使台灣的財政獨立，一八九九年度預算要求的同時發表財政二十年計劃[五六]，漸減日本中央政府的補助，一九〇九年度以後能自立自給，為生產事業擬發行公債，自一九〇四年度起扣除其本利以償還，如此還有剩餘歲入的計劃，著著實行，乃至爆發日俄戰爭，有使台灣財政早日獨立的必要，限於一九〇四年度，婉拒一般會計的補助金。於是對於從一九〇六年度至一九〇九年度接受總額三千七百四十八萬

五六　竹越與三郎著《台灣統治志》，二五～二八頁。

八千七百五十九圓之補助金的計劃，實際補助三千四十八萬八千六百九十一元之後，台灣財政比預定提早獨立。「領有台灣以來，年年歲歲憂慮母國非負擔多少不可的國民，至此看見不必再負擔而不得不互相稱慶。蓋法國經營越南，二十多年自一八八七年至九五年，八年由國庫補助七億五千萬法郎（三億圓），此外又募集了八千萬法郎的公債，迨至近年才不由國家補助，能夠自給，法國相慶其為新殖民政策之曉星曙色，倫敦泰晤士報竟稱這是法國天才走向殖民政策的前兆。今日日本領有台灣以來僅僅九年半，國庫所費三千萬圓便成為自給殖民地。以此與法國的越南殖民地比較，究竟如何？」[五七]。當然法領越南和台灣，其面積、人口多寡不同，自不能一概而比，但台灣財政之如此早日獨立，可以說是日本殖民政策的成功。

兒玉、後藤之台灣財政獨立計劃，亦即台灣歲入之增加方策的內容為調查土地、專賣、事業公債以及地方稅之實施。爾後台灣財政的發展完全以此為基礎。而台灣財政之獨立和發展主要是由於產業之資本主義的振興，同時財政本身又相當促進台灣資本主義的發達。以下我們來看看它們彼此的影響。

（一）因調查土地，甲數增加地租增率的結果地租增加，非常有利於台灣的財政。由之土地所有權及其移轉皆基於確實的事實和法律的根據；地租的課稅標準係依土地生產力等級

五七　竹越與三郎著《台灣統治志》，二二九頁。

的收益，地租為土地收益稅；因整理大租權發行和交付公債，並令台灣銀行收購這個公債或對於以它為基礎設立彰化銀行、嘉義銀行、基隆和宜蘭的金融組合的方便，這樣使豪族的封建土地財產資本化等等，凡此皆幫助了台灣的資本主義化。

（二）除調查土地之外，建設縱貫鐵路及其他鐵路，基隆和高雄的建港，新建官廳建築物、水利事業、煙酒專賣制度等是一八九九年三月制定的台灣事業公債法及其後修改施行的，其為近代產業發達之基礎和準備的事業，同時其本身也是資本主義的大企業。而依事業公債法之公債和短期借款，皆為台灣銀行和國庫存款部的承兌與台灣銀行的貸款，台灣財政得到資本家企業之台灣銀行的援助，同時又幫助它的發達[五八]。

（三）專賣是鴉片、食鹽、樟腦、香煙和酒的五種，鴉片於一八九六年，食鹽和樟腦於一八九九年，香煙於一九〇五年，酒於一九二二年開始的。土地之外，對於缺乏財源的前資本主義社會，資本主義政府所獲得的主要歲入財源主要依靠專賣是殖民地的通例，台灣財政

五八　台灣銀行《台灣銀行二十年誌》，一一三～一二〇頁。從一八九九年度至一九二七年度的公債發行及台灣事業公債的借款總額如左（《台灣事情》一九二七年版，四七五～五七頁）。

	發行高 円	償還高 円	殘高 円
公債	一一八、五六二〇〇七	一〇、〇八七、〇五〇	一〇八、四七四、九五七
借入金	四三、九五九、五一四	四〇、七五九、五一四	三、二〇〇、〇〇〇
合計	一六二、五二一、五二一	五〇、八四六、五六四	一一一、六七四、九五七

之獨立，專賣制度的貢獻非常之大。專賣不僅以收入為目的，鴉片和酒之專賣兼有人民保健衛生之理由自當別論外，其他三種同時皆以產業之振興和發達為其目的。即防止濫砍樟腦樹和鹽田之荒廢，又制止從中國輸入煙葉原料，使台灣達到自給之境地。

專賣制度之如何直接貢獻資本家企業的發達及其獨占，尤其樹立日本本土資本家的勢力，我們在本章前節已經說過。所以在這裡我只就酒的專賣制度作簡單的說明。因為這個制度，遂禁止民間的酒類製造業，從前散在全台灣的兩百所釀酒廠關閉，集中生產於專賣局的十五個工廠，也禁止酒類的自由販賣，由總督府指定商人獨占，這在前面也說過的。「酒精與含有酒精之飲料的販賣全部掌握在總督府的手中。譬如清酒米酒等之日用酒類的販賣自不在話下，像以往在藥種店稱為藥用販賣的藥用葡萄酒，在醫院使用之醫藥用的酒精，在家庭應使用之吸入用的酒精，供青漆、賽璐璐、香水等的製造用的酒精，乃至於汽車燃料的酒精，統統必須經由總督府之手」[五九]。但對於這樣廣汎酒類的生產和販賣的專賣獨占，有公認而重大的兩個例外。一個是製糖會社之酒精工廠的酒精的製造和對島外的販賣；另外一個是啤酒的製造和販賣。一九二六年年底，台灣的民營酒精工廠，屬於製糖會社的十五工廠及其他二工廠一日的製造能力五百三十三石（一石為三十九・七〇三三加崙——譯者），專賣局工廠兩處製造能力為七十石，該年度的總生產額十四萬六千石，其中專賣局的生產為僅僅

五九　台灣總督府專売局《專売事業》八九—九〇頁。

九百三十六石而已。即酒精主要屬於製糖會社的副業性生產。又該年度酒精輸運出量為十三萬六千石，價額達六百八萬圓，與重要輸移出品的樟腦差不多。即產額的大部分為輸出外國和運往日本本土。將酒精之製造和島外販賣作為專賣制度之例外的理由是，「在島內的消費極少，共製造以島外的輸移出為主要目的」[六〇]。但以輸移出為主的商品還有樟腦。是即以酒精為專賣之例外的實際上結果是，在於尊重製糖會社之酒精工廠的利益。

其次，啤酒的生產量一九二六年度為六千石，五十一萬圓，全部為高砂啤酒（日又為麥酒）株式會社（設立於一九一九年一月，資本金二百萬圓）所製造。啤酒的製造和販賣之所以成為專賣制度的例外，當局說明其理由為這個事業尚屬於草創，是在試驗的時代[六一]，其結果是高砂啤酒株式會社的繼續存在。這樣的酒專賣制度，將集中和獨占一般造酒業及其販賣於國家資本，同時承認日本本土的資本家大企業所創立之酒精和啤酒的例外。顯而易見，這個制度以保護資本家企業，國家資本和日本本土資本家之台灣酒類生產的獨占資本主義化為特徵。

（四）地方稅的制度從一八九八年度開始實施，除地租附加稅（在今日加所得附加稅）外，以對於台灣總督府特別會計不賦課的物件附課的收入和特別會計的補助款為歲入，輔助特別會計，經營台灣為目的而制定的。地方稅是其收支預算之編成款項的留用等，一切屬於

六〇　同上，八八頁。
六一　同上，八八頁。

總督之自由裁量，特別會計即國庫的補助款，一旦轉入地方稅收入，即使是帝國議會對於其用途也沒有監督的權限。而且在沒有編成地方稅預算，用途不清楚以前，要在國庫預算中事先列上巨額的地方稅補助金。「這種伸縮自在融通萬能的會計預算，為法治國家所沒有，把台灣地方稅會計說成是台灣特別國庫會計的『保險閥』，說的太妙了」[六二]。地方稅支出的範圍非常廣範，包括地方官廳費、警察費、理蕃費、衛生費、教育費、勸業費、土木費、社會事業費等，而對於地方稅會計的國庫補助金，際自一九一〇年度至一九一四年度外，至一九二〇年度為每年歲入的三分之一以上，達大約一半[六三]。台灣總督依這個地方稅會計制度，不經帝國議會之議能夠徵收課稅，同時又不經其監督完全專制地自由使用幾百萬圓的國費，以實行統治台灣和開發上的各種設施。一九二〇年十月修改地方制度結果，州、廳地方

六二　東鄉實・佐藤四郎共著《台灣殖民發達史》三八二頁。

六三　地方稅收入中國庫（特別會計）補助金は次の如くである（《台灣事情》）一九二七年版四七六—八頁。

	地方費收入總額 円	中、國庫輔助金 円
一九〇〇年度	三、三〇九、九八三	一、三〇〇、七四四
一九〇五年度	五、五二六、九二四	二、四五三、三四一
一九一〇年度	六、六五六、三三〇	一、五六七、四三四
一九一五年度	九、二二二、五一四	三、〇二〇、五〇四
一九二〇年度	二二、七七七、七二一	九、二二五、九二六
一九二七年度（預算）	一五、三三〇、四八七	一、七四八、九三五

費、市街庄成為獨立的財政主體，其歲入主要是地方稅，故國庫補助款減少，其預算在州市街庄，需要協議會的諮議。地方財政的協議會附議，當然只是單純的諮議，事實上在總督府的專制下的今日情況也是一樣。但在修改這個制度之前，地方稅金會計制度更被總督專制政治作為武器來使用，對於台灣財政的獨立（從一般會計的廢止補助金）以及殖民政策的實行有極大的貢獻。

（五）與實行專賣制度地租增收的同時，製糖業發達的結果消費稅收入也大為增加。一九〇五年度只有一百八十六萬圓的砂糖消費稅，在一九〇〇年度便增加到一千二百萬圓，佔總歲入的五分之一以上。「其結果使台灣財政情況非常好，收入滾滾而來，出現了使總督府當局昏眩的黃金時代」[六四]。如此財政的好景氣，加上前面所說地方稅會計制度的，豐富了總督府能處分的財源，對於本土勸業理蓄等得以投下巨額的金錢。即一九〇五年以後預定支付公債的繼續事業也由經常歲入來支付，其總額從一九〇五年度至一九一〇年度達九百萬圓。其主要者為基隆、高雄間的縱貫鐵路。基隆築港第二期計劃和第三期計劃，自一九〇六年至一九二〇年，以普通歲入完成（大約一千一百萬圓）；高雄築港也自一九一三年以來由普通歲入支付。其他以往地方稅之事業的電氣官營，從一九〇九年起，高雄自來水從一九一〇年度起為繼續三年的事業，總額一百三十萬圓；嘉義自來水從一九一一年度起繼續三年

六四　東鄉・佐藤《台灣殖民發達史》三六一頁。

總額四十萬圓（此外二十三萬圓以地方稅負擔）；台南自來水自一九一二年度起繼續六年二百八十三萬圓；阿猴自來水從一九一四年度起繼續三年大約三十萬圓；藤田組經營經營的阿里山森林，一九〇九年以補償金一百二十萬圓收買為官營，從一九一〇年度至一九一二年度四百九十萬圓；林野調查事業自一九一〇年度至一九一四年度總額五十八萬圓；九曲堂、阿猴間縱貫鐵路延長，從一九一一年度至一九一三年度一百三十萬圓，總督府廳舍建築（官署建築物）從一九〇一年度起繼續五年二百七十五萬圓；台北醫院建築從一九一二年起繼續九年二百六十七萬圓，而理蕃事業以往是由地方稅開支，自一九一〇年度起由國庫負擔開始五年討伐計劃，至一九一四年度結束為止一千六百多萬圓（此外上述五年討蕃事業計劃的經費為「由台灣特有的地方稅補給或以一種徵用的方法」，總額達二千萬圓等，以上的一切皆以普通歲入開支的事業[六五]。要之，一九〇五年財政獨立以後至一九一六年度停止了募集公債，以普通歲入和台灣銀行的短期借款，作為支付公債和事業的財源。由以上所述我們可以知道當時台灣歲入之何等富裕。

以上的一切說明在兒玉、後藤政治下財政政策和獎勵糖業，如何帶來了台灣財政的獨立和豐富了其歲入，繼而在佐久間（左馬太）總督時代，利用這個歲入大興各種土木事業，實行極為大規模討伐生蕃的五年。當時總督府非常勸誘和鼓勵資本家的投資（譬如林本源製

六五　持地六三郎著《台灣殖民政策》二二九—二三〇頁、東鄉・佐藤《台灣殖民發達史》三七三—六頁、阿部財務局長「台灣財政の現狀」（《台灣時報》大正十一年十月號）。

糖、三菱製紙等），其本身也支付巨款繼續推動大事業。總督府之如何熱心於興辦事業，當時的有識之士甚至相當憂慮而提出批評。持地六三郎著《台灣殖民政策》（一九一二年出版）說：「如果樂觀今日財政之表面上的盛況，不顧經費的經濟使用，計劃過大不急的事業，我擔心將來台灣殖民政策的弱點在於其財政陷於不測之禍患，過去財政上之成功終於功虧一簣」（一四〇～四一頁）。又東鄉實、佐藤四郎合著《台灣殖民發達史》（一九一六年出版）說：「觀察一八九七年以後的歲出預算，台灣財政不無因收入之過大而促使的傾向。即以有昏眩於黃金時代，無假顧念前後輕重，解決目前之問題，不念十年之中計之傾向為遺憾」（三六八頁）。此書又說：「不無此黃金時代使當局者不分別前後輕重著手於各種事業之感。其結果臨時部分幾乎達到總預算的一半。而且繼續事業多達十幾項，追加再追加，以表示其盛況」（三七七頁）。這些著者都是台灣總督府的官吏，持地氏於一九一〇年十二月停職返後執筆，東鄉、佐藤兩氏是在職中撰寫的。以此人有此言，由之推斷一九〇七年前後政府事業之濫興情況應該不是很離譜。

以上情況之財政運用上不堅實之非難暫且不談，其對於在台灣的資本家企業之勃興，有極大的貢獻。

第一是糖業補助金的發給，尤其撤除改良糖廍的補助一九〇八、〇九、一〇的三個年度二十萬圓，原料糖補助一九一〇、一一的兩個年度三百一十萬圓，原料消費補一九一〇年度支付一百三十五萬圓，以保護新式製糖會社[六六]。

第二是大興官營的土木建築工程，關於當時以普通歲入開支的鐵路、築港、自來水，前面我們已經說過。此外於一九〇八年修改台灣事業公債法，新興起水利事業、高雄築港和建設台東鐵路的三事業，其預算三千八百九十九萬圓的財源起初不準備靠公債，而求於台灣銀行的短期借款。從一九〇八年度至一九一一年度動工的官設水利工程數有七個，工程總額為七百多萬圓，其中二重行溪電氣工程（工程費三百二十萬圓）於一九一八年度竣工者除外，其他各工程皆於一九一三年度以前全部落成。嘉南大圳之後的大水利事業為桃園大圳（八塊厝中壢附近埤圳工程，灌溉面積二萬三千甲）也是上述官設埤圳計劃的一部分，動工於一九一六年，竣工於一九二五年，工程費七百萬圓。

第三是電氣事業（一九〇九年）和阿里山林業（一九一〇年）的官營。

第四是林野調查（從一九一〇年起繼續五年）以及連支出巨額經費、人命之損傷、犧牲總督府一般政治的停止、討伐居住於高山的若干生蕃部落，總督親自指揮一萬兩千士兵出動，招來拓殖政策上世間的疑惑和非難之他繼續五年的理蕃事業（從一九一〇年度起），也具有林野與蕃界資本主義化之基礎事業的意義，這在本章第一節也已經論述過。

由上述的財政支出，我們不難看出它對於台灣資本主義之勃興的影響。財政補助之資本

六六　本書、第二篇參照。

的保護，一下子能興起製糖會社等民間資本家企業，與官營的繼續大事業大事使土木材料其他日本本土商品進入台灣，從一九〇八年至一九一一年左右，日本本土經濟界在操勞於日俄戰爭後的不景氣時，台灣事業界還是景氣很好，故提供了日本本土資本家之投資和銷售商品的良好市場。「島內各種事業的發達，特別是製糖業的殷盛和製茶業的繁榮，加上公私土木事業的興隆，隨居民生活水準的提昇，使景氣更加美好，簡直成為與日本本土之不經景的另外一個世界」[六七]其所以有這樣情勢，乃因為當時台灣之歲入大增，財政非常豐富所導致。一九〇五年財政獨立後的台灣歲入年年急激增加，尤其一九一〇年度竟比前年度增加三成，增加一千五百萬日圓。每年的剩餘款也很多[六八]。上述總督府的各種事業恰恰在此時開始，乃由於此種原因。總督府的用意似乎在於如何把這樣龐大的收入消費掉。

但上述那樣豐富的台灣歲入，受到從一九一一年至一九一二年之大風暴雨來襲的影響，從一九一一年度至一九一三年度不得不支出八百五十萬圓的修復風雨災害的費用。而且作為日俄戰爭後財政困難的對策，日本帝國議會對於台灣要求移管砂糖消費稅，結果從一九一四年度銷往日本本土的糖消費稅轉入一般會計收入。因此一九一三年度的台灣特別會計砂糖消費稅收入為六百三十萬圓的，在一九一四年度成為八十萬圓，一九一五年度九十六萬圓，

六七　杉野嘉助著《台灣商工十年史》一一頁。

六八　台灣總督府《台灣事情》（昭和三年版）四六六—八頁。

一九二二年度減少到五十萬圓，一九二六年度（現今的計算）不過是二百四十萬圓而已。對此總督府為補償歲入上的問題，自一九一五年度以後對於建築物用地課地租，又從該年度以後開始地租修改調查，從一九一九年增徵地租，從一九二一年度起新賦課第二種、第三種所得稅，一九二二年度開始酒的專賣。此外，再度開始自一九〇五年財政獨立以來至一九一六年停止的公債募集，一九一七年度以後的鐵路建設，一九二〇年後基隆、高雄兩港的築港擴張工程恢復以公債開支，增加對於嘉南大圳的補助金，實施酒專賣制度的費用也都以公債為財源。

經過一九〇七年左右（原文為明治四十年代）的所謂台灣特別會計的黃金時代以後，台灣的歲入還是不緊迫，不但不仰賴一般會計的補助，而且還在積極地開支土木、勸業經費。譬如一九二六年度的預算，一般會計（日本本國）的歲出為十七億五千九百萬圓中，臨時部分為五億七千四百萬圓，佔大約三二％，而臨時部分歲出中內務省（內政部）管轄補助費、治水、港灣、道路的改良費，北海道拓殖費，以及農林、商工兩省管轄的產業獎勵費，即可以視為積極而直接振興產業之土木、勸業的支出為七千八百萬圓，佔臨時部分歲出的一四％。佔臨時部分歲出之大部分的是修復震災諸費和軍事費。但在台灣總督府特別會計，歲出預算總額為一億一千二百萬圓，臨時部分三千二百萬圓佔大約二九％，臨時部分歲出中官營事業費、勸業費、酒專賣創業費以及對於民間土木、鐵路、海軍的補助費和貸款大約三千萬圓，即幾乎全部是積極的企業上和產業上的支出。其中一千九百六十萬圓為事業費和酒專賣創業費（建築及設備費），官營土木建築鐵路港灣治水工程、森林治水水利及東部地方開發計劃費、各種調查費以及華南、南洋設施費屬於總督府的直接事業費，六百三十六萬圓是對於嘉南大圳的補助款和貸款，一百四十萬圓為航路補助款項。其中森林計劃費自一九二五年起，東部地方及蕃界開發事業費和計劃費自一九二六年度起，縱貫鐵路雙線工程及治水事業費從一九二七年開始的支出[六九]。由此我們可以知道總督府本身如何積極推行和援助大工程，近年來怎樣向華南和南洋發展設施（年年的支出大的八、九十萬圓），最近如何著手東部和蕃界的開發計劃。由此，同時亦可窺悉總督府的設施積極地對於台灣產業的開發，資本家企業的發展，台灣的資本主義化有多大的貢獻。而使這樣的設施成為可能的就是豐富的台灣歲入。前面我們說過，批評明治四十年代連續出現官營事業，是因為昏眩於豐富的歲入。爾後台灣財政支出所支持的事業，比諸其人口和密度實在過大的設施這種疑慮不少。嘉南大圳就是其中的一個例子。前面說過，起初總督府以自一九〇八年度至一九三一年度，作為二十四年的繼續事業預算三千萬圓開始官設埤圳工程並完成上述各工程，因嘉南大圳為灌溉面積十五萬甲的巨大工程計劃，上述預算根本不足，乃另行組織公共埤圳組合之嘉南大圳組合，負責實施，總督府在中途停止上述官設埤圳事業，將其預算剩餘一千二百萬

六九　《台灣總督府第三十統計書》（昭和三年刊行）による。

圓當作補助金予以支出。可是因大圳工程費增加結果，總督府的補助金也加倍為總工程費四千八百萬圓的一半即二千四百萬圓，此外總督府又以低利貸款一千四百四十六萬圓給它。嘉南大圳的灌溉面積為台灣耕地總面積的六分之一多，其利害關係者四十萬人，佔總農戶數的大約十分之一。一下子實行這樣大的工程，經驗技術上和財政上的困難，目前似正在趕上，令人驚嘆為其計劃之雄大和大膽[七〇]。又總督府作為航海補助金近年來每年支出一百四十萬圓以從事命令航路。日本本土、台灣間的受命會社為日本郵船和大阪商船，各以三隻輪船航行，皆為一萬噸級的善美快速輪船。日本郵船的兩隻為到一九二八年的為六千噸級老船，但最近以一萬噸級船取代。蓋因總督府提高補助金標準以改善日本本土、台灣間的聯絡，而要求使用一萬噸級的輪船。因此目前與歐美航路不相上下的六隻高級客輪航海於神戶、基隆之間。當然日本本土與台灣之間的旅客尤其居住台灣者、特別是會坐頭等的客人最為心情愉快。不過就是台灣的人口、密度和旅客人數來說，其規模之大還是不很相稱。自來在殖民地基於殖民者官吏資本家的要求，或者為發揚國家的權威，或為「高等」殖民政策上，就原居民而言在經濟上為過分的設施，而令其背負巨額的財政支出[七一]。

總而言之，台灣豐富的歲入加上地方財政制度的運用，促進了資本家企業快速抬頭和發

七〇　嘉南大圳については、本書第三節第三項及第二篇參照。

七一　拙著《植民及植民政策》二三二頁、五七八頁（本全集第一卷一九一頁、四六三頁）、持地《台灣殖民政策》一四一—二頁。

展，影響很大。

（六）為實現台灣財政的獨立和富裕，其居民自不得不背負很重的財政負擔。新渡戶稻造博士的《糖業改良意見書》就領台後糖業一時衰退的原因說「我課稅比舊時稍稍苛重」（二頁）。竹越與三郎的《台灣統治志》（一九〇五年出版）說，一九〇四年左右的歲入（中央及地方）比較每人，日本本土為三圓三角四分三厘，越南為二圓一角八分，台達四圓五角五分四厘，不要說越南，比日本本土還要高，它說：「按在內地欲稍稍增加現今的負擔，即人民不平不容易，我每想到這裡，就能瞭解欲使台灣的財政由母國獨立之當局的苦心百端」（二二〇～二二一頁）。持地六三郎著《台灣殖民政策》（一九一一年出版）雖然作了許多說明和辯解還是說「台灣人民的負擔在今日是決不輕的負擔，這比較其他殖民地就可以知道。」即使當時台灣人民的財政負擔比清國領有時代重的理由能以平定土匪，文明的德澤來說明，甚至比諸我內地每人的負擔在絕對額多，只能將其原因於政治。當實現財政獨立之銜的當時的民政長官後藤新平伯爵敘述就能滿鐵總裁之情由意見書，說明他還不想離開台灣的理由說：「世上說台灣的成功者，大多只抽出其財政獨立，速了懸斷其他。台灣財政的獨立其實是對於當初帝國殖民地統治輿論的危殆所迫之應急處辦，至於其結果所帶來之必然的弊害，不啻不能令外國聽到，更不能令新附之民（台灣人－譯者）聽到，這似非有識之士所能知，今日的台灣只是完成其相反者而已，將來能不能順守大成，實更有待於有識之士的很大努力」，對於教育、殖產百般行政，「策劃謀求台地永固之基礎」，「今後切忌貪財政之偏安，誅求新附之民力，降低母國之負擔的跡象」[七二]。

從以上所述來看，可知台灣財政的獨立是，甲午中日戰爭近後以其統治的財政負擔痛苦，故甚至有人主張把它賣掉這種本國的要求所催促，其手段為在日本本土人民有不平不容易實行，乃對於外國和台灣新附之人民出於不使其聽聞之手段。這樣財政負擔的過重，對於台灣的資本主義化有如下的影響[七三]。

七二　後藤新平述《日本殖民政策一斑》五〇頁。

七三　要把台灣居民的財政負擔與日本本土居民的財政負擔在數字上作比較雖然很困難，一九一〇年度（「台灣特別會計黃金時代」），一九一四年度（內地消費糖的砂糖消費稅移管一般會計直後），以及一九二一年度（首次賦課第二種、第三種所得稅之年）的國稅收入每個人負擔額的比較如下（錄自總督府拓殖局《殖民地便覽》四一頁）。

	內地 円	台灣 円	朝鮮 円
一九一〇年度	六・二二〇	五・二二四	〇・六八二
一九一四年度	六・三五〇	三・一七二	一・〇四八
一九二一年度	一三・四四七	五・六六二	二・一一三

對於以上數字我們必須考慮砂糖消費稅之移管，同時，加以專賣收入之負擔，以及方地稅之負擔。從台灣的財政專賣收入佔其主要部分，地方稅制度負有主要的使命來看，運往日本本土之糖的消費稅不應該算是他們的負擔，而且台灣居民之現實的財政負擔是相當重的。當然每人的負擔額不對照其社會之富裕程度，是無從比較其輕重的（拙著《殖民及殖民政策》五七六～七七頁）。台灣居民與內地居民之擔稅力的數字上比較雖然困難，但一般來說台灣居民還是低。考慮以上各點時，今日台灣居民的財政負擔相對地要比內地人重。尤其在明治

一、貨幣經濟的普及，特別是日本通貨之普及。因為強制用於公納。

二、減低台灣人資產家之資本的競爭力，使日本本土資本家容易插手台灣。

三、台灣廣大民眾的無產者化。

（七）台灣財政獨立政策的主要中心將其財源求於專賣這一點。因為對於前資本主義社會直接稅很難為良好的財源，所以以間接課稅為主，特別是專賣收入最多隱蔽的財政負擔的主要財源。這是殖民地財政必然的事項。現在，就一八九六年（領台當初），一九〇五年（財政獨立之年），一九一〇年（特別會計的黃金時代），一九一六年（銷售內地砂糖消費稅移營後），以及最近一九二六年（預算），調查台灣總督府特別會計歲入經常部分的內容，得到如下的結果。

	明治二十九年 千円	三十八年 千円	四十三年 千円	大正五年 千円	昭和二年（預算） 千円
總計	二、六二四	二一、七〇〇	一、三六四	六、二二一	九二、五七二
租稅	二、〇二九	七、三八四	一七、五三五	一〇、二〇七	一六、八四七
地租(a)	七五三	二、九七六	三、一〇九	三、六三四	五、四六四

年代。關於殖民地人的財政負擔問題，實有待於財政學者的研究（一九二五年度台灣租稅負擔額每人國稅四圓五角二分八厘，州稅或廳地方費稅二圓三角二分七厘，市街庄稅一圓五角一分二厘，共計八圓三角六分七厘。台灣總督府財務局《台灣租稅一覽》）。

鑛區稅(b)	—	五二一	五三	一〇三	二一七
契稅(c)	—	四一	—	—	—
所得稅(d)	—	—	四〇四	一、三三一	二、〇九八
台灣銀行券發行稅(e)	—	—	一六	八	二八八
製茶稅(f)	—	四七三	四四二	四九一	三九二
樟腦稅(h)	三九九	—	—	—	—
酒稅(i)	—	—	七八五	二、七五五	—
酒精稅(j)	—	—	—	—	二、六七一
砂糖消費稅(k)	—	一、八六七	二二、一一八	九二八	二、〇四六
織物及石油消費稅(l)	—	二三八	二七一	一五九	九七
出港稅(m)	—	五	六〇	—	—
輸出稅(n)	二八〇	三四〇	二五四	—	—
噸稅(o)	—	一五	二五	二一	五五
輸入稅(p)	三八五	一、三七八	—	七七六	三、五一九
官業及官有財產收入	五三四	一三、九二九	二一、九一四	三三、五六二	七二、五三三
食鹽收入(q)	—	六六七	八二一	九五七	二、四八九
樟腦收入(r)	—	四、二三六	五、五三〇	六、七四一	九、七一九
阿片收入(s)	—	四、二〇六	四、六七四	七、一三三	四、九五七
煙草收入(t)	—	一、四九六	四、〇〇九	五、三一六	一二、一一八
酒收入(u)	—	—	—	—	一三、一一四

上述中以（a）至（e）為人民的直接負擔，以（f）至（u）為間接的負擔。因茶

葉、樟腦、酒精的大部分輸出和運往島外，故關於其歲入，與出港稅和輸出稅的同時，可以視為島外消費者的負擔，又關於砂糖和食鹽，則區別島內消費和輸出與運出島外，（f）、（h）、（j）、（m）、（n）、（r）和（g）、（k）、（q）中輸出和運出島外的部分為島外消費者之間接的負擔。以關於（i）、（j）、（o）、（p）、（s）、（t）、（u）與（g）、（k）、（q）中島內消費部分為島內居民的間接負擔。若是歲入經常部分的各種負擔額及其百分比將可作如下的比較[七四]。

亦即歲入的大部分是官業和官有財產的收入，尤其主要為專賣收入（A表）。又消費者的間接負擔（間接稅和專賣收入）佔歲入中最大的比率，直接稅負擔的比率非常之小，（B表）。豐富的台灣歲入的大部分是島外、島內的間接負擔，尤其近年來島內負擔增加。大致上直接稅是對於財產和所得的負擔，間接稅和專賣收入主要是一般老百姓內的負擔。因此如上述台灣的財產制度導致保護資本家與老百姓之無產者化，對於資本家企業的勃興與台灣之資本主義有貢獻，這是無庸置疑的。

七四　根據《台灣統治綜覽》、東鄉、佐藤合著《台灣殖民發達史》、《台灣總督府統計書》、《台灣糖業統計》、台灣總督府《專賣事業》等算出，不能說是完全精細的分類，但至少可以知道其大概的傾向。表(B)的「其他」的增加，主要是因為鐵路收入、郵政電信電話的收入增加。

歳入經常部內訳	明治二十九年	三十八年	四十三年	大正五年	昭和二年
	千円	千円	千円	千円	千円
(A) 租税	二、〇二九	七、三八四	一七、五三五	一〇、二〇七	一六、八四七
官業及官有財產收入	五三四	一三、九二九	二一、九一四	三二、五六二	七二、五二三
(右の中專売)	(——)	(一〇、六〇五)	(一五、〇三四)	(二〇、一四七)	(四二、三九七)
其他	六一	四〇二	一、九一五	三、四五二	三、二〇三
歳入經常部總計	二、六二四	二一、七〇〇	四一、三六四	四六、二二一	九二、五七二
(B) 直接税	七五三	三、〇六九	三、五八二	五、〇七六	八、〇六七
間接的負擔 島外	六七九	六、八三八	一七、九四九	七、五八九	一四、一七一
島內	五八六	八、〇八三	一一、〇八〇	一七、六八八	三七、〇〇六
其他	五九五	三、七二六	八、七九五	一五、八六七	三三、三二八
百分比	明治二十九年	三十八年	四十三年	大正五年	昭和二年
(A) 租税	七七	三四	四二	二二	一八
官業及官有財產收入	二〇	六四	五三	七〇	七八
(右の中專売)	(——)	(四九)	(三六)	(四四)	(四六)
其他	三	二	五	八	四
歳入經常部總計	一〇〇	一〇〇	一〇〇	一〇〇	一〇〇
(B) 直接税	三三	一四	九	一一	九
間接的負擔 島外	二六	三二	四三	一七	一五
島內	二二	三七	二六	三八	四〇
其他	一九	一七	二二	三四	三六

（八）前面我們說過，台灣歲入在明治四十年代出現極為富裕的情況。但日本本土財政之困窘被為之對照，帝國議會遂要求台灣特別會計財源之一部分轉移為一般會計。其結果把輸入稅在統一內台關稅的名義下自一九〇九年度以後轉移至一般會計歲入，再將其大約半數轉入台灣特別會計，約定將砂糖消費稅自一九一一年以後與一般會計之間作分配。可是自一九一四年以後輸入稅的全部轉入台灣特別會計，同時砂糖消費稅在運往日本本土之糖的部分一律編入一般會計。協定總督府之糖業保護獎勵監督費和施行砂糖消費稅所需經費等，則隨消費稅收入之比率，由一般會計轉入台灣特別會計，從一九一六年以後全部廢止上述分擔款的轉入。無需說，由以上交易得到利益的當然是一般會計。消費稅應該是商品消費地的收入，既然是財政策上的原則，把一向對於輸往日本本土的消費稅也當作台灣歲入，在實質上等於台灣得到日本本土的財政補助，故將其移作一般會計的收入使台灣財政獨立。以關稅為台灣歲入也是適合同一原則，但在其金額台灣所得到的，遠不及因砂糖消費稅移管一般會計所得到的。於是在台灣特別會計上所產生的缺陷，以賦課宅地（一九一五年）、增徵地租（一九一九年）、賦課第二種第三種所得稅（一九二一年）以及酒專賣（一九二二年）來補償，其中的最大財源是酒的專賣。在日本其他殖民地尚未賦課第二種、第三種所得稅之前，在台灣這樣作，表示台灣島民的富裕程度比較高，資本主義發達。又實施日本本土和其他殖民地沒有實施的酒專賣，因而急激增加其收入，間接地令一般人民加重其負擔，成為促進其無產者化的原因，製糖會社之酒精工廠和高砂啤酒株式會社之成為專賣制度的例外，加以保護資本家企業，專賣制度更加影響台灣的資本主義化。

以上我們說明了台灣的財政在其歲出和歲入，皆貢獻了台灣的資本主義化，以及台灣資本主義的發達反映於其財政。要之台灣財政獨立的意義，對於在台灣資本家企業的保護及其他殖產教育等近代設施，免除日本本土之納稅人的負擔，主要以台灣納稅人特別是中流以下老百姓的財政負擔來取代。由此助長了台灣人間的資本家階級和無產階級的分解作用，且對於台灣人資本家使日本本土資本家立於有利地位，大大地增強了他們的競爭力。結果，適合日本本土資本家在台灣發展成為獨占勢力，以日本本土資本家的獨占企業為中心的台灣資本主義化，可以說是為此而貢獻的財政。

第五節　階級關係

台灣資本主義的問題，不外乎是台灣人口之資本主義階級化的問題。這是從前資本主義社會轉入新資本主義社會之台灣人內部的階級關係的分解變質，與附隨資本主義化之日本內地人之殖民的資本主義階段關係之移植造成。在台灣的階級對立與民族的對立互相競爭和交錯。這不是台灣人的資本主義的階級化是其社會本身內部發展所造成，而是因日本人之殖民這個外來的要求所造成，也是殖民地社會發展的特徵[七五]。以下就殖民地與原居者的對立來調查各階級的構成。

（一）資本家階級包括內地人和本島人。現在，將資本金五十萬圓以上之銀行和會社，在台灣有總行（總社）各社的代表人（董事長或總經理）分成內地人和本島人，其結果如下（一九二六年年底）[七六]。

		會社數	資本金 千円	繳納額 千円
銀行業	內地人	三	五六、〇〇〇	四四、八〇四
	本島人	二	九、八〇〇	六、五七二
有價證券壳買業	內地人	一	一、〇〇〇	五〇〇
	本島人	一	五〇〇	一二五
無盡業	內地人	一	五〇〇	一五〇
信託業	本島人	六	四、〇〇〇	一、〇〇〇
倉庫業	內地人	一	一、〇〇〇	一、〇〇〇
	本島人	一	五、〇〇〇	一、二五〇
鐵道業	內地人	一	一、〇〇〇	五〇〇

七五　拙著《殖民及殖民政策》二三五～二六頁，四〇八頁、四三九頁。

七六　由一九二六年版的《台灣年鑑》算出。

軌道業	內地人	二	四、二二五	一、三六二
	本島人	三	二、五〇〇	八七五
運送業	內地人	三	一、八〇〇	四五〇
旅館業	內地人	一	一、〇〇〇	二五〇
保險業	內地人	一	五、〇〇〇	一、二五〇
製糖業	內地人	一一	一五九、二三四	一五〇、六〇七
	本島人	二	四、二〇〇	一、九五〇
製腦業	內地人	一	一〇、〇〇〇	六、〇〇〇
茶業	本島人	三	一、七〇〇	七二五
製粉業	內地人	一	二、〇〇〇	八四三
製紙業	內地人	一	一、〇〇〇	三五〇
	本島人	一	七〇〇	一七五
纖維業	內地人	四	八、五〇〇	三、八二五
	本島人	一	二、〇〇〇	一、〇〇〇
一般商事	內地人	八	六、七〇〇	三、六五二
	本島人	二三	三七、九〇〇	一四、一五九
石炭業	內地人	一一	二七、五〇〇	一四、五三五
	本島人	二	一、〇〇〇	七八〇
鹽業	內地人	一	二、五〇〇	一、〇〇〇
	本島人	一	五〇〇	一二五
魚撈水產物業	內地人	三	一、七二七	六一三
開墾物產業	內地人	六	一七、〇〇〇	七、〇七〇
	本島人	一一	六、六〇〇	二、〇三五
牧畜業	內地人	一	一、〇〇〇	二五〇

肥料業	內地人	二	一、五〇〇	七五〇
釀造飲料水業	內地人	四	五、〇〇〇	二、六〇〇
	本島人	一	五〇〇	一二五
土地建物業	內地人	三	三、五〇〇	二、〇二五
土木建築業	內地人	一	一、〇〇〇	二五〇
材料業	內地人	六	五、七〇〇	三、二六五
煉瓦石材業	內地人	二	四、〇〇〇	一、六〇五
造船鐵工業	內地人	三	三、五〇〇	二、七〇〇
電力電燈業	內地人	六	四三、七四〇	三五、二七五
新聞及印刷業	內地人	二	一、六〇〇	七五〇
製藥業	內地人	一	五〇〇	三七五
青果業	內地人	一	一、五〇〇	三七五
合計	內地人	九三	四八〇、二三六	二八八、九三六
	本島人	五七	七七、九〇〇	三〇、八九六

在台灣有總社的會社，內地人的代表具有壓倒性的勢力，尤其是銀行資本和產業資本更是這樣。本島人之優勢只在一般商務會社。何況在島內的擁有分行、辦事處的內地會社的日本勸業銀行、三十四銀行，明治、帝國、千代田日本共濟、第一、大同、日清、太平、日華、常盤、大正、東洋的諸生命（人壽）保險會社，三井物產、三井合名、鈴木商店、大日本鹽業、日本樟腦、大日本製糖、淺野水泥、大倉土木、大倉商事、日東製冰、日本石油、星製藥、三共、大阪商船、近海郵船，其他金融、產業、商事、海運，在台灣擁有強大的

勢力，無需說這些全部由內地資本家掌握。又前述島內會社表中以本島人為代表人的，事實上也多由內地人負責經營，在日本人支配下。譬如華南銀行、彰化銀行、新興製糖等重要本島系的會社，都是由內地人掌握經營的實權。所以台灣的資本家階級大部分是由日本人的勢力。

在台灣具有勢力的日本人資本家，可以分成居住台灣的日本人和居住日本本土的日本人。其大部分是住在日本本土的人亦即不在（不住台灣）資本家。根據田川大吉郎訪談帝國製糖株式會社的說法，該株式會社之九十％屬於居住日本本土之日本人，居住台灣的日本人為三％，台灣人只佔七％而已[七七]。台灣人大股東比較多的台東製糖株式會社，如就其股東名簿來計算，則發現股東之中屬於台灣人的只有一八％，屬於居住台灣之日本人為二％，其餘的都是不在資本家之日本人所有。其他日本本土日本人系大製糖會社、台灣銀行等其情形也應該是一樣[七八]。很明顯，不在資本家之對於台灣經濟的影響是不利的。第一，他們對於土地或企業之改良冷淡。一九二七年糖界混亂後鹽水港製糖株式會社改革從前的投機營業，為著專心致力於糖業的堅實經營，新聞報導說社長槙氏決定今後三分之一的時間要駐在台灣督勵事業。不在資本家的第二個不良影響是從台灣之財富的逃避。譬如台灣的製糖會社所生產在

七七　田川大吉郎著《台灣訪問之記》五八頁。

七八　請參考東京興信所《銀行會社要錄》，東洋經濟新報社《株式會社年鑑》，該社《銀行年鑑》等所刊載大股東名簿。

日本本土所得到財富的一部分，沒有再回流到台灣投入生產或生活費消費，在台灣支持企業和勞動者從事財富的再生產，作為分紅和獎金，從日本本土的銀行直接支付給居住內地的股東董事，在內地消費，支持內地的企業和勞動者。

如上所述，台灣投資家的大部分是居住日本本土的不在不在資本家，但居住台灣的內地人資本家階級，也由在內地擁有根據地作為日本帝國資本家之代表駐在台灣，以及以台灣為根據地的地方資本家有力地構成。他們與台灣總督府的政治具有直接而緊密的利害關係，其中最有力的某人被俗稱為「民間總督」，作為繼續固定的利益主體，成為制肘更迭頻繁的台灣總督的施政。

其次關於台灣人資本家階級如何產生，我們在第三節第二節已經討論過。即他們大多透過大租權公債，因政府或有力者之勸誘，或各資本家企業勃興之刺激，從封建土地財產家的地位轉變資本家階級的地位[七九]，又因附著於專賣制度等的政府利權，而成為新的資本家

七九　台灣的台灣人資產家的資本家化，則由台灣人出資創辦資本家的企業，表示係由總督府和台灣銀行的斡旋的一個例子，我們來引用《彰化銀行沿革概況》作為根據。

「本行於一九〇五年，由總督府對彰化廳管內發給大租權補償公債票面額二十七萬五千圓的換算當時的時價二十二萬圓為其資本金，該年六月五日設立。回顧當時的經濟界極為幼稚，島民幾乎不懂公債之性質，故奸譎之徒意圖以不當之低價予以收買，因此對於祖先傳下來的大租權的政府賠償幾乎要遭到飛散之命運。因此當時的彰化廳長加藤尚志氏極為憂慮，一再與總督府折衝結果，以為不如以上述公債為資金用於確實對地方有利的事業，按照地理上對關係與商業交易的實際情況，在彰化街創立金融機關最為上策，乃向公債所有者百方力說勸誘，終於設立本行。在這期間，專當其街的是前述加藤廳長和奧山台灣銀行台中出張所長，由芝山彰化廳總

的八〇。其大部分為基於股分制度之遊資動員將他們的資本提供給內地人資本家企業作為貸款資本家，自己沒有經營企業的實權，居於從屬內地人資本家的地位八一。利權的資本家之對於總督府政治具有從屬地位是不待煩言的。但不是所有的台灣人資本家都對於日本人採取隸屬的態度，也有人與其競爭和抵抗。這一種人，在一定的限度內，能站在台灣人民族運動之後援者的地位。而且有其事實上的例子。日本人資本家企業並不喜歡台灣人創辦具有經營實權

務課長和齊藤庶務課長支援，予以達成，故兒玉總督、後藤前民政長官、故祝前財務局長、故柳生前台灣銀行董事長等，直接間接賜予極大的援助。如此這般該年十月由故柳生台灣銀行董事長推薦，以當時淡水台灣銀行出張所長的坂本素音志氏（現在之專務取締役，即副總經理）為支配人（經理），借彰化廳的一隅開始辦理業務，云云」。於是彰化銀行由封建的大租權創辦，台灣銀行對它的支配，實始於其胎內。

八〇　譬如辜顯榮氏之被指定為官鹽總賣辦人（總經銷人）。

八一　林本源製糖及新榮製糖，台灣銀行系的董事擁有經營的實權。台灣製糖株式會社的股份數五萬股中，台灣人系三二・七％，在台內地人系三五・七％，內地三一・六％的比率，其最大股東是大永興業株式會社社長林態徵（八千三百一十股），以林氏所有的鹽田為主要基礎所設立，而且其經營在內地人之手。台灣商工銀行股份總數二十萬股中，台灣人系五二・五％，在台灣內地人系四二・八％，在內地擁有本籍的內地人四・七％，其最大股東為台北的京和合名會社（負責人為曾我純太郎）三萬九千六百二十四股，和建昌興業株式會社（專務取締役為李延彬）一萬五百十四股，其經營完全在台灣銀行系的支配之下。台灣貯蓄（儲蓄）銀行為台灣商工銀行的子會社，其股分的一八・九％屬於一般台灣人。彰化銀行股分總數九萬六千股中，台灣人系四九・四％，在台灣內地人系四七・九％，內地二・七％，其大股東是台灣商工銀行大豐拓殖株式會社（辜顯榮）和坂本素魯哉等，經營在台銀系之手。華南銀行的股分總數十萬股中，內地人系只不過二八・二％，但其經營都為台銀系所支配。其大股東為大永興業株式會社（林熊徵）二萬二千一百股，台灣銀行九千五百股（均根據一九二六年底股東名簿計算）。以上是以台灣人出資為基礎的有力銀行皆為內地人支配的說明。

的企業，在一九二三年以前，依總督府令禁止創辦只有台灣人的會社八二。最近成立的大東信託株式會社（資本金二百五十萬圓）是唯一純粹由台灣人經營的金融企業，對於它的成立和

八二　一九〇八年律令第十一號台灣民事令第一條規定：「關於民事事項根據民法商法民事訴訟法及其附屬法律」。但一九一二年台灣總督府令第十六號商號都禁止使用會社文字作如下之規定：

「本島人清國人或只有本島人清國人之間所設立之團體在其商號中不得會社之文字，本令自發布之日起實施本令之時，亦適用於現今使用會社之文字者，但本令實行三個月以內取消其文字者不予處罰」。這個府令是不是與前述律令牴觸？又這個府令是否會使設立會社無效？或是否只是處罰？得聽聽法約家的意見，但在鑒於總督之權威非常強大，他也監督法院，警察政治強固的台灣，上述總督府令之禁止台灣人或清國人單獨或只有台灣人和清國人共同設立會社具有效果是很清楚的。與愛爾蘭歷史有名的刑罰法規Penal Laws同其趣旨，以刑罰拘束殖民地人的經濟活動（請參考拙稿〈愛爾蘭問題的發展〉收於《經濟學論叢》第六卷第三號）。若是，為什麼會發布上述那種總督府令呢？因為從一九〇七年事業界景氣好，許多人濫設會社，「競相設立會社的結果，連沒有必要設立會社組織的小事業，不少組織會社」（杉野嘉助著《台灣商工十年史》三〇～三一頁），是否為著矯正這個弊端，因而發布了上述府令？但如果是這樣自無阻止台灣人資本家設立會社的理由，更沒有放任內地人濫設會社會理由。事實上，濫設會社的弊害在「對於事業的將來沒有確信，致力於亂吸收本島人股東，成立之後不顧會社之將來幾乎完全不管。」迨至一九一九年左右，為了防止這種弊端產生了倣效朝鮮會社令要經過總督許可的主張，但多數的台灣人實業家都反對這樣的意見。是即濫設會社的弊端使在經濟知識幼稚的台灣人「在情面上無請托之管道，不免有前途不安之念不得已成為股東」（杉野該書，一九～三四頁。旁點，矢內原）。上述總督府令應該是以要使企業健全為名義，以阻止缺乏經營會社之知識經驗的台灣人單獨組織會社，要求必須有內地人參加為目的。但誰不知道台灣人沒有經營會社之才幹，內地人沒有濫設會社散漫經營之譏？上述府令直接而實際的效果是在於使所有台灣人的會社企業隸屬於至少還於內地人的經營支配之下。一九二三年廢止台灣民事令，日本民法和商法在台灣開始實施，上述總督府令同時廢止，以後只有台灣人的組織會社也自由了。但是內地人對此都白眼予以看待，最近發生了可以推斷上述總督府令立法旨趣在那裡的事件。這就是大東信託株式會社的問題。

經營，曾遭受到銀行業者亦即在日本人支配下的金融勢力和政府的阻止和干涉八三。這是資本家間的競爭順著民族之路線進行的一個例子。

要之，台灣的資本家階級的構成如下。

台灣資本家		
內地人	內地在住者(a)	
	台灣在住者(b)	
本島人	內地人の経営に従属するもの(c)	
	內地人資本家に対立するもの(d)	

八三　大東信託株式會社於一九二六年開始募集股份，因總督府和銀行的干涉勉強於一九二六年十二月三十日成立，一九二七年二月二十一日開業的資本金為二百五十萬圓繳納資本金四分之一的會社。其發起人和經營者為純粹一律台灣人，為受過近代教育的新進少壯之士，屬於舊文化協會系。因此，從總督府看來設立可能認為這個會社為一種民族運動。又從銀行看來，在台灣人民眾之間可能會很受歡迎的這個會社的成立，係有力競爭者的出現，將成為現今金融機關獨占勢力的威脅，故曾百方設法欲予以阻止。即有意作發起人或認購股份者，屢屢遭受到總督府、州、郡、街庄等官廳的警告，又台銀、商工、彰化等諸銀行，對於上述認購者逼迫歸還其銀行貸款等，由於諸如此類的妨害的結果，許多人提出解約其認購，據說認購的內地人一個也沒有。成立會社營業成績良好經過一年時，台中州知事突然（大東信託的總社在台中市）對於營下的信用組合指示：「信託業經營困難業務容易懶散，加以本島尚未實施信託法，產業組合之多餘金準備金等不得存於信託會社」。就此大東信託對於知事所提出的陳情書（一九二八年一月）的一節說：「在許多組合的大會席上，組合員全體一致以滿腔熱誠欲通過要與敝社交易時，在場的監督官立刻出於高壓干涉，動輒招來世人疑惑，或猜疑敝社之內容有什麼缺陷，或以此為政府之欲保護銀行業者，非難曲解其為露骨地在壓迫台灣人金融業者的高等手段，在應該一視同仁的島治上實在有很嚴重的影響（蔡培火著《告日本本國書》六九～七〇頁）。事實很清楚，對於台灣人的信用組合欲存款於純台灣人會社之大東信託，同樣在台中市有銀行的彰化銀行，為其母銀行的商工銀行，大母銀行之台灣銀行，以及其保護的總督府當然不高興！

(a)、(b)、(c)、(d)的利害關係大致一致且與政府結合，(d)是與台灣人中產階級和無產階級攜手，為民族運動的共同戰線站起來的勢力。但對於作為資本家的勢力(a)、(b)最大而且為獨占的勢力，台灣人資本家僅僅是屬於寄生的地位，只是局部的對立。

（二）農民。農民佔台灣總人口的五八%，其大部分為自耕兼佃農和佃農。這些農民隨台灣的資本主義化，從封建的關係轉移到資本主義的土地關係。尤其成為製糖會社的土地所有蔗園自耕的純然的農業勞動者。會社所有地或贌耕地的佃農時，因為是在會社的指揮監督下被指定有從事甘蔗耕作的義務，這些佃農的經濟本質可以說比較近於會社的勞動者。就是會社在收買自耕蔗農的甘蔗時，依耕作資金預付制度，農民負有栽種責任斤量之甘蔗的義務，因原料採取區制度，只能賣給該區之製糖廠，而且被禁止使用甘蔗於製糖原料以外，因收買甘蔗的價格由會社片面決定，因此蔗農為與會社的特別從屬關係。即會社對於蔗農還是獨占的甘蔗收買者，蔗農在預付款拘束（Credit bondage）拘束下，為近乎會社之繼續僱使用人的關係。所以蔗作戶數十二萬戶（農業戶數的大約三分之一），大致具有與製糖會社直接或間接的使用人的關係。特別是由於近年來製糖會社為對抗種稻之威脅，大力擴張蔗園的所有和自營的結果，不外乎將農民的地位變成單純的農務勞動者。又，耕種的預付金制度，收買甘蔗制度，佃農制度等，關於製糖會社與農民生產關係之性質與內容，會社利潤生產之「秘密」，以及農民的組合運動的發生，將本書第二篇台灣糖業帝國主義詳細敘述，請能參考。

製糖會社以外，還有以拓殖為目的的會社農場等，其農民是與資本家企業有關聯的。由於台灣有與以製糖會社為首的單純的地主不同之資本家企業的農業經營者，因此農民在資本主義的關係之下具有農業勞動者的性質，比日本本土更加明瞭。其農作物的種類有甘蔗、茶葉、麻、鳳梨等許多工業原料品，在獨占資本主義下這些農民亦以其為原料的資本家企業的工資勞動者或是具有近乎它的性質。

台灣的大多數農民是台灣人。一九〇九年左右，在台灣西部開設了源成農場其他三、四個農場，以日本本土農民之移植為目的，但日本本土移民的計劃完全失敗。對於台灣東部，同年代以後計劃了日本本土農民的移植，在花蓮港廳管轄下開設了吉野、豐田、林田三個村的官營移民村；在台東廳管下由台灣製糖會社建設了旭村、鹿野村、鹿寮等幾個村的私營移民村，都是對於這個地方製糖會社以栽種甘蔗為主要的產業。這些日本本土之移民村的人口現在不過是大約三千八百人而已。台灣東部還有不少生蕃人在從事種稻和栽甘蔗[八四]。故在東

八四　在台灣東部，勞力的供給有賴於高山同胞的強制出役。這由警察官廳統制，非經警察之許可不得雇傭，同時警察命令時有出役的義務。由此可以保護高山同胞被資本家剝削，在一定條件之下可以對政府的土木工程或資本家企業供給必要的勞力。資本家以自由雇傭高山同胞之勞力為發展事業開發台灣東部的必要事項而作這樣的要求，而在高山同胞的立場，因為強制出役往往有荒廢自己田園的危險。由於高山同胞脫離不了自給自足的經濟範疇，如果沒有強制出役應該會安於從事自耕農業。所以問題在於沒有在高山同胞居住地興起資本家的大企業，開墾政府事業之大馬路的必要。為此之高山同胞強制出役制的理由應該如何解釋各點。這是殖民政築

部農民除台灣人外，也有內地人和生蕃人，在種族上的關係稍微複雜，狀況比較特殊，在台灣產業之中心的西部，農民幾乎都是台灣人。

（三）漁民由內地移民來的比較多，尤其以東海岸的蘇澳為中心建設了漁業移民村。一九二六年年底，從事漁業和操藻者，內地人四千二百三十人，台灣人十二萬二千八百八十五人，近年來內地漁民的移民者增加很多[八五]。

（四）鑛夫。內地人四百六十二人，台灣人一萬八千七百二十九人，幾乎全部都是台灣人（一九二六年年底）。又鑛山煤鑛等規模不大，鑛夫人數增加不多。

（五）工業勞動者即勞工。一九二五年底工廠使用員工中（不包括官營工廠和鑛山）內地人二千四百三十人，台灣人四萬六千零八十三人，外國人（中國人）一千三百十一人[八六]。

的根本問題。文明的進展與文明的被害者！東部台灣的開發應該屬於明日的問題，因為是內地人農民和高山同胞的居住地域，具有與西部不同的特殊問題。實行時要有慎重的計劃，對於研究促使特別的興趣。又高山同胞的出役人次，在花蓮港廳官下為四十萬三千五百七十一人次（一九二五年），台東廳官下五十四萬四千八百十三人次（一九二三年）。

八五　漁業及操藻從業者（《台灣總督府統計書》）。

	一九〇〇 人	一九一〇 人	一九二〇 人	一九二六 人
內地人	一四六	七五四	二、四九七	四、二三〇
本島人	五五、七九七	一一六、一二三	一一六、三四九	一二二、八八五

八六　根據《台灣商工統計》（一九二五年）第八二表。

台灣的工業以製糖業為主，製糖業包括種甘蔗和工廠，工廠規模比諸會社資本並不大，又其工廠之雇傭勞動者數在技術上不必太多。最大的，一個工廠的員工也不到五百人。高雄的淺野水泥是台灣有數的工廠，其員工人數不過是三百七十人[八七]。（鐵路、專賣局等官營事業則不詳）。總之，台灣產業大部分是農業，如製糖製茶等主要工業，與其聯結的農業生產部門很重要，鐵工、水泥、肥料等各種工業，僅為製糖業、土木工程等之修繕的附帶的規模而已。因此，工業勞動者之社會上的主要性質不及農民。但工廠數和工人數的增加，與大正初期（一九一二、一三年左右）比較，實增加很多，勞工的問題，必將增加社會上之意義[八八]。

由上述數字可知，勞動者的大部分是台灣人。使內地人工人、鑛夫等，在資本家企業設立當初作為近代勞動者隨資本移住台灣為可能也有其必要，但隨台灣資本主義化的進展，台灣人技術水準的提昇，內地人勞動者的在在理由減少，而且內地人比台灣人要求工資為大約

八七　根據《台灣工場通覽》（一九二五年底當時）。
八八　工廠及員工人數，但不包括鑛業及官營（《台灣商工統計》第七八表）。

		大正三年	大正十四年
工場數	實數	一、三〇九	三、九八三
	指數	一〇〇	三〇四
工場數	實數	二一、八五九	四八、四六四
	指數	一〇〇	二二二

一倍[八九]，所以工人階級日益將被台灣人獨占。一向被視為內地人之專門職業者，因為台灣人日漸習熟，今日台灣人無法作的據說只有日本式婦女的「結髮」而已。因此內地人職工唯有高級職工才能存在，佔有勞動貴族的地位，故勞動爭議時，他們可能會站在資本一邊。何況在民族關係上這些內地人勞動者，與資本家的內地人結合在一起。

隨資本主義化的進展，農民和勞工的階級團結，產生組合（果農、工會）運動乃社會發展之必然，在台灣，從一九二五年以來開始這樣的運動。即關於林本源製糖株式會社收買甘蔗的方法及其價格，台中州二林的蔗農組合和會社的衝突，關於新興製糖株式會社之收買土地，成立高雄州鳳山的農民組合，關於退職官吏擅自拋售開墾地之台中州大肚及其他的農民組合運動，其他各地相繼成立農民組合。又為前述二林事件在法庭辯論，第一審時麻生久氏，以及控訴審時布施辰治氏等以勞動運動家來台為契機，勞動者組合（工會）和工友會產生於各地，一九二六年，高雄的台灣鐵工所，一九二七年高雄的淺野水泥會社，分別發生了同盟罷工。這樣的情勢雖然是受對岸華南和日本本土之社會運動的刺激所造成，但這是台灣的資本主義化既然達到一定的高度，台灣本身之社會關係的內部矛盾的擴大而必然發生的現

八九　一九二七年上半期台北市工資比較（《台灣總督府第三十統計書》）。

	木工	水泥工	石工	瓦葺	鐵匠	搬運工	雜役
內地人	三·五〇	四·〇〇	四·〇〇	四·五〇	二·五〇	二·五〇	二·〇〇
本島人	一·八〇	二·〇〇	二·〇〇	一·八〇	一·六〇	一·五〇	八〇

象。這絕不能說是一部分人士的煽動或外來影響為其根本原因。這在其性質上根本不同於領台直後土匪之無秩序的匪賊暴動，而是成立近代的農民和工人的組合運動本身就是台灣資本主義化的證據也是為其必然的產物。以修改不良佃農慣例為目的，於一九二二年台南州新營郡組織了地主佃農協調會，爾後同樣的團體普及各地，雖然與農民組合運動的方向不同，但都是不得不把台灣資本主義社會的問題當作自己問題的證據。

（六）中產階級。在台灣，土地集中的程度比內地稍微低一點，即有力的中產地主階級的存在。他們作為對於製糖會社之栽種甘蔗者，大致與農民階級具有共同的利害關係。農民組合之有地主成為有力的組合員，不只是民族關係，也有經濟關係的緣故。

他們又以中小資本家企業家構成有力的一個階級，獨立的內地人中小商工業者因為生活費和經營費的關係上與他們競爭有被壓倒的可能。而且總督府在統治台灣民族上和行政技術上，很難像對於獨占大資本家般，差別地保護內地人中小商工業者的利益。要之作為大資本家的內地人具有幾乎獨占台灣的經濟和政治支配的勢力，但其中小地主和商工業者，台灣人有壓迫內地人的可能。這些台灣人的中產階級形成了民族運動的中堅勢力。

（七）反此，大資本家企業之員工的會社員階級，幾乎為內地人所獨占的，內地資本系的企業自不必論，如台灣人資本系統的華南銀行，其行員中據稱台灣人只有六名。其他也同樣，從常務取締役（董事）到下級社員，負責實地經營的幾乎都是內地人。不是沒有台灣人的知識階級（學校畢業者），只是不用他們而已。企業的薪俸生活者（白領階級）是內地人的獨占。

（八）官吏和公務員也是內地人的獨占。高等官（薦任官）中，台灣人的任用是最近的事情，只有五人，判任官（委任官）有級者也只有三十多人而已。這樣內地人之獨占官吏，即使在朝鮮也沒有這樣[九〇]。台灣的內地人官吏有加俸（高等官五成，判任官六成），思級（年金）年限很短為十年，生活容易，權力大，利權多，在衛生狀態已經獲得改善的今日，台灣兵是官吏的樂園。退職後留居台灣的人也很多，會社、農會、農業倉庫，同業組合、公共埤圳組合、市街庄機關，不無有如退職官吏收容所。一九二五年整理行政時，對於退職的官吏特別拋售的擅自開墾地共計大約四千七百甲，因此他們獲得了地主的地位。如此在台灣之官吏和退職官吏的地位非常有利，而且這是內地人的獨占。霍布遜（John Atkinson

---

九〇　對於內地人獨占官界對本島人之影響，蔡培火氏的近著說得非常透徹。他說：「官僚稱我們之中能理解國語（日語）者有二十多萬人。又在母國各地受過高等教育者已經相當多，近幾年來每年有上百名的畢業生。此外留學中國英美諸國回來者也有幾十個人。對於這些新人台灣官僚如何因應呢？不要吃驚，全台灣從中央到地方新出爐的高等官五等以下者只有五人，判作有級者三十多人，此外都長年無所事事。無級判作官的以及其以下的吏員從島內中等初等學校出身者採用，……我們無論在什麼方面都是徹底的被支配。最近在新竹州任用一個台灣巡查為警部補（巡官）而大事宣染是空前的破格任用。而前述新出爐的五個高等官中，因有一個被任用為郡守（郡長），其郡下的母國（日本）人官民有人在日本本土替日本人經營的報章嘆說，他們非常沒有面子。但卻沒有人替沒有工作在那裡長吁短嘆痛苦的我們知識階級。把我們置於無所事事給予來台的母國人地位和很好的官舍不說，還加以薪俸以外五至六成的特別津貼」（蔡培火著《與日本本國人書》五八～六〇頁）。

Hopson）在所著《帝國主義論》說，因領有殖民地可獲得利益，故主張領有殖民地的階級是資本家和官吏，台灣的情況就是它最好的例子。

（九）所謂自由職業譬如教師、醫師、律師（日文為辯護士）等，內地人比較多數，不過台灣人醫師也不少。因為醫學專門學校之前身的台灣總督府醫學校早已一八九九年三月創立，專門收容台灣人子弟，迨至一九一九年，它是台灣唯一的專門（專科）學校。因台灣人有相當多的資產家（有錢人），具有開業醫師的財力；醫師為完全的自由職業，不必由官廳和資本家雇傭；尤其官界和實業界的進路完全被內地人獨占，因而令台灣知識階級走向醫學的道路（譯者按：日本統治階級絕對不喜歡和不錄取台灣人念法政，怕他們學成之後以其所學抵抗殖民地統治，結果造成了許多人念生活有保障的醫學，欲念法政的都前往日本本土，這也是為什麼有那麼多台灣人到日本本土念法政的原因）。今日台灣民眾文化、政治及農民勞動者運動的先驅領導者，有許多醫師其理由在此。總督府迨至一九一九年，沒有授與高等、專門教育，惟在領台當初以改善衛生為急務，民政長官後藤新平乃創立了醫學校。培養為醫師者成為今日民族運動的領導者，是台灣統治政策本身所產生的結果。

☆☆

總而言之，台灣的資本主義化，將居民的階級關係從封建的前資本主義的階級關係轉變為近代資本主義的階級關係，而且由殖民者之內地人與原居者的台灣人、生蕃人混在一起的階級關係，與民族的對立互相交錯或互相競爭，顯示殖民地的複雜狀態。在大致上，官吏和公務員，資本家以及其員工（會社員、銀行員）為內地人的獨占，他們的背後有在內地的政府和大資本家的強權。農民勞動者階級大部分為台灣人。在中產商工階級內地人和台灣人互為競爭，在自由職業兩者並立，台灣人也有一股有力的勢力[九一]。即內地人獨占總督府和大資本的企業，因此他們是台灣政治和經濟的獨占者。農民和勞工階級為台灣人的勢力，內地人在這階級內的地位是很微弱的。在中產商工業和自由職業階級，內地人和台灣人並立競爭，只要互為競爭，內地人則附著於內地人之獨占勢力的政府和大資本家，台灣人則合流於農民、勞工階級，成為其領導者。因此大致上內地人對台灣人之民族對立，同時也是政治支配者和被支配者的對立，以及資本家對農民勞工階級的對立，是一致又是競爭的。關於這一點，與後面所將論述的民族運動具有很主要的關係。

九一　在台灣之內地人和當地人人口之職業比較如下（拓殖局《殖民地便覽》五頁，一九二三年年底當時）。

	公務員及自由業者 人	農、牧、林水產業者 人	工、鑛業者 人	商業及交通業者 人	其他有業者 人	無職業及無申告者 人	合計 人
內地人	五七、六七七	一〇、〇九一	四四、八二三	四七、八六四	六七二	三、一三九	一六四、二六六
當地人	六四、一一四	二、四五八、七一七	二九九、〇四二	三六六、七六九	二〇四、二九三	七三、五七二	三、四六六、五〇七

內地人人口在公務員及自由業者佔非常有勢。這雖然不是很光榮的事，在娼妓樓內地人居壓倒性多數。即一九二六年年底當時娼妓數一千四十七人中，內地人九百零一人，台灣人八十八人，朝鮮人五十八人（《台灣事情》一九二七年版，一八三頁）。

第六節　台灣在日本帝國主義中的地位

上面我們說明了日本領有台灣以後，台灣的資本主義化過程和事實。若是，台灣對於日本資本戰具有什麼意義呢？台灣對於日本的價值如何，這是本節的研究主題。

殖民地對於本國的經濟價值，通常認為是本國的資本輸出、商品輸出、獲得原料、食品，以及移民。在理論上和實際上也可以思考殖民地對於本國供給資本和勞力的問題。因此殖民地對於本國經濟價值的問題是兩者之間的資本、商品和人口移動的研究。

第一項　資本的移動（投資及吸資）

（一）在日本領台前後，台灣在英美和中國商人之商業資本剝削之下，只有台灣人的少數大地主均霑其利益，農民生活於窮困狀態。因為在生產力在同一發展階段中純粹資本主義社會內部，剩餘價值皆由商品的生產行中產生。但是在生產力發展階段不同的兩個資本主義間，尤其資本主義社會與非資本主義社會之間的交換，將由交換行程本身獲得剩餘價值。這是為什麼殖民地貿易之所以有剝削性的理由。日本領台當時的台灣貿易是對於非資本主義社會之商業資本剝削的一個典型。當時島內的交通、通信機關不完備，市場止於地方，各地物價相差很大，「在台北五圓三角六分五厘的粗米，在嘉義三圓二角，在台北三角七分四厘的煤，在嘉義為一圓」。「在這樣狀態之下，地方商人為經濟社會的專制君主，在中央向顧客低頭的商人在地方對於農民昂然令農民低頭，如此這般物價不為需要供給之自然法所左右，而由商人專斷」。「若其商人對於農家的交易則極為殘酷。即商人以年內要出售的茶葉、樟腦或稻米作為抵押預借農業資金的方法，一旦成立這樣借貸關係，農家將終身無法脫離其桎梏」[九二]。由於台灣農民的經濟還沒有十分商品生產化，在自家用自給的生產階段，其生產物之交換價值即價格的決定，非常多以交換為專業者即外來商人的獨斷片面的限制，而且其價格又被壓得非常之低。不特此，如上所述市場是地方性的和狹隘的，農民貧窮，因為所謂放賑制度，由商人預借金錢，故負有把生產物一定要賣給對方的義務，使這些商人的決定價格的地位更有利。故以香港、澳門、上海等以根據地的英美和中國商人成為台灣經濟的主控者，其商業資本獲得了剝削的特別利潤。他們的資本家活動以商業資本為中心，但依預借資金制度間接地可以支配生產，又能收取預借款的利息，這樣他們能夠同時從事產業資本和貸款資本的活動。所以，他們的商業資本的利潤更加是剝削性的。

（二）日本領有後台灣的資本主義化，產業資本、商業資本和銀行資本各以獨立的企業分化發展，這在本章第三節已經討論過。現在我們來研究，對於這三種資本形態，日本資本對於台灣投下即對台灣內地資本的輸出。

首先，利貸資本的運動以利息為目的。因此台灣的利息趨勢決定日本本土資本之利貸

九二　竹越與三郎著《台灣統治志》四三九—四二頁。

資本的移出。日本領有之前的台灣金融機關不完備，利息高低非常雜亂，沒有一定的標準利息。當時製糖業者由糖商預借資金的利息為一年一成至二成（日息二分七厘至五分五厘）之間；茶商支付匯兌業者的利息，據稱為日息五分至八分三厘。這個利率不能說是很高的，如前面所述，這些資金是商業資本家為獨占地購買商品而予以預借的，不是以利息為目的。而且島內一般利息比上述利率要高得很多，至領台數年後，台灣人間的利息不少是日息最高二角六分六厘。可是改隸以後隨日本國民之來台，台灣人的利息產上兩種不同的現象，內地人間、本島人間各不同其利率，內地人之間的利息比本島人之間的利息高．最高月利一成八分（日息六角），最低月利三、四分（日息一角至一角三分），平均三角五分以上。台灣資本主義化的進展，使這樣的高利率逐漸下降，迨至一九一七、八年左右，與內地的利息之差減少，同時內地人間、本島人的利率也幾乎沒有差別。現在根據《台灣銀行二十年誌》比較銀行貸款日息如下（三二〇～二二三頁，三二八～二二九頁）。

	最高			最低		
	全國平均 錢	島內他銀行 錢	台灣銀行 錢	全國平均 錢	島內他銀行 錢	台灣銀行 錢
明治三十三年	三・八六	——	四・五〇	二・六八	——	三・七〇
三十四年	三・九五	——	五・〇〇	三・一八	——	四・〇〇
三十五年	三・八一	——	五・五〇	二・七四	——	三・五〇

三十六年	三·四五	六·〇〇	五·〇〇	二·四七	二·八〇	三·〇〇
三十七年	三·三七	五·五〇	四·五〇	二·四七	四·一二	一·六〇
大正四年	三·一五	四·四〇	二·八〇	二·一六	二·五〇	一·八〇
五年	二·九九	三·六〇	二·五〇	一·九五	二·四七	一·八〇
六年	二·八五	三·三二	二·七〇	一·八九	二·一九	一·五〇
七年	二·九六	三·〇九	二·五〇	一·七七	二·二三	一·五〇

台灣的銀行利息與內地銀行利息之差，愈遡其既往其差距愈大，台灣銀行的利息往時比內地一分左右的高率，一九一七、八年左右、其利息與內地大致一樣。台灣銀行以外的各銀行的利息稍微高率，惟台灣諸銀行的貸款總額大約八成屬於台灣銀行，從這時候台灣的企業家，大致能以與內地同樣的利息獲得事業所需要的資金，但比諸內地利息還是少許高利，這由下面台灣銀行各地分行的貸款日息比較可以看得出來[九三]。

	最高				最低			
（貸款日步）	台北支店 厘	台南支店 厘	大阪支店 厘	東京支店 厘	台北支店 厘	台南支店 厘	大阪支店 厘	東京支店 厘
明治四十三年下半期	二七	二八	一四	二〇	二二	一六	二一	一五
大正七年下半期	二三	二三	一九	二〇	一五	一五	一六	一四

九三　根據台灣銀行《第十三次金融事項參考書》（一九一九年）。

更に昭和元年度の台灣各銀行の貸付日歩を內地金利と比較すれば左表の如し。[九四]

	台灣銀行 厘	台灣商工銀行 厘	華南銀行 厘	彰化銀行 厘	三十四銀行台灣支店 厘	東京市場 厘	大阪市場 厘
最高	二八	三五	二八	三四	二四	三六	二六
最低	二三	二六		二七	二三	一四	二三

又，郵政存款的利息為五分四毛，比內地的四分八厘不過高二厘四毛而已。總之，台灣的利息領台當初比內地高得多，但後來漸漸下降，今日彼此之間已經沒有多大差別。對於資本之移動的影響如下：

(1)起初利貸資本對於台灣的投資是有利的，因此對於提高全國利息有影響，迨至近幾年來，隨需要資金的情況，相反地由台灣利貸資本流回內地。亦即後面所說台灣存款之由內地吸收。

(2)因利息下降有利於企業家，因而促進了產業資本的投資。

（三）前面說過，領台當初內地資本對於投資台灣不大感興趣。如台灣銀行、台灣制糖株式會社等因政府熱心勸誘和保護才成立；如台灣鐵道路株式會社雖有總督府的很大保護，股份的募集不順利而停止。因為當時日本資本家的積蓄還不夠充分，台灣的土匪猖獗，幫制

九四　根據《台灣總督府第三十統計書》與東洋經濟新報社《經濟年鑑》（一九二六年度）。

紊亂，其他對於投資的情況很危險。但台灣總督府統治的進展，形成誘引資本的基礎，另一方面日俄戰爭後隨日本資本的發展，以製糖業為首台灣的事業勃興，由之有許產業資本的投資。一般來說，殖民地的資本家企業尤其具有掠奪性，利潤率高，故令國資本的平均利潤率高，至少具有阻止其下降的作用[九五]。固然其實現的程度要看各殖民地的生產條件，台灣因具有左列條件，是很好的投資地方。

(1)氣候屬於熱帶和亞熱帶，而且土地生產力大。

(2)居民勤勉生活程度低，工資比內地低，如下表[九六]。

工資	台北市（一九二六年下半期）本島人 千円	台北市（一九二六年下半期）內地人 千円	東京市（一九二六平均） 千円
大工	一·八〇	三·五〇	三·五〇
左官	二·〇〇	四·〇〇	三·六二
煉瓦積	一·八〇	四·〇〇	三·六二
鍛治	一·六〇	二·五〇	三·八〇
鑄物	一·六〇	二·五〇	三·九一
仲仕	一·五〇	二·五〇	二·七二

九五　拙著《殖民及殖民政策》六六～六七頁，七九頁，二二三頁，二二八頁。

九六　同注九五。

另外台南市的農夫，男子七角女子三角五分；基隆市的礦夫，為一圓五角；台北市的摘茶女為二角；高山同胞義務出役日薪為五角。這些工資對於台灣人、中國人或高山同胞的生活程度來說算是不錯的，而且他們的工資是日本領台以後上漲的[九七]，但以這個勞力生產的商品，不是完全在島內消費，而大多運往日本本土或輸出外國市場，所以在勞力遠高價的資本主義社會的行情，能獲得其價格，因此就資本家企業而言，島內和內地工資的差額是直接的特別利潤的泉源。在台灣之本島人工資的上漲，不過是意味著這個特別利潤的減少而已。故隨工資接近內地的水準，台灣對於日本本土產業資本的特別誘引魅力將逐漸降低。

(3)資本家的獨占很大，對此勞工、農民的階級的組成微弱。因此資本的剝削率高。

(4)政府的保護。對於製糖會社的功獎金，台灣銀行和台灣電力株式會社的創設及對於分紅的保護[九八]，又於一九二六年經濟恐慌時，為救濟台灣的金融機關，特別融資二億圓，並由國庫負擔其金額。

九七　新渡戶博士的《糖業改良意見書》也說，領台後因討伐土匪的死傷，因鐵路其他土木工程之勃興需求勞力陡增，隨各地交通方便農民離村者不少等理由，勞力甚為缺乏，由之工資增加乃為產業衰頹的一個主要原因（該書一頁）。日本領台前，苦力工資一日一角三分至二角，一九〇四、〇五年左右漲到二角五分至四角五分，竹越與三郎著《台灣統治志》討論為台灣之工業農作振興上，「防上今日通患之工資上漲」的供給勞力方策（該書三三四～三八頁）。爾後政府的各種工程和民間企業的發展以及理藩事業，需要大量勞力，工資由之愈上漲（東鄉實、佐藤四郎合著《台灣殖民發達史》二三五頁）。

九八　請參考本書第一章和第二章第三節第三項。

因為以上的理由，台灣的資本家企業獲得了特別的利潤，至少居於被保普通利潤的地位。台灣是內地資本家的良好投資地，台灣的平均利潤率高，所以提高了內地資本的平均利潤率，至少發生了阻止其下降的作用。尤其內地企業界不景氣時，資本之拼命流向台灣，證明了作為資本輸出地之台灣的價值。即日俄戰爭後內地企業界不景氣時代，台灣製糖業的勃興，公私土木業的推動等出現好景氣，促使內地的商品的銷售和資金的投資，充分發揮了作為商品市場和資本輸出地之殖民地的用途[九九]。又因第一次世界大戰的反動，最近內地的製糖業非常不景氣，有力的製糖會社爭先恐後地為擴張在台灣的事業投下資本。這不外乎是因為台灣分密糖業的利潤特別高所導致。內地製糖業的損失或利潤率的減少，以台灣的粗糖業的高利潤率來填補，以致力於維持全體製糖資本的利潤率[一〇〇]。如鈴木商店和台灣銀行的破產，並非種因於台灣內的事業，而是由於台灣以外之事業的失敗所造成[一〇一]，本年七月台灣

九九　杉野嘉助著《台灣商工十年史》八～一一頁。

一〇〇　本書第二篇〈台灣糖業資本主義〉。

一〇一　鈴木系的事業，全國有六十多家公司，其總資本達四億圓，但債券總額在四億五千萬圓（其中台銀部分三億五千萬圓）以上。這些業事遍及內地、台灣和海外，尤其外國貿易和外國間的貿易在日本具有有權的地位。可是遭遇到第一次世界大戰經濟界的反動，一九二〇年的經濟恐慌，以及一九二三年的關東大地震火災的打擊，諸多關聯公司需要整理，特別是「一九二六年十一月，日清、日本兩製粉公司之合併不順利，與日本製粉公司有密切關係的鈴木商店，日漸各其連累，金融難隨年關之接近更加嚴重，隔年的今年春天，震災期更上的國會議程，本行（台灣銀行）與鈴木商店的關係，被世上暴露得體無完膚，由鈴木商店的信用掃地，一般債權者的態度更是嚴重，立刻陷於資金困難的該店遂束手無策，每每向本行求援」（一九二六年九月一日台銀股東大會島田

銀行調查會以整理該銀行的根本方針，決定「要以本來之使命的產業資金之供給為中心」，基於這個方針，認為不對內地貸款和吸收短期借貸，從事經營上之改善，就是由於這樣的道理。

（四）要推斷日本本土對於台灣的投資金額並不容易。即使能計算在台灣擁有總社的銀行、會社之資本額，要知道在內地擁有總社之台灣分行的投資額也很難。關於在台灣有總社的會社資本，也需要分別內地人的出資和本島人的出資，而且要明瞭地作這樣的區分也是很難的。同時在台灣擁有總社的銀行和會社，因在台灣以外也經營事業，所以要推斷其純粹對台灣的投下資本金額也很難。不過如果一定要來推斷，一九二六年底內地人對於台灣的投資應該有大約十三億圓（這個推算的根據，將以注來作說明一〇二）。

董事演講要旨）。《朝日經濟年史》（一九二七年版），三二頁、七六頁。

一〇二　在台灣有總公司之股份公司的繳納資本金總額為三億二千一百九十八萬六千圓，其中製糖公司一億四千七百十五萬三千圓，台灣銀行三千九百三十七萬五千圓，日本拓殖公司三百萬圓，台灣電力公司二千八百二十萬圓，共計二億一千二百七十二萬八千圓，其出資作者認為內地人九成，本島人佔一成。其他的公司，應該是內地人出資五五．五%，本島人四四．五%（請參閱本章第五節（注八二））。台灣製鹽、台灣商工銀行、彰化銀行之本島人股份比率的平均）。其繳納股份資本總額三億二千一百九十八萬六千圓，其中內地人（居住內地和島內）二億五千二百九萬二千圓，本島人六千百八十九萬四千圓，即內地人（居住內地與島內）八成，本島人二成（根據本章第五節上述公司代表者的表內地人代表的繳納總額的九成，本島人一成）。現在依此比率公司的準備金，合名公司和合名公司的出資額來區分內地人和本島人。繳納資本和準備金以外的只提出股份資金和前期　，大日本、台灣、明治、鹽水港、東洋、新高、帝國的七大型製糖公司，其他都無法得知，故將其全部算為內地人身上。公司債及暫借款視為實際上全部為內地人之出資（公司債除製糖公司之外也把台灣電

台灣的面積是朝鮮的一五%，人口為其三一%，但會社資本總額絕對比朝鮮多，尤其在

力，暫借款除製糖公司和銀行外，只加日本拓殖、台灣製紙、台陽鑛業的大公司的數字）。在內地有總公司者之中，日本勸業銀行和三十四銀行，台灣分行的計算，大日本製糖將繳納金、準備金的金額，皆視為內地人的出資（這對於大日本製糖來說完全不正確，但在台灣設有分行、辦事處之其他內地公司對於島內的投資無法得意，暫時作以上的推斷）。台灣的公司、銀行的島外投資額多少，並不清楚。銀行貸款只列出島內部分，與股份一樣，視內地人出資八成。依台灣事業公債法之公債和總督府暫借款，餘額全部算在內地人這一邊（公債由國庫存款部，暫借款由台灣銀行承受（保證）政府的低利資金（獎勵產業資金）全部列於內地人部分。官業投資額無從推算。依以上所材料內地資本的台灣投資額（一九二五年底至一九二六年三月底）如下（數字係根據《台灣總督府第三十統計書》，東洋經濟新報社《經濟年鑑》，同上《株式會社年鑑》，同上《銀行年鑑》，東京興信所《銀行會社要錄》等）。

	總額 千円	內地人出資 千円
在台灣有總公司之繳納資本	三二一、九八六	二五二、〇九二
同 積立金	六九、八五三	五五、八八二
同 其他株主資金	五、八三四	五、八三四
同 前期繰越金	七、七二〇	七、七二〇
社債	六九、五〇〇	六九、五〇〇
借金入	五六三、七七二	五六三、七七二
大日本製糖株式會社払込資本	二〇、〇六二	二〇、〇六二
同 積立金	一三、〇四八	一三、〇四八
日本勸業銀行支店	三三、〇一八	三三、〇一八
三十四銀行支店	六〇〇	六〇〇
合資會社及合名會社出資額	二四、三四〇	一九、四七二

工礦業更是如此。工廠原動力也比朝鮮大。即台灣的工廠比朝鮮資本家的企業化程度高。請看左表（一九二六年年底[103]）。

	會社合計			內、工鑛業			工廠		
	社數	資本金 千円	払込額 千円	社數	資本金 千円	払込額 千円	工場數	原動力機關數	同馬力
朝鮮	一、二七六	四四七、二八二	二一六、三六一	三一五	七二、四五一	四三、三四四	四、二九三	二、五七六	二一八、七三〇
台灣	六四七	五三七、二三〇	三三六、六〇七	二一一	三五一、一三一	二二六、七七二	四、四五九	三、七四五	一三七、八八四

另外，在台灣的會社比內地，迅速地增加了投資額。即在一九〇九年年底至一九二五年

銀行貸付金	二四九、一九四	一九九、三五五
公債	一〇三、四二八	一〇三、四二八
總督府借入金	三、二〇〇	三、二〇〇
產業獎勵資金	五、五〇〇	五、五〇〇
合計	一、四九一、〇五五	一、三五二、四八三

以上只是推算。又一九二六年經濟恐慌時，台灣銀行在股東計算上資本金減少二千六百二十五萬圓，扣除了諸準備金和特別公積金，一百九十萬六千四百零四圓，充當滾存金四萬九千四百五十九圓，共計二千八百二十萬五千八百六十三圓。

一〇三　拓殖局《殖民地便覽》（一九二七年）三七～三八頁。

年底期間，會社繳納資本額或出資額在日本全國為不到八倍，但在台灣為十一倍多。其情形如下表。

	會社總數		払込資本又は出資額	
	明治四十二年末	大正十四年末	明治四十二年末（千円）	大正十四年末（千円）
全國	一一、五四三	三四、三四五	一、三六七、一六四	一〇、八九〇、〇〇〇
台灣	六三	七五一	三一、〇九三	三五〇、五三一

從以上所述我們可以知道，台灣作為日本本土資本之輸出地具有很大的價值。

（五）台灣不只是作為投資地，作為吸資地也很有用的。對於內地人所支配的株式會社的設立，台灣人之出資情況我們已經說過（第二章第三節第二項，第五節注六、八、九）。又以在島內公募公債一九〇四年二月發行的第一次國庫債券為濫觴，台灣銀行「對於以國庫債券作擔保的貸款，研究特別融通的辦法，同時盡量給予方便，在另一方面請地方廳長以下各支廳長等勸誘備至，各地本島人資產家終於應募」，迨至一九二八年年底，國債募集金達一千十七萬六千圓[一〇四]。郵政存款也是這個吸資作用的一種，早已一八九六年已經開始，以往在前資本主義的階段，不習慣於信用經濟，對於政府信用薄弱的台灣人而言，與股份和公

一〇四　台灣銀行《台灣銀行二十年誌》一六〇～六五頁。

債一樣，當初因政府的熱心勸說，才把其死藏的貨幣存進銀行，才得以資本化[105]。郵政劃撥存款始於一九一〇年創設戶頭。郵政存款和劃撥存款之增加如左表，這些皆屬於一般會計國庫存款部的收入。

	郵政存款 千円	其中本島人 千円	郵政劃撥存款戶頭
一九〇八年底	一、五八二	三六二	——
一九一三年底	二、三八〇	五五四	一六二
一九二六年底	九、一四五	二、七一三	七〇七

國庫存款部透過日本勸業銀行作為台灣的產業獎勵資金，於一九一七年以來，曾經幾次給予共計五百五十萬圓，年利六分五厘的低利貸款。其主要貸款對象為公共團體、產業組合、其他法人或個人的產業資金、住宅資金等，比較這個金額與上述郵政存款現在額表，可以知道在內地、台灣間之都市、農村間的關係類似，因郵政存款資金集中於中央。何況對於台灣的尚未實施融通低利貸款的時候。在這裡我們也能夠看到對於資本主義社會農村與殖民地之地位的類似。尤其對於台灣銀行，國庫存款部曾予五千萬圓的低利貸款，一九二五年整理該行時，曾將年利降低為二分，所救濟台灣銀行不能看作純然救濟台灣，主要是要救濟島

一〇五　台灣總督府《台灣統治綜覽》四一一頁。

外事業的失敗，因此在存款部關係上，台灣的地位是對日本和日本帝國主義之資金供給者，後者從台灣得到了吸資的利益。

其次，對於銀行關係如左表，吸收台灣島內的存款，借給外國和內地的跡象是非常明顯的。在這裡日本帝國主義也從台灣吸資，以台灣的資金經營內地和海外的事業。

一九二六年底當時	總計 千円	島內 千円	內地 千円	外國 千円
銀行貸付金	七三七、六八一	二四九、一九四	四一九、三六四	六九、一二三
同　百分比	一〇〇・〇	三三・八	五六・八	九・四
銀行存款	一五五、九六五	九六、二〇五	二九、四一一	三〇、三四八
同　百分比	一〇〇・〇	六一・七	一八・九	一九・四
內、台灣銀行貸款	六一九、二八六	一四〇、七八九	四一六、八六八	六一、六二八
同　百分比	一〇〇・〇	二二・七	六七・三	一〇・〇
台灣銀行預金	九二、八〇七	三六、二八一	二八、一七三	二八、三五二
同　百分比	一〇〇・〇	三九・一	三〇・四	三〇・五

從上述可知如何地台灣銀行不只是單純的殖民地銀行，同時也是道地的日本帝國主義銀行[一〇六]。

一〇六　朝鮮銀行也同狀態（拙著《殖民及殖民政策》四九三～九四頁）。

近幾年來台灣資金之送往內地的增加，是因為資本家企業發達的結果事業界稍稍在於飽和狀態，內地需要資金的增加，以及台灣的銀行利息的下降與內地產生很大的差距所造成。但台灣銀行主要因台灣以外事業的失敗，台灣銀行整理委員會如前面所述以要把主力放在島內事業為整理的根本方針。台灣銀行的總行在台北，但董事長駐在東京，股東大會也在東京舉行。擁有和經營台銀的都是不在資本家一〇七。台灣銀行之不是「台灣」的銀行是悲慘的事。如果不追求利潤之投資上高率，台灣還有應辦的事業，該開發的資源和當支持的居民，庶民金融在土壟間（稻穀摺業者）等手裡，被剝削高利，信用組合也不夠普及一〇八。台灣銀行已經對於華南、南洋的企業具有很深的關係，所以不能也不可以把它當作單純的台灣的殖民銀行化。不過如果作為台灣的金融機關，更致力於島內的殖產，土地之開發和居民金融的話，銀行的經營不僅會安全，將是台灣的幸福。但帝國主義追求獨占利潤，投資殖民地，並由其吸資。總之，就殖民地而言，他們在支持和發展身為不在地主、不在資本家，以殖民地為墊腳石，在日本本土的利息生活者和海外的投資。這是就資本移動的層面所看日本帝國主

一〇七　在一九二七年九月一日所召開整理台灣銀行的臨時股東大會，擁護台銀會代表和董事長所提出的四條質訊中，有這樣的條項：「希望台銀對於台灣、華南南洋的產業資金通融更加努力不知如何？」以及「在台灣一年召開一次股東大會如何？」對此島田董事長回答說：關於第一點，與從前一樣將給予充分的方便，關於第點，只要內地人股東同意就沒有問題。同時回答說今後董事的配置台灣三名內地二名（《朝日經濟年史》（一九二七年版，七五～七六頁。由此可知從前台銀的經營中心還是東京，整理時欲以台灣為主要事業地。

一〇八　台灣總督府財務局金融課《在台灣之庶民的金融現況》（《台灣時報》第六四號）。

義下殖民地台灣的地位[一〇九]。

第二項　商品的移動（貿易）

（一）從前，台灣的貿易以和中國與香港為主，日本領台結果一改台灣的貿易路線，對內地貿易更超過外國貿易，同時在外國貿易，與以往最大交易對象之中國的貿易額大為減少，反此，與美國的貿易額大為增加。隨台灣商品生產的發展，以內地貿易尚不能滿足其需給的必要，迨至近幾年，外國特別是中國貿易再度激增，但在大勢上對於台灣的輸入內地商品，輸出還是內地市場佔有獨占的地位。

台灣貿易之駛向內地，當然與投資、金融、海運、總督府的成立以及內地人的來往等有關係，但予以決定性影響的還是關稅制度。日本領台以後一八九六年二月以前，適用著舊清國關稅率，爾後改為適用日本本土的關稅。當時日本的關稅還不是對等條約的協定稅率，被強制從前五分的低率，其修改為明治初年（一八七〇年左右）以來日本外交的努力目標，以在甲午中日的戰爭獲得勝利為契機，於一八九八年成功於提高稅率，平均增深三倍，同時廢止了輸出稅。在台灣，與適用修改關稅定率的同時，繼續輸出稅，對於內地移出品制定了出港稅，課出港稅的商品有茶葉、魚乾和鹹魚、鱶鰭、龍眼、苧麻、麻系和割籐，都是輸出外

一〇九　拙著《殖民及殖民政策》五〇四頁。

國市場的特產品，其稅率與輸出稅率一樣，惟茶葉的出港稅率比輸出稅率要低[110]。以上的制度發生了如下的效果。

(1)內地和台灣的產品在互相的市場，對於外國商品的只得列輸入稅的保護。以往經由香港再輸入台灣的日本產品，自一八九九年提高關稅率以後，直接由內地運到台灣。

(2)有輸出稅沒有出港稅的台灣商品，被內地市場吸收。米、砂糖以及或某種程度上，如茶葉這樣的重要產品也屬於這一類，故其影響很大。

(3)一八九九年提高關稅定率時，日本與歐美各國協定了特別的低率，片面條約國的清國沒有均霑最惠國約款的特權，因此由清國來的輸入品受到極大的打擊。

爾後因糖業發展生產激增，產生需要擴張市場的結果，於一九一〇年廢止輸出稅和出港稅，實行了內地台灣間的完全的的關稅同一化。繼而於一九一一年完全廢止協定稅率，實行提高輸入稅率，內地和台灣的商品，以更高的關稅關卡互相保護市場。領台後貿易轉向內地情況如下表。

	輸出 千円	移出 千円	輸入 千円	移入 千円	輸出入合計 千円	移出入合計 千円
一八九七	一二、七五一	二、一〇五	一二、六五九	三、七二四	二五、四一一	五、八二八
一九二六	四九、三一五	二〇二、一一〇	六一、〇〇八	一二一、四〇五	一一一、三二三	三二三、五一四

一一〇 《關於稅關史十年史》，六一八頁。

亦即與內地的貿易，比諸與外國的貿易，為四分之一，領台三十多年以後反而為其三倍。這種變化的社會意義是，台灣切斷了與中國的紐帶，與日本作了新的結合。第一，外國特別是中國商業資本家的勢力衰落，使日本資本家的進出容易。在中國具有根據地的台灣產業資本家也蒙受不利。第二是對於本島人日常生活的影響。原來本島人係來自福建、廣東的來居者，其生活方式為純然的中國方式，所以禮拜紙、鞭炮、食品等都是中國的特殊輸入品。故輸入稅率的提高使這些日常生活用品的價格上漲，增加本島人生活上的負擔。反此內地商品進來便宜，供給日本商品作為本島人的生活材料，進而使他們的生活方式日本化。要使生產條件、生活方式、市場關係不同的本國與殖民地統一在同一關稅制度，對於殖民地原居者在生產上和消費者上往往會有不利的影響。因為關稅法和關稅定率是以本國的利益為基礎定的。有如法國殖民地最受其打擊的例子[一二一]。但台灣到一九〇七年，對於習慣上本島人之日常生活所需要的十四種中國產品，定了稍微低率的特別輸入稅率，在一九一一年的國定稅率，這些特殊產品成為免稅或輕稅，以斟酌本島人的特殊情況[一二二]。

（二）資本主義本國對於前資本主義殖民地的互動是，將自家用生產商品生產化，進而發展資本家企業，使資本家的商品生產化。關於要以何種生產物來商品化，以何種商品來進

一二一　拙著《殖民及殖民政策》，五二四～二五頁。

一二二　武內貞義著《台灣》上，五一七～二二頁。

行資本家的商品生產，不是依該殖民地社會內部的要求，而是依外面主要以本國市場和本國資本的要求來作決定。於是殖民地的生產以生產輸出商品，特別是生產輸出本國的產品為其特徵，往往會出現單一耕作（Mono-culture）的狀況。西印度諸島成為甘蔗的單一耕作，因十九世紀末歐洲甜糖的勃興世界糖價下跌，遭受打擊，其居民陷於極端窮困，為其救濟，各種耕作尤其不得不獎勵栽種糧食作物[一一三]。又像愛爾蘭的產業，因英國的要求限定其種類，故成為愛爾蘭人貧窮的原因，這是我曾經論述過的[一一四]。

現在來看看台灣，其主要物產的砂糖（一九二五年度工業生產品總價額二億七千六百五十萬圓中，砂糖一億六千二百三十萬圓，製糖之副產物的酒精佔六百萬圓）在領台前已經商品化，領台後急激資本家的商品生產化。其他樟腦、茶葉自不待言，米、香蕉、切甘藷等，顯然地也有商品化的傾向。台灣的產業雖然大約一半由糖業支持，但並非單一耕作，只帶一般的輸出導向商品生產之殖民地特徵而已。今日，將台灣生產物總價額與輸運出總價額比較如下[一一五]。

一一三　本書第二篇〈台灣糖業帝國主義〉。

一一四　拙稿〈愛爾蘭問題的發展〉（《經濟學論集》第六卷第三號）。

一一五　根據台灣農友會編《台灣的農業》。

	生產 價額（千円）	生產 指數	輸出 價額（千円）	輸出 指數	運出 價額（千円）	運出 指數	輸運出合計 價額（千円）	輸運出合計 指數
一九〇三	七八、九二四	一〇〇	一四、六七五	一〇〇	九、四四五	一〇〇	二四、一二〇	一〇〇
一九一一	一六四、一二二	二〇八	一四、九六〇	一〇二	四七、八三一	五〇六	六二、七九一	二六〇
一九二五	六五九、三三七	八三五	四七、九六五	三一七	二一五、二四八	二、二七九	二六三、二一四	九一二

亦即輸運出的增加比生產的增加多，又輸出（到外國）比運出（到內地）大為增加。兩比較台灣的五大農產物，其生產增加情況如下[一一六]。

	收穫高 一九〇二年	收穫高 一九一二年	收穫高 一九二五年	指數 一九〇二年	指數 一九一二年	指數 一九二五年
米	一、六九三 千石	四、〇四七 千石	六、四四三 千石	一〇〇	二三九	四八一
甘蔗	六八三、一五八 千斤	三、一五九、五九九 千斤	八、八三九、八三三 千斤	一〇〇	四六二	一、二九四
甘藷	五〇一、一六〇 千斤	一、一二二、六七七 千斤	一、九〇八、九一五 千斤	一〇〇	二二四	三八一

一一六　同前書。

芎薯	—	一二、〇二七千斤	二六七、六四二千斤	—	一〇〇	二、三七九
茶	一二、七六四千斤	一三、三七九千斤	二〇、九〇四千斤	一〇〇	一七五	一五七

即純然的輸出商品主要是到內地市場的甘蔗（砂糖）和香蕉的增加率最大，其次在島內消費同時有內地市場的是來和甘薯，外國輸出品的茶葉的增加率最小。以上的事實說明台灣的生產如何地依靠內地市場。而島民之常食的米和甘薯之輸運出額的增加如下表，與前述的生產指數比較，我們可以看出以生產增加以上的速度輸運出在增加。

	輸運出額			指數		
	一九〇二年	一九一二年	一九二五年	一九〇二年	一九一二年	一九二五年
米	四四一千石	六六六千石	二、四〇八千石	一〇〇	一四九	五四六
甘薯	二二千斤	一、七〇八千斤	五〇、二九二千斤	一〇〇	八〇〇	二、三五六

以上不一定是島民先充分消費後剩餘之輸運出的結果。米隨內地人口之增加糧食供給上，甘薯在內地作為澱粉和燒酒的原料，都急激地增加需求，這不外乎是受過商品的生產之

說禮的本島人追求更高價格而運往日本本土的結果。對於台灣外來之輸運入之在激增是近幾年來無可否認的事實[117]。請看下表。

	輸移入高			指數		
	明治三十五年 千石	大正元年 千石	同十四年 千石	明治三十五年	大正元年	同十四年
米	七七	一二六	七三〇	一〇〇	一六四	九四八

從比較一九一一年至一九二三年之每人的米消費量，內地漸增，朝鮮漸減，台灣大致沒變[118]。因此台灣可能將其生產的米賣給內地，自己糧食買外國米來彌補，以維持每人的米消費量。一九〇一年十一月五日，兒玉總督在有關殖產興業的演講說：「種稻的改善……如果透過水圳慎重耕作，不難有現今三倍之收穫，如以細民皆飽三餐仍剩餘輸出海外，其將不失為貿易品之大宗」（矢內原）。事實上以後種稻增加五倍，成為貿易品的大宗。但這不是「飽三餐仍剩餘」的輸出。這樣作實違反商品生產社會的原則。追求高價市場賣自己生產

一一七　一九二六年七月米穀法第二條也實施於台灣，開啟了直接輸入外國米的途徑（以往後運用米穀法，外國米經由內地運往台灣）。又於一九二五年比前一年，島內增加九千萬斤甘薯的消費（《台灣年鑑》一九二七年版，二六八頁），皆說明島內消費米不足，以外國米或甘薯來彌補的事實。

一一八　拙著《殖民政策的新基調》三〇〇頁。

物，消費之不足部分輸入便宜品來彌補，這是商品生產社會之真正的生活法則。商品——貨幣——商品。現象在這個交易中各當事者的利害關係，外米生產者因為台灣市場擴張而獲得利益，內地消費者因運入在品質上類似內地米，而且廉價的台灣來得到利益，內地產業資本家同樣地因其可變資本之價值變小而提高剩餘價值率，商業資本家以米的雙重轉移（台灣米與外國米），又因銀行貨幣之雙重轉移利益雙收，最後台灣米的生產者因內地市場的擴張而獲得利益。台灣島民將其常食的在來米生產變成內地種米（蓬萊米）生產，賣它買外國米以為自己的消費。台灣在來米對於外國米如果其品質、嗜好一樣的話，他們在使用價值上沒有什麼損益，而且在商品價值上，內地米比在來米或外國米絕對高價，所以他們在這交易中加減可以獲得更多的貨幣，以它購買其他生活資料以提高其生活水準。不過上述的價格差額不可能全部這樣利用。第一，資本的利潤其一部分會被扣除，而且不在資本家的利潤當然不會回流台灣。第二，資本主義政府的經費多端，成為財政負擔的加重，島民收益的一部分將被要求用於此。因此島民即使因上述商品運動增加收益，提高生活水準，但並沒有商品價格之差額能得到利益。至少在每人的米消費量，如上所述並沒有真正提高了生活水準。所以，以輸運出的增加來斷定居民富裕之增進是極為危險的事。在有許多在不資本家的殖民地其情形尤其如此。如關於台灣砂糖之純然資本家商品，在這一點非常明瞭。

（三）通常，殖民地作為本國工業品的市場，以及對於本國糧食品、原料品的供給者，而肯定其價值。也就是殖民地貿易是工業國對農業國的貿易，精製品與粗製品的貿易。這通常由兩者之自然和社會生產條件所限制，在國際分工上最有利所造成。在重商主義的見解，殖民地乃為本國而存在的國號下，欲基於母國商品的要求，以限定殖民地產業的種類。有人主張台灣的使命曾經必須是日本商品之需要地和農產品的供給地，發達台灣的工業需要考慮，不能期待其工業的將來[二九]。這是從商品貿易上所看的台灣使命論。可是對於殖民地的投資不一定要站在商品貿易的見地。考慮的是該殖民地產業的利潤率。更貼切地來說，考慮透過母國殖民地所支配之帝國的獨占資本，在帝國內獲得最大利潤率，以限制母國和殖民地的產業。因此，如果發達很多殖民地工業，發達精製工業有利，資本就會毫不憂慮地去投資。資本只求利潤。它不問在本國或在殖民地。這是為什麼我們要區別商品的重商主義與資本的帝國主義，對於殖民地使命之認識與政策的理由。近幾年來，台灣製精工廠從以往的製造分密糖（粗糖）進一步增加耕地白糖和再製糖的製糖設備，所以台灣輸入爪哇原料糖增加，或設立水泥工廠就是它的例子。但是在大體上，台灣是日本的工業品市場，不失為熱帶特殊農產品之供給者的地位。

現在，將台灣貿易品（一九二五年當時價額一百萬圓以上者）依其價額順序列舉如下。

輸出：茶葉、煤、砂糖、棉織品、樟腦、錫、酒精、水泥。

二九　東鄉實、佐藤四郎合著《台灣殖民發達史》二三三頁、二九六～九七頁。

運出：糖、香蕉、米、酒精、樟腦、檜木、樟腦油、切甘薯、鳳梨罐頭、煤、香蕉乾、木魚、食鹽。

輸入：油粕、肥料、糖、大豆、鴉片、粗麻布、木材、藥品、米、石油、包蓆。

運入：米、棉織品和絲織品、鐵及五金、肥料、機械類、魚乾和鹹魚、小麥粉、罐頭、石油、毛織品。

如果進一步研究統計表的細目，台在大致上，(1)對內地供給糧食和原料，提供工業品（紡織品及重工業製品、肥料、雜貨等）的市場，(2)對於同種商品，供給上等品給內地，運入下等品（譬如賣蓬萊米買外國米，賣檜木買松杉木材等）；(3)為內地商品的仲介地（棉織品、海產物等）；(4)隨台灣本身之工業化的發展，逐漸在開發外國市場（糖、酒精、水泥等）；以及(5)具有特產的輸出品（茶葉、樟腦）。換句話說，台灣具有對內地提供工業生產品對農業生產品之交換市場的通常所謂殖民地貿易關係的特徵，其本身也漸漸獲得作為工業生產地的地位，不僅為仲介貿易地，也在提高其作為插足外國市場的地位。從明治年代末期（到大正年代初期一九一二年左右），台灣貿易轉向內地，外國逐漸減少，但在第一次世界大戰當時，內地和台灣資本的大事累積與企業之大為擴張的結果，最近更有帝國主義的轉變，包括內地、台灣的一大經濟領土之日本帝國的商品，以台灣為仲介地和生產地，更在努力於海外的發展。

（四）一九二六年內地的外國及殖民地的貿易（輸運出入）總額為五十三億三千二百萬圓，台灣為四億三千五百萬圓，為內地八・一％。又，內地的輸運出額二十四億一千四百萬圓中，對殖民地的運入為一五・五％，其中台灣佔六・九％（二億圓[120]）。即內地貿易總額的一七％為與殖民地的貿易，與台灣的貿易為六・一％，約佔日本殖民地的大約三分之一。但這樣一般的數字還不能夠認識殖民地貿易亦即台灣貿易的重要性。如果就個別的貿易商品來看看的話，台灣之主運出品的糖、香蕉、米、酒精及其他在內地市場的重要性，自不能以上述的比率來測量。台灣糖的產量，一八九七至九八年度為六十八萬擔，運往內地三十八萬擔，佔內地消費量的一二％；一九二四至二五年度的產糧量為八百萬擔，佔日本帝國全部產糖量的八三・一％，其中運往日本本土七百四十萬擔，佔內地消費量的六七％。又，台灣產業一向將主力放在糖的關係上，不像朝鮮般專門獎勵種稻，但隨近年來內地糧食依靠殖民地的程度愈來愈高，台灣米對內地市場的供給增加的速度比朝鮮米快得多[121]。又一九二五年內地的酒糧產量為五萬二千石，從台灣運進七萬二千石，所以台灣酒精不僅支配內地市場，更輸出六萬四千石到外國市場（中國）。香蕉、樟腦等台灣特產在日本市場佔有獨占性地位是不待煩言的。

一二〇　比較拙著《殖民及殖民政策》二五七頁，所用一九二三年的數字，在日本貿易上殖民地所佔的比率變大，殖民地貿易的重要性增加。

一二一　拙著《人口問題》一四六頁。

再就由內地運往台灣的商品來看，因為米是外國米的轉運故暫且不談，棉織品和絲織品市場，日本殖民地購買七千八百萬圓（一九二五年），其中台灣為一千五百七十萬圓。內地的棉織品輸出額為四億一千六百萬圓（絲織品一億三千二百萬圓，運往殖民地的主要是棉織品，故暫時除外不予計算），殖民地佔棉織品輸運出總額的大約一六％，其中台灣佔三％多。故作為日本殖民地之棉織品市場的價值，等於一般輸運出品之平均，而台灣則在平均以下。但重工業製品（鑛興五金、金屬製品、機器類）運往殖民地金額五千八百二十萬圓（其中到台灣一千九百萬圓），反此對外國的輸出金額為五千七百七十萬圓，所以殖民地市場其金額雖然不多，在絕對上比外國市場重要。調合肥料更是顯著，對外國的輸出僅僅為十一萬圓，對朝鮮為一百零五萬圓，對台灣竟達六百七十萬圓。由此可知就日本重工業和肥料工業而言，台灣是如何地重要。其他對於日本的雜工業，台灣比外國市場，還是絕對地或相對地重要二二。

二二　自由主義經濟學者指出，本國貿易總額中與殖民地貿易所佔的比率小，認為為殖民地貿易的利益與一般外國貿易上招來損失為不利，可能引起與外國的糾紛的殖民地領有，對於資本家也不利。在英國、法國、美國等諸強國的殖民地市場，一般來說其價值比外國市場小。但是特殊產業部門尤其是棉紗製品和重工業製品在殖民地市場的價值，比一般商品還要大。譬如美國對於殖民地的輸出為全部輸出的九分之一，棉織品佔五分之一，鐵製品佔六分之一。而棉織品和鐵是有代表性的資本家大企業，各國間在市場競爭最為激烈，所以殖民地市場的重要，殖民地對於母國如在一般商品輸出額的共計所看到比率以上的重要性。因為在經濟上一切資本家成為一個階級，但在政治上其中資本最集中的個個的大企業家具有決定政策的權限。這是為什麼殖民地市場之帝國主義意義比其表面上一般數字更加獲得重視的原因。而就我國殖民地而言，作為棉織品市場的價值，與外國市場同樣台灣在外國貿易，有些入超，但與內地的貿易是巨額的運出出超，整個來說斷然輸運出出超。比諸朝鮮，對於外國的輸出絕對多，運往內地比較人口和面積，相對地大。朝鮮對於內地也運出出超，其程度比台灣低。即台灣和朝鮮對於日本不是作為內地商品市場，而是作為特產品（原料、食品）的供給者比較重要。而且台灣的輸運出力比朝鮮大[二三]。台灣之為日本南方的寶庫理由在此。

程度，但它具有獨占的地位，對於重工業、肥料工業其價值更大。要之，在帝國主義，隨具有支配地位之產業部門資本家的評價來認識殖民地市場的價證（拙著《殖民及殖民政策》）二五六～五八頁。同時請參看Moon, P.T., Imperialin and World Politicd, PP.528－534。

二三　一九二六年日本各殖民地的貿易比較如下（拓殖局《殖民地便覽》，一九二七年版）。

	輸出 千円	輸入 千円	運出 千円	運入 千円
朝鮮	二四、七七九	一二三、九三四	三三八、一七六	二四八、二三六
台灣	四九、三一五	六二、〇〇八	二〇二、一一〇	一二一、四〇五
庫頁島	三	九八七	四七、六〇八	五一、〇九九
關東州	一〇〇、七一五	六六、五四〇	八八、八二五	六六、五九五
南洋	八七	二一一	六、五八〇	四、〇九四
合計	一七四、八九九	二五三、六八〇	六八三、二九八	四九一、四二八

就全體而言，日本殖民地與外國的貿易是入超，與內地的貿易則出超。就本國而言，日本殖民地的經濟價值，作為原料和食品的供給者比作為日本商品市場更加重要，因此在殖民地問題的現論研究，必須更重視原料和食品的問題。

第三項　人口的移動（移民）

（一）日本的資本由國家帶入台灣，隨國家和資本的活動，有如進行商品之運出入貿易，人口的移居也是依靠國家和資本進行。亦即官吏、資本家以及為其從屬者移居者為住在台灣之內地人的基礎和骨幹。因為在新獲得的殖民地組織政府或建立資本家企業時，不但在政治上在經濟上，都要由本國移居官吏、公司職員和勞工。因為殖民地的原居者都要作為近代政府和資本家企業之用人和勞工還不熟練。所以台灣的警員也要由內地招募，與警員來了木工和水泥工[二二四]，日本資本家興辦煤鑛企業內地人的鑛夫[二二五]，有水產企業內地人的漁民[二二六]，創辦製糖企業就有內地人的員工和農民也跟著移民過來。但移民問題的中心是農業移民。

隨平定土匪治安就緒，總督府以收容內地農民的移殖為條件，許可拋售預約開墾，迄至一九一二年的許可地三十八件，面積三萬八千甲，其中實際由內地招來農民移殖只有八

二二四　「起初招募警員時，不知何故，志願警察者（應徵者）出發內地時竟帶來了木工、水泥工道具，進警員教習所（教練所）後準備犯規被開除，當初就是以獲得官給的旅費為目的，被開除之後去作木工或水泥工就好，真是亂搞」（後藤新平述《日本殖民政策一斑》二六頁）。

二二五　「在熱地台灣看到採煤業不僅其權利者，甚至其勞動者，許多是母國人（日本人）很值得注目的現象。即台北廳管轄枋寮的額田組鑛業組，有三十個母國人和六十個台灣人雜居一起採煤，台灣人採取一擔煤八分錢，母國人得九分錢」（竹越與三郎著《台灣統治志》三〇五頁）。

二二六　本書第五節二八七頁。

件，而且皆屬於失敗，移民在貧窮中離散[一二七]。迨至一九〇九年，開始官營移民事業，乃乘調查林野的機會，同時進行台灣東部的土地調查，區劃高山同胞的土地，獲得作為殖民適地十五大社區地和多數小社區地一共四萬五千六百五十九甲的土地，其中決定以九社區地，面積其計三萬三千甲為官營移民收容地。將殖民預定地的地名改為日本式，移民村採取折衷的密居制度，每戶分配面積為三甲，分配方法是將土地區劃為一甲或半甲，考慮土質的條件，組合二、三筆，公平地分配，移民房屋、移民指導所、小學、遠療所、神社、傳教所等的建築，道路、輕便鐵路，灌溉排水路飲用水之供給、野獸防禦柵等工程，全都官營實施，移居後第四年起十年之內以四百七十三圓五角償還。應徵移民者，請內地各地方的地方官廳選擇，以純粹的農民有家眷，能攜帶二百五十圓以上資金為基本的條件。即台灣西部移民事業失敗的原因為，因資本家的私營，移民保護不夠，經營沒有計劃，且鑒於移民為佃農，在東部作為國家事業在科學調查及計劃之下準備建設自耕農移民村莊，總督府的官營移民事業報告書（一九一八年三月），可以說是有關移民村莊建設寶貴參考資料。但官營移民事業於一九一七度停辦，所需經費二百四十一萬圓，而且它所建設之花蓮港廳下吉野村、豐田村、林田村的三村，停辦官營當時的戶口共計六百八十四戶，三千一百七十二人，一九二五年年底，不過是六百七十七戶，三千三百六十八人。如台東廳下旭村移民指導所，與吉野村同時

一二七　台灣總督府《官營移民事業報告書》八—一六頁。

於一九一〇年建設的，因收容高山同胞有關土地發生困難，終於未收容移民，於一九一六年廢止。總之，官營移民計劃亦未能有預期的成果。

台灣東部的私營移民事業，在花蓮港廳下賀田金三郎氏獲得預約開墾地一萬甲的許可，於一九〇六年以栽種甘蔗為目的，移民內地人一百三十三戶，三百八十五人為嚆矢，其失敗之後，台東拓殖合資會社更以製糖為目的，招來一百戶內地農民，但也同樣終於四散流浪。在合併這個公司的鹽水港製糖股份公司下移居的內地農民現今有六十戶，一百四十九人。一九一七年與停辦官營移民的同時，總督府制訂了私營移民獎勵規則，自一九一七年度至一九二〇年度補助了台東製糖公司十五萬一千圓。公司在一九二〇年底當時，建築房產四百四十戶，招來了移居者二百零七戶，七百九十三人，移民因生活困苦，無法定居，留下特殊的農民和沒有精神的人，全部撤退和離散，一九二六年底內地人移民只有九十戶，四百四十二人。因而總督府於一九二二年四月修改移居者政策，以本島人為本位，而且與台東製糖公司的拓殖事業分離，設立了台東開拓股份公司。換句話說，台灣的私營移民，比官營移民更是失敗。

內地農民移殖事業，在台灣西部和台灣東部，主要由糖業資本所策劃，幾乎都是以栽種甘蔗為目的。我認為移民事業失敗之根本原因也在此。因為農村建設的基礎應該是糧食的自給。可是一開始即以栽種甘蔗為主業的話，農民的生計便為製糖公司的合算不合算所左右。

而在台灣尤其台灣東部的製糖公司與蔗農之關係的本質，近乎農業勞動者的雇傭關係，考慮收購甘蔗的價格定得很低往往使農民很難維持生計，在一方面移民者因衛生設備的缺陷而患風土病，加以開墾及其他創業費多等因素，以栽種甘蔗為中心的內地人移民計劃之完全失敗是不足為怪的。如台東製糖公司之於強制移民栽種甘蔗，不考慮水利，農家自己消費糧食全部透過公司購買部以甘蔗價款購買來生活，因為完全以甘蔗為本位限制農民的經營，所以移民者的家計貧窮加上負債，終於撤出移民村離散。官營移民村，在程度上雖有些不同，但還是遭遇到類似的失敗。即總督府未能與農民到達設立農村的同時，立刻開墾水利設備，吉野村雖然於一九一〇年收容移民，於一九一一年動工水利工程，得於一九一三年開始插秧。豐田村於一九一三年，林田村於一九一四年收容移民，水路的開鑿完成於一九一七年，而且其引水為濁水，不適於水稻，需要有沈澱的設備。停辦官營移民事業當時，能夠自給食用米的只有吉野村，但其主要農作物還是甘蔗。更不要說其他兩個村。總督府之開始熱心於鼓勵種稻是一九一九年以後的事，尤其對於吉野村，自一九二三年以來以種稻為目的，實施擴張埤圳工程，現今水稻已經超過耕種面積的一半以上。在豐田村也從一九二六年以後能夠自給生產其消費米了。但林田村至今還不能達到這樣的地步。移民村的經濟狀態隨其種稻之程度，連成績最好的吉野村自一九二三年發達種稻以來，漸有起色，有定居之跡象，但林田村則還是在極窮困的狀態。是即移民計劃之經濟上缺陷在於以栽種甘蔗為中心，形式上雖然是要建設自耕農移民村，實際上是使其成為屬於製糖公司的原料耕種者這一點[一二八]。

（二）總督府將移殖內地農民的必要，從本島統治上，對帶帶地之民族發展上，內地人口過多的調節上，國防和同化上這四點來作說明。[一二九]我覺得有必要加上供給勞動的問題這一項。以下我們來論述與這幾點有關聯的內地農民移殖政策之意義和效果。

(1)明治四十年（一九〇七年）代是隨台灣資本家企業的勃興，漸見本島人之民族自覺自營念頭的抬頭，產生對於資本家反抗運動的年代。林本源製造的收購土地事件，三菱製紙之竹林事件等是它的例子。於是純然的資本家殖民政策，因原居者之民族自覺而受到威脅，加以移居者之殖民政策的日本人民族勢力，以為消極防止本島人之民族自立之憂慮的手段，在另一方面，設立內地人農村以為本島人的模範，調節利害，採取兩民族共存的主義，依資本主義政策彌補母國人（日本人）不在主義的缺陷，以為「與創造母國人統治階級之同時形成勞動階級的一部分，負擔開發殖民地所需要的一切要素是真正殖民統治的訣竅」。要之，最

一二八　官營移民村特別是吉野村能夠種稻，最近移民漸有定居的跡象。移民村的困苦，係由於移民當初之風土病（衛生設備之缺陷），颱風之災害，市場之缺之，移民間之不統一（吉野村的戶數為三百十一戶，來自北海道以外的二十一個縣；豐田村為一百七十九戶，來自一府一道二十二縣，林田村為一百六十七戶，來自一府十三縣的移民。因為鄉關不同，其氏族神和宗教不同之各種各樣的移民的湊合，所以村落的團結經營發展上帶來了很多的困難）等是很大的原因之一，但我認為因其經濟活動以賣甘蔗給製糖公司，以此購買食米的制度，使移民的生計陷於困苦的重要原因（請參考《官營移民事業報告書》和花蓮港廳編《三移民村》）。反此目前進行中的高山同胞下山事業以開始開墾埤圳，實在很值得令人稱讚。

一二九　《官營移民事業報告書》一七～二〇頁，東鄉實著《台灣農業殖民論》三三八～三九頁。

重視移民的政治意義[一三〇]。可是由於在台灣西部的移民事業完全失敗的結果，對於這樣本島人的民族對抗或民族融合的意圖遂成為畫餅。一九二五年整理行政之際對於退職官吏，在全島各地擅自拋售開墾地，如果是為了要使內地人定居下來以為鞏固民族基礎的政策，他們的大部分有成為居住都市之不在地主的傾向，所以我認為很難達到上述的目的。在勤勉的本島人農民之人口稠密的台灣西部，欲建設內地人農村，應該非常困難。相反地因為台灣東部，居民是高山同胞，未開墾地又多，人口密度疏，所以才勉強能夠建設幾個內地人農村。台灣東部人口九萬人中，平埔族四萬五千人，台灣人二萬七千人，內地人一萬五千人，台灣人三〇%，內地人一七%。比諸台灣全島人口的百分比，台灣人九二・五%，內地人四・六%，台灣東部的內地人的比率要比台灣人的比率高。而內地人居住的農村，在花蓮港廳管轄有吉野、豐田、林田三村，台東廳管轄有旭、鹿野、鹿寮三村，人口總共大約三千八百人。花蓮港衛為純粹的內地人街。事實上，台灣東部非常有內地的味道，與旅行西部的印象完全不同。遠比西部建設有內地人的民族移居地。

(2)與資本和商品的發展一樣，關於移民「台灣不能只以作為對於母國之栽種殖民地的地位而滿足，她的使命實在於作為（日本）帝國發展南方之停泊地和仲繼地」，乃是總督府之移民政策的第二個理由[一三一]。依台灣的風土，進行「有關日本民族熱帶地永居之各種研

一三〇　同前報告書，一八頁。東鄉前列書，四二三～二四頁。

一三一　同前報告書，一九頁。

究」，作為「（日本）帝國發展南方之先驅」移殖內地人於台灣。其意圖之為帝國主義的，有如讀設立台灣銀行之趣旨書。

(3)在台灣的內地人人口，一九一三年年底十三萬三千九百三十七萬人，一九二六年底為十九萬五千七百六十九人，在這期間增加了六萬八百三十二人。因其中出生死亡之差增加四萬一千九百七十九人，來居超過一萬九千八百五十三人，故一年平均不過是一千五百二十七人而已〔一三二〕。換句話說，作為日本過多人口的移居地台灣所實現的價值小。尤其是住在台灣

〔一三二〕把台灣人口從種族來看，內地人、台灣人、高山同胞、外國人，其絕對人口都在逐漸增加，但其在人口中所佔的比率卻有很大的變化。即在一九二二年以前，內地人的人口百分有很大的增加，台灣人的人口減少，以後都大致固定。高山同胞的百分比繼續下降，外國人（主要是中國人）一直在增加。其情況如左表（《台灣移民事業報告書》）。

		一九〇五年	大正十年	大正十四年	昭和元年	昭和二年
實數		人	人	人	人	人
	內地人	五九、六一八	一七四、六八二	一八九、六三〇	一九五、七六九	二〇二、九九〇
	本島人	二、九七九、〇一八	三、五四八、〇五三	三、八三八、六三六	三、九二三、七五二	四、〇〇九、二一七
	高山同胞	七六、四四三	八四、五九二	八五、九三八	八六、七三三	八六、八四〇
	外國人	八、二二三	二八、四八二	三三、二五八	三五、五〇五	三七、九五三
	合計	三、一二三、三〇二	三、八三五、八一一	四、一四七、四六二	四、二四一、七五九	四、三三七、〇〇〇
百分比	內地人	一・九一	四・五五	四・五七	四・六二	四・六八
	本島人	九五・三八	九二・五〇	九二・五六	九二・五〇	九二・四四
	高山同胞	二・四五	二・二一	二・〇七	二・四〇	二・〇〇
	外國人	〇・二六	〇・七四	〇・八〇	〇・八四	〇・八八

之內地人口的大部分，是公務員、自由職業和商工業者，農民非常之少，因此要救濟日本過小農之弊幾乎等於零。

(4)從國防上和同化上的目的來說，對於上述內地人居住人數實在不能有太大的期待。在台灣東部應該比較容易，比諸台灣人對於高山同胞同化力之大，高山同胞之日本化幾乎沒有。總督府把同化當作移民事業的一個目的，曾經負責這個事業計劃的東鄉實氏個人說，農業移民不以同化為目的一三三。

(5)前面我們說過，隨資本主義企業的設立，內地的勞動者移民台灣。原來農業移民也是製糖業的關係找來的，特別是台灣東部在日本領台前並沒有糖業，其居民大多是高山同胞，等於沒有製糖業的栽種甘蔗者，所以便在這裡開始製糖企業的資本家，都以栽種甘蔗者移民內地人農民，而且與官營移民簽訂收購甘蔗的協定，在這基礎上建設了新式製糖工廠。可是在西部有許多習慣於種甘蔗的台灣人農民人口因此以上述目的的內地人移民完全失敗，也沒有這樣的必要。

總而言之，內地人之移居台灣在其沿革和性質，以及總督府移民鼓勵政策之意識形態，雖然具有帝國主義的特徵，但在其實績作為內地人口過多之對策的價值卻很小。惟台灣東部有如愛爾蘭之亞爾斯達的特殊地位一三四，但其似亞爾斯達而非的理由如下：(1)台灣東部的地

一三三　東鄉實著《台灣農業殖民論》，三六頁。

一三四　請參考拙稿《愛爾蘭問題的發展》。阿爾斯達位於愛爾蘭北部，其人口中有許多蘇格蘭和英格蘭之移

形為高山馬上是怒濤海洋，地域狹隘，河川汎濫，多是不適於灌溉的濁水，沒有好港口，陸路也峻嶺或非經過斷崖，無法與外面聯絡。居民的大部分為高山同胞，其生產力非常之低。這樣自然、經濟條件很差的土地不可能成亞爾斯達是顯而易見的。(2)以東部為在台灣之內地人的民族根據地，馴致同化高山同胞，據於被天險圍繞的別天地，以因應他日台灣人之民族的反抗，俾收台灣國防上之效果，簡直是類似兒戲之杞憂，是應予一掃的空想。除去繁榮的西部沒有台灣。要作這樣的惡夢，不如去努力研究和實行不會讓台灣人有正當理由之反抗的殖民政策。從經濟上和政治上來說，完全沒有使台灣成為「亞爾斯達」的可能性和價值。開發東部的問題，必須從另外一個角度來謀求解決才對。第一應該考慮的是，現在內地移民村之改革，組織及因人口自然習增加的擴張。第二是保護平埔族的利益。第三為西部台灣人過多的收容。畢竟台灣東部能興辦資本家企業的東西極少。如台東製糖、台東開拓等公司之營業情形，只是抱著巨大未開墾地之權利而已一三五。不知幸或不幸資本討厭東部。故不如排斥資本家企業之入侵，收用公司關係地之未開墾地，使內地人、台灣人、平埔族和高山同胞的町村部落，皆成為自耕農或以協同生產為基礎，以期其漸漸發展，並以其全部更進一步使這

民的子孫，在該地工業興盛富力強，這一點愛爾蘭人佔多數，又與農業地方的南愛爾蘭不同。因此南愛爾蘭反抗英國建立愛爾蘭自由國時，阿爾斯達極力抗拒被包含於愛爾蘭自由國，而保持作為英國本國之一部分的地位。阿爾斯達擁有良好港口，在愛爾蘭最富有，但台灣東部卻交通不方便，在台灣是最貧窮的地方。阿爾斯達近英國本國，台灣東部離日本很遠。欲承認台灣東部會有阿爾斯達效果尚正是一種空想。

一三五　台東開拓公司的關係地一萬九千甲中，既開墾地只有一千多甲而已。

個共同的經濟關係成為一個社會，或許不會有像西部那樣巨大累積輸運出口的膨脹，但支配這裡的將是和平與自由[一三六]。不要以資本家企業的勃興為目的，把目標放在具有複雜的人類結構之殖民地社會的和平而共同生活，我相信小小的台灣東部在人類殖民地史上將獲得最重要的地位。在地形上和經濟上比較與資本主義勢力隔離之別天地的台灣東部，作為這樣的殖民地社會的實驗場，我相信最後發揮其價值。借用亞．當斯（Adam Smith）的話，這或許是我的烏托邦。不過這比在用同化上和國防上要以台灣作為日本民族的根據地的烏托邦無言，有實行的可能性，令人會有更高的意念和理想[一三七]。

（三）從殖民地勞動者移居本國，與廉價的食品運往本國一樣，能使本國可變資本的價值量變小從而提高平均利潤率，但從台灣沒有這樣的勞動者的移動。在這一點與朝鮮大為不同。因為台灣比朝鮮富於土地生產力，而且工業發達，人民的生計比朝鮮容易，所以農民離村的現象不多。居住內地的台灣人大多是原生和資產潛級，據說有大約一千五百人。

第四項　財富的價值

台灣因馬關條約由清國割讓給日本，但其現實的獲得是依靠軍事的征服。因此以甲午中

一三六　拙著《殖民政策的新基調》，六四～七五頁。
一三七　拙著《殖民政策的新基調》，二五二頁。

日戰事費算作獲台灣的費用雖然不適當，但把征服台灣的軍事費用當作殖民地的建設費應該是沒有問題的。（譯者按：在甲午中日戰爭，日本賺了一億一千三百萬日圓，請參看Akira Iriye, China and Japan in the globrl Setting Havarl Leniversity Preaa, 1992 P.19）不過其征服費用到底多少，則沒有推斷的材料。

日本領台之後土匪叛亂不斷，需要很大的軍事支出，所以有人悲觀領有台灣的財政價值，甚至主張出售台灣。於是從一八九七年度起設立台灣特別會計制度，軍事費由本國一般會計負擔，力求特別會計的獨立，因其成績卓著，自一九〇四年度以後就不必仰賴國庫的補助。國庫的補助，總共大約三千萬圓。至於爾後台灣財政富裕，輸入稅和糖消費稅收入之移管一般會計的問題等，我們已經在本章第四節有所論述[一三八]。如在那裡所說，內地消費糖的一般會計的移管，不能以此視為台灣的財政貢獻。反而到其移管的那一年為止，台灣可以說受到內地消費者的財政援助。（從一九〇三年度至一九一三年度之台灣消費稅收入共計五千九百萬圓，其大部分應該是內地消費糖的負擔）。所以，上述的移管，只是提高了台灣財政獨立的實質而已。反此在台灣的輸入稅之移管一般會計的收入這一點，可以說是台灣對本國的財政貢獻，但其金額總共大約六百萬圓而已。又，對於內地產之運入紡織品的消費稅，將轉嫁於台灣的消費者，故可以視為間接的貢獻。此外近幾年進行幾次行政整理所節省

一三八　本章第四節二五八～五九頁，二六六～六七頁，二七五～七六頁；財務局長阿部滂述「台灣財政之現狀」（《台灣時報》三十九號）。

的金額則轉入一般會計[一三九]。以上具有台灣特別會計對本國一般會計之財政上貢獻的性質，在另一方面是有關台灣的經費，制度上屬於一般會計的負擔。軍事費和養老金也是[一四〇]。台灣的兵力在軍司令部之下有兩個步兵聯隊，三個砲兵大隊，基隆和澎湖島要塞，以及海軍馬公要港部。但似比朝鮮的兵力小。

總之，我們雖然不能說台灣對於一般會計作了財政上的貢獻，但至少可以說台灣幾乎實現了真正的財政獨立。如果是重商主義時代，台灣是能從本國作財政剝削之種類的殖民地。但日本的政策卻以台灣財政之豐富的歲入投入台灣島內的開發。這是台灣的利益也是日本帝國主義的利益。因為台灣的產業開發將增加日本資本利潤量之獲得和提高利潤率。這不僅對台灣而且將直接增進日本內地的財富，進而支援一般會計的歲入。領有殖民地的財政負擔，可以以經濟利益來補償，對於「得不到財政上的貢納，至少要減少對其補助，是近世諸國對於殖民地財政所期待者」[一四一]，如台灣就本國財政和經濟而言，可以說是最有價值的殖民地。台灣是日本的印度和爪哇。

現在，順便就殖民地之非經濟價值的層面來觀察台灣，在軍事上，有國防戰略上和軍隊動員上的問題。關於前者，我沒有資格談，關於後者，日本軍隊不招募台灣人和高山同

一三九　台灣總督府《台灣事情》，一九二四年版，三八九～九〇頁。同一九二八年版，四六五頁。
一四〇　年金即養老金（原文為恩給費）從一九二九年度改由特別會計負擔。
一四一　拙著《殖民及殖民政策》，五七二頁。

胞[142]。關於文化價值的問題，為發展日本文化，特殊科學和歷史的研究，尤其新設台灣帝國大學（譯者按：正式名稱為台北帝國大學，成立於一九二八年），以研究南洋史為其特徵，可視台灣為日本南向帝國主義的文化上表態。

第五項　殖民地的借貸關係

如果把台灣當作一國，將其國際的借貸關係分成外國與台灣間，內地與台灣間，日本帝國內其他殖民地與台灣間，最大的是台灣與內地的關係，因台灣資本主義發展的結果，與外國和其他殖民地（主要是朝鮮）的經濟關係也自趨密切。

台灣與外國貿易（貨物）增加情況如下：

（外國貿易）	輸出 千圓	輸入 千圓	合計 千圓	指數
一八九六年	一一、三九六	八、六三一	二〇、〇二七	一〇〇
一九二四年	四二、五六七	四六、四二四	八九、〇〇〇	四四四
一九二五年	四七、九六六	五六、四八九	一〇四、四五四	五二二
一九二六年	四九、三一五	六二、〇〇八	一一一、三二三	五五七
一九二七年	四四、五九八	六五、八四〇	一一〇、四三八	五五一

一四二　從一九〇一年實行有關台灣人志願軍役的規則，將志願者編入守備隊，與內地人一樣服軍役，從一九〇五年起停止募集（台灣總督府《台灣統治綜覽》，九七頁。

出超只有一八九六年、九七年、一九〇二年、一九一五年、一六年、一七年的六年，其他都是入超，一九二七年是大約二千一百二十萬圓的入超。但如在本章第三節第四項所說，因有對於中國和南洋的投資海運等，對於外國與台灣間的國際借貸，應該考慮這一點。

其次，與帝國內其他殖民地間的貿易，在大英帝國很重要，但如日本帝國在地理上和經濟上各殖民成為車輻狀，緊緊集中於本國，所以不是頂重要。台灣、朝鮮間的貿易，如左表所示尚不足道，但隨台灣資本主義的發展，開拓糖、食鹽、香蕉等之市場的需要，近幾年來對朝鮮貿易額日益迅速增加，值得注目[一四三]。其貿易絕對是台灣的出超。

（朝鮮貿易）	運出 円	運入 円	合計 円
一九一一年	一三五、二八四	七六五	一三六、〇四九
一九二〇年	二七五、五二二	二九、五二〇	三〇五、〇四二
一九二六年	二、六一四、五七四	五〇九、五六七	三、一二四、一四一
一九二七年	五、六四七、〇四〇	三四二、八七九	五、九八九、九一九

台灣對於內地的貿易，如下表般增進，除一八九七年至一九〇四年、〇七年以及一九一三年以外，其他年份都出超。

一四三 《台灣總督府統計者》，《台灣貿易三十年對照表》，三九六頁。

（內地貿易）	運出　千円	運入　千円	合計　千円	指數　千円
一八九七年	二、一〇五	三、七二四	五、八二八	一〇〇
一九一四年	二二一、〇九八	八六、六〇二	二九七、七〇〇	五、一〇八
一九二五年	二二五、二四九	一二九、九〇六	三四五、一五五	五、九二二
一九二六年	一九九、四九五	一二〇、八九五	三二〇、三九〇	五、四九四
一九二七年	一九六、四三二	一二〇、七六五	三一七、一九七	五、四四三

領有以來日本因台灣所獲得的經濟利益究竟有多少，這是無從計算的。不管多少，日本國民此次為「統治台灣」付出了二億三千七百五十萬圓（震災支出四千六百萬圓，特別通融一億九千一百五十萬圓）。可是直接獲得台灣所產生利益的是資本家，對一般國民其利益是間接的。而直接負擔補償資本家之損失的是一般國民。

但在貿易以外的收支，因台灣對於內地的支付過多，結果是內地、台灣間的殖民地借貸關係為內地的得取太多。根據台灣銀行的調查，一九二五年，上述之取得太多超過大約三千萬圓[一四四]。對於台灣投資的利息、運費、保險費等的收受當然歸於內地的資本家，在內地支

一四四　台灣銀行調查一九二五年度「以台灣為一個所看國際借貸調查」的內容如下（單位為千圓）。
台灣收受帳目：輸出金額四七、九六五，運出金額二二五、二四八，新資本運入五、〇〇〇，共計二六八、二一三。
台灣支付帳目：輸入金額五六、四八九，運入金額一二九、九〇六，支付內地人投下資本利息一五、六五〇（以繳納公司資本或出資金額中，由內地的投資五三%，居住台灣的內地人及台灣人投資四七%的比率，推算

付計算的貿易差額（由台灣運出的超過額）其一切並不匯款去台灣。大多是立刻在內地透過台灣公司或銀行的分行處理。商品販賣之場所的內地，同時將是資本之累積和運用的場所。因為支配台灣之生產與販賣的資本家，同時是內地的資本家。又，關於匯款至台灣之商品的貨款部分，其中有歸於內地人資本家的。要之，內地、台灣間之價值的轉移，實有如日本資本家從自己右手轉移到左手的作法。台灣與內地係包容在一個經濟領土內同樣在日本帝國資本支配之下。從資本的立場來看，內地對台灣的支付和收取皆歸於日本資本之利益。從整個日本資本家階級來說，內地、台灣間的借貸關係如何並不重要。

自一九二〇年的經濟恐慌以來，特別是一九二七年財界風波之際，台灣銀行是問題的主要中心之一。台灣銀行曾經因對中國不良投資（西原借款）四千七百萬圓多到由政府協助的恩惠。又一九二三年為其營業補助由國庫存款部獲得五千萬圓的低利資金，一九二五年將其利率降到二分。

對於內地之投資金額的利益分紅。其比率之大致妥當，我在本章第五節（注）八與本章第六節第一項（注一三）所說的數字亦可推算。但在那裡因有內地人（包括內地和島內）對台灣人的比率，故這裡的目的即內地對台灣的比率需要另行推算）。國庫關係內地匯款五二、二五〇（郵局匯款、郵局轉帳存款、郵局存款等）。在台內地人匯款六、〇〇〇。在台公司內地借款利息一六、一六一（對於借款、公司債及支付匯票之利息共計一九九、〇一三。）保險費一、一五四，三十四銀行內地匯款二、二四〇，台灣商工銀行內地匯款二、五〇〇，輪船運費九、〇四八，其他雜費七、六八七（內地公司的台灣分公司預定收益金額及其他），共計一九九、〇八五。加減台灣收入帳目超過三〇、八七二，即大約三千萬圓。

此外去年震災匯票四千六百萬圓的救濟，以及多到依對於台灣金融機關之有關通融資金的法律之一億八千五百萬圓的特別通融。又台灣銀行之子銀行的台灣商工銀行受到三百五十萬圓，同樣的華南銀行受到三百萬圓因特別通融。震災匯票善後處理法案在國會雖然受到許多議論，但因政府特別明言上述法案為台灣銀行絕對需要，終於勉強通過[一四五]。即救濟台灣銀行乃上述法律之中心問題。顯而易見，對於台灣金融機關之特別融資法是以救濟台灣銀行為目的。為救濟財界之日本銀行的特別融資，從一九二七年五月九日開始實施，滿一年以後一九二八年五月八日結束，對於內地一般銀行的融資總額為六億八千萬圓（政府的損失補償限度為五億圓），而對於台灣三銀行融通總共一億九千一百五十萬圓（政府的損失補償限度二億圓）。對於台灣之銀行的融資額，比對於內地銀行的融資額，相對地巨額，在以政府的負擔能補償的限度也有利。特別融資的期限亦即回收的期限雖然為十年，在一九二九年六月二十日舉辦的特別融通損失審查會，一開始就以台灣銀行為首的台灣金融機關的融資決定為全部損失，由政府負擔。在上述委員會，關於台灣商工及華南兩個銀行的救濟，對於「今後台灣金融法的回收期限還有十年這兩個銀行的特別通融不要當作損失慢慢收回如何」的質詢，政府以「這在統治台灣上可能產生不好的結果」這個理由來對抗，最後對以「此次依國民巨額負擔救濟台銀、其他二行甚為遺憾。今後銀行當局自不必說，大藏省和台灣總督府要

一四五　《朝日經濟年史》（一九二七年版），一七二~七三頁。

嚴格監督以免再度發生此種情事」這種警告性的希望通過原案，承認全部融資為損失。無論是震災匯票善後處理法，對於台灣金融機關的特別融資法，還是一開始就承認全部為損失由政府補償，為救濟台灣銀行的確政府作了很大的努力。其一貫的政治理由是：「統治台灣的必要上」和「有必要維持（日本）帝國在海外的信用」。

為整理台灣銀行，這次股東削減了二千八百二十萬五千八百六十三圓。可是「其金額與從國民得到的金額比較僅僅為其八分之一多，加以股東並沒有再拿出錢，只承認其損失，所以非常不相稱」[一四六]。要之雖然為救濟台灣金融機關拿出二億三千七百多二萬圓，但其大部分並非來自台灣累積的資本家由該獲得之所得中直接拿出來的。過去與將來的受益者和這次損失補償者，不一定是屬於同一主體。因為上述的救濟，台灣人和華僑股東的存款者也均霑利益，日本國民也償還以往由台灣和華南、南洋所得到或將來可能獲得之利益的一部分。而且在這個關係上，殖民地資本家事業的損失，由非直接之受益者的內地一般國民來補償是一樣的。

台灣三銀行的救濟是統治台灣的救濟。同時也是在台灣島內和華南、南洋之經濟帝國主義的救濟。二億三千七百多萬圓的內地一般國民的負擔明明白白是帝國主義的費用。所謂殖民地統治上或殖民地發展上所需要，是要使國民忍淚吞聲承認負擔的「黑話」。但帝國主義

一四六　《東洋經濟新報》一二九五號「台灣銀行將會怎麼樣?」（一九二七年四月廿一日）。

殖民地政策對一般國民相對地（比獨占資本家）不僅不利，時或會成為絕對損失的原因，是我殖民地中完成最高度之資本主義化的「帝國主義下之台灣」最近屆現於我們眼前的事實。

第三章　教育問題

本章以教育亦即教育與宗教的問題為主題，最後順便談談衛生。

（一）統治台灣二十年，在經濟上因為日本資本的資本主義化，在教育上有日語的近代教育化，而日本教育亦與資本一樣，依國家權力移入台灣。即教育自始就是國家事業，一八九六年設立國語（日語）傳習所和國語學校。前者以「對土人傳習現行國語，為地方行政設施作準備，且作為教育的基礎」為目的，實施台灣人以國語為主的初等教育，一八九八年將其改名為公學校。國語學校分成師範部、國語部和實業部的三部，師範部培養內地人和台灣人的公學校教員；國語部對於台灣人教授以國語為主的中等普通教育；實業部對於台灣人授以有關農業、電信和鐵路之中等程度的技術教育為目的。（實業部自一九〇六年以後停止招生）。內地人兒童的教育與台灣人的系統分開，小學校（日人學校）從一八九八年，中學校自一九〇七年，高等女學校一九一〇年，各由附屬於國語學校的地位分離而獨立。台灣人的中等教育在國語學校實施，惟其程度比內地人中學校低，故從一九一四、一五年左右，產生台灣人的文化運動，成為在台中設立私立中學的運動。於是總督府於一九一五年四月開始自辦公立台中中學校，以收容台灣人子弟，但其內容與國語學校大同小異，修業年限定為四年，比內地人的中學校（五年）的程度仍然低。最後是專門（專科）學校，一八九九年創立台灣總督府醫學校，專門招收台灣人子弟，其程度也比內地的醫學專門學校低。以上是領台後至一九一九年之台灣教育制度大要。

可是一九一九年的台灣教育令，對它作了如左的主要修正。

(1)廢止國語學校，設立台北和台南師範學校。

(2)作為台灣人中等教育機關，將公立台中中學改為台中高等普通學校，同新設台北女子高等普通學校，但規定皆比內地人的中學校和高等女學校其修修年限少一年。

(3)首次創立獨立的實業（職業）學校，分開內地人和台灣人實施教育。

(4)作為專門（專科）教育，把台灣總督府醫學校改名為醫學專門學校，同時新設農林專門學校和商業專門學校，皆專門招收台灣人。此外首次作為內地人的專門教育機關，在醫學專門學校內設醫學專門部，皆授予與內地同種學校同樣程度的教育。對於台灣人的專科教育，其修業年限和程度比內地人要低。

但一九二二年的新教育令廢止了內地人和台灣人之教育系統的區別，限於初等教育，全用日語教學者為小學校，不全用日語教學者為公學校，中等程度以上的學校則完全採取學校的制度（譯者按：但實際上還是有分別，譬如台南一中幾乎全是日本人、二中為台灣人）。「在教育上已經無法差別內地人、台灣人和高山同胞，完全廢除種族的區別真是本島的教育空前的革新」[一四七]。一九二七年當時，專門學校為一所醫學專門學校，二所高等商業學校

一四七　台灣總督府《台灣事情》（一九二七年版一二四頁）。

（但其中一所最近改為高等工業學校。譯者按：即台南高等工業亦即今日的成功大學），一所高等農林學校（譯者按：今日的中興大學）；台北高等學校（現今師大校址—譯者）和台北帝國大學（今日的台灣大學—譯者）分別成立於一九二二年和一九二八年。

通觀以上的變遷，領台當初除最實用的培養醫師外，迨至一九一九年，完全沒有專門（專科）教育機關，也沒有實業（職業）學校，對於台灣人的中等教育也不完備。如果將這個期間非常之產業資本主義發展來比較的話，可知領台後二十五年之統治台灣人的精力大部分集中於經濟，並沒有主觀教育。國語教育與醫學，這是統治台灣實用上容許的教育的全部。通常，連被稱為殖民地教育之基礎的技術教育，在台灣也被忽略了。可能因為所需要的技術專家可以由內地供給所致。台灣人不但沒有在台灣接受專門教育的機會，迄至一九一九、二〇年左右，到內地留學，尤其研究法律、政治，常受日本官警的妨害[一四八]。可能因要確立日本專制統治和資本家企業，以及官吏等其他內地人來台灣的要求，台灣的教育機關的發達才那麼遲延。一九一九年的教育令，可能因為第一次世界大戰後民族運動的風潮波及台灣的結果，需要因應台灣人的文化上要求，以及台灣資本主義化以第一次世界大戰為良好機會非常發展的結果，隨其生產和資本集中的高度化，經濟上一般要求普通教育上和技術教育上的提高，更因居住台灣之內地人的子弟增加的結果，有必要設置高等教育機關等而

一四八　蔡培火著《與日本國民書》，五二頁。

制定的[一四九]。而且台灣人與內地人的教育系統不同，其教科程度低，台灣人要成為內地人之手足的地位的制度仍然存在。但一九二二年以後的發展，以內地人、台灣人同校和高等教育機關的興隆為其特徵。由此，台灣的教育制度在外觀上完備了，事實上比普通教育更重視高等教育，並實現了內地人獨占高等教育機關。

台灣的普通教育不是義務教育，起初小學校是官立，一九二一年以後其經營移給市街庄（例外是州或廳地方費）；公學校的設置自一九〇〇年開設以來，由地方街庄任意申請，地方廳認為其能負擔維持費時予以許可，教員的薪資、旅費以外的經費，與政府財政區別由區域內居民負擔。高山同胞的公學校，事實上以州或地方費設立。即台灣人的公學校的設立，在財政上最多困難。其結果表現在左列學齡兒童就學率的比較。

	一九二六年度末			一九二七年末*		
	男 %	女 %	平均 %	男 %	女 %	平均 %
內地人	九八・三	九八・一	九八・二	九八・四〇	九八・三〇	九八・三五
本島人	四三・〇	一二・三	二八・四	九三・九六	一三・一三	二九・一八
蕃人	七四・三	六九・四	七一・八			

一四九　「改隸以來隨時間經過台灣出生的內地人兒童增加很多，到最近其比率達七成多」（台灣教育會編《台灣之教育》，一八頁）。

＊一九二七年底的數字，將以蕃者用本來補充—編者。[一五〇]

台灣人之普通較育的普及率不但這樣低，學生人數的增加，遠比其教育費負擔額的增加比率小。這是因為其經費的大部分被用於「宏狀完美的校舍及其他設備」所致[一五一]。

以如前表所示初等教育普及程度，卻於一九一九年以來馬上新設高等教育機關，更創辦帝國大學，從內地人子弟看來沒有什麼奇怪，但就台灣人來說簡直是腳小頭大的教育制度。英領印度的人民，文盲佔部人口的九一．八％（一九二一年），但卻有十五所大學。台灣的情況雖然不像印度那麼嚴重，但與其類似。殖民地教育，通常比原居者的初等教育更重視高等教育，這是一方面要培養統治的助理，同時要使一般庶民愚蠢，以方便於統治所使然。印

一五〇　請留意高山同胞的就學率遠比台灣人高。對於高山同胞公學校的經費由官方負擔，其就學乃因官警的鼓勵。花蓮港廳庶務課長和田博氏就高山同胞之教育制度的改革說：「要停止如現今之公學校走腳，裸體，露出肚臍的兒童不管是誰毫無差別地強制其入學的作法……對於低級的高山族，要像內地人一樣將其學齡兒童強行義務教育是沒有用的。而對於高山族社會也沒有必要。高山族教育只對於有教育之可能性實施就夠。其餘者為老實而勤勉的勞動者就行。」《台灣時報》第八十九號〈內地移民與高山族教化〉。對於野蠻原住者強制就學是殖民政策之塗飾的自我滿足，反而破壞原住者的心性，有為害其經濟活動的危險，乃為殖民史告訴我們的事實。台灣總督府之高山族的教育政策如果沒有此種缺點則屬不幸。開明程度比高山族高之台灣人的就學率比他們低這個事實，實來自日本對於兩者教育政策之不同而來。

一五一　比較一九〇四年和一九一〇年持地氏說：「教育費八年之中成為四倍，就土人教育來說，八年之中學生人數增加兩倍以上，街庄居民負擔的經費增加十一倍以上。比較學生人數之增加，經費之所以大為增加主要是完成校舍及其他設施，充實其內容所致」（持地氏著《台灣殖民政策》，三〇二頁）。

度是其顯著的例子。而台灣之偏重高等教育的程度，雖然不若印度的程度，但其內容則具有印度所沒有的另外一種特徵。即為高等教育之殖民者（內地人）的獨占。因為台灣最早以至一九一九年前，唯一之高等教育機關的醫學校，當初專收台灣人。迨至一九一九年，附設醫學學校專門部收容內地人，但醫學校的主體仍然是台灣人學生。同年開設的商業和農林兩所專門學校，也是專門招收台灣人學生，為內地人則另設一所高等商業學校。即在一九一九年的新制度下，專門教育機關比內地還是以台灣人為主，台灣人的教科程度低，但還是擁有獨立的教育機關。但自一九二二年的新教育令以後，將中等程度以上之諸學校全部統一，實施內地人、台灣人同校，與將台灣之學校系統全部內地化的同時，事實上將它變質成為為內地人的教育機關。因為中等學校的入學考試，對於小學校和公學校的畢業生，舉行完全同樣以小學校畢業程度的考試。「對於日常生活使用台灣話，幾乎不懂日語的台灣人兒童的國（日）語教授，完全是外國語的教授，故公學校的國（日）語教育非常辛苦。所以說話的教授經過多年苦心研究結果比較有進步發達的今日，已經有相當的成績。在普通的公學校三年級左右的學生，已能瞭解簡單的國（日）語」[一五二]。這樣的台灣人兒童與以國（日）語為母語內地人兒童以小學校畢業程度參加國（日）語的入學考試，其他科目也要以國（日）作答這樣的制度，單就語言上來說，台灣人之要考上學校是非常困難的。何況國（日）語、修

一五二　台灣教育會編《台灣之教育》，二〇頁。

身、歷史等的考試科目包括日本歷史、團體觀念等問題，新設才三十年的台灣人兒童，在競爭上站在困難立場是不待煩言的。中等教育的入學，既如上所述對於台灣人不利，要進上級學校當然更不容易。加以除醫學專門學校和台南高等商業學校以外，其他高等諸學校，其入學考試皆在內地舉行，以吸引內地學生。這些結果當然高等程度諸學校之學生大部分為內地人所佔。因為教育制度的同化，事實上台灣人被剝奪了接受高等教育的機會。一九二二年以前，使台灣人的教育程度低俾令內地人立於領導者、統治者的地位，但今日將台灣人參加高等教育在制度上使其平等，事實上非常地予以限制，由之使更進一步確保了內地人的統治者地位。台北帝國大學主要為內地人的大學也是非常清楚的。所以台灣的教育機關，其高等程度者由島內和內地的內地所佔，台灣人之能進台北帝大者比內地人少之又少。這在產業上內地人之佑大資本家和雇主的獨占地位也是一樣的。比較台灣的諸學校之內地人、台灣人學生人數則如左，以此當足夠確認上述之事實（一九二六年末，[一五三]）。

	普通教育		中等學校	高等學校	專門學校
	生徒數 人	學齡兒童百に對する就學率 %	生徒數 人	生徒數 人	生徒數 人
內地人	二三、七一一	九八・二	六、八五六	二二〇	四七七
台灣人	二二〇、七二七	二八・四	四、六四二	二八	二五一

一五三　由《台灣總督府第三十統計書》算出。

如以一九二二年制定新教育令前後內地人、台灣人學生人數來作比較，可以知道修改這個制度之實際效果在那裡（各年度末）。

	小學校		公學校		中學校	
	大正十年 人	昭和元年 人	大正十年 人	昭和元年 人	大正十年 人	昭和元年 人
內地人	二一、一五七	二四、七二二	五	二二	一、二三〇	二、二四二
台灣人	二一三	一、一三六	一六九、五四二	二〇九、五九一	三一七	一、七一八

	高等女學校		師範學校		實業學校	
	大正十年 人	昭和元年 人	大正十一年 人	昭和元年 人	大正十一年 人	昭和元年 人
內地人	一、二三七	二、九七六	一三五	四九四	六二七	九九六
台灣人	六〇七	一、二一三	一、五三三	一、〇一四	五九六	六八二

	高等學校（尋常科及高等科）		醫學專門學校		高等農林學校	
	大正十一年 人	昭和元年 人	大正十年 人	昭和元年 人	大正十年 人	昭和元年 人
內地人	七九	三六八	九三	一二三	——	一一
台灣人	二	四三	三四三	一六八	一一〇	七

高等商業學校及商業專門學校	大正十年　人	昭和元年　人
內地人	一三二	二四三
本島人	一八七	七六

即增設公學校、中學校、高等女學校等的結果，台灣人學生人數雖然增加很多，但在高等專門教育，其人數卻大為減少。

領有之前的台灣教育機關，近代式的學校有外國傳教師開設的諸學校，台灣人本來的有書房。雖因書房為舊式而幼稚，傳教師學校因為總督府私立學校取締規則[一五四]，皆為官公立諸學校打倒。書房與公學校的消長如左表，在一九〇三、〇四年左右，主從的地位改變了[一五五]。書房和外國傳教師學校的衰退與為官公立學校所取代，有如日本資本家企業之使台灣本來之前資本主義生產的衰亡和驅逐外國資同其情形。

一五四　外國傳教師的私立學校，因為不具備總督府規定的資格，中學校未獲得承認，因此學生為獲得進上級學校之資格，有許多人中途轉學內地私立學校。

一五五　根據持地，前引書，三二〇~一一頁及《台灣總督府統計書》。

	書房數	學生人數（人）	公學校數	學生人數（人）
一八九九	一、四二一	二五、二一五	九六	九、八一七
一九〇二	一、六二三	二九、七四二	一三九	一八、八四五
一九〇三	一、三六五	二五、七一〇	一四六	二一、四〇三
一九〇四	一、〇八〇	二一、六六一	一五三	二三、一七八
一九二六	一二八	五、二七五	五三九	二一六、〇一一

（二）教育的中心是國（日）語。它不但是教育的手段，也是其主要的內容。領台當初立刻著手的教育是國（日）語的傳習，其目的在於供行政上的實用。兒玉、後藤政治也完全以國（日）語的普及為教育的重點。但避免公開言明以同化為教育政策的方針[一五六]。可是於一九一八年明石（元二郎）總督起任時，公開以同化為施政的方針，爾後確立以教授日語教育和國民道德為普通教育之根本，似意圖以教育的力量來同化台灣人和高山同胞。

有人認為，日語教育的目的，作為暢通的語言（工具），和發達文化的手段，以及同化的手段有其必要[一五七]。居住於台灣的人包括內地人、台灣人（漢民族）和高山同胞，台灣人之間有福建和廣東兩個系統，作為他們之間的溝通語言普及日語不僅在政治上和社會上有意

一五六　持地，前引書，二八二頁以下。
一五七　持地，前引書，二九五頁。

義，人口的大部分為台灣人，而且台灣人兩族之語言的差異並非根本的，故共同語言之必要的程度自不能與非律賓同日而語。其次，作為傳達文化之手段的日語當然有意義，但語言教育不必然是文化的教育，文化和道德，用原居者的語言也同樣可以教授。在許多殖民地，普通教育皆以土語授課，高等教育才用本國語言。可是台灣總督府從公學校就使用日語，漢文（台語）只是選修科目，每星期只有兩個小時，中等程度以上學校的漢文，以日本式讀法來授課。這樣的方法，至少在普通教育，作為傳達文化的手段，是事倍功半。所以在台灣教育界這樣的日語強制政策的最大目的實在於同化。但不能視語言的同化。民族的同化，這個事實在理論上和殖民地的實驗上都已經沒有懷疑之餘地[一五八]，可是日本政府卻正在幹這個極難的事。但不是以生活和友愛，而欲只以學校的日語教育來同化台灣人，簡直是在緣木求魚。對於高山同胞也施以公學校的教育，但他們的生活都在迅速日益台灣人文化[一五九]。即使承認日語教育多少有同化的效果，但其普及的程度，只是台灣人人口一千人中二十八人．六人而已（一九二〇年）。普及日語的方法，也不能說很周密。雖然這是領台當初一貫的教育政策，但至今仍然沒有能以台語音查出日語的辭典，迨至近幾年以上述目的著手編纂台日大辭典和台日小辭典而已。而且該項事業係屬於台灣教育會，其經費由學租財團支出[一六〇]，不屬

一五八　拙著《殖民及殖民政策》四〇三～〇五頁。

一五九　和田博〈內地移民與高山族教化〉（《台灣時報》第八十九號）。

一六〇　所謂學租是，清國時代台灣之教育機關的儒學和書院之財產的學田的收入，一九〇一年在學租財團的名

於總督府預算。以如此豐富的台灣歲入，和一貫的日語教育政策，竟這樣非常輕視語言教育上的基礎事業。這個事實說明為什麼一直到最近台灣人普通教育機關之不完備，日語教育政策雖然一貫，以及其普及程度不大的原因。這如果與德國專心於編修殖民地土語之辭典及文法比較，實在差得太遠了。總之，我認為至少在一九一九年以前，日本政府專心於樹立政府權力和資本家勢力，輕視台灣人的教育。這個輕視台灣人的教育及其日語政策，應該可以達到傳達文化或同化台灣人的效果，而為其唯一的目的則完全成功了。即政府和企業內的地位全由內地人獨占。如果要加一項，那就是台灣人對於語言同化政策的抗議。蔡培火氏下面的一段話，充分說明了殖民地原居者之心聲[一六一]。

「我們不許有個性。我們的語言沒有用了。我們除從事勞動工作以外，等於被剝奪了一切活動的機會，被鼓勵服從阿諛是我們應該遵守的美德，對於骨氣正義主張節操者，都徹底地被壓制」。「官僚稱依一視同仁之聖旨以同化主義為治台的方針，其政策的第一為採取國（日）語中心主義，在政治上和社會上先塞住我們的嘴吧，使我們變成無能力者。因此我們被排除在一切負責任的地位之外自不在話下，連明確敘述我們的意志之機會也沒有」。「這些不是名符其實的剝削能力的教育，露骨的愚民教育嗎？官僚們說這是基於一視同仁之聖

義之下總括全島的學田和學租，作為總督府的直接管理，一九二三年將其改為財團法人。其年收十一萬圓，扣除地租和辦事費，作為補助金全部交給台灣教育會。

一六一　蔡培火著《與日本國民書》，四二～四三頁，四六頁，四九～五〇頁，五八～六〇頁。

旨，要使我們享受與母國人（日本人）同樣生活之同化主義的教育法。噫！同化呀，或假汝之名的國（日）語中心主義，拘束、抑制我們的心靈活動，使直到現在的一切人物無能化，一切政治上社會上的地位全部由內地人獨占。而受這個新規劃之教育的青少年，除特別的俊才之以外，大多被低能化，由之失去新時代之建設者的資格」。「及至日本領台，如前面所述，因官僚打出國（日）語中心主義，故在舊時代培養的人物，有如糞土無人問聞，遭受抑制無法伸志，大多悶死。以後三十多年，上述要命的教育，自不可能出什麼人才，但官僚卻說我們之中懂國（日）語者有二十多萬人。又在母國受過高等專門教育者已達多數，近來每年有一百名以上的畢業生，此外留學中國、英美等國回來的也有數十人。對於這些新人如何因應，請不要吃驚，包括台灣中央、地方剛出爐的高等官（薦任）五等以下只有五個人，判任（委任）有級者三十多人，其他的人都是長年來徒食。……我們無論在那一方面，都是徹底地應該被統治」。

日本政府近代化了台灣的教育，在某種程度上予以普及，尤其整備了教育機關的系統是事實，但其特徵是內地人獨占了高等教育，因此也就獨占了政治上、經濟上和社會上的地位。一九二二年的新教育令尤其凸顯了這一點。而且台灣人雖然不多亦有受高等教育的機會，他們卻未給予官職或服務於公司，迫使其「高等遊民」化。他們之有見識者使不去做「遊民」，而以其所學的教育和語言成為民族之自覺的先鋒。前述蔡培火氏的近著《與日本國民書》之能之善辯就是其顯著的實際例子。此書是真摯而熱誠之書。蔡氏創辦之前的（台灣）文化協會，正在從事台灣人的啟蒙運動，（台灣）文化協會被總督府和內地人視為危險團體，特別是蔡氏為普及庶民教育所計劃的羅馬字運動，以其牴觸國（日）語政策，而遭受總督府的禁止。又在台灣發行報紙，必須經過總督府的許可，至今台灣人的日報尚未獲准發行。從前在東京發行的《台灣民報》周　，迨至一九二七年七月，始准於在台北出版。台灣人之民眾教育的情況如此，在另一方面事實上以內地人學生為主的（台北）帝國大學及其他高等教育機關則非常完備。由此可知台灣教育的現況在確保內地人之統治者的地位[一六二]。

（三）日本領台的結果，從政治、資本和教育上壓倒並趕走了台灣人本來的勢力和外國的勢力，但對於宗教日本國民的活動非常不順利，對於台灣人本來的寺廟信仰和外國基督教傳教師的傳道幾乎束手無策，領台後來台的日本神道、佛教、基督教幾幾只與在台內地人

一六二　兒玉、後藤政治把主力集中於財政和經濟，關於教育似乎未採取積極方針。在一九〇三年學事諮詢會席上，「總督還沒有提出政治的大方針，所以自不能明非示教育的方針，他說教育無方針。……因普及國（日）語的目的……總督訓示說只要討論如何普及國（日）語就行。……因此關於開發智育要盡力預防陷於如荷蘭、印度的弊端。……不能不深思熟慮以為教育是好事已經為其開設學校這稱作就是殖民政策的錯誤，後來得以御家之正宗名刀切腹」（後藤新平述《日本殖民政策一斑》一一〇～一一一頁）。因此在該時代設立的專門學校，只有醫學校。即使在明治四十（一九〇七）年代所謂台灣財政的黃金時代，有關教育的歲出也很少。迨至近幾年，居住台灣之內地人增加的結果，學生規定人數可以內地人之子弟來補充滿額，故充實高等教育機關，進而能防止「陷於如荷蘭、印度之弊端」的危險！

有關係，其活動並未及於台灣人和高山同胞一六三。絕少有人像井上伊之助那樣欲對於高山同胞傳道基督教的仁慈人士一六四，總督府卻不准許其傳道。在歐美各國的殖民地，雖然在政治上和經濟上非常壓迫和剝削、但宗教家之中卻有人與原住者為友，以其教化多多少少彌補政治家和資本家的剝削。在日本卻幾乎沒有這樣作。在日本一直沒有外國人傳道，其原因是什麼，這是很值得思考的問題，也是熱心的年輕族群應該來實踐和解決的問題。欠缺教化，將使台灣統治成為單純明瞭的帝國主義的統治。

（四）台灣總督府以衛生設施減少了百斯篤、瘧疾等惡疫，使來台居住的內地人容易

一六三　台灣的外來宗教，在荷蘭東印度公司時代的基督教傳道，與鄭成功的占領一旦絕跡，迨至近世帝國主義時代初期傳教師再次來台，天主教於一八五九年蘇格蘭長老教會於一八六五年，加拿大長老教會於一八七二年，前來台灣。尤其蘇格蘭的甘伯爾(W. Campell)和加拿大的馬偕(george Loslie Mackay)的事業很偉大。（馬偕博士的馬偕係其自取的漢名，故通稱馬偕）。關於日本宗教家在台灣之活動的性質，請參閱松島剛、佐藤宏合著《台灣事情》（一八九七年出刊）二二九～三〇頁，台灣總督府《台灣統治綜覽》（一九〇八年出版）四六五～六七頁，台灣總督府《台灣事情》（一九二四年版），二三一～二四頁。總之，日本國民的宗教活動不及於台灣人的傳道特別是其真正的教化。日本軍人跟隨北白川宮能久親王，捐其生命於彈丸瘴氣努力於治安，資本家武裝防備土匪之來襲以開始其事業有如台灣製糖橋仔頭工廠；教育家為對台灣人教育國（日）語，被土匪襲擊殉職有如（台北）芝山巖之六名教戰員；只有日本宗教家不要說為台灣人流血，連流汗的人都絕少。今日看看三十年前的著者所說：「請看三十年以前孤身渺渺投身四面皆敵的蕃境馬偕氏，以其耐心和勤勉成就了這般的大事業。……畢竟今日的台灣與馬偕氏剛來當時的台灣不同。所以如果傳教得法，勞力當為馬偕氏之一半功必比它大。佛、基兩教之人士為何沒有站出來的勇氣？」（松島、佐藤之前引書，二九三頁）這些話，今日再來說還是沒有錯。

一六四　井上伊之助著《生蕃記》。

過日子，也大大地改善了台灣人的衛生狀況。這個成功是很值得讚揚的。上下水道及其他設施，以內地人居住地區為優先在殖民地是當然的，但由此台灣人也直接獲益不少。但台灣人的人口狀況是多生多死，為農業國狀態，尤其由死亡率之高來看，提高台灣人的生活程度，改善衛生非常有其必要。反此，內地人的死亡率很低。人口自然增加率內地人、台灣人都相當高，反映在台灣生產之資本主義發展的情勢。現在，比較台灣、朝鮮、內地人的人口動態，其結果如下表。

	出生率（人口每千人）					死亡率（同上）				
	台灣		朝鮮		內地	台灣		朝鮮		內地
	內地人	本島人	內地人	朝鮮人		內地人	本島人	內地人	朝鮮人	
一九〇六年	二七・一	三九・七	——	——	二八・九	二〇・二	三四・四	——	——	一九・八
一九一四年	三〇・八	四二・八	二八・六	二八・一	三三・七	一五・〇	二八・七	一九・七	一九・三	二〇・五
一九二五年	三五・〇	四一・九	二四・〇	三八・四	三四・九	一一・五	二五・一	一七・九	二〇・七	二〇・三
一九二六年	三一・七	四四・八	二三・八	三五・八	三四・八	一二・六	二三・一	一六・六	二〇・四	一九・二

其次，以台灣衛生狀態改善的例子，列瘧病患者數的減少如下表。

	患者數　人	同死亡者數　人
一九一四年	五九、一六六	?
一九二一年	一四、九五六	三〇四
一九二六年	八、二三六	一八一
一九二七年	七、三四五	一九八

台灣衛生政策上最著名的鴉片問題，領台當初排除斷禁論，採用當時之內務省衛生局長後藤新平氏之意見，於一八九七年一月公佈鴉片令，實施專賣制度，限於自己承認鴉片癮者（中毒者）給予執照，特准其吸食，意圖依這樣制度上的取締和教育以達到逐漸廢止鴉片的目的。可是在統計上鴉片吸食的人數雖然在逐漸減少，其專賣收入到一九一八年都在增加。理由是，上等品的吸食者增加和政府售價的張價，這似乎財政收入的誘惑使鴉片漸禁方針執行的不徹所造成[一六五]。近幾年，因為製造量、銷售金額、吸食者人數皆的確在逐漸減少，所以在不久的將來或許能夠廢止的鴉片。但今日與領台當初的社會情況大不相同，因此鴉片問題不應該依靠自然消滅的經過，而應該嚴格取締秘密吸食者，實行促進禁鴉片的政策才對。

一六五　持地六三郎著《台灣殖民政策》，三二九～三三〇頁；蔡培火著《與日本國民書》，一七〇～七六頁。

（鴉片）	特准吸食者（台灣人）人	同（中國人）人	販賣鴉片煙膏數量 匁	銷售金額 円
一九〇三年	一四三、四九二	——	三四、八五九、五〇〇	三、〇〇八、三八六
一九一九年	五二、〇六三	二、三〇二	一九、二七八、九〇〇	六、九四七、三三二
一九二五年	三三、七五五	六〇四	一一、一八八、三〇〇	四、四一二、六四〇
一九二六年	三一、四三四	五四八	一〇、六三二、六〇〇	四、一九三、四八七
一九二七年	二九、〇四三	四九三	九、九三三、四〇〇	三、九一九、九三〇
一九二八年	二六、九四二	四三六	九、一八〇、四〇〇	三、六二四、二三〇

（特准吸食者人數為各年十二月底當時，販賣數量為各會計年度）

☆一九二七年的數字係依著者用書的補充—編者）。

第四章　政治問題

（一）新領土的殖民地，與本國不同其政治、經濟的條件，所以沒有適用同一法制的社會根據。可是要盡可能地及於同樣法制乃是本國人殖民之方便上的要求。在日本統治下的台灣，起初具有顯著的特殊法制，但隨住台內地人的增加，內地人勢力的確立，以及台灣社會資本主義化之進屆，在最近民事及刑事法規幾乎完全實施本國的延長。因日本資本，台灣與日本被編入與內地同一經濟地域，又因教育制度似成為同一文化地域，關於民事和刑事，事實上被引進於同一法域。

領有台灣當初，民事裁判係依地方習慣或條理辦理，關於刑事則依軍令治罪，迨至一八九八年，民事、商事、刑事事項，則依日本民法、商法、刑法、民事及刑事訴訟法，但唯有關土地的權利，不依民法、物權編之規定，而依從舊慣。除台灣人與清國人之外沒有關係者之民事、商事事項以及有關台灣人、清國人之刑事事項，一切照舊，及至一八九九年，日本民事及刑事訴訟法也開始適用於他們。即大體上與內地人有關的事項，則依內地法，俾方便內地人之活動，同時與內地人無關的事項，則尊重舊慣。所以弄清楚舊慣確定權利關係，係為統治上和殖民者發展上所必需。因而於一九〇一年設立臨時台灣舊慣調查會，以進行專制與經濟之舊慣調查，一九〇八年更開始對於高山同胞的各種舊慣調查，於一九〇二年根據調查結果以制定特別法為目的，設立立法部，完成各種法審議之終於一九一四三九月閉會[一六六]。但隨統治之發展，台灣在法制上需要與內地連結，因一九一八年制定共通法，設日本帝國內內地與各殖民地彼此之間的關涉規定，及至一九二四年，廢止從前的台灣民事令，對台灣開始實施民法、民事訴訟法及其他附屬法律。其結果關於土地的權利也適用日本民法和物權法，不動產登記，以往權利轉移發生效力之要件，成為內地同樣對抗要件，從前只由拘束台灣人和清國人組織股份公司也變成自由了，內地人、台灣人間的戶籍轉移也有辦法了，民法上和同上化的程度也垮大了一大步。對於台灣人唯獨關於親族和繼承的事項不適用民法，而依習慣其他有二、三個例子。[一六七]

關於刑事，今日所謂還有台灣刑事令的律令，因一九二二年的修改，其第一條關於刑事事項，明記要依刑法及刑法施行法辦理，又新刑事訴訟法，除若干例外外，也實施於台灣。但匪徒刑法令、台灣鴉片令、以及比內地範圍廣的犯罪即決例等則仍然具有效力。匪徒刑法令為一八九八年制定的律令，「不管什麼目的，為達到其目的以暴力或脅迫糾合多眾為匪徒之罪」（第一條）將處以嚴刑，這是當時在討伐土匪上很是實用。在今日，一九二五年治安維持法，一九二六年暴行行為等處罰的有關法律既然也已經在台灣實施，匪徒刑罰令的實用

一六六　台灣總督府《台灣統治綜覽》五〇四頁以下，東鄉實。佐藤四郎合著《台灣殖民發達史》九二一～九七頁，拙著《殖民及殖民政策》，三八九～九二頁。

一六七　台灣總督府《台灣事情》（一九二七年版）六〇頁以下。

一定很少。要之，關於刑事，形式上雖然還不及民事，在實質上延長內地法之色彩，這幾年來特別強。

原來對於殖民地的立法，以不由本國議會立法為原則。這是因為殖民地為新附之領土的緣故一六八。對於台灣也於一八九六年以法律六十三號定為：「台灣總督在其管轄區域內得發佈具有法律效力之命令」。因為總督之命令具有法律之效力，故被稱為律令。要實施法律之全部或一部分於台灣時以勅令規定。這個所謂六三法（法律六十三號）附有三年的期限，但再三延期，於一九〇六年以法律第三十一號（所謂三一法）略略以同樣旨趣重新立法。亦即經過帝國議會協贊的法律，經過勅令之指定始對台灣具有效力，又帝國議會本年雖然可以制定在台灣的實施的法律，但對於台灣的立法，原則上委諸總督的律令權。這是為適應台灣特殊情況的立法，為達到殖民地統治之目的制度。但迨至一九二一年，與從前相反，在台灣也以實施內地的法律為原則，限於特殊情況時得所使其律令權。是不是應該實施特定之法律的決定，因有依勅令且仍然有總督府的律令權，台灣在立法上仍屬於特殊法域，內地法延長即法制同化之精神由此更加明瞭。前述一九二三年之民事及刑事法規同化也順這個旨趣所作的。依新教育令之教育制度的內地的統一及同化也是一九二二年。從一九二一年左右，台灣的統治，從特別立法的制度轉變為內地延長主義。

一六八　拙著《殖民及殖民政策》三一九～二一頁。

（二）日本人和日本資本跟著國家權力進入台灣，並在國家權力的保護之下發展。所以國家權力的確立，便是在台灣的內地人發展的根本問題。關於領台當初之事實上的征服，爾後的討伐土匪，理蕃事業等的敘述，請參閱其他著作[一六九]。在這裡，我將簡述在何種制度下確立國家權力和建立治安。

新領土之殖民地的將被置於專制統治之下，為確立國家權的必要上乃屬於自然之事。台灣總督原本任命陸海軍大將或中將出任，除一般行政權限之外，還有以律令的立法權，以及擁有陸海軍統帥權和軍政權。連司法權的獨立，起初都不像內地那麼完全[一七〇]。關於維持

一六九　竹越與三郎《台灣統治志》，特地六三郎著《台灣殖民政策》，東鄉、佐藤前引書。

一七〇　台灣總督府法院條例係以一八九六年律令第一號所制定。即依台灣總督的特別立法，由此法院屬於總督的管理，法官和檢察官由總督任命，審判官依法院構成法要有法官的資格，地方法院審判容許特別任用。但沒有保障審判官之地位的規定。因此台灣的司法權是否獨立，該不該服從總督之指揮監督便成為問題。碰巧一八九七年發生了免職高等法院院長高野孟矩氏的事件。對於台灣總督的免職，高野氏主張憲法對於司法官地位的保障來說抗拒，終以政治權將其趕出法院。總督府對於高野氏的主張，認為憲法不適用於台灣。於是憲法是否實行於台灣，亦即六三法是否違反憲法成為爭論的焦點。台灣的法院條例於一八九八年予以大修正，使台灣的審判官的地位和待遇與內地一樣，並廢止其特別任用，與訂定審判官懲戒令的同時，保障審判官的地位。由此憲法是否當然在台灣具有效力暫且不談，審判官的地位獲得了律令上的保障。惟在內地之審判官的地位保障包括轉官轉院停職免職減薪，但台灣的審判官只在免官轉官得到保障。台灣的檢察官完全沒有地位的保障，又地方法院檢察官的職務，得以警視或警部權宜代理職務。所以法院在現行法院條例的文言上說定「直屬」於台灣總督，但至少對於審判官既然保障其獨立地位，總督對於法院的行政事務只能以直屬予以監督，不能監督司法權本身。但比內地審判官、檢察官之保障地位的程度，在法規上稍微差一點（請參閱佐佐木忠藏、高橋武一郎合著《台灣行政法論》，三九～四一頁）。

治安，當初以軍隊為主，及至兒玉、後藤政治，大事充實警力，並於一八九八年制定保甲條例，採用清國之遺制的保甲制度，作為警察的輔助機關。在日本領有台灣的舊制度全部予以變革中，只有保甲制度再組織之後，在統治上最有效地予以運用了一七一。這是一甲十戶，一保十甲，即以一百戶所組織台灣人之地域的隣保團體，其團體成員為家長，甲設甲長，保還保正。保甲的事務是調查戶口，監視出入者，對於風水火災及土匪強盜等的警戒和搜查，預防傳染病，鴉片、其他保持地方之安寧上所必需的事項等保安警察事務之外，包括有關馬路、橋樑之修繕小破和打掃，預防害蟲，預防獸疫等普通行政事務的事項，而且以一九〇九年律令第五號，更令保正、甲長周知和傳達法令及其他行政官廳所發命令，搜集產業上的調查資料及其設施，以及有關台灣歲入地方稅其他收入之文件的傳達和繳納之督促等區行政事務之輔助執行。此外，保甲要組織壯丁團，以因應警戒和預防風水火災土匪強盜等非常之急變。對於上述之保甲事務，家長要監督其家族之動靜，各家長應互相監視和警戒，保正、甲長要監督全體，明白責任和賞罰，有非違怠忽職務時，將予以單獨或連座之制裁。即依事情之輕重由家長或保甲全體人員連坐本人之責任。保甲的經費由保甲員負擔，其出役是沒有代價的。保正、甲長雖然說是由保甲員的家長互選，保甲和壯丁團之本質並非居民的自治機關，而是受警察之指揮和命令的下級警察機關和行政輔助機關。原來作為台灣的警察制度和

一七一　關於保甲制度，請參考伊能嘉矩著《台灣文化志》上卷六七二頁以下，台灣總督府警務局編《保甲制度》，持地六三郎著《台灣殖民政策》七五頁以下。

警察輔助機關的保甲，由討伐土匪之必要而普及的。但值鎮定土匪後地方行政振作時期，相反於下級行政機關之銜、庄長組織與普及不完備，警察和保甲的制度已經以很周密的警察網包括全島。「這是順應時勢之必要，為發達地方行政，所以造成逐漸利用警察機關之形勢，事實上為支廳長之警察部（相當於警官）出任郡長，派出所之巡查（警員）出任町村長（現今之鄉鎮長），台灣的警察一方面佩劍，一方面攜帶經典、除捕盜斷訟之外也要從事教育慈善之高尚的事業」，警察的職務不僅普通的警察衛生事務，也有依戶口規制的戶籍事務，「又利用保甲制度，幫助徵稅土木，獎勵殖產尤其促進糖業，以至教育及教恤之設施，莫不參與。大凡在台灣，除非借助警察的力量，什麼都無法實施的情勢（一九一一年）」[一七二]。與此同時，以警察的力量什麼都可以辦到。因此台灣乃在典型的警察政治之下。維持治安，衛生設施自不在話下，甚至勸業、土木、徵稅之一般地方行政，也都由警察來負責推動。依戶口規則和保甲取締人民之出入，以搜索土匪、犯人，監視必須監視的人，牽制子弟之留學內地，又或出售土地，股份公售之應募，「勸誘」郵局存款等，如利用保甲築造道路[一七三]，皆為警察政治的效果。有如上述，保甲為台灣人的隣保團體，負連帶責任，其經費由保甲民

一七二　持地，前引書，八〇～八一頁。

一七三　保甲被利用於保甲條例施行細則標準所指定超過道路橋樑之小破修繕及掃除程度之大改修築造（持地，前引書，七八～七九頁）。近來如縱貫道路係由保甲民之出役所完成，惟欠缺橋樑暗渠，總督府乃於一九二六年以後依十年計劃預定以國庫完成（《台灣事情》一九二七年版，二一五～一六頁）。

各人負擔，其事務範圍廣汎，由地方警察指揮監督。因此在這個警察國家，台灣人的人民，自己出役，以自己的費用和自己的責任，維持地方的治安，築造道路，和援助其他的行政事務。毫無疑問地，這幫助了台灣總督府之維持治安，財政之獨立和興隆了產業。而且保甲的義務，只課予台灣人，內地人和高山同胞在保甲之外。

關於台灣的治安，除保甲制度外，依保安規制（一九〇〇年）有害於維持治安的內地人和外國人將受到逐出島外之處分，依浮浪者（流浪者）取締規制（一九〇六年）台灣人的流浪者，便被送往偏鄉僻壤去作強制勞動，又依一九〇〇年之台灣出版規則，即使在內地沒有受到任何處分的出版品，在台灣則得予以禁止販賣分發，依該年台灣新聞報（報紙）條例，報紙之發行與內地的呈報主義不同，必須經由地方長官由總督許可。

匪徒刑法令以下取締治安的諸法令，今日尚具效力，但治安已成，行政組織已經整備的今日，警察政治似乎在逐漸改變其面目，保甲條例、流浪者取締規則其利用似乎也在減少。但至少在過去台灣的警察制度，都有促進迅速的治安和產業之發達的效果。同時，對於台灣人的壓迫，似免不了出於「壓迫酷遇」的手段[一七四]。

（三）台灣在民事法規上幾乎完全與內地同化了，但在政治制度上仍然具有特殊的地位。總督權限之強大前面我們已經提過，一九一九年廢止了總督資格的限制，與承認文官總

一七四　持地，前引書，八一～八二頁。

督之同時，刪除了指揮軍隊的權限，只有總督為陸軍武官時才能兼任台灣軍司令官。又於一九二一年實施於台灣的法令，改為依內地法為原則，但總督的律令權仍然存在。如此這般近幾年來總督的權限比從前削減了若干，但這主要是對於本國中央政府的關係，在台灣內部的關係，仍舊實施著專制的政治。領台當初設立台灣總督府評議會，以議決律令，回答其他總督之諮詢事項，但其會員皆為總督府的文武官員，沒有人民的代表。一九〇六年制定三一法以取代所謂六三法之法律時，廢止了前述評議會，在總督府內設立律令評議會，專律令問審議。但於一九二一年制定取代三一法之法律時，又再設立台灣總督府評議會，以為總督之一般諮詢機關。其會員與最初者不同，除官吏以外，由總督從台灣居民中任命具有學識經驗者，任期為兩年。評議會不但是完全的諮詢機關，而且其開會和諮詢事項等都沒有任何規定，要不要任命會員，評議會要不要開會，諮詢什麼事項，對於諮詢事項的回答是否接受等等，皆屬於總督之自由裁量。制定評議會制度的田健治郎總督開過會議；伊澤多喜男總督沒有任命其會員；及至上山滿之進總督隔了好久於一九二七年任命會員和召開過評議會。當時的諮詢事項為：關於祭祀公業之件，普及實業教育之方策，以及如何向南洋發展的三項，都是與總督府預算和總督之律令立法沒有直接關係的一般方策。台灣總督府評議會可能是屬於世界各殖民地之行政評議會中最沒有實際效果的組織。它以台灣總督為會長，總務長官為副會長，被任命為會員者官吏三人，民間內地人、台灣人各一十人。以內地人與台灣人之人口比率任命同人數之評議會員的不權衡暫且不談，暫以任命兩者同人數為一種進步，如上述之制度及運用的評議會，對於台灣總督之專制政治，在制度上和實質上不會有實質的影響是非常清楚的[一七五]。

台灣的地方制度於一九二〇年進行了大修改，故與內地的制度稍稍類似，郡守（相當於郡長）擁有警察權，市的市尹（等於市長）、助役（有如副市長）和地方工程師（原文為技師）都是官吏，街庄長（相當町長、村長、有如今日台灣之鎮長和鄉長）係由官方任命，並非民選等，比內地官治行政的權限大。該年又以州、廳地方費，市與街庄為新的地方團體，州市街庄各設協議會，為預算及其他重要事項之諮詢機關，其會員在州協議會由台灣總督，市街庄協議會由州知事或廳長，皆從其居民中任命。因此台灣的地方團體當然絕不能說是自治，選任協議會會員的方法，也比朝鮮更不民主[一七六]，但比台灣總督府評議會其政治效果大。因為地方協議會每年開會，其諮詢事項以預算為主。關於協議會的運作還有許多改

一七五　蔡培火氏批評這個評議會說：「這些被看中的二十二名代表，如檢驗其出處和身分，有幾個退職的高官外，大多是某某公司的董事。因此有一位好事者，奉送這個評議會：公司董事聯合會的別號。諸君，這樣的評議會有一百個一千個也沒有用。否，沒有比有反而能令世人一目瞭然總督之專制的弊端」（蔡著《與日本國民書》八四～八五頁）。

一七六　朝鮮之地方團體諮詢機關的協議會中，府（相當於內地和台灣的市）評議會員的三分之二和特別主要的面（相當於町村或街庄）協議會員，全部由居民選舉。道（相當於內地的府縣，台灣的州）評議會之三分之二，從府、面協議會員選舉的候選者中由知事任命。關於學校評議會，承認某種程度的選舉制（拙著《殖民及殖民政策》，三四四－四五頁）。反此，在台灣完全沒有居民的選舉制。

良的餘地一七七，其決議雖然沒有拘束力，總之一九二〇年州利市街庄制之制定與共佈成立地方公共團體（地方政府），在統治制度上到一個時期。因為運作可以改善和熟練，而一旦制定的制度具有固定性，是很難廢止的。關於實習新制度總督田健治郎氏之諭告的一段說：「本總督上任日子雖然短，仔細視察全島民情，其忠順奉公，勤勉勵業，教化日益普及，人文月進，洞察風化最順境，認識逐漸具有立憲法治之民之資質，爰實施新制度，實無欣躍」一七八。即台灣的統治在制度上雖然尚屬專制政治，但卻比過去之警察萬能時代，可看出時勢之變遷。

在台灣，行政上之救濟只有訴願之一途。加以從前對於一般的訴願事項設有概括性的規定，只有在各個法令所認可時才能提出訴願，及至一九二二年在台灣才開始實施訴願法。但仍然沒有實施行政裁判法，所以行政官廳的專制地位很強。

又，台灣總督府高等文官（行政官）特別任用的範圍，只限於地方理事官，比朝鮮小得

一七七　協議會員全部官選，通常從內地人、台灣人雙方任命，台灣人會員中，包括不懂國（日）語者。協議會的召集和議案的分發，時或在開會、兩天前。這種會員稱為「御用紳士」，偶像，這種會議之成為形式是理所當然的。有路上說者，「到了第一代的文官總督田健治郎的時候，才施行了好看不好吃的地方自治制度，使人民加重負擔了州市街庄等的經費，所以台灣人都恨田總督是個滑頭的政治家，說他用著假自治，騙其稅金」（《台灣民報》一九二七年一月二日）。不過民報記者本身說「但是我們的見解卻有些不同」，而對於新制度作稍微善意的解釋。

一七八　《台灣事情》（一九二四年版）六一頁。

非常之多，而且要到一九二二年才開啟這一條路[一七九]。這是內地人的獨占官吏，間接地加強了統治台灣的專制性。

這樣的台灣政治，還是總督的專制政治。內地的中央、地方都是立憲代議政治，但回顧最近實行普通選舉，台灣的經濟制度已與內地同化，教育也是同化政策，只有政治完全被除外於內地延長主義。

蓋經濟與教育的同化，是內地和內地人的利益，而支持這個利益的武器是政治的不同化，專制政治制度的維持。台灣的政治機構之帝國主義的意義在此。以台灣與朝鮮比較，在財政上，朝鮮仍然需要由國庫補助，但台灣的財政早已獨立，在經濟上，台灣比朝鮮資本家企業發達，台灣居民遠比朝鮮民居富裕。在教育上，原居者之初等教育普及的程度在朝鮮人口每一千人兒童數一九・六，台灣卻是五八・六（一九二五年三月底當時），僅國（日）語的原居者人口一千人朝鮮人三一・七，台灣人為二八・六（一九二〇年），即教育程度台灣也朝鮮高[一八〇]。可是在政治上，台灣遠不如朝鮮。即總督為陸軍武官時具有軍隊指揮權的官制台灣沒有。朝鮮沒有。地方制度的選舉制度，朝鮮有台灣沒有。官吏特別任用的範圍，朝

一七九　在朝鮮，能夠特別任用朝鮮人的範圍為總督府的局長，總督府事務官，中樞院書記官，道知事，道參與官，道事務官，道理事官，理事官及郡守。

一八〇　台灣總督府《台灣現勢要覽》，一九二六年版三二頁，一〇五頁。《朝鮮總督府施政年報》，一九二五年度一六〇頁。

鮮大台灣小。在朝鮮，朝鮮人被任用為總督府局長等許多行政官，也任命朝鮮人的法官和檢察官，其權限自一九二〇年以來完全與內地人的法官和檢察官一樣，但在台灣，台灣人的地方理事官只有三人，至於司法官一個也沒有。台灣有保甲制度朝鮮沒有，朝鮮有朝鮮人發行的幾家朝鮮語報紙，台灣卻沒有台灣人發行的日刊報紙。在統治制度和原居者官吏任用，以及言論的自由，顯而易見，台灣的政治情況，比朝鮮更專制。台灣完全沒有政治上的自由，連其萌芽胚種的影子也沒有。財政經濟豐富，教育比較發達，而且政治的專制特別厲害。這是乍看之下有些奇異的事實，但專制的警察政治本身使台灣的財政經濟成就了顯著的帝國主義發展的主要原因之一，所以在台灣之牢不可破的帝國主義的實力和傳統不欲容易接受台灣人之政治自由的要求。此外，朝鮮本來是一個獨立國家，反此台灣是清國之殖民地的一省，朝鮮處於國際交通路，有世界輿論的監視，但台灣沒有這樣的地位等等，作者認為是台灣與朝鮮政治狀況不同的一個原因。要之，台灣人的政治狀況之所以被說是「朝鮮以上，比朝鮮差」[一八一]，是因為在台灣的（日本）帝國主義勢力在歷史上和現實上比在朝鮮強固所致。

一八一　田川大吉郎《台灣訪問記》三～五頁。

第五章 民族運動

（一）台灣原本為清國之領土中國人的殖民地。有如住在台灣的內地人其根據地在內地，台灣人的鄉關在中國，語言與習慣與其相同。因此，日本之統治台灣，實將台灣從中國分離並結合於日本。以關稅法，使台灣的貿易路線由中國轉向日本，阻止只由清國人、台灣人組織股份有限公司，以及教育上的國（日）語政策等等，都是去中國對台灣的影響的制度。此外，對於中國人和台灣人的出國予以特別的限制。即台灣人直接從台灣要到外國時，必須攜帶以台灣總督府令所制定外國護照規則核發的護照，如果違反此項規定前往或意圖前往外國者要受處罰。關於中國人之前往台灣，依一八九五年日令第二十二號，特別限制中國人的登陸和居住，而於一九一八年制定了與內地一樣的有關外國人入口之件的總督府令。但對於中國勞動者的前來，有特別的取締規則，要攜帶辦理中國勞動者的渡航證明書，在該證明書所記載的地點登陸，登陸時要經官警的登陸許可[一八二]。又，不准在台灣設立中國領事館。在另一方面，對於在對岸華南地方的台灣籍人民，台灣總督府為其設立學校派技員和寄教科書，令日本帝國當地領事兼總督府事務官，其領事審判屬於總督府法院管轄，依所謂對岸設施防衛台灣，恰如類似朝鮮與滿州的關係。

一八二　佐佐木忠藏、高橋武一郎合著《台灣行政法論》，三〇八頁以下。

（二）為著結合台灣和日本，究竟實行了怎樣的政策呢？既我們來概觀統治台灣政策的變遷，領台當初的輿論是：「有人主張除非以提出斷然實行嚴格禁止鴉片、斷辮子，解婦女之纏足的台灣統治上的三大主義的政策，即使領有台灣亦無其益處」[183]。首任總督樺山資紀赴任時，伊藤首相給他的訓令也包括嚴禁鴉片的的一條。但以這樣急激的改革不能達到統治的目的，乃木（希典）總督乃特別訓令尊重台灣人的生活習慣，說「其辮子、衣帽是否要改，應任土人之自由，又如鴉片，擬在一定限制之下逐漸收防遏之效。」奠定統治台灣之基礎的兒玉、後藤政治，尤其避免激進，調查舊習慣，欲在其基礎上實行合乎台灣特殊情況的政策。這是民政長官後藤新平之所以說他以生物學為基礎來定政治的方針，立行政之計劃的原因。他設立舊慣調查會，奠定中央研究所的基礎，進行土地及戶口之調查等，皆基於此。其統治政策的根本，一句話就是要認識台灣社會情況的特殊性。如依土地法制的舊習慣，以確認土地業主權，比在其他國家的殖民地干涉原住者之土地權利，造成擾亂的原因，遠為進步。但台灣之特殊性的認識，同時成為專制政治的基礎。據稱後藤氏曾對台灣總督府醫學校全體學生誨告說：「你們如果想要求與三千年來為母國盡忠之母國人同等的待遇，以今後八十年要同化於母國，在這之前被差別也沒有辦法，不要抱不平，要成為全島之民的模

一八三　竹越與三郎著《台灣統治志》，二五九頁。

範」[一八四]。又以民法政長官身分的訓示說：「同化也好，壓抑也罷，畢竟不外乎是著述隨意取的名稱，不得不感覺其內容彼此具有複雜的關係，再致力於懷柔或同化，有時候我覺得實際上還是需要壓抑主義」[一八五]。在這樣的方針之下，首先平定土匪，繼而以全力尋求經濟的發展和財政的獨立，大多未顧教育上的設施。總之，確立日本人之政治上、經濟上的權力是其統治台灣的主要目標。

繼兒玉、後藤政治的佐久間（佐間太）總督，乘財政狀況之良好，意圖勃興資本家的企業，同時進行討伐高山同胞，為資本開放了蕃界的契機。其統治仍然是專制的警察政治。為收取其結果，下一任的總督安東（貞美）在其施政方針（一九一五年六月）說「唯怕島民以語言風俗不同，動輒產生意思之扞格」，不得不承認台灣人社會的特殊性，繼其後的明石（元二郎）總督公然以同化主義為統治的方針，其施政方針（一九一八年七月）說：「本來集合內地人和台灣古來的民族來統轄實在很困難的事。……但困難當然是困難，本來面對新領土的精神，不外乎是以要把它建造成與內地沒有什麼兩樣的目的。」也就是對於經過第一次世界大戰，台灣人的民族自覺將興起的機運，乃以台灣之內地化，台灣人之日本人化為統治的目標。為此便在各地成立了改良風俗會、普及國（日）語會等團體[一八六]。可是世界各

一八四　蔡培火著《與日本國民書》，四二頁。

一八五　持地六三郎《台灣殖民政策》，二八七頁。

一八六　明石總督之施政方針訓示的草稿說：「提到台灣人的同化云云，馬上有人會說那是很困難的事，（他

地殖民地的民族運動卻很猖獗，對於日本於一九一九年三月（一日）的修改朝鮮萬歲騷動為晴天之霹靂，促使殖民地統治之改善。即產生了有修改朝鮮和台灣總督府的官制及其他各種法令以緩和從前之武斷專制政治的必要。作為第一位文官總督赴任的田總督之施政方針的訓示（一九一九年十月），包括成為爾後統治台灣之基礎的幾個重要原則。他說：「蓋台灣為構成（日本）帝國之領土的一部分，當然是從屬於（日本）帝國憲法之統治的版圖……因此其統治方針完全以這個大精神為出發點振作各種設施和經營，教化和指導本島（台灣）民眾作為純然的（日本）帝國國民，涵養忠誠於日本朝廷，對國家的義務觀念」。這不是台灣特殊地域性的認識，而是內地延長主義的表明。他又說：「首先要努力於普及教育……令其達到與內地人接觸時沒有任何差別的地步，為令其進步到政治上均等之域要予以教化和善導」。即重視從前比較輕視的教育，改變專制政治，以要使台灣人的政治地位（自由權、參政權等）和內地人同一化為統治的目標。同時又說：「視察與海外的經濟貿易，台灣天然的地勢佔南北交會的要衝，與華南、南洋等一衣帶水相隣」。即強調台灣之對外的經濟發展。

們會）習於溫情，傲慢起來，不如予以威壓。威壓是要作什麼，又恩情是不是要騙對方，他們是不會上這種當的。……我是為沒有把台灣當作一回事的台灣變成日本的真正領土，要把台灣人內地人化而來的」（山崎繁樹、野上矯介合著《台灣史》五九二頁）。好漢可愛惜，但他卻不知道殖民地統治的方針，不盡是威壓或同化，同時同化政策在實際上最後往往是壓迫（拙著《殖民及殖民政策》三〇二～〇六頁）。關於居住台灣東部平埔族之阿美族同化政策的影響，請參看花蓮港廳庶務課長和田博氏之非常有趣的記述（《台灣時報》第八十九號刊刊載「內地移民與蕃人教化」）。

又說：「今日世界的兵禍漸治，雖有和平的曙光，思潮的動搖殊甚，歐美到國皆多事多端之際，大勢之波及雖不免有多少影響，……隨時勢之進運，努力於取捨其宜，以保持社會是安寧秩序，乃為目前一大要件」。這意味著面對民族運動、社會運動的抬頭有處理的必要。一九二〇年的修改地方制度，一九二一年之設立台灣總督府評議會，該年之有關將實行於台灣之法令的新法律，一九二二年之新教育令，一九二三年之實施民法、商法等，都是上述政策的表現。下一任的內田（嘉吉）總督（一九二三年十月）也說：「最近在前總督的時代釐革地方制度，設立評議會，實施民法、商法等，一新從前的面目，繼承這些並使完美的為現今之急務」。但伊澤（多喜男）總督的施政方針（一九二四年十月）並沒有具體地提到制度上的改革，而籠統地說要「共存共榮」，並諭告「本島（台灣）雖然在國家（日本）的西陬，但其位置實當東亞之要衝，產業之天惠亦豐饒，思考東方世界之將來時，台灣在文化上以及在經濟上，皆具有重大的使命」。下來的上山（滿之進）總督（一九二六年八月）說：「統治台灣的要訣，以民人之融和渾和為經，文運之暢達，產業之興隆為緯」，以民族之融和為主要目的，關於產業生的設施說：「應該特別用心的是，內地人與台灣人在經濟上的聯絡……進一步來看對外關係，台灣位於國家（日本）的南端，負有聯銷南亞和南洋之經濟的任務〔一八七〕。」

一八七　關於歷任總督的施政方針，請參考《台灣年鑑》一九二七年版，一一九—一三二頁。

從以上的概觀，歷任台灣總督之施政方針的訓示，我們以一九一八、一九年為界，可以分成前後兩期。前期以兒玉、後藤政治為基調，基於台灣社會之特殊性的認識，尊重社會的舊習慣，在政治上對於台灣人差別的警察專制政治，政治的內容為奠定治安，發展台灣產業的資本主義，確立內地人的官僚和資本的勢力，以及對於教育設施的冷漠。後期為明石總督以後去（一九二七）年新任的川村（竹治）總督，十年換六位總督，其一貫的基調可以求諸於田總督的訓示。即從認識台灣的社會的特殊性，轉變為內地延長主義和同化主義，尊重教育，文治的政治，主張民族的融和，在經濟上，從開發台灣產業踏出一步，強調台灣與內地的聯結，以及對於華南和南洋的發展。如果把前期定義為日本帝國主義之下台灣的警察政治的建設時代，後期則為之治的發展期。總之，日本帝國主義在台灣比從前穿著更富彈性的衣裳，對台灣以外強調積極的經濟發展，這近年來台灣統治政策的特徵。在今日，台灣的統治雖然不能說不是警察政治，但如果與前代比較，已改變了其面目是事實。又田總督所制定的總督府評議會和地方團體協議會以及「最後欲達到政治均等之域」的聲明，就其爾後的運作來看，到底實現了多少效果？它不無類於美國對非律賓所宣佈約翰茲法的沿革之嫌[一八八]。雖然如此，日本統治台灣的方針和制度，自田總督以後進入新的方向是沒有疑問的。若是，這種台灣統治政策的變化究竟來自什麼原因呢？這是因為台灣和台灣以外特別是日本與中國

一八八　拙著《殖民及殖民政策》，三四〇～四一頁。

之情勢的變化。蓋台灣為世界經濟的一環，乃透過日本、華南和南洋。台灣係立於日本和中國這兩把火之間。在日本，因為第一世界大戰，有帝國主義的發展和社會運動的嚴重化。在中國，尤其在台灣的對岸，台灣人之鄉關的華南，民族運動之反帝國主義運動的國民黨得到了根據地。而在台灣島內本身，日本帝國主義統治之進展，當然使台灣人的民族運動逐漸成熟。從明治末年後大正初年（一九一二年前後），已經有有識之士指出：統治台灣的中心問題為原住者政策（因應台灣人之政治上社會上之自覺的措施），警告統治方針的革新一八九。在這種情況之下，日本政府的統治台灣的方針到一個時期，在「文官總督」之下進行文官統治，強調與內地人的共存融和，在另一方面，提出台灣之對外發展經濟作為重要政策是當然的趨勢。這不過是第一次世界大戰以後世界殖民地統治政策的轉變，帝國主義之殖民政策的世界新趨勢在台灣的一種表現而已。殖民地的結合及以此為根據積極插足世界經濟，並因應殖民地內的民族運動，這是帝國主義國家第一次世界大戰後所面臨的課題。於是一方面抑制殖民地內的民族運動，或一邊予以慰撫，鞏固殖民地與母國的結合，以殖民地為根據對世界經濟作帝國主義的插手是當然的結論。這就是台灣統合的內地延長主義。這是日本帝國主義的新衣裳。

（三）在新領土的殖民地統治不同民族時，通常會遭遇到民族的反抗。但其反抗的形態

一八九　持地，前引書，一四～一六頁，四三〇～三三一頁；東鄉實、佐藤四郎合著《台灣殖民發達史》，四八頁以下。

會有歷史上的發展。在台灣起初反抗日本之領有的是舊清國官吏和地方豪族等，因為悲憤割讓台灣而來。爾後波及於各地，擾亂日本之統治的土匪，也有以對於日本的統治在政治上的不滿和經濟上的痛苦為其原因，但其性質仍然不出水滸傳式之匪賊的範圍。原來居住台灣的漢民族乃為來自對岸的自由殖民者，因為要對抗高山族所以許多是剽悍，他們之中也有福建人和廣東人爭，所謂分類械用之弊極深，因鄭成功為明朝遺臣的關係，所以人民也非常反抗清廷的統治，又因政府之威令不強，在清國統治下兩百年，匪徒之叛亂不斷，「五年大反，三年小反」的說話不是空言，「青年當土匪，壯年成富翁」是居民的理想。從日本領有台灣的一八九五年至一九〇一年之間，土匪襲擊台北二次，襲攻台中二次，攻擊其他各所之守備隊、辦務署、支廳、憲兵屯所五十多次，襲擊警員派出所次數不勝枚舉，迨至兒玉、後藤政治時制定保甲制度，採用招降土匪政策，予以壓迫，最後以兵力討伐南部的匪首林少貓（林少貓的根據地已成為台灣製糖公司的模範農場後壁林農場），以鎮壓土匪奏效。這是一九〇二年的事。從一八九八年至一九〇二年殺死土匪一萬一千九百五十人，其中依匪徒刑罰令判決死刑者二千九百九十八人[一九〇]。

但於一九〇七年發生所謂北埔事件，一九一二年有林杞埔事件，以至一九一五年，暴徒

一九〇　後藤，前引書，二七頁以下；東鄉、佐藤，前引書，一五八～五九頁；片岡巖《台灣風俗法》一一頁～一六頁。

之襲擊官廳和政治陰謀大約十件，一九一五年發生了規模最大的西來庵事件一九一。這些都是發生於日本已經進入國家權力和資本家權力的確立時代，日本資本的壓迫（譬如反抗林杞埔事件與三菱竹林拋售問題有關係），以及警察政治（譬如北埔事件與保甲民之參加討伐高山族有關），或受一九一二年中國革命之思想上的影響而計劃革命的陰謀，不一定是革命性的也大多以為會由中國來授兵自稱將受中國冊封任官以號召人民，意圖脫離日本之統治者。但在其主謀者之閱歷和動機，民眾的附和，運動的迷信色彩和暴動的性質，大多是個別的，衝動的和地方性的，並非有組織的民族運動。因為資本主義的發展和浸透，教育之某種程度的普及，以及政治自由思想由之發生，成為近代民族運動之必要前提的緣故。

台灣近代民族運動開端於一九一四年十一月，伯爵板垣退助前來台灣組織所謂台灣同化會，主張要把台灣人化育與日本人一樣，以及應給台灣人與內地人同樣的權利和待遇。總督府非常壓迫這個運動，板垣伯爵幾乎被趕走般地離開台灣，同化會於一九一五年二月命令解散。顯而易見，這個運動成為台灣政治發展的一個轉機，以參加這個運動之台中的富翁林獻堂氏為首產上了台灣人的民族運動，而在第三章所說設立私立台中中學的請願便是它的第一聲。即對於台灣人要求台灣同化會旨趣中「與內地人同樣的權利和待遇」的運動，總督府取同樣同化會旨趣中「要把台灣人化育與日本人一樣」作為統治的方針，開始提倡同化主義。

一九一　片岡，前引書，一一三～一一四頁。

在專制政治的國家，反抗它的政治運動，通常都先產生和組織於國外。就台灣而言，其民族運動的先行者是一群東京的留學生。他們於一九一八年組織要求廢除總督府專制政治之根據的所謂六三法的「廢除六三期成同盟會」，並於一九二〇年創辦其機關月刊雜誌《台灣青年》，一九二二年改名《涼》，一九二三年更改名為《台灣民報》，從一九二五年起成為週刊。從前，在台灣島內不准發行《台灣民報》，其文章在台灣撰寫，然後寄往東京印刷，然後寄回台灣，必須經過內務省（相當於我國內政部）和台灣總督府兩個關卡的檢查，所以報導在台灣所發生事件的《台灣民報》的文章，台灣人讀者最少要三個星期以後才能看到，故幾乎沒有「新聞」價值（變成舊聞－譯者）。迨至一九二七年七月，《台灣民報》始得獲准在台灣島內發行，成為今日台灣人唯一的言論報導機關。

以《台灣民報》為機關之台灣人的政治運動，發起設置台灣議會的請願運動，於一九二一年二月，以林獻堂氏等一百七十八人的連署，首次向（日本）帝國議會提出請願書。一九二三年年底，總督府依治安警察法鎮壓這個運動，蔡培火氏等數人遭被關進牢獄之禍，但該項運動仍然年年繼續。一九二八年以簽名者兩千多人，提出第九次的請願。設立台灣議會的請願旨趣，主張在台灣歷史的特殊性之下，「無論是住在台灣的日本人，台灣人或行政區域內的熟蕃人（平埔族），皆應以依公選的代表組織，設立基礎台灣特殊情況之法規以及具有議決預算權之特別代議機關」。即以爭取對於台灣總督之律令和總督府特別會計預算的協贊權為目的。它的旨趣是日本和台灣之共同性質的立法事項，以及屬於一般會計的預算屬於帝國議會的權限，又台灣議會所協贊的法規，也要呈請核可，與（日本）帝國政府聯絡。這樣具有以獲得在限定於日本統治權之下的內政自治權為目的的地方自治運動的性質。既在台灣延長實施諸多法律的今日，台灣總督律令權的範圍愈來愈小，但需要台灣特殊立法的事項也不少，特別是擁有財政之獨立的台灣人，因具有協贊其預算的利益和格，所以台灣議會的請願運動，實際上有充分的政治意義。要之，首先這是對於總督府專制政治要求參政權，第二是對於政府之同化主義、內地延長主義之台灣特殊性的主張。時至今日台灣總督府已經不會把台灣議會請願運動視為犯罪，但對於居民的參政只設立有名無實的台灣總督府評議會而已。而帝國議會也極為冷淡，對於台灣議會的請願，從未作過適當的審議，每年僅僅作一、二段的速記紀錄而已。

繼議會運動請願之後，於一九二一年十月，同樣以林獻堂氏為龍頭，以蔡培火、蔣渭水等人為中心成立了文化協會。《台灣民報》、議會請願運動和文化協會是異體同根。惟文化協會本身的使命是，以台灣人之社會解放和文化之提昇為目的的自助啟蒙文化運動，平常在各地舉行演講會。文化協會是多年來唯一的台灣人的民族運動團體。可是於一九二六年年底成立具有馬克思主義傾向的二十多名台灣無產青年會，其中一派由連雲卿氏領導，潛入文化協會，以陰謀行動篡奪了文化協會幹部的地位，於一九二七年一月修改會章，在委員制下嚴加統利，以「實現大眾文化」為綱領，將文化協會的組織和方向轉變到無產階級運動。如此這般文化協會成為分裂的形勢，其創立者的舊幹部一派終於離會，另外組織新的團體，一九二七年五月二十九日創立了台灣民黨這個政治結社，但總督府卻於六月三日依治安警察法予以禁止。理由是認為其綱領中「全體台灣人政治上經濟上社會上的解放」這一句話，在挑撥離間民族反感，妨害內地人和台灣人之融合。總督府的方針是除非表明其為非民族鬥爭的團體不准其組織的方針[一九二]。因此乃於七月十日組織「台灣民眾黨」，以「確立民本政治，建設合理的經濟組織，及改除社會制度的缺陷」為綱領[一九三]。這是台灣唯一政治結社的

一九二　《台灣民報》一六二號（一九二七年六月十九日）。警務局長就禁止台灣民眾黨的理由說：「全體台灣人」和「解放」這兩句話有害於民族的融合，包含民族鬥爭的意義，所以不可以。但這裡所說全體台灣人，乃是指全體住在台灣的內地人、台灣人和平埔族而言，這在台灣議會請願書是很清楚的，又依台灣民眾黨的主張也很清楚。事實上，民眾黨對於獲得政治自由，在請居住台灣之內地人的幫忙。因此，台灣議會請願和台灣民眾黨的主張，只是對於總督專制政治的抗議而已，不是排斥日本或居住台灣之內地人之排他性的民族運動。可是住在台灣的內地人不僅有資本家，而且一般多欲維持總督的專制政治，故這些運動實際上帶有台灣人的解放運動和民族運動的性質。因此以這些運動阻礙民族的融和，住在台灣的內地人應該負這個責任。

一九三　台灣民眾黨的政綱說明如下。一，確立民本政治：根據立憲政治的精神，反對總督專制政治，完全分立司法、立法、行政三權，使台灣人擁有參政權。二，建設合理的經濟組織：提昇農工階段的生活水準，使貧富走向平等。三，改除社會制度的缺陷：改革社會的陋習，實行男女同權，確立社會生活的自由。其次黨對於階級問題的態度：一，要同時並行全民運動和階級運動。二，支持農工階級就是實行階級運動。三，扶助農工團體的發達即是造成全民運動的的中心勢力。四，要聯合農工商學就是要建構全民運動的共同戰線。五，本黨顧慮農工階級的利益，加以合理的階級調節，使其不致於妨害全民運動的前進。六，集合台灣各階級民眾，在黨的領導下，實行全民的解放運動。其政策為：甲，政治：州市街庄自治機關之民選，賦予議決權，其選舉法必須採取普通選

誕生。於是作為解放台灣人運動之團體，主張站在無產階級運動立場的文化協會，和以民族運動的立場為第一要義的台灣民眾黨併存。

農民運動以一九二五年台中州二林的蔗農組合（合作社）為濫觴。這是以文化運動的農村講座為開端，終於因有關林本源製糖公司之收買甘蔗方法與價格而發生了爭議。該年高雄州鳳山新興製糖公司之收購土地事件和對退職官吏擅自抛售開墾地事件而設立農民組合，在台中州大甲郡，亦為對抗對退職官吏擅自抛售開墾地成立了農民組合，這兩個農民組合於一九二六年六月合併，成立台灣農民組合，爾後在台灣各地設立支部，一九二七年十一月底，擁有州支部聯合會四所，支部二十三所，出張所（辦事處）四所，組合員二萬四千一百人。台灣農民組合代表於一九二七年二月訪問內地，就竹林問題和對退職官吏抛售土地問題向眾議院提出請願，同時與日本農民組合和勞動農民黨接觸獲得其支持，由勞動農民黨囑託顧問回到台灣。一九二七年四月，八百名大屯農民鬧台中警察署（分局）；七月，

舉制。二，為實現集會、結社、言論、出版之自由，要求即時准許台灣人在島內發行報紙雜誌。三，要求改革原制（實施義務教育，公學校授課用語應內（日）台語並用，公學校應以漢文為必習科目，內（日）台人教育機會之均等）。四，要求廢除保甲制度。五，要求改善警察制度。六，要求改善司法制度和實施陪審制度。七，要求廢除到中國之護照制度。乙，經濟：一，要求改革稅制，節約冗費。二，要求改革台灣金融制度，趕緊設立農工金融機關。三，支持生產者的利權，廢除一切剝削機關及制度。四，改革農會及水利組合。五，改革專賣制度。六，要求制定勞動立法。七，要求制定佃耕立法（六、七之兩項是於一九二八年七月十五日，依第二屆全島黨員大會決議追加的）。丙，社會：一，援助農民運動、勞工運動之發達。二，確認男女平等之原則，援助女權運動，反對人身買賣（《台灣民報》一六六號，二一八號）。

四千名北港農民騷擾北港郡役所（郡政府）；十月，與大豐農林公司之拋售土地有關係的兩百名農民包圍了台中州廳（州政府）；新竹州中壢的農民包圍日本拓殖公司；十一月，在全台灣五十三個地方舉辦反對總督府土地產業政策的大演講會；十二月，首次在台中舉行台灣農民組合大會等，農民運動頓時多事。日本農民組合代表和勞動農民黨代表曾經出席上述全台灣農民組合大會，大會的第一個決議事項是「組織特別活動隊」和「支持勞動農民黨」，農民組合本部表示：「以十二月四、五日在台中樂舞台所召開光輝的第一次全島大會為契機，我們進入了應該轉變方向的時機。我們為了要往我們在理論上鬥爭將來之光明大道的堅定方針邁進，我們必須以馬克思主義之改革理論的探照燈照出我們的前面」一九四。反對總督府土地產業政策的全島演講會，係由文化協會和農民組合共同主辦，而台灣農民組合和文化協會的幹部，皆受日本之勞動農民黨的指導，轉向了馬克思主義。

其次關於勞工運動，從一九二四、二五年左右關連爭議而成立組合，一九二七年頓然令及於全島，在各地成立了機械工、鐵匠、本工、石工等的各工友會；一九二八年二月十九日，這些二十九個團體組合員六千三百六十七人成立了台灣工友總聯盟。這是舊文協派，在台灣民眾黨鬥士蔣渭水氏勢力下所成立，其會章據說係以南京總工會之會章為模範。即其指導精神係來自中華民國的三民主義。勞工的爭議，以一九二七年四月高雄鐵工所台灣人工人

一九四　《台灣民報》一八九號（一九二八年一月一日）。

一百多人全體罷工進入新的階段；一九二八年五月，高雄市的淺野水泥公司發生罷工，全台灣各地的工友會皆予以同情和救援。這兩者的罷工都不是以勞動條件的內容為原因，而是以要求團結權為罷工的原因。

此外，一九二七年無政府主義的台灣黑色青年聯盟成員遭受到逮捕；八月發生廣東台灣革命青年會事件，皆不至於成為大事，其社會勢力也很小。

要之，在台灣的台灣人之有組織的政治運動、社會運動，係屬於一九二一年以後的事，尤其於一九二七年局面大為進展和轉變。今日值得我們注目的團體有，政治、思想團體有台灣民眾黨和文化協會，經濟的階級團體農民組合和工友總聯盟的四個。它們的彼此關係，今日還沒有經過整理，但在大體上，農民組合特別與文化協會有聯絡；工友總聯盟與民眾黨的聯絡尤其密接 一九五；但農民組合和工友總聯盟沒有直接的聯絡，民眾黨和文化協會甚至站在互相對立的立場。文化協會和農民組合與內地的勞動農民黨有關係，但民眾黨與內地的政黨沒有關係。以民眾黨為中心之台灣議會請願在眾議會的介紹議員是革新黨的田川大吉郎、清瀨一郎和民政黨之神田政雄諸氏，皆為個人身分作介紹，不是以政黨的政綱所贊成的。最具善意的是革新政黨，但其在帝國議會勢力小之又小。由指導精神來比較，文化協會和農民組合由日本引進了共產主義的意識形態，民眾黨和工友總聯盟擬具有中國國民黨的意識形態。

一九五　一九二八年七月十五日，台灣民眾黨第二次大會就社會事業報告說，工友總聯盟所屬公有團體有四十多個，會員八千多人，農民協會有四個，商民協會有一個。

文化協會和民眾黨的對立，實有如在中國國民政府之共產主義和三民主義的對立。文化協會以階級鬥爭的立場為主，民眾黨以民族的解放運動為主要的立場。階級鬥爭或者民族運動，這是今日台灣社會運動之理論鬥爭的中心課題。

現在，台灣的階級運動必然地具有民族運動性的社會上理由。因為(1)農民組合和工友會的勞資糾紛對象為大資本家，這既如上述，為內地人的獨占勢力。高雄的台灣鐵工所（鐵工廠）、淺野水泥公司都是這樣。中壢農民勞資糾紛之對象的日本拓殖股份公司是鈴木系的事業，各製糖公司其所有和經營屬於內地人的勢力。(2)各地設立農民組合的直接動因大多是一九二五年整理行政時，對於退職官吏擅自拋售開墾地當地農民的痛苦。此外無論是竹林事件，還是大豐農林事件一九六，農民組合運動或農民勞資糾紛，多是發生於總督府的拋售土地有關。亦即這是經濟鬥爭，同時也是直接對總督府的政治鬥爭。這個運動的直接對手之所以大多是總督府、州廳、郡役所、警察署，理由在此。(3)台灣的農民組合和工友會，不能視為純粹的無產階級的團體。農民組合的組合員不但有地主，一般來說有中產階級甚至資產家的援助。因為農民運動的最大對手是製糖公司。在台灣，不以製糖公司為主要目標的農民運動，都是個別的非正規運動，不能充分發揮其社會意義。但農民與製糖公司的關係，比農場之農業勞動者，大部分是賣甘蔗給製糖公司的關係。所以在這一點不僅是公司的佃耕，連自

一九六　在大豐農林公司由總督府預約拋售的原野，農民擅自開墾栽種的香蕉，於一九二七年十月該公司欲予以砍代的事件，有關農民有三千多人（《台灣民報》一七九號）。

耕農地主其利害關係是一致的。這是為什麼地主願意加入農民組合，以其知識和財力加以援助的原因。而且台灣人之中產階級的商工業活動，受內地人的大資本家和總督府的干涉，大東信託股份公司就是其著名的例子，因此台灣人資產家之同情和援助農民組合和工友會等的運動也就不足為怪。不只是民族關係，在經濟關係也有其理由。從以上所述，我們可以知道台灣因為基於殖民地情況，階級運動同時亦帶有民族運動之色彩的理由。在另一方面，其民族運動亦帶有階級運動的性質。台灣與朝鮮不同，原居民的台灣人沒有全體無產化，在土地集中這一點和企業，台灣人的大中資產家的地主和資本家的勢力比較強，所以民族運動不會完全無產階級運動化，但至少對於總督府和內地人大資本家的關係，與階級運動的同時也會進行。台灣人大資本家中融合和從屬於總督府和內地大資本之利害者，從台灣人之民族運動的立場來看，當然屬於局外。事實上於一九二二年文化協會以林獻堂氏為會長成立時，為對抗它遂於一九二三年成立，以所謂御用紳士之辜顯榮、林熊徵兩氏為會長、副會長的公益會這個團體。公益會不久便雲消霧散，因這樣的一派自始就被除外，故在大體上民族運動即是階級運動，階級運動即是民族運動，兩者的互相競爭比互相排斥的成分大。這是殖民地之社會特徵所使然。

台灣的社會運動還在歷史的開端。嚴格來說，在台灣基於農村和殖民地的關係，還沒有發展純粹形態的無產階級運動的社會條件。當然資本家企業已經完成了獨占性的集中。但其主要的乃屬於製糖業，與其有關係之台灣人民眾的大部分為農民，其教育文化程度還很低，農民組合的組合員雖然說是超過兩萬人，但其內部團結和訓練恐怕還是不夠。在馬克思主義社會鬥爭理論，應該占領導地位之工業勞動者階級的發達，在缺少純粹大工業的台灣，自不夠充足。不特此如在上面所說，現實的經濟鬥爭大多以總督府的土地和產業政策為直接的對象，加以對於總督府和大資本家的關係，台灣人的各階級能夠採取共同行動的情況下，實不充分具備成立純粹排他性的無產階級運動的社會基礎。文化協會的分裂，農民組合之轉向馬克思主義，與其說因為台灣社會本身的現實情況所發生，毋寧說是受外來思想之影響的觀念上產物。所以殖民地台灣的社會運動必然地只有成為超階級的全民運動。問題是那一種階級立於領導的地位。而決定它的也不外乎是社會情況。在台灣，農民的生產程度低，教育的普及程度也不高，有不少迷信，反此中產階級、知識份子具有強有力的地位和實力。這是在朝鮮絕對看不到的情形。因此在還沒有一份台灣人的日報，毫無參政權的台灣，可能以中產階級為中心結合資產、無產兩者的全民運動，領導為爭取政治自由的鬥爭，隨其獲得台灣社會逐漸成為正式的近代社會，階級的對立關係趨於單純化，在明白的基礎上進展。此種情形我們在愛爾蘭的歷史可以看得很清楚，這似乎是殖民地之政治發展的一個法則[一九七]。

總而言之，因文化協會和農民組合的左傾，受最大刺激的是一向為台灣人解放運動之唯

一九七　拙著「愛爾蘭問題的發展」（《經濟學論集》第六卷第三號）。

一角色的文化協會的舊幹部，他們以台灣民眾黨這個組織，除以前的文化啟蒙運動之外，也致力於政治活動，不僅向開會中的帝國議會趕出設立台灣議會的請願，也經常在台灣島內議論眼前的政治問題（請參看注一三之民眾黨的綱領說明和政策。組織政黨後一年之內在全島各地舉辦政談演講會三百八十三次），或發佈反對總督府評議會的聲明，鼓勵批判和監視地方團體（地方政府）的協議會，並主張實行其改造等等，對於總督府的施政，台灣人民眾首次開始作具體的政治批判。總督府對於這些運動採取怎樣的政策，對於文化協會和民眾黨的對立如何因應，缺乏可以斷論的材料。惟迨至一九二七年七月，總督府始准許多年來之懸案的《台灣民報》在島內發行，政治結社之台灣民眾黨的獲准組織，說明台灣的社會情勢已經很難維持以往那種專制政治。一九二七年是台灣政治史上劃時代的一個年代。（一九二八年夏天以後，對於文化協會和農民組合的幹部，開始予以特別的鎮壓）。

（四）日本統治台灣三十多年，其治績作為殖民地經營之成功被稱讚為稀有的模範。割讓時清國令權東附章以台灣難治，氣候風土不順，居民吸鴉片習慣難改，匪亂難斷，居住剽悍難治的蕃人等，以減少日本對台灣的興趣，但因日本的統治其面目完全改觀，今日衛生設施獲得改良，惡疫減少，鴉片令在不久的將來其斷禁將奏其，台灣人以為自己無法結束的土匪已經平定，出現安寧秩序，蕃人趨於和平，幾乎沒有所謂蕃害，全島交通、交易安全，經濟產業興隆，教育制度完備。證明了領台當時內地人所擔心之日本國民具有統治殖民地的能力。在台灣資本主義化的過程，內地人大資本家佔獨占支配的地位，教育雖亦對內地人特別有利，但台灣人的生產力、富裕和文化的程度與日本領台前比較，也有顯然的提昇。可是在政治方面，居民的參政權仍然歸零，在總督極端的專制這一點，台灣又是屬於世界殖民地中稀有的例子。而且台灣人的政治自覺已經點上了火。總督府以同化為政策。但把三百八十萬台灣人的內地人化時以開啟人民參政之門，或者可怕的人民參政運動的發展本身，將強制貫徹這樣的同化政策。總督府以一視同仁、其存共榮為標語。但這會不會成為只是口頭禪的保障，殖民地的統治是不是很之明的考驗，在於是否於適當時期給予居住者參政權[一九八]。兒玉、後藤政治的標語為生物學的政治。因為政策不能一成不變，必須順應社會的實際情況。這可以說真是達眼。台灣社會關係的成長，近幾年來使其產生很大的變化。所以對它的政策也必須隨之進化和發展，以順應近代的情勢。及至今日之所謂台灣統治之成功的結果本身（資本家的大企業，交通的發達，教育、協議會等）在經濟上、社會上、政治上，準備變革台灣統治政策之不可避免的物質上和人的條件。因為日本帝國主義的發展也就是日本帝國主義之矛盾的發展。（完）

一九八　拙著《殖民及殖民政策》，二七七頁。

第二篇　台灣糖業帝國主義

本篇意圖就「（日本）帝國主義下之台灣」中，有關糖業部分作詳細的論述。這是以糖業為中心所觀察台灣之日本帝國主義的發展史，也是以台灣糖業為中心所觀察日本資本帝國主義的發展史。因為糖業不但是台灣第一的大產業，也是日本帝國產業界次於電氣和紡織的大企業，所以研究台灣問題，以及研究日本資本主義，其所佔的地位是很重要的。

在進入本論之前，我想先概論世界糖業的歷史。由此可以知道糖業本來是殖民地的企業，以及歐美各國有關糖業的帝國主義競爭，弄清楚日本獎勵台灣糖業及其發達的背景。

第一章　糖業與殖民地

砂糖之原料的甘蔗的原產地，據說是恒河（ganges）。從那裡往東傳到中國、南洋、日本，西向經敘利亞（Syria）、埃及（Egypt）、地中海諸島、西班牙（Spain），移植南北美洲，以至夏威夷（Hawaii，日文漢字寫成布哇）。這是甘蔗糖業的歷史，也是殖民的歷史。其西向傳播的開端據說是亞歷山大王（allxanden the great）的遠征印度，十字軍時在敘利亞、賽普勒斯（Cyprus）等許多人經營蔗園，從事製造砂糖，砂糖為十字軍貿易的主要商品之一。後來，「發現時代」之先驅的王子亨利於一四一九年占領馬迪拉島（Arouipelago da Madeia），由西西里島（Sycili Island）輸入甘蔗，也在亞蘇勒斯（Asores Ilands）、卡那利諸島（Canary Islands）種甘蔗，在這裡使用從非洲沿岸航海獲得帶回來的黑人奴隸。而隨發現美國大陸立刻將甘蔗移種於美國，哥倫布（Christopher Columhus）的第一次航海之年的一四九二年，葡萄牙的猶太人已經移居西印度的聖．托瑪斯島（Saint Thomas Island）開始從事糖業，一五五〇年左右，據說相當盛況。甘蔗也從馬迪拉島移種於巴西，一五九〇年種蔗園有大約一百所，一六〇〇年的砂糖輸出數量達六百萬箱（一箱五百磅）。所以賽普勒斯、西西里等地中海諸島的糖業到一五七〇年左右衰退，糖業的中心地變成巴西。當時在伊比利亞（Iberia）半島是迫害猶太人之後，很多猶太人被趕出而移民巴西，這些猶太人移入了糖業。爾後，他們又被驅出巴西，移民西印度諸島，使已經在此地的糖業興隆起來[一]。於英國領土巴貝多（Barbados）、牙買加（Jamaica），法國領土馬提尼克（Martimione）、加特魯布（Guadeloupe）、聖多明哥（Santo Domingo），荷蘭領土蘇里蘭（Suriname）等，西印度諸島成為所謂「砂糖殖民地」，皆剝削黑人勞力，拼命經營蔗園，由之砂糖的生產和輸出大增，並成為商人致富的泉源。在歐洲砂糖成為日常食用是十七世紀初以後的事，不外乎是西印度糖業興隆的結果。又在當時模里西斯（Maunitius）、印度、爪哇（Java）等東印度的諸殖民地，砂糖是主要生產品。十六、七世紀各國的殖民地競爭，除金銀之外，皆以嗜好品為目標，而其中心就是砂糖。現代，稱第一次世界大戰前後的殖民地活動為「石油帝國主義」，十九世紀殖民地活動可以說是棉花的時代，而將重商主義之下的殖民地活動叫做砂糖時代應該不算誇張其詞。十八世紀末世界砂糖的狀況如左表，法國殖民地位居第一；英國領土次之。惟因拿坡崙戰爭封鎖大陸的結果，大陸諸國被防害輸入殖民地糖，糖價由之大漲。此時忽焉出現對抗砂糖的商品，這就是甜菜糖。

十八世紀末產糖表（北美除外如[二]）

	阿姆斯特丹噸
法國殖民地（一七八八年）	九三、〇四五

一　Sombort, W., Die Jren und Winlschaktsleven, SS. 34～38.

二　布林先·黑利克斯著，水田學雄譯《世界甘蔗糖業》，一四頁。

英國殖民地（一七八一—八五年平均）	七八、〇二九
荷蘭殖民地（一七六八年）	二〇、五五〇
古巴（一七九〇年）	一三、九九三
巴西（一七九六年）	三四、二七六
葡領殖民地（一七八五年）	八、八九二

甜菜本為被利用於家畜飼料的植物，發現其糖分的是一七四七年底德國的化學家馬爾格拉夫（Andreas Sigismund Margrak），一七九九年其門徒阿哈爾特（Fraz Karl Achard）成功於製造甜菜糖。這是在不擁有生產砂糖之殖民地的德國實驗室「砂糖殖民地」作的。有如今日的人造絲、人造樟腦，在當時是「人造砂糖」。這的確是糖業界的一大革命。所以蔗糖貿易之獨占者的英國大糖商等以二十萬普魯士元（Taler），欲收買阿哈爾特的實驗，要其說是實驗失敗但沒有達到目的。反而困苦於封鎖的大陸諸國，很熱衷於興起甜菜糖業，普魯士王佛利特利菲．威廉三世（Friearich Wilhelm Ⅲ）為此給予皇宮所有地和工廠建築資金（一八〇一年），尤其在法國拿坡崙一世強制命令栽種甜菜，大事鼓勵製糖，奧地利也興起了甜菜糖業。這樣一時勃興的甜菜糖業，隨一八一四年拿坡崙退位取消封鎖大陸，恢復輸入蔗糖受到打擊，大部分的工廠由之關閉。但從一八三〇年代因技術的進步，甜菜製糖再度興起，對比蔗糖其產量迅速增加，自一八五二至五三年度世界產糖量（英領印度除外）中，蔗

糖佔八六%，甜菜糖佔一四%，及至一八九九至一九〇〇年度，蔗糖佔三四．七%，甜菜糖為六五．三%，在一九世紀後半的期間內，其地位完全倒轉過來。甜菜糖的生產中心德國、奧地利和俄國。法國因為拿坡崙沒落後雖然也獎勵甜菜糖生產，唯因也擁有生產蔗糖的殖民地，受到殖民地方面的抗議，不能專事鼓勵甜菜糖，十九世紀之法國的砂糖關稅制度，為求得本國甜菜糖與殖民地蔗糖之待遇上的均衡問題，變成朝令暮改[三]。反此，沒有甘蔗殖民地的德國、奧地利和俄國，使一心一意鼓勵甜菜糖的生產和輸出，尤其於十九世紀後半有顯著的發達。

在德國，國內砂糖稅是製造稅，對於原料甜菜重量和預定製糖比率課稅，而預定比率規定得比實際還要低，超過的生產量雖然沒有課稅，但可以獲得加上課稅額的市價，而且對於全部輸出數量給予輸出退稅，所以沒有課稅的製糧部分也由國家獲得退稅，在此保護之下砂糖的生產和輸出大為增加。可是因為這個制度，國庫的砂糖稅收入大大地減少，因而於一八九一年予以廢止，並以一定的直接輸出獎勵金制度來取代，立了逐漸減少交付金額的計劃。但因當時美國五穀的輸入激增，糧食價格下降，國內農業資本乃愈來愈對投資於甜菜業，政府為保護它而增加輸出獎勵金額，對於砂糖輸出給予鐵路運費率的特別折扣和航運補助金，資本家則倣效奧地利組織卡特爾（Karte），拼命傾銷。在十九世紀後半，如左表所

三　Girault, A., Colonial Tarikk of France, 1916.

示，德國從輸入砂糖國變成輸出砂糖的國家[四]。

年平均　年	輸入　公尺噸	輸出　公尺噸
一八五六—六五	三六九、四一四	一一九、八七五
一八六六—七五	三八八、八七七	五三〇、二七三
一八七六—八五	一四四、六六八	六、〇七二、三四六
一八八六—九五	一〇三、九五〇	一三、九五二、四三八
一八九六—一九〇〇	二六、七六八	二〇、八九五、六五三

又，一八七〇年度的輸出量不過是總生產量的一．九成，但到一八八四年度卻達到大約六成。

在奧利利，一八七五年左右，砂糖輸出業者獲得國內課稅金額以上金額的退稅，因此糖業大為勃興。惟為對抗生產過剩，於一八九〇年精糖業者曾組織卡特爾，但不久便解散，一八九八年，成立聯合基於粗糖業者和精糖業者的堅固的卡特爾，在輸入稅保護之下獨占了國內市場，與獲得卡特爾價格之超多利潤的同時，因傾銷而擴大了國外市場[五]。

四　河津暹著《本邦（日本）燐寸（火柴）及砂糖論》，一一九頁。

五　國內消費精糖市價定一百公斤為八五克羅聶，其中一五．二四克羅聶為卡特爾的特別超利潤（水田譯，前引書，四一頁）。

法國也於一八八〇年代因由德國和奧地利的輸入大增，國內糖業受到壓迫，為對抗傾銷，遂課以超多輸入稅，為恢復本國糖的輸出，給予鼓勵輸出補助金。

因為這些大陸諸國之糖業政策，遭受到痛苦的是國庫，本國消費者和外國甘蔗糖生產地，享受特別利益的是本國獨占資本家和外國的消費者。英國以砂糖消費國，同時作為甘蔗殖民地的領有國，在這一點是利害相交錯的。亦即因為甜菜糖的傾銷，從前在英國的糖價一百磅二十為二十五克先令（Shilling）以上的，在一八七五年降到二十先令，一八八七年為十二先令一便士（Pence），一八九六年九先令，一九〇二年滑落到七先令四便士，消費者尤其果醬、糖菓、餅乾、罐頭等的製造業者，大獲其利益。反此印度、模里西斯、西印度的甘蔗糖業者受到很大的打擊，特別是剝削自來的黑奴勞動，從事甘蔗單一耕作的西印度諸殖民地的經濟特別淒慘，其住民不斷地懇求母國的救濟和補助，地主等甚至再三請求希望做美國公民。因而於一八八九年的約瑟・張伯倫（Joseph Austen Chamberlain）出任殖民大臣，首先的施政之一是任命西印度調查委員，其結果於一八九七年出版了很詳細的報告書，為振興該地方的產業提案予以總金額四十六萬英磅的補助金，雖然自由貿主義極力反對，從一八九八年開始給予補助。不過顯而易見，以上述金額的補助，不可能有根本的改善效果，而資本家又不願意冒投資的危險。因此張伯倫很熱心地努力，於一九〇一年在布魯塞爾（B-usselles）召開了以排除砂糖競爭為目的的國際會議，不過在一八八六年沙士伯利為保護英國殖民地糖業，曾經計劃以廢止輸出獎勵金為目的之同樣的國際會議，惟因消費者的反對沒有開成，繼而於一八九八年由比利時主辦在布魯塞爾舉行了同樣的國際會議，但沒有成功。

布魯塞爾會議的結果，廢止了對於砂糖之生產和輸出的一切直接、間接的補助，決定特別輸入稅之最高限度，對於得到補助之砂糖的輸入，要課不低於其補助金額的特別附加稅，或得禁止其輸入，對於未獲得補助殖民地糖，得以最低關稅率輸入等，參加這個條約的有英國、法國、德國、奧地利、荷蘭等西歐十個國家。布魯塞爾會議的意義為：

（一）德國、奧地利、法國等甜菜糖國家，因無法繼續以往卡特爾保護政策之輸出獎勵金的財政負擔，而參加了這個協約。這充分說明卡特爾政策如何加重對國庫的財政負擔之原因。這個協約的結果，各國廢止了輸出獎勵金，另一方面減輕消費稅，從砂糖市場由輸出國外轉換到國內消費[六]，其結果砂糖的每一個人的消費量[七]，國內總消費量由之增加，因此砂糖消費稅收入也隨之增加，故砂糖卡特爾崩潰了。即國民（消費者）和國庫得到利益，糖業資

六　德國的數字如下。單位為公尺頓（河津前引書，一二二頁）。

年	國內消費高	輸出高
一九〇一—二	七四三、五二〇	一、二二六、四八六
一九〇二—三	八〇九、八一二	一、一七九、〇七九
一九〇三—四	一、一三〇、三二六	八七三、六二三

七　布拉塞爾會議後廢止輸出獎勵金，減輕國內消費稅的德、法、奧、比利時諸國，比較與這一點無關的英、義諸國每人的砂糖消費量的變遷，則如左表。

本家的卡特爾利潤消失了。

（二）廢止甜菜國之傾銷的結果，甘蔗糖業安定，對它的投資增加，因經營上和技術上的改良結果產量也增加，在世界產糖總量中，蔗糖所佔的比率也稍稍恢復了[八]。

（三）甜菜糖與甘蔗糖的競爭，就是德奧與英國的競爭。我們不要忘記：帝國主義政治家之龍頭的張伯倫之熱衷於廢止輸出獎勵金的國際協約。廢止的輸出與獎勵金是德奧的武器。就英國而言布魯塞爾會議是，對於德國糖之帝國主義插足的防禦戰，張伯倫由此才防衛了其殖民地。這個會議是不堪負擔帝國主義的競爭之負擔所企圖的國際協調。套用近代的說法，就是以國際主義揚棄帝國主義。而且這個要求出自帝國主義本身，英國的防衛殖民地本身。與所謂以毒攻毒，與帝國主義美國對中國主張開放門戶、機會均等一樣，張伯倫在布魯塞爾會議主張自由貿易，一點也不矛盾。

（四）對英國本身來說，布魯塞爾會議是砂糖的消費者對生產者，特別是以砂糖為原料

	德國 斤	法國 斤	奧地利 斤	比利時 斤	荷蘭 斤	英國 斤	義大利 斤
一九〇二—三	二一·七〇	一八·二〇	一三·四五	一四·五三	一一·五八	六七·八五	五·八七
一九一四—一五	五六·二一	三九·二六	三二·〇六	三二·〇六	四〇·〇八	六七·二七	七·八四

八　除英領印度外世界產糖中甘蔗糖所佔百分比，一八五二至五三年度八六%；一八八五至八六年度為五一·四%；一九〇二至〇三年度為三七·五%；一九一二至一三度為四九%（如果包括英領印度則為五五%）（水田譯，前引書，二九～三〇頁，五七～五八頁）。

的製造業者（果漿、巧克力、罐頭等）對甘蔗殖民地投資家，即輸出商品對輸出資本之對抗的產物。沙利斯柏利之國際會議計劃的失敗，是因為輸出商品之利益反對的結果，而張伯倫之成功，是因為獲得輸出資本之利益的支持所致。因為國內製造業者以甜菜糖之傾銷獲得很大的利益，合乎英國的傳統，故主張自由貿易，海外投資家因殖民地糖業的疲弊極受打擊，因此要求國家的保護和干涉。而且成立布魯塞爾協約之後，消費者的勢力很強，不歡迎它的聲浪很大，在一九〇六年的大選保守黨失利，成立自由黨內閣，一九〇七年英國終於宣佈今後對於享受補助糖輸入，不得不課特別附加稅，獲得協約中各項的解除。於是布魯塞爾條約成為有名無實的東西，經過兩次更新繼續存在至一九一八年。可是在第一次世界大戰之後，英國為保護其殖民地糖業，制定特惠關稅，由此依英國本土和加拿大的特惠關稅制度，西印度殖民地便獲得確實安全之市場的保障[九]。

如上所述，英國的糖業政策，以西印度的救濟問題為中心，展開自由貿易論和保護投資家論的抗爭，迨至第一次世界大戰之後制定特惠關稅，反此在美國，因對國內甜菜糖業投下巨大資本，對於德奧諸國的傾銷，自一八九四年以來課以特別輸入附加稅，不但於一八九七年提高其稅率，以為與外國糖所受獎勵金同額，而且於一八九八年合併夏威夷，又因美西戰爭獲得了古巴、波多黎哥（Peurto Rico）和非律賓。這些都是糖的產地，至少對於夏威夷和

九　拙著《殖民及殖民政策》五二七～二八頁。藤山雷太《製糖》（《社會經濟體系》第二卷，一五五～五六頁。）

古巴美國已經投下資本，美西戰爭本身就是為了保護美國在古巴的資本而發生的。夏威夷糖和波多黎哥糖免稅，古巴糖減兩成，比律賓糖減兩成半的特惠關稅，輸入美國得到這樣的保護。今日古巴糖產量五百萬噸中，三百五十萬噸輸入美國。近年來因為砂糖世界性的生產過剩，古巴在限制生產時，提供美國的部分除外。即古巴粗糖和美國製糖業的保護是一目瞭然的。而這不外乎就是通於這兩者之美國製糖獨占資本家的保護一〇。美國帝國主義的發展，以石油和砂糖為兩大支柱。美西戰爭及其結果是美國糖業資本之帝國主義的活動。

現在列出布魯塞爾會議直後，第一次世界大戰直前與其直後，和最近之四期世界各地方別產糖的變遷情況，一般來說，甜菜糖的生產相對減少，尤其第一次世界大戰時的大減，以及甘蔗糖的大增產。相反地，日本帝國的產糖之增加在此期間增加了十倍以上，為其他國家所不能比。

世界產糖表（單位長噸＝二、二四〇英磅）

美國威特・格雷社調查

（甘蔗糖）	一九〇二－三年	一九一三－一四年	一九一九－二〇年	一九二五－一六年
南北美洲	二、八〇五、六三八	五、〇〇三、一五四	六、五三五、八五二	八、六三八、三九四
包括古巴	九九八、八七八	二、五九七、七三二	三、七三〇、〇七七	四、八八四、六五八
亞洲	二、八八四、九九六	三、九五三、七二八	四、八七七、七三八	六、一二五、三六〇

一〇　古巴糖總生產量（一九二二～二三年度）中美國資本投下的工廠為六三・五三％，其他公司的投資三六・四七％（內外糖業調查所《砂糖取引（交易）年鑑》，三〇一頁）。

（內）	英領印度	一、九〇六、七八四	二、二九一、五〇〇	三、〇四九、一五七	二、九二三、〇〇〇
	爪哇	八四二、八二二	一、二七二、四一七	一、三三五、七六三	二、二七八、九〇〇
	台灣及日本	四五、三九一	一五七、〇五〇	二八三、四八二	四九八、四六〇
大洋洲		一三三、一二六	三五八、三七九	二三五、二八三	六二一、三四四
非洲		二七七、四七三	四八〇、九五六	五八〇、八四一	六七九、〇四二
歐洲（西班牙）		二一、六七七	七、五七六	六、〇四八	九、〇〇〇
（甘蔗糖）合計		六、一二二、九一〇	九、八〇三、七九三	一二、一三五、七六二	一六、〇六四、一四〇
（甜菜糖）		五、六七五、五八五	八、六三四、九四二	三、二五九、三八〇	八、三一六、一七四
總合計		一一、七九八、四九五	一八、四三八、七三五	一五、四九五、一四二	二三、六〇四、六五三

今日世界的主要產糖國家有古巴、英領印度、爪哇、德國、捷克斯拉夫和俄國，主要輸出國家為古巴、爪哇和捷克斯拉夫，尤其前兩者。古巴為西印度甘蔗殖民地最大的地域留到今日，其產糖量的大部分輸入美國。爪哇為東印度之最大砂糖輸出國家，日本是她的最大顧客[二一]。古巴糖的生產被美國資本支配，爪哇糖的生產主要為荷蘭資本所經營，而日本資逐漸在爪哇投資。古巴完全為美國帝國主義所支配，爪哇漸漸接觸日本糖業資本的先端。

以上所述為世界糖業的發展過程，那麼台灣是佔著怎樣的地位呢？二十世紀以來台灣產

二一　各國購買古巴糖的比較。單位為擔（藤山，前引書，一三一頁）。

年	日本	歐洲	中國大企業	中國	英領印度
一九二四	一〇、三八七、四一六	八、六三七、〇二一	六、六九九、三六八	一、三〇六、一八〇	九七二、五一七
一九二五	一一、五〇三、五五三	一一、四一三、〇三四	九、六四二、四一〇	—	五〇一、〇六六

糖量的增加比其他國家特別迅速到底是什麼原因呢？日本資本為什麼發展成爪哇糖的最大主顧呢？以下的論述將說明這幾點。

第二章　台灣糖業的獎勵

台灣的甘蔗係傳自中國，一六二四年荷蘭東印度公司領台以後定田制輸入農具和家畜，借給資金，獎勵結果產量大增，一六五〇年左右，砂糖的輸出量七、八萬擔，主要輸出日本。即自豐臣秀吉、德川家康時代，台灣就是日本的砂糖供應地。鄭成功占領之後，獎勵的結果產糖量更增加，一八五八年美國商人來到打狗（高雄）從事砂糖的輸出，英國、澳洲商人相繼來台，一八八〇年由於空前的大豐收的結果，輸出達一百萬擔；一八八四年中法戰爭時，法國艦隊封鎖台灣，更因甜菜糖的傾銷，受世界性糖價下落的影響，台灣糖業由之衰退，日本領有台灣時，一年生產大約八十萬擔。

日本的產糖地從前是琉球和奄美大島，以及九州、四國和中國（大阪、神戶以西至九州以北地方，日人稱為中國地方，譬如廣島、岡山、馬關等——譯者）。一八七八年，松方正義氏前往法國巴黎大博覽會時，研究甜菜糖業，回國後於一八七九年在北海道建設官營製糖工廠，一八八七年以資本金八十萬日圓創辦札幌製糖公司，都因為成績不佳，前者於一八九五年，後者於一八九七年解散。一八九四年日本的砂糖消費量為四百萬擔，但生產量只有八十萬擔，所以大部分靠輸入。因此領有台灣時，日本政府立刻注目砂糖，一八九六年便開始著手甘蔗品種的改良。一八九八年兒玉源太郎總督，後藤新平出任民政局長後，以台灣殖民政策為中心振興產業，又將獎勵糖業放於中心大為斡旋，一九〇〇年以資本金一百萬日圓創立台灣製糖股份公司。公司在台南縣橋仔頭庄建設台灣第一所新式機械製糖工廠，一九〇二年一月開始運作，總督府給予補助金，以為獎勵。但因為台灣的產糖量在日本領台之後反而減少〔二二〕，為著樹立台灣糖業政策的根本計劃，於一九〇一年五月，邀聘農學博士（**其實他也是法學博士——譯者**）新渡戶稻造出任殖局長，該年九月，新渡戶博士提出了《糖業改良意見書》。

新渡戶博士的意見書，首先舉出領台以後糖業衰退，生產減少，蔗園荒廢，蔗農窮困的

〔二二〕日本領台後以至樹立獎勵糖業政策之前，台灣產糖量及輸往日本本土之數量（《台灣銀行二十年誌》二二〇頁）。

	台灣砂糖生產量 斤	同輸往日本本土量 斤
一八九五年	九二、〇八九、一四〇	七〇、七三七、八〇〇
一八九六年	八二、八九四、七六六	七四、〇一三、八一四
一八九七年	七七、九九四、二三〇	七〇、三二九、〇六一
一八九八年	八四、八二二、八四五	七七、五〇四、二六五
一八九九年	七一、九七九、〇七五	六五、五六五、四五三
一九〇〇年	五八、四三〇、〇〇一	四一、二三一、四三七
一九〇一年	八八、八二九、六九〇	六一、〇五一、二五四
一九〇二年	五四、一七二、〇五一	七二、二五七、三七四

原因：(1)領台兵亂時地方豪族歸去清國，資本逃避；(2)因土匪兵燹蔗園荒廢；(3)因討伐土匪死傷及鐵路工程等出外掙錢錢的人增加，因而缺乏蔗園勞動；(4)因開鑿軍路徵收土地和因防止土匪潛伏，道路兩側一定區域內禁止種甘蔗，蔗園面積由之減少；(5)課稅苛重；(6)製糖利益被糖商壟斷，不及於生產者，在另一方面，生產者訴苦工資的漲價，他認為以上原因全是人為所造成的現象，能以政策來改善。台灣糖業除雖因上述領台後政治、經濟的變化之外，在東方市場近年來被歐洲甜菜糖所逐漸壓倒（日本之領台為一八九五年，德國之實行輸出砂糖獎勵金制度為一八九一年），今日其救濟之道，一方面如能以學術之力量改良甘蔗之栽種製糖方法，同時以政府之力量採取保護政策，當能對抗甜菜糖，他說：「彼以人為所成者，我亦可以人為以成，以往蔗糖國文明之遠不及蕪糖國，乃因蔗糖之進步輸蕪糖一步所致，實際上不是蔗糖輸蕪糖，故今後可依某種殖產政策便能藉氣候風土之力量，使天錫之富的蔗糖由目前之衰勢扭轉為未來的盛況並非不可能的妄想」[一三]，他將台灣適合糖業，能夠對抗蕪糖且能發展的理由，從自然、經濟和政策的三方面來論證，並且預測歐洲甜菜國的傾銷政策，將不堪財政上之互相負擔的重擔，在不久的將來將因國際協約廢止。（意見書提出於一九〇一年，布魯塞爾協約成立於隔年的一九〇二年）。而改良台灣糖業的具體辦法為：(1)改良甘蔗的品種（從夏威夷引進拉亥那種rose bamboo種）；(2)改良培種法（集中耕作，肥料）；(3)

一三　新渡戶稻造著《糖業改良意見書》三—四頁。

灌溉（給予小埤圳工程的補助，獎勵水利組合（公會）的大規模工程）；(4)現成田園（尤其水利不完全的米田）；(5)獎勵新開墾蔗園適地；(6)製糖業的組織（這不但能增加生產量，減少生產費，而且能提高砂糖品質，為使製品均一需要創建大工廠，但要不要採取大規模工廠制度，應依地方情況因地制宜，目前可依現今之規模和組織進一步，將糖廍變成糖業組合的共有組織，防止糖廍主壟斷利益，使其與耕作者和製造者的利益一致，為此(a)政府應購買小型機器借給糖廍主或賣給糖廍主。(b)給新設大規模機器製糖工廠者獎勵金；(c)勸誘耕作者組織組合，並令其設立組合共有之糖廍，併用這三個方法，依地方情況成立適當的組織），以及(7)舉出壓榨法之改良，以上述方法正確實行，十年之內要增加五倍的產糖量不是很困難。除上述者以外，還可以採取改良和獎勵的其他方法，譬如關稅退稅之保護，搬運之開通（開拓道路、鐵路、鐵路及輪船之特定運費），推廣銷路，公定蔗價分發，糖業教育和出版品，產業組合之準備，甘蔗保險之設備，牛畜之保護，副產品（酒精）之獎勵等等，最後他強調在「沒有作為金融機關能長年低利貸款的勸業銀行，或農工銀行等設備，農業社會也沒有能夠利用於改良勸誘之團體機關」的台灣，糖業的發達，政府有積極干涉，致力於補助和獎勵的必要。

總督府採納了上述的意見書，立刻按照能夠實施的事項依次著手，一九〇二年六月公佈糖業獎勵規則，組織臨時台灣糖務局作為其實行機關，以實行大規模之科學的獎勵政策。

於是上述新渡戶博士之意見中，蔗作者的製糖組合（合作生產組合，原文為協同的生產組合）、公定蔗價、以及甘蔗保險外，其他項目全部實現了。即結果是保護資本家的企業。

總督府之獎勵糖業要項為以下兩點。

（一）改良蔗苗：一九〇二年在大目降（今日台南縣新化－譯者）設立甘蔗試驗場，開始培養外國優良蔗苗，以分給一般蔗農。主要引進夏威夷的「玫瑰竹」（甘蔗叫竹－譯者）。台灣原有的甘蔗係起源於印度恆河（goanges）河畔東來的，而夏威夷的甘蔗據說也是由其西向經由中美洲去的。台灣原有糖業是改良夏威夷甘蔗，因重商主義時代殖民地活動甘蔗糖業東向及西向發展，由日本人所接觸和融合，被認為融合東西文明的象徵是值得玩味的。

（二）依糖業獎勵規則之補助。(1)發給甘蔗苗費、肥料費、開墾費、灌溉費或排水費，以及發給製糖機械器具費之獎助金或現貨的發給或出借；(2)對於消費一定數量之原料的製糖業者給予補助；(3)為栽種甘蔗開墾官有地者，予以無償出借，全部成功後無償給予；(4)對於為栽種甘蔗實施灌溉或排水工程者無償給予官有地。由於以上獎勵的結果，擁有新式機械設備之大小製糖工廠（其為大規模的為新式製糖公司，規模小者為改良糖廍）逐漸誕生，而為要使其安全獲得原料，於一九〇五年六月公佈製糖廠取締規則，設立全部或一部分應用新式機械的製糖廠，欲變更設計者，要獲得政府許可，政府予以許可時，依工廠的能力，限定地域範圍確實對其供給所需的原料，規定制定原料採取區域。原料採取區域制度的效果為(1)未經政府之許可者，不得在其區域內設立在來糖廍或新式製糖廠（即製糖的獨占）；(2)區域內的甘蔗，未經政府許可不得運出區域外，或使用於砂糖以外之製造原料，即栽種甘蔗者一定要把甘蔗賣給該區域內的製糖工廠（原料的獨占）；(3)製糖工廠在每年度的製糖期間內（限於隔年的五月三十一日）以相當的代價收購區域內的全部甘蔗，對於過多或失去採取時期的原料，依（州）知事或廳長的指定，負賠償之責（交易的義務）；(4)但甘蔗的栽種為耕作者之自由，農民參考公司所發表收購甘蔗的價格；來決定該年度或下一年度要不要栽種甘蔗。在這一點，比爪哇的強制栽種制度自由。但如果農民因自然上或經濟上的理由事實非栽種甘蔗時，其價格得由製糖公司佔地決定。此時考慮的是米、蕃薯等對於甘蔗的競爭作物的市價，既不是隔壁製糖公司之收購甘蔗的價格，也不是製糖的市價。要之，製糖公司之原料費的蔗價，只有為競爭作物之市價所左右（栽種的自由，價格的獨占）。以上所述的制度，很容易新設或擴張新式製糖工廠自不待煩言。

總督府為誘引投下資本曾經給予很優厚的條件，一方面日本的經濟界乘日俄戰爭後的好景氣，對於台灣糖業的投資頓然增加，除已設台灣製糖股份公司之外，自一九〇五年至一九一〇年，新誕生了鹽水港、新興、明治、東洋、林本源、新高、帝國等大公司以及大日本製糖的台灣工廠，改良糖廍也很增不少。由之糖業大為興隆，產糖量激增的結果，於一九〇九年台灣分密糖，遂除以往直接消費糖以外，開始尋求新的銷路，作為原料糖對日本本土的製糖公司賣了四千萬斤，為此總督府特別給予原料糖補助金，予以保護。因同時也給予原料消費補助金，以保護消費糖之運往日本本土，故該年以後外國糖除原料糖以外沒有再輸入了。一九一〇年，預測次年期的豐收，為因應生產過剩，製糖公司組織了台灣糖業聯合會的卡特爾，決定限制生產、協定價格、義務輸出時，總督府與其同步調，一方面阻止增加生產，另一方面採取促進輸出的政策。即該年八月，總督府暫時限制增加製糖的能力，不許可新設立或擴張新式製糖工廠和改良糖廍。又為了獎勵輸出，廢止從前的輸出稅，並補助大阪輪船（日文為商船）公司令其新開闢從打狗（今日的高雄），經由上海、大連等到天津的船線，更於一九一一年四月，台灣銀行在上海開設分行，定台灣糖輸出利息比對日本本土的匯兌還要低，而予以補助金。這就是已達到獎勵製糖的當前目的，反而造成生產過剩之憂，進而招來世上對過分保護的責難。於是於一九〇九年廢止了臨時台灣糖務局，從創立以來九年四個月的獲得預期以上的成績，製糖量自一九〇三年度的五千萬斤，至一九一〇年增加到四億五千萬斤。

惟一九一一年、一九一二年和大正元（亦即民國元年）的三次大暴風雨，甘蔗收成減少四成至六成，產糖量由之大減，因此生產過剩的預測意外地落空，所以改良甘蔗農業成為緊急的課題。因為糖業為農業部門（蔗作）和工業部門（製糖）密切結合的產業，這兩個部門的發達必須均衡才行。而以往的改良，重點擺在擴張工廠的生產能力和提高製糖的百分分等工業方面。但對於農業方面的改良，因總督府獎勵的結果，「玫瑰蔗」種普及全島各地九·五成，惟因偶然遇到上述的大暴風雨，用這個品種暴露了不耐於風吹雨打的弱點，因此以往更加用心於甘蔗品種的改良，致力於培養耐風的爪哇實生種、爪哇大莖種和台灣種的普及，改良施肥深耕早種綠肥栽種等耕作法，同時獎勵灌溉和排水，以努力於增加甘蔗的收成量。同時米、蕃薯、香蕉等競爭作物之商品性的發展，為著提高收購甘蔗的價格，更努力於增加每一甲土地的甘蔗收成量。

從一九一三年期，甘蔗的栽種逐漸恢復，迨至一九一六年期，每一甲土地的平均收成量進步到六萬五千斤，大為增加，偶然碰到第一次世界大戰，甜菜糖的生產減少，世界的砂糖供給不足，糖價昂貴，給予台灣糖發展的難逢機會，總督府乃於一九一六年五月廢止製糖生產量的限制。從一九一三年至一五年，日本製品幾乎沒有輸出海外，但一九一六以後，則促進輸出到中國、關東州（遼東半島）、香港、印度、加拿大和澳洲，尤其鹽水港製糖公司的製品更於一九一八年輸出到瑞士，一九一九年銷到芬蘭、西班牙和土耳其。由之為製糖公司帶來黃金時代，大多得十成以上的分紅，新高製糖的分紅更達二十成以上。

現在，將台灣糖業之發達，實施糖業獎勵的第一年度，廢止臨時台灣糖務局之年，以及最近二年度之呈現則如下表。

年期（自前年十一月至其年十月）	新式製糖廠 箇數	新式製糖廠 能力 英噸	改良糖廍 箇數	改良糖廍 能力	舊式糖廍 箇數	舊式糖廍 能力 噸
一九〇二—一九〇三年	一	三五〇	——	——	八九五	八、九五〇
一九一〇—一九一一年	二一	一六、五二六	七四	六、一三〇	四九九	四、九九〇
一九二五—一九二八年	四四	三四、八五九	一五	一、三六〇	一三六	一、三六〇
一九二六年	四五	三五、二〇九	九	六〇〇	一一五	一、一五〇
一九三〇—三一年	四六	四三、五二八	七	五八〇	七八	七八〇

	甘蔗栽種總面積 甲	甘蔗總收成量 斤	製糖量 千斤	每一甲甘蔗收成 斤	製糖百分比 %
明治三十五—三六十年	一六、五二六	六八三、一五八	五〇、六八一	四一、三三八	七・四二
同 四十三—四十四年	八九、四四五	四、四二六、七九九	四五〇、五六五	五二、七一七	一〇・二〇
大正十四—十五年	一二三、九五二	八、六一〇、一一四	八三三、二二〇	六九、四六三	一〇・四三
同 十五—昭和二年	九九、六九〇	七、四二〇、四八一	六八五、二三四	七四、四三六	一〇・三〇
昭和五—六年	九九、〇九四	一〇、九四四、六六九	一、三一八、七九八	一一〇、四四七	——

昭和五—六年の數字は著者用本により補う——編集者。

一九二七年期因旱魃及其他氣候之不順，比前一年產糖量大減；一九二八年期生產九百六十萬七千五百擔，一九二九年期達一千二百九十六萬五千擔，創造了糖生產量的最高紀錄（一擔為一百斤）。

若是，這樣令人驚訝的台灣糖業的發展是如何達成的呢？（一）因日本資本之累積與插手的資本家大企業的勃興。（二）世界砂糖市場的情況（日本領有台灣以後不久，締結布魯塞爾協約，歐洲甜菜糖的傾銷結束，加以日本不是該協約國，不受廢止補助糖業之拘束，故能夠直接給予補助金以獎勵生產。而且第一次世界大戰時，歐洲甜菜糖減少生產，成為台灣糖業大躍進發展的不二良好機會。是即世界砂糖市場的繁榮為台灣糖業興隆的奶母。（三）但如果沒有總督府優厚的獎勵、保護和指導，台灣糖業可能不會有今日的基礎。維持治安，調查土地，改革幣制，將前資本主義的殖民地台灣資本主義化，使其成為安全而有效的投資地，是總督府施政之一切自不在話下，對於糖業直接發給補助金，給予特別的鼓勵。從一九〇〇年度到一九二五年度的二十六年所支出的補助總金額為一千二百七十萬日圓（此外免費配給二億四千六百萬支蔗苗），加上有關糖政的事務與事業經費大約一千二百萬日圓，總督府之獎勵糖業支出共計二千四百七十萬日圓[一四]。

其主要的補助種類為，自一九〇〇年以來發給製糖公司和製糖工廠的補助，限一九〇八年度（總金額四十五萬四千日圓），購買製糖機械補助，限於一九〇九年度（總金額五十五萬一千日圓），從此廢止。這說明獎勵設立新式工廠和改良糖廍以及勃興，對於工業生產方面的直接補助這是最後一筆。繼而一九〇八年、一九〇九年、一九一〇年的三年度所發給撤除改良糖廍之補助（二十萬三千日圓）為，這是為幫助改良糖廍合併於資本家大企業之新式製糖公司過程的進展，是對於企業集中的補助。其次是一九一〇年度發給的原料消費補助（一百三十五萬三千日圓），和一八九九年、一九〇一年兩年度的原料糖補助（三百一十萬二千日圓，是當時台灣產糖增加結果需要擴大日本內地的銷路，尤其首次販賣原料糖時，一九一一年七月要修改關稅和廢止輸入原料糖退稅，總督府以在這期限以前的措施，對於使用製糖原料給予補助（收購原料甘蔗之補助即生產補助費），對於作為原料糖運往日本本土給予補助（市場價格補助即擴大銷路補助），以在日本本土市場對抗生產費低且具有退稅之優惠的外國糖。也就是說，這是獎勵糖業成功，因為產糖增加，有生產過剩之虞的事實的反映擴大銷路的補助。其次是對於從一九一四年至一九二〇年六個年度所給予之製造冰糖的補助（二萬七千日圓），也是以砂糖為原料之製造工業，砂糖之生產的消費，即它也具有擴大

一四　台灣總督府殖產局《台灣糖業概要》二三頁。

銷路之補助的性質。而如上面所說，糖業乃是工業部門（製糖工廠）和農業部門（栽種甘蔗）的結合，前者為資本家的經營，後者以農民為主角。所以，以往總督府的保護主要以工業部門即資本家為對象，故工廠設備迅速發展，但未及於生料之甘蔗生產的改良，糖業的發達遂不免有跛行之內容。但今日工廠的發達既已經就緒告一段落，總督府之補助的主力自一九〇七年以後轉變到農業的生產方面去。而且種苗補助限於一九一三年度（總金額為七十二萬一千日圓），肥料補助限於一九一六年度（四百十二萬日圓），蔗苗圃補助為一九一七至一九二一年五個年度（五十三萬日圓）爾後廢止。如上所述各種補助相繼廢止，現今繼續對於製糖公司直接補助的只有灌溉排水補助（迄至一六二六年的支出為一百六十五萬一千元），對於一般農民的只有免費給予蔗苗現貨。

台灣糖業的獎勵，以可廢止臨時糖務局的一九一一年分為兩期。蓋該年七月十六日值舊通商條約終了的期限，日本廢止以往的協定稅率，並得以提高輸入稅率。同時鑑於恐怕生產過剩之前糖業發展的情況，對於製糖公司之給予直接補助金的過分保護受到責難。當時河如津暹博士在其大作《本邦燐寸（火柴）及砂糖論》（出版於一九一〇年）的結論主張說：「因此現在台灣糖之保護政策已經達到目的，將來當逐漸予以廢除，日本砂糖之自產自給自以關稅來保護就行」（二〇五頁）。而且既然已經提高了關稅率，故應廢止現在政府對於製糖公司之直接補助制度，以及其實行機關之臨時台灣糖務局，製糖公司之保護自可放心關稅之障壁。以後的補助轉向與一般蔗農有很深直接關係的農業生產方面，但這也逐漸予以廢止，現在殖產局和中央研究所的智囊除專心於糖業行政和農業技術的研究之外，政府直接的補助如前面所述，只有灌溉排水補助和免費給予蔗苗。隨製糖公司之資本的發展，栽種甘蔗的改良獎勵，也從政府的直接補助（即政治手段）轉移到公司之資本家活動之手。台灣糖業資本已經成長為健壯的「大人」，在關稅保護下正在累積其巨大的實力。由日本國旗帶領對台灣糖業投下的日本資本，今日已成為能左右政府的力量，由國家權力予以補助和獎勵的企業本身今日已經成為資本的權力。

一八九七～九八年度台灣島內的產糖量大約六十八萬擔，其中輸往日本本土三十八萬擔，佔日本本土消費量（五百七十五萬擔）的大約一二％，一九二四～二五年度台灣的產糖量大約八百萬擔，輸往日本本土七百四十萬擔，達其消費量（一千一百九十萬擔）的大約六七％。又如前面所說，一九二八～二九年度台灣的產糖量達一千二百九十萬擔，在生產量，在日本帝國內糖已經能夠自給自足了。（整個日本帝國的砂糖消費量一九二五年度為一千二百九十六萬多擔）。對於這樣顯然的發達，總督府的獎勵糖業政策之建立其基礎，有直接的很大貢獻。

第三章 台灣糖業之資本主義的發展

第一節 新式工廠的勝利

如前一節所說，在政府優厚的保護和獎勵之下，台灣糖業急激發達，但其經營的負責人為日本的資本家，以甲午中日戰爭、日俄戰爭和第一次世界大戰為跳板之日本資本顯然的累積，使台灣糖業資本家的企業化，又以台灣糖業的資本家的企業化，而累積了更多的資本。以下在本節，將論述有關台灣糖業之資本家企業的發展。

台灣原來的糖業為粗笨的農耕和原始的人力，或使用畜力的舊式糖廍以製造黑糖（原文為赤糖），同樣以幼稚的技術在糖間製造再製糖（白糖）。日本領台之後的糖業發展史是，如上所述資本主義的生產，完全具有新式機器設備的資本家企業征服的過程。在獎勵糖業的初期，尤其勃興具有小型機器之設備能力二、三十噸左右的所謂改良糖廍，自一九〇六年至〇八年期，其總產糖能力比大資本的新式工廠還要大，以至一九一〇年至一九一一年期，繼續發達。但從此以後，因為新式大工廠的發展被其壓倒，進而被合併、吸收而減少其數目，呈顯從舊式糖廍時代轉變到新式製糖廠時代的過渡企業形態的本質。一九〇八年、〇九年、一〇年的三個年度給予的撤除改良糖廍的補助金，是隨這個新式工廠之發展中間企業形態的沒落，不外乎是總督府之改良糖廍的「Cleanance」。在另一方面，舊式糖廍從獎勵糖業初期以來一直逐漸減少。特別是制定機器製糖工廠原料採取區域以後，便再不許可設立舊式糖廍，以往限於濁水溪以南的製糖業，自一九〇九年以後進入中北部，一九一三年以後也發展到台灣東部，因為新式工廠的採取區域幾乎遍及於全島栽種甘蔗適地，今日在來糖廍在山間僻地僅僅有一百多所。台灣總產糖能力的九五・三％為新式工廠，一・六％為改良糖廍，三・一％屬於舊式糖廍。糖間也自一九〇五～〇六年期以後開始衰微，一九一〇年期勵行徵收砂糖消費稅的結果，製造不合算，遂完全絕跡。即實現了大資本家的新式工廠的壓倒性勝利。

製糖業之企業集中，不僅因新式工廠的發展，舊式糖廍與糖間的沒落，改良糖廍的合併，而且集中於新式工廠本身之間有力公司，於是逐漸形成了大資本家的獨占[一五]。企業之集中，由以下三種需要所促成。（一）為獲得原料的需要上必須合併隣接原料採取區；（二）為獲得市場的獨占地位，需要合併其他製糖工廠；（三）兼營粗糖業、精糖業為目

一五　關於製糖公司之合併與收買，請參考杉野嘉助著《台灣商工十年史》一六九頁以下。台灣總督府殖產局《台灣糖業統計》所刊載，新式製糖會社沿革及改革糖廍沿革。實業友之社《事業年鑑》。東洋經濟新報社《株式會式年鑑》（一九二五年版）。

的。要之，與減低生產費用的同時，以獲得獨占利潤為目的。其結果，台灣新式製糖公司累積了巨大資本，一九〇三年資本金一百萬日圓的台灣製股公司只有一個三百頓工廠者，迨至一九二七年六月，竟擁有十一公司四十七所工廠，總資本達二億八千二百八十六萬日圓，其中台灣製糖一公司便擁有十二所工廠，資本金六千三百萬日圓，其他諸公司也都經過資本的累積及集中過程擴大了其規模。

上述企業的集中，不僅是新式工廠的勝利，尤其集中於大資本家，在殖民者對原居者的關係，更是集中於日本本土的資本家。因為舊式糖間的衰退，也就是台灣人糖業的衰退。比較不需要資本的改良糖廍，多為台灣人所設立，故大多為新式工廠所壓倒合併而減少。台灣人的新式製糖公司只有林本源與新興之兩家。而且如林本源製糖，是因總督府之熱心勸誘結果成立的，但創立伊始其經營幹部係由糖務局和台灣銀行所派遣，事實上受日本本土資本家之支配，其勢力自不能與日本本土資本家的大資本家相比，故終於一九二七年年初，為鹽水港製糖股份公司所合併。又，新興製糖是南部富翁陳中和氏一家出資創立的，但其經營的實權也在台灣銀行系統的手裡。對於日本本土資本家系的製糖公司，台灣人的出資比率，少之又少[一六]。這些台灣人股東自不必論，前述林本源、新興二公司，具有動員台灣人的遊資

一六　「我訪問帝國製糖公司時並問貴社股東內地人與台灣人的比率時，……他們告訴我台灣人只佔其中的七%而已」。(田川大吉郎著《台灣訪問記》五八頁)。

又，台東製糖股份公司股份總數三萬五千股中，台灣人股東只擁有六千一百五十八股。

（brachlegendes Geldkipital）提供為日本本土資本家之支配的意義。即台灣糖業歸於日本人大資本家之獨占的企業。

第二節　混合企業形態

糖業需要農業生產部門和工業生產部門結合之特別顯著的產業，所以不但需要社會上的兩部門的生產保持平衡和發展，而且從企業的立場來看，以大規模的分密糖工廠為中心，追溯從獲得原料甘蔗以至製品之生產消費，在技術上和經濟上兼營生產各階段，在增加企業之安全利潤與提高利潤率所必需的。各製糖公司之分密糖工廠，從單純企業的形態發展成為混合企業形態，可以說是獨占資本主義之理所當然。

（一）栽種原料。欲作大規模的工廠經營，必需確保原料甘蔗的大量供給。雖然有原料採取區域制的存在，但栽種甘蔗是屬於農民的自由，所以要真正能夠作到不擔心原料的供給，最好的方法是公司擁有自己的土地。譬如台灣製糖股份公司一創立就採取這樣的方策。但自一九〇九年左右糖業開始進入中部水田地方，時值米價高漲趨勢，與種稻非常競爭，以及自一九一一年至一九一二年因大暴風雨，蔗價遭到極大損失，農民不栽種甘蔗，加以期待將來地價上漲財產自然會增加等因素，諸製糖公司都非常擁有土地，故台灣、東洋、明治、鹽水港等各公司便都非常熱衷於收購土地和預約拋售開墾地，它們並各獲得廣大面積土地，開設自種蔗園，或附之佃作致力於肥培耕作的改良和指導。由之改良甘蔗品質，每甲的收成量增加[一七]，確保了原料供給數量上的安全。一九二六年年底的公司所有地為七萬八千六百零一甲，獲得贌耕權地二萬五千二百三十七甲，共計十萬多甲為新式製糖公司直接支配的土地，佔原料採取區域內耕地面積的六分之一。為對抗近幾年來蓬萊米的發展，公司在原料政策自衛上愈努力於獲得土地所有權或贌耕權。

（二）開墾。有的製糖公司由於擴張原料栽種地等或其他理由，而經營開墾事業。成功開墾的台灣製糖業由兩溪引水的萬隆農場有三千甲，這是使用原始的高山族勞動力和利用蒸氣窄刃鍬等大機器之結合的特別值得注意的殖民地企業。開墾事業之規模大而沒有成功者是台東開拓股份公司。該公司是設立於一九一三年的台東製糖股份有限公司在台灣東部所經營製糖及開拓兩事業中，因營業成績不良，於一九二一年分離開拓事業設立的，其所有地大約四千甲，預約出售或出租地大約一萬五千甲，共計有關土地一萬九千甲中，已經開墾的土地只有一千甲。開發台灣東部成為問題的今日，總督府對於這個公司的政策如何很值得注目。又鹽水港製糖也在花蓮港廳下擁有九千五百甲的土地，從事開墾，其中五千甲為田園，佔廳

一七　一九二四～二五年期每甲收成量比較，公司自作蔗園八萬一千三百四十六斤，一般蔗園六萬六千四百十五斤（台灣總督府殖產局《台灣糖業概要》，四〇頁）。

下耕地的四分之一。

（三）製造肥料。隨土地利用和對抗種稻上，愈需必須增加甘蔗每甲的收成量，需要大量施肥，故肥料的輸入、運入金額近幾年來大增。就製糖公司而言，其為重要的支出是不待煩言的。第一次世界大戰之後，於是台灣、台南兩家製糖公司作為副業，開始製造肥料。

（四）鐵路軌道。甘蔗在砍伐後短時間內必須搬運到製糖工廠，否則會減少其糖分，惟因其為崇高物而且台灣道路的不良，與舊式糖廍不同，隨新式製糖工廠之工廠能力很大，必須從遠距離的範圍搬運原料，特別需要運輸機關的設備。製糖公司之舖設公司線鐵路軌道乃由於此種需要。以台灣製糖為嚆矢，爾後諸公司都向其看齊，它不但作為可用於原料甘蔗、其他製糖材料、產品和員工的輸送交通工具，而且兼營一般的運輸業。台灣的地方交通機關，大部分為製糖公司所提供和掌握[一八]。

製造耕地白糖。所謂耕地白糖是，在台灣分密糖工廠，從在糖汁狀態的液狀分密糖立刻精製為白糖，一旦凝縮分密糖之後，使用骨炭濾過法精製的所謂精糖有所區別。由此可以節省白糖生產費和運費，尤其輸出中國時其利益更大。耕地白糖的製造設備，以一九〇九年的鹽水港製糖工廠為濫觴。以後對於日本本土的精糖公司，又比純粗製糖公司，在推銷原料糖（對於精糖公司）佔有利的地位，更基於糖業聯合會之協定，從事過剩糖之義務輸出時，

一八　私設鐵道總長一千三百二十七英里（一九二七年底）之中，製糖公司公司線鐵路一千二百八十・四英里（專用線九百五十四・八英里，營業線三百二十五・六英里）。

中白或純白的比粗糖在輸出上佔便宜，故各公司都創設上述的工廠設備，惟因耕地白糖的製造技術尚為幼稚，研究費浪費很大，所以轉變在日本本土擁有和經營精糖工廠。但鹽水港製糖努力於研究的結果，於一九一八年成功於製造優良產品，其生產費亦比精糖低三分之一，而且對中國輸出的需要也增加，於是各公司工廠又開始新設耕地白糖設備，到一九二七年年底，四十六工廠中，有十個工廠擁有耕地白糖設備。一九

（六）製造再製白糖。為著原料甘蔗之供給不足時，或停止製造分密糖時利用工廠，溶化爪哇糖或台灣糖，利用耕地白糖設備以製造白糖，主要輸出中國，一九一八年爪哇糖暴跌時，鹽水港、東洋兩家公司便輸入爪哇糖，再製後大事輸出日本、中國和歐洲。再製糖比日本本土精糖，其生產費和運費（原料糖及其製品皆是）不但有利，而且提高工廠的利用率，更能增加利潤率二〇。

（七）兼營精糖業和粗糖業。這兩者的兼營，從精糖方面來說，在獲得原料糖上，從粗糖方面來說，在推銷製品上，對於同業者的競爭不但有利，而且將降低自己公司白糖的生產費，同時能精糖、粗糖兩者之一方的利益來彌補另一方的損失，使整個企業的利益達

一九　耕地白糖製造量一九二四年期為八千一百萬斤，二五年期八千八百萬斤，二六年期一億一百萬斤，一九二七年期九千六百萬斤，一九二八年期一億一千一百萬斤，二八年期一億九千九百六十五萬斤（十廠）（依著者用本予以補充－編者）。

二〇　再製白糖生產量一九二四年期三千七百萬斤，二五年期四千二百萬斤，二六年期四千六百萬斤，二七年期二百六十八萬斤（依著者用本予以補充－編者）。

於最高。這種兼營於一九〇六年大日本製糖在斗六廳下建設粗糖工廠算是第一家。即第一顆石頭已經由精糖方拋出了。繼而粗糖也出手，台灣製糖於一九一一年在神戶，明治製糖於一九一二年在川崎，分別收買了精糖工廠。後來處分一九一五年期產糖時，粗糖方與精糖方（大日本製糖）的交涉沒有成功，結果台灣各公司一方面不顧聯合會的協定，開始自由販賣，前進兼營精糖業。第一次世界大戰期間的好景氣促成這個形勢，在一九一五年至一九二一年，台灣、明治、帝國、新高、大日本、鹽水港之各公司，皆收買、增設或新設精糖工廠。

（八）製造酒精。在分密糖工廠有廢糖密的大量副產品，以它為原料之酒精工廠，於一九〇七年由台灣製糖橋仔頭工廠設立第一家。爾後陸續增加，現今製糖公司所屬酒精工廠有十所，年產能力大約十九萬石（一石為三九．七〇三三加侖）。台灣的酒精生產量（一九二六年期十四萬六千石，一九二七年期十三萬一千石）的大部分為製糖公司所屬工廠的生產。台灣的酒精主要作為工業用原料運往日本本土，以及作為製酒原料輸出華南方面。

（九）海運業。搬運砂糖的運費，由糖業聯合會和輪船公司每期協定，一九一六、一七年期船費暴漲時，為對抗輪船公司的高壓態度，帝國、鹽水港、台灣三製糖公司，以增資或公司債購買輪船，以運輸自己公司產品，兼營一般海運業，以後因為船價暴跌，皆歸於失敗[21]。

（十）販賣。產品的內外販賣，各公司皆有特約交易店，它們大多屬於同一資本系統，或屬於有資金關係的商事公司，譬如大日本製糖就自營，明治製糖則設立其直系的明治商店來從事其國內的販賣。

（十一）製造冰糖。一九一七年鹽水港製糖公司在高雄市建設了冰糖工廠（一九二六年期生產十一萬六千九百斤，但一九二七年期以後便停止生產）。

（十二）製造糕點。台灣製糖為森永製菓股份公司的大股東，明治製糖為明治製菓的母公司。將來隨台灣的鳳梨罐頭（原文為罐詰）事業的發展，製糖公司一定會對它投資。

以上的各種事業，不是所有製糖公司在兼營。但從整個台灣糖業來看，原料甘蔗栽種地的開墾，從栽種地之所有自營至製糖過程之各階段的連結，副產品的利用[22]，運輸，販賣，以至生產的消費，在一連串的技術上、經濟上的連結之下，發展大規模的混合企業形態。以粗布綁腰，從開墾地拾石頭的高山族，經茶園和分密糖工廠的台灣農民以及勞動者，精糖工

二一　帝國製糖及鹽水港製糖公司於一九二三年廢止海運業，台灣製糖公司也於一九二七年將其輪船賣給明治海運公司。

二二　製造分密糖之副產品的糖密的用途為酒精原料，飼料，肥料等，其中大多用於作酒精的原料（一九二七年期糖密產量大約二億萬斤，該年度使用於酒精原料的糖密使用量為一億九千萬斤）。又因為技術進步的結果，甘蔗的壓榨粕（baggasse）將來可以作製紙的原料，故台灣必將出現很好的製紙工廠。

廠的日本本土日本人工人等，以至明治製菓、森永製菓賣店楚楚之姿的女店員，都是日本之糖業資本的佣人。這在在說明了以糖業資本之減少生產費用，分散危險，支配市場，增加利潤為目的的獨占地位。

第三節　地域的發展

在台灣累積的日本糖業資本，更向外面擴張事業，擴大其獨占之支配的地理範圍。

（一）日本本土糖業與台灣糖業的合一。如前面所說，日本本土精糖業與台灣粗糖業互相連結起來包括在同一企業，而這個合一運動不是由日本本土，而是由台灣方面起來的。日本本土之精糖的龍頭為大日本製糖公司，其前身為日本精製糖股份公司，以資本金三十萬日圓成立於一八九五年十二月，是日本最早的一家精糖公司，顯而易見，這個公司的設立與日本之領有台灣絕不可分。其次很早就從事台灣砂糖交易的鈴木商店，則於一九〇三年設立了大里製糖（精糖）所。日本精製糖股份公司乘一九〇六年日俄戰爭後的好景氣的時代，合併日本精製糖股份公司，將商號改稱為大日本製糖公司，在台灣設立分密糖工廠，一九〇七年收買了鈴木商店的大里製糖所。即與合併日本本土之精糖公司的同時，在台灣也擁有粗糖工廠。而如上面所述，台灣諸公司也在日本本土收買或建設精糖工廠。要之，就糖業資本而言，時至今日，日本本土和台灣已經成為一個「帝國」，是一個「經濟領土」。

（二）琉球。琉球（原文為沖繩）在領有台灣之前為日本的主要產糖地，東洋製糖公司於一九一六年，收買了在沖繩縣大東島之玉置商會的製糖業，一九一七年，合併了在八重山島的八重山產業公司之製糖所；台南製糖於一九一七年和一九一九年分別合併了沖繩製糖和沖繩製糖拓殖兩家公司。沖繩縣的糖業被台灣的製糖公司征服了。

（三）北海道。帝國製糖公司於一九一九年創建北海道製糖股份公司，明治製糖公司也於一九二三年收買日本甜菜糖股份公司。於是北海道甜菜糖業也屬於台灣之製糖公司的系統。

（四）朝鮮。大日本製糖公司於一九一七年設立朝鮮製糖股份公司，一九一九年予以合併，以經營甜菜糖和精糖工廠。這是朝鮮唯一的製糖公司。

（五）滿洲。鹽水港製糖公司系統於一九一六年設立南滿洲製糖股份公司，從事以甜菜糖、爪哇糖和台灣糖為原料來製造精糖（上等白糖）。

（六）上海。明治製糖公司於一九二四年在上海開設了明華糖廠（精糖）。

（七）南洋。大日本製糖公司合併內外製糖公司，前進爪哇，台灣製糖公司也收買爪哇之外國人經營的製糖所，設立南國產業股份公司，鈴木合名公司於一九一七年創設南洋製糖股份公司，皆前進爪哇糖業。又明治製糖公司設立蘇門答臘興業股份公司，在當地開始栽種樹膠等等。

現今在日本帝國內，日本本土之精糖專門的大正製糖股份公司，以百足屋、殿木等東京糖商為中心，除委任統治地南洋塞班島（Saipan Island）的南洋興發股份公司成為東洋拓殖、海外興業以及高津商事等大阪糖商公司之大股東外[二三]，整個糖業界皆以台灣為根據地的製糖公司（大日本製糖是由日本本土出發，但其中心日益移往台灣）所支配，它更向滿洲、上海和南洋輸出資本，建立製糖工廠。日本製糖業資本以台灣為中心征服了日本本土、琉球、北海道和朝鮮，更在中國精糖以及在爪哇製造原料糖，從而建立了一大糖業帝國[二四]。

第四節　糖業聯合會

台灣糖業逐漸集中於少數的新式大公司，因預測一九一一年期將生產過剩，同業者之

二三　台南製糖股份公司的大股東為高津、殿木等公司，所以大正製糖和南洋興業兩公司自與台灣糖業公司有關係。

二四　又，在越南西貢（Saigon）成立經營甘蔗分密糖二百五十萬噸工廠之日法製糖股份公司（資本金二百萬日圓，已繳五十萬日圓），但似乎於一九二六年左右則予以解放。它也不屬於已有製糖公司的資本系統。

間的競爭將趨激烈，以及為對抗精糖的掣肘，乃於一九一〇年十月組織台灣糖業聯合會的卡特爾，後來改名糖業聯合會，努力於生產量之限制和各公司間的分配，對於精糖業之供給原料糖的分配，販賣價格的限制，義務性的輸出等，依協定獨占市場和維持其利潤率。一九二六年四月，成立糖業聯合會的精糖限產協定之結，一百斤二十二日圓左右的市價，漲為二十四．五或六日圓[二五]。又預測一九二七年期的台灣產糖將達八百五十萬擔時，對此上扣生產五分之限制，擱置製品二分，制上由朝鮮反運入等等，以調高價格為目的，同時協定一百斤不得低於二十五日圓以下出售。糖業聯合會對於消費者維持卡特爾價格，至少努力於維持其價格。又對於政府就關稅和修改消費稅擁有有力的地位也是非常清楚的[二六]。

第五節　販賣及金融

日本領台前台灣糖的販賣由台灣人商會（公司、商店）經營，其中陳中和家族經營的和興，主要銷售日本，一八七〇年以後賣給橫濱順和棧（陳所經營），領台前後英美的洋行

二五　「托福砂糖商能有甜頭可吃倒霉的是一般消費者」（東京朝日新聞社《錢與物如何動？》二三二頁。

二六　一九二六年的砂糖消費稅率及修改關稅率時，以糖業聯合會的意見為基礎（三宅鹿之助〈修改砂糖關稅與日本（原文為本邦）製糖業〉〈刊登於《經濟研究》第三卷第一號〉，請參考一九二六年三月號雜誌《稅》）。

佔獨占地位，戎克船以外利用輪船時，必須外商的許可。（因為當時台灣海運業屬於外商達格拉斯商會的獨占）。領台後三井物產股份公司於一八九八年在台北設立支店，鈴木商店於一八七七年在神戶設砂糖樟腦店，一八九四年曾一度關店，但於一九〇三年又重新開張前來台灣，開始買賣砂糖和樟腦。又橫濱增田屋（增田增藏、安部幸兵衛商店之合名），於一九〇五年前進台灣，其他日本本土日人陸續開業糖商，一九一〇、一一年左右，外商和台商完全敗於競爭，或轉行他業，或將其資金投於砂糖工業，但在這些部門不久也被日本本土資本家壓倒。而且日本本土糖商也投資於製糖業，創建改良糖廍或新式製糖公司。其中，台灣製糖公司之最大股東是三井物產公司；明治製糖公司的創立者是三菱合資公司；鹽水港製糖公司係由安部幸商店所創立，後來轉變為鈴木商店系統；東洋製糖是鈴木商店所創立的。如此這般商業資本形成產業資本，商人本身成為其要販賣之商品的生產者。與此同時產業資本又派生商業資本，或本身從事商業資本的活動，由之商品生產者本身成為其生產物之商品的販賣者。所以有力公司依資本關係或資金關係與製造部門和販賣部門緊緊地結合在一起，產業資本和商業資本成為一體，提高企業利潤率。這是獨占資本活動的一個形態。譬如台灣製糖公司對日本本土和海外之一手販賣貿易權由三井物產，明治製糖的日本本土販賣權由其子公司的明治商店，海外貿易權由其姊妹公司的三菱商事，東洋製糖（至一九二七年經濟大恐慌前）內外商權皆由鈴木商店，鹽水港製糖同樣由鈴木和安部幸，皆由同一資本系統來獨占，而大日本製糖公司，其日本本土和海外市場的商業皆自營。

其次，砂糖金融在領台之前，係由外國輸出業者（洋行）透過買辦或其他糖行（糖商），辦仲其他仲介商供給糖廍的，洋行和大糖行依預借金制度成為最後的製品收買者和最高的金融機關，製造業者的利益為這些商人所壟斷。但舊式糖廍沒落，需要大資金之資本家大工廠興隆，同時在台灣樹立和發展近代銀行之後，金融關係由之發生變化，大銀行立於支配的地位。而為其中心的是台灣銀行，對於製糖公司之蔗農的肥料及耕作前預借金，繳納砂糖消費稅，其他製造、販賣之兩部門的週轉資金和固定貸款皆給予很大的金融。其最大的是鈴木商店，一九二六年鈴木沒落當時總債務四億五千萬日圓中，台銀的貸款達三億五千萬日圓，台銀幾乎二人三腳一起倒下去，關係極為密切。此外台灣銀行因資金關係，經營台東製糖和台東開拓兩家公司，對於台南製糖，於一九二六年整理後其在台灣的事業，使新設的昭和製糖繼承，債權者的台灣銀行負責經營。即台灣銀行基於其金融的支配，直接經營台東、昭和的兩家製糖公司。但這兩家公司的經營成績皆欠佳，三井、三菱之日本本土的有力銀行方面的勢力，於一九二〇年和一九二六年財界恐慌時，對於有力製糖公司透過金融，將生產與販賣的支配集中於自己資本系統的大公司，以大大地提高了獨占的程度。要之，無論是台銀還是三井、三菱，透過金融銀行的勢力支配了糖業資本。

在歷史上，資本的最早形態是商業資本，而其最發達的形態是金融資本。處於前資本主義社會的台灣之資本主義化就是這個過程。就糖業而言，始於糖為之商業資本活動，產生商業資本之製糖公司的勃興，而在金融資本的支配之下愈進行了企業的集中。在生產、販賣和金融的各部門，個別進行了資本的集中和累積，而且這三個部門在經濟上互相連結，支配它的資本家也彼此連結起來，集中於同一企業。於獨占達於高度的階段。隨企業的經營需要大資本，給予金融者，最後將生產或販賣或兩者直接，或支配、統一在自己系統的資本之下。如上面所述，台灣糖業已經到達了金融資本之獨占的階段。

第六節　卡特爾內部的爭霸

糖業資本家雖然說是組織了卡特爾，卡特爾對於外面即未參加同業者、勞動者、消費者和政府協定了統一行動，但在內部其同業者之間因有競爭的餘地，遭到恐慌勢力均衡發生動搖時，卡特爾內部有力金融資本家互相爭霸最為顯著，企業的獨占集中，會更加進展。而為其最典型的例子是，一九二六年在我們面前所展開，以鈴木商店之破產為導火線的糖業界的大風潮。

（一）鹽水港製糖公司於一九二六年因初春收買了林本源製糖公司，並合併為其子公司的東京精糖及恆春製糖兩公司，故進行了三千三百五十萬日圓的大增資，成為資本金五千八百五十萬日圓（已繳三千四百八十七萬五千日圓）的大公司。惟因鈴木商店破產，蒙受五百二十五萬三千日圓之損害，其結果的金融困難因三井銀行的援助得以渡過難關（對於三井的總債務為一千四百萬日圓），鹽水港製糖公司則將其最大的工廠旗尾工廠（能力一千二百噸，所有耕地三千四百六十八甲），恆春工廠（能力三百五十噸，所有耕地七百七十八甲）賣給三井系統的台灣製糖公司，以償還對於三井銀行的負債，同時將以往鈴木商店所擁有之製品的海外販賣和爪哇糖採購權給予三井物產公司。在另一方面，關於增資的困難，獲得三菱系統（三菱商事和明治商店）的援助，成為三菱的旁系公司，作為報償，乃將從前鈴木商店所擁有日本本土的販賣權，自四月以來給予三菱商事公司，更於九月依三菱商事之要求，與鈴木商店創業以後多年來予以販賣權的安部幸商店斷絕關係。這顯示單純商業資本家的「批發商」（原文為『問屋』）沒落，販賣權歸於混合企業形態之金融資本家的過程。而因旗屋、恆春兩個工廠的出售償還了三井銀行之債務的結果，擔保物件的抵押權獲得解除，故新得到三菱願意借給週轉資金的非正式承諾，為此三菱將對其派遣一名董事。要之，鹽水港製糖公司將其工廠的一部分和海外商權交給三井系，經營監督權和日本本土販賣權交給三菱系，都是基於金融的關係而交出去的[二七]。

二七　爾後鹽水港製糖公司獲得三菱的諒解，收回了產品的販賣權，作為自己子公司設立了鹽糖製品販股份公司，作為自己公司製品的販賣機關，從一九二八年五月一日以來開始運作，同時與安部幸商店恢復關係。其條

（二）東洋製糖公司之鈴木商店的損害為三百萬日圓左右，但負債總金額達二千五百萬日圓（其中台銀六百萬日圓），雖然得到三井銀行的金融上援助，但因簿上沒有記載鈴木關係的支票二百萬日圓，所以與三井的關係也就進行得不圓滿，為償還這筆負債，乃將南靖（一千噸）和烏樹林（七百五十屯）的兩個工廠賣給明治製糖公司，然後由大日本製糖公司合併。

上述鹽水港、東洋二公司，本來屬於鈴木商店系統，因鈴木商店沒落，資金逼迫乃造成這樣的結果。

（三）大倉系的新高製糖公司，近年來因為營業欠佳，大倉對其經營又不積極，故於一九二五年年底作了一些操縱之後將其支配權交給大日本製糖公司。

（四）台南製糖公司自一九二一年下半期以來一直虧損，大戶債權者台灣銀行（債權金額八百萬日圓）和日本興業銀行（五百三十萬日圓）乃決定予以整理，台灣工廠提供給台銀作為還債，另行設立昭和製糖公司，由台銀經營，對於興銀則提供琉球工廠，在興銀監督下由原來的當事者繼續經營。

綜上所述，一九二六年經濟恐慌的主要結果是，隨鈴木商店的沒落，大倉的退出，三井、三菱、日糖之競爭的登場，在新的領域，獨占更加高度化。三井系從鹽水港製糖公司收

件是鹽水港以現款承諾購買三菱系股份十一萬五千股（明治商店新股十萬股，三菱商店新股一萬股，舊股五千股），繳納金額一百六十二萬五千日圓。於鹽水港從三菱的旁系公司的地位獲得獨立。

買了兩個工廠，在生產費低廉的南部擴張工廠和所有地，在這一點更加強了從前有利的台灣製糖公司的地位，同時獲得了鹽水港製糖公司的海外商權。三菱系收買了比東洋製糖公司更有力的兩個工廠，擴張了自己系統的明治製糖公司的勢力，又得到了鹽水港製糖公司的經營監督權，更獲得了日本本土的販賣權，三菱商事由此始得插手日本本土的砂糖市場。而日糖系合併了東洋製糖公司，又收買了新高製糖公司的大倉系股份，承受了其委任經營。在台灣的糖業界，三井系統一向勢力最大，惟因今日隨三菱、日糖的插手，三巨頭勢均力敵，而且巨頭的獨占情勢更加顯著。因為近年來製糖公司的利益在精糖非常之小，而在台灣分蜜糖利益最大。這是一九二七年經濟恐慌的機會，三菱、日糖之所以熱衷於在台灣增加生產糖，以及台灣原料糖供給力之增加，減少了期待外糖的危險。

現在，將一九二七年經濟恐慌前後台灣糖業資本系統領域依工廠能比較則如下表。

（經濟恐慌前）	台灣分蜜糖工廠 米噸	精糖（日本本土）及甜菜糖（北海道、朝鮮工廠） 英噸	日本本土（沖繩）粗糖工廠 英噸
三井系（台灣、沙轆）	九、四一四	四三〇	——
三菱系（明治）	五、三七〇	一、〇五〇	——
日糖系（大日本）	三、五八四	一、四三〇	——
鈴木系（鹽水港、東洋）	一一、七二六	二五〇	五〇〇

大倉系（新高）	三、二八四	八〇	——
松方系（帝國）	三、二三四	——	——
台銀系（新興、台東、台南）	三、二七〇	——	一、七五〇
台灣系（新竹）	五六〇	——	——
合計	四〇、四四二	三、二四〇	二、二五〇

（經濟恐慌後）			
三井系（從鹽水港收買旗尾及恆春工廠）	一一、一五〇	四三〇	——
三菱系（從東洋收買南靖及烏樹林工廠　鹽水港經營監督）	一一、八六六	一、三〇〇	——
日糖系（東洋合併、新高委任經營）	一〇、三六二	一、五一〇	五〇〇
松方系	三、二三四	——	——
台銀系	三、二七〇	——	——
台灣系	五六〇	——	——
興銀系	——	——	一、七五〇
合計	四〇、四四二	三、二四〇	二、二五〇

從上表可以看出，經濟恐慌前稱霸之鈴木商店沒落的結果，該王國由三井、三菱、日糖三大資本系統分割，特別是由於後兩者的積極插手，形成三者雁行的獨占狀態。糖果這樣劃

分後大日本製糖公司乘騎虎之勢，於一九二七年夏天濫用糖業聯合會之供給限制協定，在日本本土市場令十三家糖商組織聯盟，自任盟主，意圖大力囤積，給予一向具有霸權的三井物產威脅，同時由於這個囤積抬高糖價，更不顧聯合會之協定，由朝鮮運進精糖[二八]。對此同樣最近在爭霸中之新進氣銳的明治製糖公司，於一九二八年一月初，突然向聯合會繳納一擔三日圓的違約金，公開違反協定，開始出售新糖。因為這個混亂，糖業聯合會會長武智氏（三井系台灣製糖社長）終於一月二十九日提出辭職。即因日糖和三菱系的起飛，三井系的權威面臨考驗。因此聯合會的協定陷於困難，而且下一期台灣產糖可能有空前的增加，但各公司又不欲不顧卡特爾自由販賣，而依協定嘗試很大的努力。一九二八年期的台灣糖的生產量雖然預測將增加到八百五十萬擔，但實際上卻是增加到九百六十七萬擔，一九二九年期的糖產覺更達一千二百九十六萬擔，加以世界的砂糖生產過剩，日本的糖業聯合會會員被迫一致維持卡特爾價格之必要，乃組織砂糖共同販賣組合，及至一九二九年六月，產糖調節契約中追加包括朝鮮，解決了一向被視為糖界之癌種的朝鮮反輸糖的問題。即一九二七年經濟恐慌的風潮在卡特爾內部發生了勢力關係的爭霸，為「外防其侮」的必要上，更需擴張卡特爾的統制範圍，使糖業聯合會之統制及於朝鮮，聯合會又另外其別動隊的販賣共同組合，抵抗世界糖價便宜的大勢，以阻止國內糖價的滑落。

二八　『Diamand』（一九二七年十一月一日號），『Economist』（一九二七年十一月十五日號）。

第七節　糖業帝國主義

以上所述糖業資本的巨大累積和集中，糖業聯合會之卡特爾組織，混合企業形態的發展，生產、販賣與金融的結合，在政府優厚獎勵保護下在台灣栽種成長，在日本本土、琉球、北海道、朝鮮、滿洲、上海、南洋發展、併吞、支配，累積擴大的資本，由三大資本系統之寡頭支配的成立，這就是資本主義的獨占階段，獨占資本主義，金融資本主義，經濟的帝國主義之面貌。我們在台灣糖業看到了這個面貌。

一九二七年經濟恐慌時的企業集中，係以合併收買、委任經營、派駐董事以及獲得販賣權進行，皆以金融的支配之壓力為後盾。由此有力公司擴張原料供給地，增大工廠的能力，同時增強了其在商品市場的獨占地位。這比國家為獲得原料供給地，輸出資本地，商品銷路和移居人口地，合併收買領土，委任統治地，保護領，或依不平等條約設定通商上的特權，以財政上的支配作壓力，這兩者之間的本質極為類似。是即現代之國家的帝國主義就是資本家之獨占主義的國家的表現。

第八節　利潤的泉源地

糖業帝國主義之政策具有以下的影響。

（一）以卡特爾組的組織來獨占，並依卡特爾內部的競爭獲得支配的地位。其結果更形成高度的獨占化，利潤量及利潤率由之增大。

（二）依卡特爾價格剝削消費者。在關稅保護之下，獲得流通過程中的特別利潤。

（三）在國家獎勵輸出制度之下，努力於商品之輸出。同時努力於資本之輸出，設立對中國和南洋的企業。

（四）對於勞工的關係。關於它主要應該研究台灣蔗農的生產關係。因為糖業在技術上其工廠的勞工人數比較少，台灣最大的工廠其工人也沒有超過五百人的，台灣製糖公司的員工總數為大約一萬二千人（其中，分密糖工廠大約七千八百人，二九）。可是蔗作戶數為十二萬多戶，佔全部農戶的大約三分之一，因輪作關係故應該有更多的農家在栽種甘蔗才對。

製糖公司的主要事業地是台灣，而利潤的大部分也生產於台灣。根據東洋經濟新報社的調查，台灣製糖股份公司之一九二七年度利益計算預測如下：台灣產糖利益六百八十五萬六百日圓，其副業（酒精）利益一百三十八萬日圓，即在台灣的利益共計八百二十三萬六百

二九　取自台灣總督府殖產局商工課《台灣工場總覽》（一九二五年年底當時）。

日圓。反此，其在日本本土精糖工廠的利益只有十七萬日圓而已。其他的有力公司也是同樣的結果，即現今製糖公司的利潤之泉遠地可以說幾乎是在台灣[三〇]。這是為什麼在最近的經濟恐慌日糖、三菱、三井在台灣分密糖邁進擴張其勢力的原因。在第一次世界大戰及其直後在精糖的輸出獲得巨利之日本國製糖公司，今日面對世界的生產過剩時而收其鵬翼，發現其安全的利潤之泉源地於台灣，準備在此地休息。所以我們只有追隨我資本家回到剩餘價值之主要生產場所的台灣。

第九節　蔗農

要理解製糖公司與蔗農的關係，必須先瞭解領台前糖廍與蔗農的舊慣[三一]。舊式糖廍有牛掛廍、牛犇廍、公家廍、頭家廍的四種。前兩者為栽種甘蔗者的組合，栽種者就是製糖業者。製糖利益歸於栽種者。為償還糖商之放賑的本利，甚至有退價製糖收購時仍要給予組合員之蔗農若干製糖利益分紅的車抽糖制度。公家廍以糖商之製糖交易為目的與栽種者共同組織之合資制度的組合，栽種者要把甘蔗賣給組合時，其價款，除委託製糖時依分糖法獲得製

三〇　《東洋經濟新報》臨時增刊《續會社Kagami》（一九二七年六月發行）。

三一　主要根據臨時台灣舊慣調查會《台灣糖業舊慣一斑》。所謂糖廍是製糖廠的意思。

糖的幾成以外，也能以組合員身份得到廍之企業利潤的分紅。頭家廍是由有資力的大地主或糖商單獨出資所設立，除自己蔗園的收穫者外，收買他人之甘蔗，或從事被委託製糖，通常是在受栽種甘蔗者之委託製糖，其製品係依分糖法分給廍主和種蔗者。要之，在牛掛廍、牛犇廍完全，在公家廍、頭家廍則某種程度上，栽種者都參加了製糖利益。

但在上述之中主要的是公家廍和頭家廍，糖廍主除依分糖法分得製糖量的六、七成外，作為地主對於種蔗者的佃農，收取甘蔗之一成半到兩成作為佃租，又作為對於種蔗者之利貸資本家收取耕作資金之預借金一．四成至二．四成的利息，「其所得巨大，佃農所得甚少，絕不可能改良其土地，萬一搞不好，將陷於無法償還負債之處境」三二，新渡戶博士之《糖業改良意見書》也指出，分糖法之廍主的壟斷製糖利益為阻礙台灣糖業發展的主要原因之一，故他說「我要改良它，以這個糖廍組織團體即有如糖業組合使其成為共有組織」，他引用德國甜菜糖公司的例子，「資本家之欲組織製糖公司者，應令農之擁有若干公司股份，各公司相競勸誘，據稱農戶佔糖業公司總資本的四分之一，這個情形不但將使公司與農民的關係密切，工業的利益與農業的利益不會產生互相反抗之弊，而且農民有一面耕種之利，又能一面得到製造之利，能幫助其生計之富裕」，因此主張政府對於大機器製糖工廠之新設給予獎勵金，並主張隨地方情況「勸導栽種者組織團體，同時成立共有的糖廍，使栽種者與製造者的

三二　竹越與三郎著《台灣統治志》，三九五～九六頁。

利益一致」三三。

如以上所述新渡戶博士的《糖業改良意見書》獎勵設立新式製糖工廠，同時主張隨地方情形依栽種者的協同組合設立製糖廠，使蔗農與製糖利益密切，意圖搶救蔗農之貧窮。新渡戶博士意見書「所說質實愷切，而且能夠馬上開始實施。而明敏果斷行事不躊躇的兒玉總督、後藤民政長官，立刻採納新渡戶博士的意見，從能夠作的按照順序逐步實施三四。然而關於企業形態，台灣糖業的發展事實上完全歸於資本主義，新式製糖工廠佔了獨占的地位，蔗農的地位有了根本的改變。即牛掛廍、牛犇廍消滅，尤其制定原料採取區域制以後，整個台灣幾乎看不到其影子，如新渡戶博士所說，新式耕作者之生產組合的組織，不屬於「立刻能夠實施」的事項，終於沒有實現。蓋在一方面保護資本家的大企業的前進，同時要發達蔗農之協同組合的製糖工廠，在前資本主義之領台當之台灣社會的密度和實際情形是很固難的事情。

其次是公家廍和頭家廍應該為改良糖廍，但改良糖廍本身被新式工廠壓倒，因此蔗作者與製糖業者的分糖法關係也隨之消滅。而在新式製糖工廠，原料供給者人數眾多，所以分糖法不方便實行，且有引起各種糾紛之虞，故採取收購原料法，蔗農成為單純的賣甘蔗給製糖

三三　新渡戶稻造著《糖業改良意見書》三五～三七頁。

三四　台灣總督府殖產局《台灣糖業概要》八頁。

公司者，完全與製糖利益分離，在台灣糖業組織上產生了根本的變革。蔗作者對於製糖公司「不斷要求馬上提高原料代價，有的人甚至出於險惡之舉，在收購上例如吃了許多痛苦和犧牲的台灣製糖公司動工第二年不得不提高大約三成的收購價格，故隨費力於在自己農場生產其所需一半的原料以抑制蔗價的高漲」。公司在原料供給政策上，「隔（一九〇五）年實施採取原料區域制度之後，便有人主張其蔗作不利，或要求提高原料費，降低或廢止分等級，或鳴秤量之不公正，收割順序之不公平，加以公司當事者對業務還不熟悉，互相猜疑，因而產生許多糾紛，但隨時日之經過，逐漸互相理解和信用，尤其在公司方面，為確保安定地獲得原料，遂對蔗農預借栽種資金，制定各種獎勵辦法等等，致力於愛護蔗農，於是產生共存榮的觀念，從一九〇八年左右，紛爭漸漸消聲匿跡」[三五]。即及至此時，糖業的資本家企業，作為新時代的秩序大致穩定下來。

若是，公司是怎樣收購甘蔗的呢？公司對於蔗作者以栽種甘蔗和要將甘蔗賣給公司為條件預借栽種資金。蔗作者對此要栽種責任斤量的甘蔗，其栽種要受公司之指揮監督，負有以賣甘蔗款項作預借款之本金與利息之義務。甘蔗之收割、搬運由公司派工人依蔗農所希望之時期實行，其費用由蔗作者負擔，從甘蔗價款扣還。收成時蔗作者要到場以作甘蔗之調整。因為公司之實行收割和搬運，固甘蔗之性質上由未迅速進行時將損失糖分，損害分配率。公司發表收購甘蔗之價格，對此農戶應該有決定要不要栽種甘蔗的自由，惟其發表時期通常在

三五　《台灣糖業概要》五九頁。

栽種甘蔗之前或栽種當時，但有時候是在生育中著手製糖之前，甚至於開始製糖之後。收購價格的決定，規定為公司與蔗作者的協議，由地方官廳認可（同意），後來變成由公司片面地決定，報告官廳之事。收購價格與糖價毫無關係，而以對抗作物之市價作標準來決定。即同一種二作水田，看天一作田，或旱田種水稻、陸稻、甘蔗時，以其收穫生產物之總價格為標準的甘蔗收穫總量的總價格，以決定每一千斤的單價。但這些對抗作物以往在台灣以外很少有市場，而且大多是自家用消費的性質，其價格低，所以蔗價（原料費用）比輸出導向商品的製糖市價可以定得很低。可是近幾年來隨銷往日本本土蓬萊米生產之普及，蔗作的利益不及種稻，同時旱田作物的蕃薯，近幾年來作為燒酒、澱粉的原料在日本本土市場獲得銷路以後，市價上漲，由之壓迫蔗作。現在試舉出二、三蔗作與他作收益之比較如下：

（一）刊於拓殖局發行之《台灣糖業政策》。一九一九年八月當時台南廳下每一甲一年之收益比較。

	灌溉至為方便的二作田		看天一作田		旱田	
	自作	佃作	自作	佃作	自作	佃作
種稻	五一二·三〇益	九九·三〇益	二一四·七五益	五〇·五五益	——	——
種甘蔗	二六八·二八益	一四四·七二損	一二五·六〇益	二八·六〇損	——	——
種陸稻	——	——	——	——	一二一·二〇益	九三·九〇益
種蕃薯	——	——	——	——	四九·一八益	二〇·八八益
種甘蔗	——	——	——	——	一六七·七三益	一二·一五益

（二）三井物產調查（一九二六年六月）中部二作水田每一甲一年收益比較。

在來種稻米　一百五十三日圓　日本本土種稻米二百六十四日圓種甘蔗　一百六十三日圓。

（三）殖產局調查（一九二六年）南部旱田一年收益比較。

種蕃薯　一百零九日圓　種甘蔗　一百九十四日圓（但甘蔗生育期間需要十六、七個月，蕃薯為六個月以內，故計算土地利用上輪作物收益時，種蕃薯的收益比種甘蔗好）。

即因對抗作物之稻米和蕃薯之運出產品化市價之上漲，甘蔗之收益很難與其抗衡，要獲得與蓬萊米相同之收入，每一甲必須有十三萬斤至十六萬斤左右甘蔗收穫量。但現今中部水田地方甘蔗每甲收穫量平均十萬斤左右，今後或有改良品種及栽種方法的可能，但要迅速提高到十五、六萬斤的程度恐怕不大容易。所以不但比競爭作物相對地甘蔗收益小，據說某製糖工廠一甲收穫量為六萬斤，甘蔗收購價格最高五·五日圓（每一千斤），每戶（普通勞動人口三人，一隻水牛，耕種三甲土地）一年收入八百日圓，扣除工資肥料費用等幾乎不可能有所得，沒有收穫量十萬斤以上（或二十萬斤），是不合算的。這是收購甘蔗的價格絕對便宜的實際例子。

因栽種甘蔗的利益如此微薄，所以農民便轉種其他作用，不能轉變的人對於種甘蔗也就很冷漠。近年來因為競爭作物之市價的上漲，這個趨勢更加顯著，因此公司必須在獲得原料研究對策。即為獎勵栽種甘蔗，中部諸公司曾嘗試補償米作與蔗作之收益差誤，但馬上廢止，鹽水港糖廠於一九一八年景氣好時，曾對蔗作者給予一百萬日圓的利益分紅，又沙轆、台南、新竹三公司，自一九二二至二三年期起恢復分糖法，沙轆因特殊情況近行著很圓滿，但其他二公司因米價上漲，糖價下跌，耕作者對於種甘蔗消極，台南製糖公司只在對抗作物關係不多的玉井這繼續推行；新竹製糖公司從一九二六至二七年期，回歸於普通收購法。舊東洋製糖公司的南靖工廠，以對於米價的Sliding Acale（滑準法）制來決定收購甘蔗的價格。但公司所著重的是增加每一甲的收穫量。因為由此蓬萊米的進出時避免擴張蔗作面積之困難，同時增加每一甲的總收益，以避免蔗作者所要求收購原料甘蔗之單價的上漲，這樣可以避免生產費用之增加。為此遂致力於爪哇大莖種之普及，早種[三六]，施肥，綠肥，集體耕作，以及獎勵其他栽種法的改良[三七]。不少這種密集的栽種在公司的自作蔗園雖然可以多所期待，但對於貧窮的蔗農完全不然，即使他們也能夠實行，因為肥料費、工資、水租等經費的增加，結果能得到的實少之又少。對貧農獎勵密集耕作，對於工資低之工人具有獎勵提高效率的同樣意義。因此，近幾年來，公司覺得從事以煩雜的獎勵金制度來獎勵蔗農，不如自己

三六　甘蔗通常每年十一月左右至隔年五月左右栽種，成育期間為大約一年，自隔年十一月起至後年五月之間收成。八月栽種，成育期間長的話甘蔗每甲的收穫會增加很多。但為此在二作水田得放棄稻米的第二期耕作。

三七　公司對於蔗作者，除借予耕作資金之外，加上收購甘蔗價格，還要發給苗圃獎勵金、早種獎勵金、集體耕作獎勵金、補助肥料費、綠肥獎勵金和堆肥獎勵金等。

擁有土地或努力於獲得贌耕權，自己經營農園（農場），令人佃耕時，也要嚴格指導和監督其栽種，可以說是其原料政策上當然的結果。公司所以自耕每一甲之收穫量的增加顯現於左列數字[三八]。

每一甲平均收穫量	自耕蔗園 斤	一般蔗園 斤
大正十—十一年期	五二、二三〇	四四、一六〇
十一—十二年期	七三、六五九	五一、八五一
十二—十三年期	八三、九一四	六〇、一八一
十三—十四年期	八一、三四六	六六、四一五

新式製糖公司之土地支配如下：

	所有地 甲	小作權取得地 甲	計 甲
大正十四年六月末	六三、二四六	二三、七四八	八六、九九四
大正十五年六月末	七八、六〇一	二五、二三七	一〇三、八三八

新式製糖公司之一九二四至二五年期栽種甘蔗的總面積十二萬一千四百十五甲中，公司自耕蔗園為二萬四千一百二十三甲（前期為一萬八千五百八十七甲）。即自耕蔗園比一般蔗

三八　台灣總督府殖產局《台灣糖業統計》。

園，每甲的收穫量多，又公司的土地支配及蔗園自耕面積，近幾年來逐漸在增加。但公司的支配地（所有地與贌耕地）只有全部耕地面積的八分之一，公司自耕的栽種甘蔗之總栽種面積的五分之一，所以栽種甘蔗的大部分仍然是公司自耕農和一般農民在栽種。在自耕蔗園，農民對於公司是純然的農業勞動者，所以沒有收購甘蔗的價格問題。佃耕公司地或轉佃耕時，農民對於公司既是佃農也是賣甘蔗者，因此佃耕關係和收購甘蔗之價格同時成為問題。最後，就佔栽種甘蔗者之大部分的一般蔗作者而言，收購甘蔗的價格是死活的問題，這是不待煩言的。即公司所有地雖然有增加的趨勢，今日收購價格在蔗作上還是最主要的問題。但其價格絕對地或比其他作物便宜既如前所述，故為拯救蔗農之貧窮，顯而易見必須絕對地提高其收購價格。而且在公司的收益計算上不是沒有其餘地。請看左表[三九]。

每擔 年期	新式製糖公司平均生產費 円	其中原料費 円	日本本土分蜜糖市價（東京市價年平均） 円
一九一五—一六年	六·二八四	三·一八二	一八·二三
一六—一七年	六·七三三	三·二五七	一九·〇六
一七—一八年	九·五五二	三·八六一	一九·九八

三九　台灣總督府殖產局《台灣糖業統計》。

一八－一九年	一一・九六一	五・一四六	二九・二九
一九－二〇年	二〇・七七一	八・二八九	三八・七〇
二〇－二一年	一六・九九五	七・〇八八	二二・〇〇
二一－二二年	一二・九八八	五・八四四	一九・一一
二二－二三年	一一・五四一	五・五二一	二三・八四
二三－二四年	一〇・五一九	四・七二六	二一・九一
十三－十四年	〇・三八五	五・〇一七	一九・六〇
十四－十五年	〇・七〇七	四・九九四	一八・三三

因這個日本本土分密糖市價中，包含五圓消費稅，即使將其扣除，在一九二四年期，對於生產費十日圓五角二分，利益為六圓四角，一九二五年期，生產費十圓三角八分，利益四圓二角二分，換句話說有大約四成到六成的利益。反此，原料費佔生產費的大約五成，在一九一九前後景氣好的時代，從上表可以得知，原料費的上漲不及一般物價的上漲。現在假設從上述公司之利益中撥出一、二圓作為增加收購原料的價格，雖然其生產費將隨之增加，但對於公司之經營並不會發生困難。而且公司最怕的是提高收購甘蔗的單價。

若是，農民為什麼要栽種對其並沒有利益的甘蔗呢？是原料採取區域制強制他們從事蔗作。沒有像爪哇的Cultrre System的強制嗎？是的，能轉向種稻者會這樣去作。但不可能所有的蔗作者都這樣作。第一，因土地的自然條件不能種甘蔗以外的農作物。第二，因為公司之預借款的經濟上的束縛。接受預借款者負有栽種責任斤量之甘蔗，並有由其甘蔗價款扣還本金和利息的義務。預借款名義上是耕作資金。但這對於貧窮的蔗農具有生活資金的性質，而蔗價之便宜的預借款扣除本金和利息之後往往拿到手的錢所剩無幾，因此許多農民為了生活，每年不得不繼續向公司預借款項。公司與這些蔗農的關係，在形式上是對等的。預借款是消費的借貸、出售甘蔗是買賣契約，屬於經濟範疇的流通。蔗農以土地和生產物之甘蔗的所有者，與工廠和貨幣之所有者的製糖公司互相對立，有熟讀公司該年期收購規定之後考慮競爭作物之市價，決定是否要從事能達到自己最大利益之蔗作的自由。在形式上是「自由、平等、所有、公開」。但這是外表的虛偽。實際上是雇傭。是預借奴隸。是Credit bondge。蔗農之於公司的地位，比「自由勞動者」之不自由更不自由。

對於公司為佃戶的蔗農，因為受預借款的經濟上束縛，加上佃耕的契約，被強制栽種甘蔗。台灣佃耕制度有許多不良的習慣。雖然總督府也在努力於其改善[四〇]，但地主之製糖公司的佃耕契約，到怎樣的程度與台灣的一般習慣共同，我並不清楚。但製糖公司的目的在於獲得原料，不在於佃租的收入，在這一點具有完全特別的地位，佃具有要服從公司的指揮以從事栽種甘蔗的義務為契約的主要內容。茲將屬於某有力公司之製糖工廠的佃耕契約的有關條

四〇　台灣總督府工程師鈴木進一郎演講「關於本島（台灣）之佃耕問題」：「最後我要特別說明的是，我對於至今沒有就製糖公司與佃耕問題之關係講話的機會覺得很遺憾」（二二頁）。是的，那是對我們也是非常遺憾的事。另外，請參考台灣總督府殖產局《各州小作（佃耕）慣行調查》。

款摘記如左（旁點係為矢內原所加）。

第一條　乙（佃戶）要依照甲（公司總經理）所指定左列土地佃耕，主要栽種甘蔗。

第三條　佃租繳納期為精算甘蔗價款之時，如上述不足時乙要立刻以現金繳納。

第六條　乙關於耕作物之選定和栽種方法要服從甲之指導，特別一定要實行左列條項。

（一）甘蔗以二年一作為原則，甘蔗之輪作物選擇綠肥或水稻，在九月末日以前要栽種甘蔗。

（二）作為甘蔗之前作，對於犁進綠肥的土地，特別免收佃租。

（三）甘蔗的品種，由公司指定。

（四）蔗園具有每甲施用調配肥料十五蓆囊以上及堆肥二十車（一車八百斤以上）以上之義務。此時依據該年度之獎勵佃作規程予以補助。

（五）乙作為次年度之早種用蔗苗要設置苗園。

（六）乙要蔗作對於土地之等級負有生產責任斤量之義務。

（七）（八）省略。

第七條　乙沒有甲之承諾，不得從事農業以外之外業。

第八條　甲對於乙隨甘蔗之照料及發育狀態，依據該年度之佃作獎勵規程無利息借給耕作資金。

但對於該年度未繳納之債務，一年要加一．五成之利息。

第九條　在需要照料蔗園時期乙未實行時，甲得以自作常備勞力或其他勞方照料，其經費當作乙之耕作資金，乙不得提出異議。

第十條　甲對於乙，每戶免費借給一分以內之宅地菜園。

第十四條　乙在自己勞力多時，甲要求其提供勞力時要爽快地答允。此時甲要對乙支付相當之工資。

第十六條　乙要出售自己所收穫之作物時，甲要以時價收購時乙不得拒絕。

（其他省略）

請注意，蔗園的經營者不是佃戶而是製糖公司。佃戶的地位完全隸屬於公司，類似愛爾蘭史上的小屋農民（Cotties，四一）。要服從公司的指揮從事栽種甘蔗自不在話下，被公司限制農業以外的外業，被命令提供勞力，對於生產物有先買權。如果甘蔗價款充作佃租和耕作資金之本金和利息所剩無幾的話，佃戶只有依靠「一分（地）以內宅地菜園」（一分為一甲的十分之一，大約一畝）的收穫來糊口，繼續更新耕作資金之契約以獲得生活費，如此這般成為公司的預借奴隸。雖然一切公司之佃戶契約書的內容不盡相同，也不是所有的佃戶都沈淪於同樣的地位，但公司所要求的佃耕關係，為獲得原料如何置蔗農於隸屬地位，是非常清

四一　拙作〈愛爾蘭問題的發展〉（《經濟學論集》，第六卷第三號六五頁）。

楚的。

要之，公司之原料政策的中心在增加每甲的收成，為此近幾年來專心於擁有土地經營蔗園，公司自作或附諸佃耕指揮經營，以致力於降低原料生產費。這同時也不外乎是降低蔗作者的經濟地位。因此他們變成農業勞動者，成為佃戶，成為預借奴隸。「獨立」的一般蔗農之窮困也無法避免。蔗農欲改變栽種其他農作物亦不可得，公司在有提高甘蔗價款之餘地時還是不想提高。擁有土地，自耕蔗園，佃耕制度，甘蔗收買法，在這些生產關係中之農民的經濟地位，在此我們可以看到了公司利潤生產的秘密。台灣之為製糖公司之確實有利的獲得利潤場所，企業經營上沙漠中的綠洲（Oasis）理由在此。一九二七年糖界風波時，有力公司競相專心於台灣分密糖工廠的擴張勢力，自有其道理。

第十節　農民組合（合作社）

領台之前，據說糖業利益為糖商或大糖廍主所壟斷，蔗農多很窮，總之蔗農或以糖廍的組合員，或以分糖法的製糖委托者，以參加製糖的利益。但因新式製糖工廠的出現，舊式糖廍消滅的結果，這種生產關係發生了根本上的變化，蔗農從製糖工廠「自由」，因此與製糖利益完全分離。對於蔗農的經濟狀態是不是比舊式糖廍時代絕對貧窮，我手上沒有能判斷它的材料。我覺得他們的生活程度應該或多或少有所提高才對。今日他們雖然獲得了「自由」，但卻立於完全隸屬於製糖工廠的地位。他們的生產關係被資本主義化。他們因為製糖廠的滅亡和與製糖利益的分離，收買甘蔗制的運用，官廳之支持資本家，基於新式製糖工廠之經營者為日本內地人的民族感情的衝突，以及政治上的壓抑感等等，引起農民的不平和騷擾，以及領台初期土匪的存在，可能也是由於這種情況所刺激而造成的。台灣總督府之官吏的持地六三郎在其著作《台灣殖民政策》（出版於一九一二年）說，「幸好在今日因可以家長式政治的權威，獎勵和勸誘農民栽種甘蔗，但隨時勢的進步，他們不一定完全會服從地方官吏的驅使和警察的干涉」，「要知道如果對當地人（原文為土人）利益之壓迫侵奪的結果，不僅是對個人利益的侵害，而且將使當地人之正義觀念永遠無法磨滅的很嚴重的傷害，為國家的公益他們還能情願接受其利益之壓迫和侵奪，但其結果如果歸於個人的利益，他們必將無忍受」，因此他主張製糖公司對蔗農的生產關係應該予以改善，必須時時調節和融合糖業者之利害與農民的利害，同時改府要予他們以正當的分配[四二]。

這裡的所謂「個人」，乃是指私人即製糖公司而言。而公司與農民之資本主義的生產關係的新秩序也在逐漸建立，同時據說在公司「對於耕作資金之預借，各種獎勵方法之制定等

四二　持地六三郎著《台灣殖民政策》，一二二～一四頁。

也完全在於愛護蔗農，由之產生了共存共榮的觀念，故從一九〇八年左右，紛爭逐漸在消聲匿跡」[四三]但在其後生產關係中之蔗農的地位還是沒有獲得改善。反而公司的原料政策是，為了對抗米、蕃薯等競爭作物的市價上漲，如何運用收買甘蔗制度，怎樣規定佃耕關係，進而近幾年來熱心於經營擁有土地蔗園等等，凡此都是我們在前一節說過的。因此蔗農的地位，實往變成預借奴隸，隸屬的佃農，單純的農業勞動者化的方向在發展。由之產生了近代農民運動之階級的條件。要之，這是蔗作資本主義化本身之必然的產物。尤其是自一九二三年以來日本內地種來的勃興大大地刺激了蔗農的自覺，加上第一次世界大戰後思想上的影響，對於農民公司的運動便到一個新的時期。即一九二四年五月，在屬於林本源製糖公司之採取區域的台中州二林組織了蔗農組合，一九二五年收成期時，提出在收成前先發表收買甘蔗之價格，會同甘蔗之秤量（為阻止公司計量之不正確），提高收購甘蔗之價格和降低肥料價格（因為比其他公司特別不利）等三項要求。這是台灣的第一起近代農民爭議。公司不但不答允，更自派工人到蔗園收割。於是農民與工人頭及護衛警察之間發生衝突，五十多名組合員以妨害執行業務、妨害執行公務傷害罪和騷擾罪被逮捕並被判徒刑。

在高雄州鳳山，陳中和物產公司所有地七十甲，令來自新竹州移民五十多人佃耕，為要將此土地移給其姊妹公司的新興製糖公司直接經營，於一九二五年六月突然要求歸還佃耕

四三　台灣總督府殖產局《台灣糖業概要》五九頁。

地，或停止種稻改種甘蔗。這是出現鳳山農民合作社的原因（注四三，四四）。以二林、鳳山為開瑞，以後在各地陸續出現農民合作社，一九二七年召開了台灣全島的農民合作社大會，合作社運動在今日台灣正在迅速發展。於是蔗農以合作社的團結來對抗製糖公司。

新式機器的大工廠本身不是禍害，而是提昇生產力，增加產糖的必要事項。問題是與其問題有關係之資本家與農民勞動者的生產關係，其社會的生產關係之性質及其內容。雖然說是採取原料區域制，但其本身並沒有束縛性。確實在一定圓周內近距離能迅速獲得大量甘蔗的供給，乃基於甘蔗這個作物的性質製糖技術上自然的必要事項。要維持大工廠，必須有大量甘蔗的供給，而且因為甘蔗在收割後不在短時期內製糖自然會損失其糖分。問題在關於原料生產之公司對蔗農的社會關係的內容。德國的製糖公司以其工廠一定距離內地區之甜菜栽種者為股東，股東負有一定要把其所生產的甜菜賣給這家工廠的義務，所以耕作者與製糖的利益緊密地結合在一起，同時工廠亦確實能夠確保原料的供給，德國糖業之所以勃興，據說與這個制度有很大的關係[四五]。如果在台灣不以某種方式，便蔗農和製糖企業或製糖利益緊密結合在一起，也就是不改良現今的社會生產關係，農民運動只有愈來愈「惡化」。這不僅是

四四　《今村義夫遺稿集》二八七～九六頁。

四五　請參考杉野嘉助著《台灣商工十年史》二六二頁。

一般社會的那樣單純之經濟的階級運動，由於民族的對立和階級的對立攪在一起的殖民地情況[四六]，因而它同時也成為民族運動。因為製糖公司的經營者為日本內地人資本家，栽種甘蔗者主要是台灣人。因此，蔗農可以說是「統治」台灣的經濟的中心課題。與新式製糖公司的發達為台灣從前之台灣殖民政策的中心課題一樣，或比它在今日殖民政策上要求更主要的地位的是蔗農。因為統治台灣在本質上就是統治「台灣人」。發達得巨大之台灣製糖的生產和貿易統計數字，除非同時觀察十二萬戶蔗農站在什麼樣的生產關係，實無法完成它完全的畫面。

四六　拙著《殖民及殖民政策》四三九頁。

第四章　台灣糖業的將來

第一節　國內消費與輸出

因為總督府與資本家熱心之獎勵、研究和努力，台灣糖業獲得了巨大的發達。領台當初與最近之台灣砂糖生產和貿易金額的比較如何[四七]。

	一八九八一年期（自前年十一月至該年十月に）擔	一九二五年期（同上）擔	一九二七年期 擔
島內產額	六八三、四五〇	七、九九二、三三〇	六、八五二、三四〇
輸入額	六五、〇〇九	二一四、九六九	三七九、二六〇
額（日本內地）	——	三五、七一〇	五一、一一九
輸出額	三九六、九七一	四一四、三二四	一九九、五七四

四七　根據《台灣糖業統計》。但一九二七年期的數字係根據台灣總督府《統計書》和《日本糖業年鑑》。一擔為一百斤。

運往額（日本內地）	島內消費額	同人口一人當
三七八、〇七二	一九六、一七九（一八九九期）	七・三七（同上）斤
七、四一二、二五〇	四一六、四三五	一〇・五二斤
六、九二八、三八五	五一九、一二〇	一二・二一斤

一九二九年期的產糖量為一千二百九十六萬擔，在這三十年之間生產量增加將近兩倍，其大部分運往日本內地。台灣糖首次於一九二四年運銷朝鮮一百七十萬斤（一萬七千擔），顯而易見其絕對部分銷到日本內地。

日本內地消費砂糖的情況如左[四八]：

	日本內地生產額	（指數）	輸入額	（指數）	運往額	（指數）
一八九八年	九〇七、九五三擔		四、三七三、一五一		三七七、五七二	
一九〇二年	九一二、七八五擔	（一〇〇）	二、六四五、二九八	（一〇〇）	五八一、七〇〇	（一〇〇）
一九〇三年	一、一四二、七三三擔	（一二五）	一、三一四、六五三	（四九）	三、九五八、二〇四	（六七四）
一九二四年	一、六一七、二六五擔	（一七七）	五、一〇六、九六一	（一九三）	七、二三九、一八七	（一、二三三）
一九二七年	一、七六九、五五八擔	（一九三）	七、一〇九、三四一	（二六九）	七、一九八、一一一	（一、二三一）

四八　同前引書。

輸出額	（指數）	運出額	（指數）	再輸出額	國內消費額	（指數）	同人口一人當
——		——		三、一三七	五、七五五、五三九		一三・一五斤
七、七八四	（一〇〇）	三、八五五	（一〇〇）	二、五一六	四、一二五、六二八	（一〇〇）	八・九六斤
七七〇、二五一	（九、九〇〇）	三〇九、四一八	（八、三四〇）	——	五、三三五、九二一	（一二九）	一〇・三一斤
一、九〇九、一〇七	（二四、五三〇）	一五四、八七一	（四、〇二〇）	——	一一、八八九、四三三	（二八七）	二一・二五斤
二、六八九、四九八	（三四、五五二）	二八三・四三一	（七、三五二）	——	一二、〇九三、三七〇	（二九三）	二〇・二四斤

即日本內地（主要是沖繩縣）的生產增加指數很小。外國輸入量，隨領有台灣後大為減少，第一次世界大戰後再度增加，但與領台當初的數字大同小異。惟輸入糖的內容改變，領台當初為直接消費糖，現今是輸入爪哇原料糖。從殖民地的運入量大增。近幾年來雖也由朝鮮和南洋廳下運入（由朝鮮運入一九二七年為十一萬一千八百二十擔，南洋廳下的運入一九二六年為十五萬七千九百六擔），其大部分為台灣糖。輸出糖的指數有驚人的增加，台灣糖業發達前絕對是砂糖之輸入國的日本，以後很快地逐漸變成輸出國。輸出的糖主要是精糖（上等白糖）。其次殖民地的運出量迨至明治末年（一九一〇年代）前後增加很多，但以後便減少。這可能是由於在台灣和朝精糖、耕地白糖，或再製糖的製造勃興的結果。最後是

國內消費量增加之弛緩。由以上所述我們可以知道，日本內地砂糖供給之大增，主要是因為台灣產糖的增加，從絕對沒有輸出的狀態逐漸迅速轉變為輸出國，同時近幾年來輸入也增加許多，但其內容實由消費糖轉變為原料糖，國內消費量之增加弛緩，輸出量之增加迅速。其意義在於日本製糖業從粗糖國進步為精糖國，而且其市場的由國內市場迅速地往國外市場發展。

糖業聯合會所調查一九二六年度日本砂糖需要與供給的狀況如下[四九]。

消費：精糖五百五十萬擔；分密糖三百五十萬擔；耕地白糖一百十萬擔；其他赤糖、黑糖等，一共一千二百萬擔。

輸出：精糖二百五十萬擔（九成輸出中國）。

生產：台灣分密糖七百九十五萬擔，南洋廳管轄十六萬擔，琉球與大東島三十萬擔，甜菜糖二十五萬擔，共計八百六十五萬擔。

因此必須輸入數量對於消費與輸出，不是生產量為大約六百萬擔。據稱其中五百萬擔預定由爪哇，七、八十萬擔由古巴輸入。

問題是預定輸入數量為什麼不單純地根據對於國內消費量之生產數量的不足，而自始就是計算包括輸出量之生產量的不足。這是沒有什麼過失的。日本製糖業國內生產既然達到

四九　東京朝日新聞社《金與物將如何變動？》二三〇～二三一頁。

能自給自足的境界，自沒有輸入過多糖之道理。一開始就以輸出精糖為目的而輸入原料糖的。蓋日本製糖公司因第一次世界大戰糖價大漲輸出市場擴大時，爭先恐後地擴張日本內地製糖工廠，這既如上述，其結果工廠能力共計現在達到一千萬擔。如果與日本精糖消費量五百五十萬擔對比，存在於日本之糖不過多，而是精糖工廠能力即工廠之過多。製糖公司因懼怕生產過多，故以糖業聯合會的卡特爾協定來限制生產。但限制生產是工廠之停擺，工廠機器等等物資本之自然腐朽的減價原因，可以說是一種「必要惡」。惟因國內消費受限，所以有必要以尋求海外的銷路為目的，生產輸出用的精糖，以保存工廠機器的運轉。因此近年來糖的對中國大為增加，是製糖公司之決定性的政策。

但現今世界之糖的商情，輸出並沒有太大的利益。一九二七年度各製糖公司的利益預測，根據東洋經濟新報的調查，輸出糖皆為薄利五〇。其中台灣製糖股份公司，台灣分密糖益每一百斤直接消費糖為四．六日圓，原料糖為四．三日圓，日本內地精糖益，以自己公司產料作原料時，日本內地市場每一百斤虧一日圓，以外國糖為原料時在日本內地市場有一．五日圓的利益；輸出中國勉強有四毛日圓的利益。如果以自己公司生產之糖作為輸出精糖之原料糖使用的話，當然其損失更大，所以他們絕不會這樣作這樣笨的事。其他公司也大同小異。若是，我們知道什麼呢？如果以台灣分密糖為精糖原料，因為在精糖工廠的損失將為台

五〇　《東洋經濟新報》臨時增刊《續會社鑑》（一九二七年六月）。

灣工廠帶來很大的利益，故就整個日本來說來說還是賺錢的。但這只限於在日本內地出售，作為輸出用原料糖，必須輸入爪哇糖。輸出用精糖雖然遠比日本內地消費用薄利，但為利用工廠不得不這樣作，即使在輸出有損失，可以日本內地市場的利益來填滿，故將不得不繼續精糖的輸出。甚至於將嘗試傾銷五一。

卡特爾對於國內消費者維持獨占價格，對於國外甚至傾銷，以擴張銷路。這是大規模生產和企業獨占的必然。而國家對此採取什麼政策呢？保護關稅，採取輸出獎勵金制度等。若是，對於這幾點日本政府對於台灣糖業採取了怎樣的保護呢？

（一）廢止輸出稅：日本占領台灣之後還是保存從價五分的輸出稅，糖之運往日本內地時受到比輸出外國的保護，故台灣糖乃由日本內地吸收。可是深怕糖業發達，生產過多，為擴大對中國的輸出和銷路，乃於一九一〇年廢止了輸出稅。

（二）輸入稅：領台當時，依協定稅率為每一百斤赤糖一·二毛六厘，白糖二·三毛六厘，冰糖三·一毛五厘的輸入稅率。經過幾次提高之後於一九一一年七月與廢止舊通商條約

五一　「依糖業聯合會調查，對中國輸出精糖在一九二八年度（包括台灣之輸出）為三百四十萬四千擔，其價格達三千三百一萬日圓，佔日本內地輸出糖的九成左右。中國的輸入糖數量為二千一百萬擔，日本內地只供給其三成，所以將來有發展和增加的餘地。這如果從反面來看，以往對中國輸出的糖，香港糖和日本糖的勢力最大，古巴糖最近處分增產政策，有對遠東傾銷的形勢，爪哇糖亦為處分生產過多的糖在努力於向中國推銷，故為日本精糖輸出上的一大強敵，從輸出糖的價格交易等種種觀點來看，實大有努力的必要」（一九二九年六月十五日《東京朝日新聞》。）

之同時大大地提高了稅率，一直繼續到一九二七年的修改。請看下表。

砂糖輸入稅（每一百斤）之比較

	一九一一年制定（円）	一九二七年修正（円）
未滿荷蘭標本色相第十一號（赤糖）	二・五〇	二・五〇
同第十五號未滿（分蜜糖）	三・一〇	第二十二號未滿
同第十八號未滿（分蜜糖）	三・三五	三・九五
同第二十一號未滿（分蜜糖）	四・二五	
其他（精糖）	四・六五	五・三〇
冰砂糖方糖棒砂糖	七・四〇	七・四〇

即一九二七年之關稅定率的修改，對於赤糖以及冰糖等高級品擱置，精糖提高，關於分密糖，色相稍低的黃雙提高，色相高的中雙降低。黃雙佔台灣分密糖的主要部分，中雙為作為今日的分密糖實的世界性的商品，爪哇糖屬於此。因中雙比黃雙價格高，品質好，精糖步留高，故精糖的生產費低。從前以保護台灣糖，阻止爪哇中雙之輸入為目的提高其稅率，在爪哇為輸出日本，故意將中雙製品上顏色供給。今日，其所以提高黃雙的輸入稅率，乃因為在日本內地市場更加要保護台灣分密糖的緣故。尤其是提高精糖輸入稅率，同時對於作為日本內地消費精糖之原料糖特別加以保護。而其所以降低中雙之輸入稅率，是為了降低精糖的

生產費，同時要以下面所述輸入稅免稅制度來謀求精糖輸出之利益的結果。要之，這是依輸入爪哇糖由黃雙轉移到中雙以同時保護台灣分密糖生產與日本內地精糖之利益的制度。

（三）免稅制度：日本之輸入原料糖退稅法，以一九〇九年七月為期限到期予以廢止，但政府為繼續保護精糖業，在關稅定率法第九條規定，使用輸入原料糖製造輸出外國之精糖將退還輸入稅之全部。根據其規定，它與舊退稅法不同，因為在日本內地消費精糖時不退稅，故精糖退稅實完全具有輸出獎勵金的性質。依一九二〇年修改以替代退稅作為免除制度，又於一九二七年修改關稅定率法時，變更了限於從前荷蘭標本色相未滿第十八號之糖予以免稅，擴大其範圍，未滿第二十二號者為輸出用精糖原料時將全部免其輸入稅。不消說，它具有間接的輸出獎勵金之性質。

即日本政府對於糖的輸出，雖然沒有直接給予獎勵金，但實行了間接的輸出獎勵，在一九二七年修改時在這一點特別顯著。如此這般製糖公司和政府都努力於精糖的輸出，若是日本內地的消費市場有沒有擴大的餘地呢？與一九二七年修改砂糖關稅定率法的同時，消費稅也作了如下的修正。

砂糖消費稅率（每一百斤）比較

	舊法（一九一一年制定）円		一九二七年修正 円
未滿荷蘭標本色相第十一號（赤糖黑糖）	二·〇〇乃至三·〇〇		一·〇〇乃至二·五〇
同第十五號未滿（分蜜糖）	五·〇〇	第十八號未滿	五·〇〇
同第十八號未滿（分蜜糖）	七·〇〇		
同第二十一號未滿（分蜜糖）	八·〇〇	第二十二號未滿	七·三五
同第二十一號以上（精糖）	九·〇〇	第二十二號以上	八·三五
冰砂糖棒砂糖角砂糖	一〇·〇〇		一〇·〇〇

即大致來說在下降。消費稅率的下降可以社會政策的理由來說明，但只強調這一面的說明之不一貫由同時提高輸入稅率可以知道。無需說，降低消費稅具有增加糖在日本內地的消費量和擴大其在內地市場的意義。前面我們說過，日本之糖消費量的增加進度遲緩。我們來比較近幾年來每一個人的糖消費量，美國自不必說，即使在第一次世界大戰後的疲弊期的歐洲各國，大致遠比日本要高的多（取自《第十四台灣糖業統計》）。

	一九〇二—一三年 斤	一九一四—一五年 斤	一九二〇—二一年 斤
德國	二一·七〇	五六·二二	三七·五〇
法國	一八·二〇	三九·二六	二五·五〇

奧地利	一三·四五	二八·〇四	一八·〇〇
英國	六七·八五	六七·二七	四九·六二
比利時	一四·五三	三一·〇六	三三·〇〇
義大利	五·八七	七·八四	九·〇〇
荷蘭	一二·五八	四〇·〇八	三四·二八
美國	五二·四八	六二·八七	六五·六三
日本	一一·〇七	九·六四	一七·六九

如果以糖的消費量為一個國家之國民的富裕程度的一個標準，日本算是居於低的地位，但自一九一一年至一九二七年的砂糖消費稅率，精糖每一百斤九日圓，爪哇糖以原料糖輸入時最低限度要負擔三·一日圓的輸入稅，以精糖市價為二十四日圓，其一半是稅金。假定一杯珈琲加兩個方糖，其一個糖等於稅金。稅既然這樣重，當然無法令國民增加消費，無從擴大砂糖在日本內地的銷售市場。所以乘第一次世界大戰的好景氣擴大的日本製糖工廠的能力，在現今世界性糖過多的時期為求發展，乃修正輸入稅以間接獎勵輸出，同時降低消費稅，意欲擴大國內的市場。果爾，下來的問題，是將來日本糖業究竟應把拓展銷路的重點擺在外國還是國內的問題。

卡特爾在關稅保護之下在國內市場以獨占價格獲得特別的利潤，對於國外市場努力於傾銷的輸出。對於國內消費的增加並不抱太大的期待。以適當消費量（或正因為這樣—限制供給）俾獲得充分的卡特爾的利潤。因此即使在國內砂糖市場的大約一半為稅金也能夠比較不關心。何況那是間接稅，為庶民稅，為國庫的一大財源。（如果這個財源減少，將以增徵直接稅來彌補國庫的收入，很可能加重資本家的財政負擔）。所以便熱心於增加輸出。惟因國際上的競爭激烈，如果擴大輸出市場有困難，便要轉向國內實行降低消費稅。而降低消費稅也是社會政策所追求的。以這個方法製糖公司可以不犧牲卡特爾的利潤而能夠擴大國內市場。於是獨占資本家成為成為「社會政策家」。國民能以廉價買到糖，資本家的利潤率也不減少，利潤由之大增，國庫的收入可能暫時會減少，但因消費總量的增加，消費稅總額也會隨之而增加。就消費者而言，糖之便宜，不管是因為消費稅率之降低，還是由於卡特爾利潤之減率，直接並沒有什麼不同。當然最好是兩者都降低，利益最大。但資本必將要求消費稅率的減少。因為卡特爾利潤率之降低攸關獨占資本之命運。

卡特爾化之日本糖業資本在中國和南洋設立工廠，致力於資本的輸出，基於關稅制度之保護和糖業聯合會之義務輸出協定，對中國之精糖輸出的商品輸出，廉價獲得的爪哇的原料糖，對於國內市場的政策，台灣分密糖的生產關係，凡此皆顯示獨占資本之運動的特徵。

第二節　糖業與種稻

前面我們說過，在台灣蕃薯、甘蔗和稻米是競爭農作物的關係。從地理來說，甘蔗是南部，稻米從北部產生在中部互爭逐鹿。領台前，台灣糖業地當濁水溪以南，即限於旱田地方，領台以後獎勵糖業的結果，從一九〇九年左右中部以北的水田地方也開始種甘蔗。但由於水田稻作的對抗上，收購甘蔗的價格比蕃薯、陸稻地方的南部要貴，中部地方的製糖公司為獲得原料，不得不費盡苦心。惟由於日本內地米界的活躍及其中宗交易者大事購買，從一九一八年十月以來，米價一路大發漲，「低層國民中訴苦生活困難者不但隨處皆有，米價之無止境的暴漲，因有予台灣以糖業為首一般產業以不良影響之虞，總督府認為有抑制台灣米之暴漲，予以適當之調節的必要，乃於本（一九一九）年一月十八日，突然發布運出限制令，爾後非經總督府之特別許可，不得運往稻米至日本內地」[五二]。欲這樣以阻止減少蔗作蔗價之上漲，但市場的經濟法則使種稻愈成為蔗作的大敵。台灣總督府拓殖局發行的《台灣糖業政策》（稻田昌植稿，一九二一年出版）也論述蔗作與稻作之對抗問題，其結論是採取兩者的調和主義，糖業的甘蔗栽地往北部和東部求發展，與此同時為使台灣成為東洋的糖業中心地大展鴻圖，在華南和南洋地方建設以台灣為根據的大糖業地以為糖業政策的根本目的，

五二　杉野嘉助《台灣商工十年史》，一二九頁（旁點為矢內原所附）。

並說要使這個「新使命最能發揮效力的行政上手段為它或砂糖官營乎」（注書一〇一～〇三頁）。它反映了台灣糖業之帝國主義的發展的要求，同時認識米作對抗上製糖公司經營之困難，和暗示其解決方法為糖業之官營。

可是因以一九一九年為中心的糖業好景氣，製糖公司的景氣特別好，故官營問題以暗示而終。因日本內地的人口增加，糧食供給之需求日大的結果，台灣稻作自一九二三、二四年以來經過了根本上的革命。從前的台灣米的品質近乎所謂外來米，不適合日本內地市場。但內地糧食問題刺激了台灣米的改良，研究結果成功於種植其品質近乎內地米的「蓬萊米」（**蓬萊米的發明者為磯永吉——譯者**），其栽種區域迅速擴大，從北方而中部，它促進埤圳的發達，逐漸南進。曾經由南部往中部以北發展的蔗作，時至今日反而從北部產生的蓬萊米開始壓迫中部以南。蓬萊米（日本內地種米）之生產比在來種米（以下簡稱在來米）有利，尤其運往日本內地時更是如此，下面比較證明了這一點[五三]。

即在來米的生產絕對地減少，蓬萊米大大地增加，形成極為顯然的對比。而且蓬萊米超過居住台灣之日本內地人需要的部分，則全部運往內地市場。因糯米也擁有內地市場，生產增加，增加的生產量幾乎全部運往日本內地。現在將栽種蓬萊米之地域的普及情形到之如

五三　每甲收穫量為一九二五年度，生產物總價額為一九二五年第二期作，每石價格為一九二五年十一月的數字。台灣總督府殖產局《台灣之米》。同上「主要農產物經濟調查其一，稻米」。取自今川淵〈台灣蓬萊米之出現及其影響〉（《台灣時報》第七十六號）等。

左[五四]。

（蓬萊米栽種蓬萊米總面積）	一九二二年 甲	二三年 甲	二四年 甲	二五年 甲
北部（台北州新竹州）	四二七	二、一四四	一三、九六一	四三、一六四
中部以南（中州台南州高雄州）	——	三三五	一一、〇八五	二七、四三二
東部（花蓮港廳台東廳）	——	四	三二一	二三一

即對中部的普及最為顯著，如埤圳發達，南部栽種之增加決不是不可能。這個形勢，就製糖公司而言，蔗作地之減少（耕作者選擇種稻，收購甘蔗價格之上漲（因與蓬萊米的對抗上），在原料政策上為一大威脅，為其對策，遂出於每甲甘蔗收成量之增加，擴張自耕蔗園之方法，這是前面說過的。台灣總督府因為日本內地的糧食問題上，也不再作從前那樣公布限制台灣來對內地的運出令，反而致力於增加蓬萊米之生產和將其運銷內地[五五]。一直以來日

五四　根據台灣總督府殖產局《台灣之米》一四～一九頁。

五五　台灣總督府以一九二四年底為基礎，預測三十年後台灣的米產量將為一千二百萬石，運往日本內地七百三十萬石，作為台灣人食用米補充輸入外國米二百萬石。台灣產米蓬萊米六百七十萬石，在來米四百萬石，糯米一百三十萬石，即蓬萊米的產量大為增加，佔台灣稻作的主要部分，在來米生產還不夠台灣人所需糧食之數量為基礎來計算的。（總督府殖產局《台灣之米》一六三頁以下。同上《台灣米概說》九〇頁以下。）——〈蓬萊米為解決母國（日本）糧食問題之關鍵〉（殖產局農務課長今川淵氏述「蓬萊米之出現及其影響」）三頁《台灣時報》第七十六號）。

本所標榜「糧食」自給政策的台灣砂糖亦即甘蔗的生產，大有被作為生活必需品更主要的米的「糧食」問題所取代。當然，事實上在投下巨大糖業資本的台灣，產米殖產政策自不像在朝鮮能那麼單一。所以總督府面臨應該如何調和糖業和稻作之獎勵、保護的難題。總督府似乎在相信糖業與稻作可以並行發達的可能性。但日本人口增加與工業國家化的趨勢，今後必將更加發展，因此對米的內地市場也一定會愈來愈大，而蓬萊米與朝鮮米一樣近乎內地米，適合內地人嗜好，價錢又比內地米便宜，對於內地米和外國米具有利的競爭條件，所以其栽種面積和生產量勢必增加。今後如果種稻的利益遠大於製糖利益，資本將離開製糖，轉向稻作。不少資本使用方法的轉換將蒙受投下工廠之固定資本的損失，原來糖業與純粹的製造工業不同，在農業部門也有很大的投資，工廠方面固定資本比較小，故其轉變較比簡單能夠進行。即製糖公司可將其所有耕地之耕作由蔗作轉變為種稻比較容易，有如將朝鮮之東洋拓殖股份公司變成種稻公司。在農民同樣隸屬於資本家的支配之下是沒有什麼兩樣的。但是就他們而言，即使是在收益上沒有什麼不同，但還是有種稻比蔗作有利的理由。因為甘蔗為原料採取區制，出售受限制，稻米有自由的廣大市場，而且米可以自己消費。所以在能夠與資本家對抗的自主地位這一點是有利的。而就資本家而言，有糖業比種稻更有利的理由。即糖業包括農業和工業兩個生產部門，又及於粗糖業、精糖業的兩個階段，在獲得利潤生產上和資本家的獨占地位上，比單純之農業公司的種稻有利。

台灣製糖公司中如無關稅的保護，能與爪哇糖對抗的，恐怕只有兩三家[五六]。現在假定降低砂糖輸入稅率，為種稻不得不提高甘蔗的收購價格的關係上，立於不利地位的製糖公司，或許會轉向種稻。如果是這樣，在台將剩下基礎最堅實的製糖公司，國民將同時獲得價錢更便宜的糖和米。不過這只是我的假定而已。在事實上日本糖業資本家所採取的政策，以其所有土地經營蔗園的方針，以對抗稻作的威脅，令當局提高輸入稅（一九二七年修改關稅定率法的內容，是根據糖業聯合會之意見制定的），國家更加保護製糖業。糖業資本本身之自我防衛的陣營是非常清楚的。總之，台灣糖業的強敵不是爪哇糖，也不是古巴糖，而從意外的方面出現。即就是日本人口和糧食的問題。

最後我要說的是嘉南大圳。這是橫跨於台南州的北部和中部，灌溉面積十五萬甲，利害關係者四十萬人的大水利工程，從一九一七年開始計劃，二一年動工，預定於一九二九年完成，工程預算達四千八百萬日圓。但工程竣工後要灌溉區域全部耕地水量不足，故為對於十五萬甲全體農民「公平、平等地給予嘉南大圳之利益」，計劃採取三年輪作集體耕作的制

五六　甘蔗糖生產費比較（每擔）（根據《台灣糖業統計》。台灣分密糖（一九二四年度　一〇·五一九日圓

爪哇中雙及黃雙（一九二五年度）　八·〇一〇日圓

古巴糖（一九二五年度）　六·二七〇日圓

這個砂糖生產費之差，以原料費即甘蔗生產費之差為主要原因，在工廠生產費，據說台灣沒有遜色。甘蔗生產費主要因地方而產生差異，據稱每甲收成量台灣為平均七萬斤，爪哇為十五、六萬斤，古巴為三年，第一年十五萬斤，第二年十六萬斤，第三年七萬五千斤。與三年輪作的台灣比較，可知其土地生產力之大。即台灣糖因其自然條件比爪哇糖、古巴糖差，所以要靠人為的改良與其對抗，實在特別困難。

度。即對於種稻連續灌溉，蔗作間斷灌溉，雜作不給水，以調節水量，基於給水、排水工程設計之技術上需要，依各農業物令每大約五十甲集體耕作，以一百五十甲為一輪作區域，規定農作物耕作標準。這個輪作制度不是強制，但也不是放任自由，而在嘉南大圳合作社「指導」之下來集體輪作[五七]。

上述水利工程計劃在其結果，對於這十五甲的耕地（佔台灣耕地總面積的六分之一），容許蔗作與稻作同時發達，否，是強制的。稻米可以一半收成兩期，甘蔗本來以三年輪作為適當，同時集體耕作和綠肥前作為製糖公司今日特給予獎勵金，鼓勵蔗作者栽甘蔗，故此項計劃在其結果，實具有以蔗作為中心的性質。又集體耕作制有如製糖公司及其他大地主，現今擁有集體地者暫且不談，就小地主和佃戶來說，為其帶來了生產關係的根本改變，成為促進土地所有和集中經營的原因。這是因為集體耕作五十甲的土地，一年種稻，一年栽甘蔗，一年雜作（蕃薯綠肥等）單一耕作，依給水排水的設計，機械地強制的緣故。所以唯有以一輪作區一百五十甲一起來經營才能作完全的計算。即以這一百五十甲為一經營單位。而獨占地擁有或經營這個集體地的大地主、大企業家，因而立於最有利的地位，但耕作小面積土地之農民，其耕作地因輪作關係，被分派種甘蔗或雜作的年分時，將陷於無法生產自家用稻米之困境。又在其每年的收益，三年極不均衡，不是貧農所能忍受的。因此大圳合作者

五七　請參考台灣總督府殖產局〈關於嘉南大圳合作社告合作社員諸君〉，以及嘉南大圳合作社〈嘉南大圳事業講話要領〉等。

令農民每一輪作區一百五十甲組織實行小合作社，對於其耕作地偏偏在於一作物區域（五十甲）內者，鼓勵其能分佈於二作物以上，交換使用耕地。這不外乎是一種土地綜劃運動（enclosire）。這樣的狀況必將促成土地所有和經營之集中是不言而諭的。

上述實行小合作社，以進行其輪作區域內之中小水路工程，維持水路，獲得水的分配，以及農作物之栽種為目的。即以大圳水利工程中為謀求屬於合作社員本身之負擔部分的實行，和三年輪作及集體耕作能進行得很順利為目的。由此實行區域內土地之交換和再分配。他們並不預期，今後實行合作社發展為農民之協同生產合作社，共有一輪作區一百十五甲，或協同地經營。但嘉南大圳之水利計劃是，對於為農民之共有或協同的大經營之提供物質上基礎而建設的。不過目前的問題是因大圳所促進之社會關係上的變化，資本家和大地主之土地集中和獨占，以及農民之喪失土地和無產階級化。在這一點，大地主和作為資本家之大農場經營者，區域內製糖公司之獨占地位必將加強。

嘉南大圳工程已經投下巨多資金並在進行中，完成之後土地生產物之增加收入，地價上漲之利益一定很大。這個工程不會像日月潭水力電氣工程失敗，似在日漸接近成功，我也非常希望其能獲得成功。但其成功之後區域內的生產關係，製糖公司對農民的社會關係必將發生重大的變化。公司在這個區域內紹不會面臨稻作的威脅。收購甘蔗的價格也會不受到競爭農作物之市價的影響。其決定完全由公司獨占，依靠公司的「善意」。而且蔗作將有規則地進行。「水」將命令其這樣作。稻作與蔗作的對抗將被「水沖走」。嘉南大圳的灌溉區域位於西部台灣的中南部。於是在這裡設立蔗作、稻作對抗戰爭的緩衝地帶，在佔有台灣整個耕地六分之一的大區域，調和兩者的發達，實際上是以蔗作為中心的解決。這個解決者是「水利工程的設計」。當初可能不是以這樣的目的計劃的事業，但結果是如求嘉南大圳的社會意義，必定是保護糖業資本家，完全適合其利益，以及獨占下之資本主義的更高度發展。總之，這是在「帝國主義殖民地」的台灣的難得一見之性質的大工程。

附錄一　日據下台灣人民的反抗運動

一

在這次台灣史學術研究會（編按：2003年3月29日，夏潮聯合會主辦），我想來介紹日本密斯滋書房所出版《台灣》一、二這兩本專書的主要內容。其第一本列為《現代史資本》第二十一卷，第二本為第二十二卷。前者出版於一九七一年三月，我用的第三刷，出版於一九七七年二月；後者出版於一九七一年十二月，我看的版本為其第三刷，出版於一九七七年四月。這兩本書的編者是山邊健太郎。山邊於一九〇五年出生於東京，小學畢業後就作工，曾參加日本共產黨，入獄多次。二次大戰以後，脫離共產黨專門搜集和研究共產主義運動和社會主義運動，對朝鮮問題也有特別的研究。他的著作《日韓合併小史》和《日本統治下的朝鮮》二書，為研究日韓關係所不能不看的名著。

二

《台灣》第一卷，本文一共有五百二十三頁（〈解說〉五十二頁），十二張照片。前面有〈解說〉，執筆者山邊，是對於本書所搜集全部資本的介紹。本書分成三大部分。第一部分為〈統治前史〉，內容是〈台灣匪亂小史〉。第二部分是〈確立統治時期〉，分成〈台灣同化會〉、〈台灣議會設置運動〉、〈自治運動〉。第三部分為〈社會主義的民族運動〉，分成〈文化運動〉、〈農民運動〉和〈勞動（工）運動〉。

第二卷本文總共有七百四十二頁（〈解說〉第三十八頁），照片五張。一共分為四大部分。第一部分是第一卷第三部分的續集，分成〈政黨運動〉和〈無政府主義運動〉。第二部分為〈共產主義運動〉，分成〈日本共產黨台灣民族支部東京特別支部員檢舉始末〉、〈檢舉台灣共產黨之概要〉、〈台灣共產黨綱領〉、〈台灣共產黨重建運動—附分裂活動〉，以及〈犧牲者救援運動〉。第三部分是〈現住民的狀況〉，分成〈蕃地調查書〉、〈蕃人的動搖與討伐的概路〉、〈理蕃〉。

第四部分為〈霧社事件〉，分成〈霧社蕃的沿革〉、〈霧社事件始末〉、〈霧社蕃人暴動的經過〉、〈事件的原因〉、〈叛亂的情形〉、〈對策與反應〉、〈牧野伸顯文書〉、〈第二次霧社事件〉。最後是〈關於台灣資本源〉，明示這兩本書所刊登資料的出處和來源。

由於甲午中日戰爭，清廷打敗，簽訂喪權辱國的馬關條約，對日本賠款兩萬萬兩，後來以三千萬買回遼東半島，共計付出二萬萬三千萬兩，並將台灣和澎湖割讓給日本。[一]對於清廷將台澎割讓給日本，以台灣巡撫唐景崧為首的台灣官民不滿，遂宣布成立「台灣民主國」，推唐景崧為總統，發表〈台灣民主國獨立宣言〉，展開對日軍的抵抗。起初，日本占領軍，沒有想到會遭遇到這樣大的抵抗，而且台灣人民非常勇敢，不怕死。（台灣總督樺山資紀的秘書樺山資英寫給他父母親的信。刊於〈解說〉二十七頁）。樺山於一八九五年六月六日登陸雞籠（基隆），設總督府於以前的海關。同日日軍進入台北。七月二日，樺山打電報給首相伊藤博文說，本擬早日占領安平和打狗（高雄），惟因近衛師團援兵遲未到，故無法進行。占領新竹以後，附近「土匪」自稱義民，出沒於沿道山間，破壞鐵路電線，妨礙日軍……。這些「土匪」不是中國的敗兵，而是「熟蕃」等（〈解說〉二十四頁）。當時，日軍在台灣有過很殘暴的行徑。因為台灣中部的反抗非常激烈，故日本統治當局曾不分青紅皂白地予以屠殺。這與中日戰爭結束不久，日軍仍充滿殺氣騰騰的情緒有不可分的關係。因而也促使了台灣人團結一致對日軍的抵抗（〈解說〉二十五頁）。七月十八日上午八、九點左右，劉永福從安平砲台帶著二十名隨員潛伏於中國貨輪，爾後轉乘停在安平港的英商船特爾斯輪，逃往廈門，途中該輪雖遭到

一　關於甲午戰爭，請參閱拙著《從甲午戰爭到中日戰爭》（國史館出版）、拙譯《中日世紀之戰——甲午戰爭》（開今出版社），以及檜山幸夫著《日清戰爭》。甲午戰爭結果，扣除其戰費，日本賺了一億一千三百萬日圓。Akira Iriye, China and Japan in the Golbal Setting (Harvard Universuty Press,1992)p.19.

日軍艦八重山追蹤臨檢，但沒有找到劉永福（〈解說〉二十六頁）。從日軍近衛師團於五月二十九日登陸三貂灣的鹽寮，以至十月二十一日台南落入日軍之手，將近五個月，日軍才完全占領了台灣。近衛師團長北白川宮能久親王，因感染瘧疾，於十月二十八日身死台南。為占領台灣，日軍曾動員四萬九千八百三十五名官兵和二萬六千二百一十四名傭工和軍夫。二

三

日軍雖然於一八九五年十月下旬在大體上占領了台灣，但迨至一九〇二年，台灣各地仍然對於日本統治當局有過多規模不小的抵抗。台灣總督府把它叫做〈台灣匪亂〉時期。在兒玉源太郎總督底下擔任民政長官的後藤新平，曾經公開承認對於所有反抗的台灣人全部予以屠殺。即從一八九八年至一九〇二年，逮捕或押送時抵抗而被殺者四千零二十三人，被判處死刑者二千九百九十九人，被日軍殺死者三千二百七十九人，共計一萬一千九百五十人，其中四千六百七十六人殺於一九〇二年。（〈解說〉三二頁）

對於後藤新平這樣殘忍的作法，山邊很不諒解。《日本帝國主義下的臺灣》之作者矢內原

二　檜山幸夫著《日清戰爭》（東京講談社，二〇〇〇年五月），二四六～二五八頁。

忠雄[三]雖然引用了後藤的文章，卻沒有引述這一段，以及在後藤底下作事被認為最有良心的新渡戶稻造也沒有對後藤作任何表示。（〈解說〉三三頁）

一八九八年十一月五日，台灣總督兒玉頒布所謂匪徒罰令，共計七條，同日實施，而且溯及既往。當時台灣總督府已經實施了「臨時法院條例」和「保甲條例」，隨時隨地可以用臨時法院，舉行審判，而且是一審終結。

「保甲條例」的目的，在於趕走清國國民，因深怕清國國民影響台灣人的思想，對日本統治台灣不利；同時鼓勵日本人特別是樺山的故鄉鹿兒島人移民台灣，因此令樺山時代的人事課長木下新三郎感嘆說，當時來台灣的大多是在日本國內不得志的人或失意的人。總督底下沒有很能幹的人。鹿兒島人尤其囂張，只要是鹿兒島人，不管是否人材，皆予以錄用，故他感覺很無奈首痛苦。（〈解說〉二十八頁）是即總督府內部腐敗，是其不能鎮壓台灣人反抗的主要原因之一。當時的台灣總督，可以發布與法律同樣效力的命令，集行政、立法、司法三大權於一身，因此被稱為台灣的「土皇帝」。這則法律叫做〈有關施行於台灣之法令之法律〉，制定於一八九六年六月三十日，為法律第六三號，簡稱「六三法」。這則法律的效力，本定為三年，結果實施了十年。由此可見日本當局之霸道。

三　關於矢內原忠雄，請參看戴國輝作，拙譯〈細川嘉六與矢內原忠雄〉。刊登於二〇〇〇年二月二十日《近代中國》雜誌。關於日本官員與台灣的關係，戴教授還有〈樺山資紀與水野遵〉和〈伊澤修二與後藤新平〉二文，我已把它譯成中文，分別刊登於二〇〇〇年六月份和八月份的《近代中國》。

〈台灣匪亂小史〉，一共提到六個事件：（一）北埔事件；（二）林圯埔事件；（三）土庫事件；（四）苗栗事件；（五）六甲事件；（六）巴來庵事件，共有九十八頁。

北埔事件發生於一八九七年十一月十四日，地點在新竹廳北埔，帶頭者為蔡清琳，他領著原住民數十人，殺死了渡邊支廳長、郵政局長、警察及其家眷等二十二人。因日軍及警察趕來，結果殺死八十一人；判死刑者九人（二四～二六頁）。

林圯埔事件爆發於一九一二年三月二十三日，劉乾率眾襲擊南投廳林圯埔支廳頂林庄警察派出所，殺死三名警員。結果判死刑八人，無期徒刑一人，有期徒刑一人（二七～二九頁）。

土庫事件，發生於林圯埔事件三個月之後。其主事者為黃朝。日官方稱黃有意做台灣國王，而與張老鐵等托神明信仰，有所策劃。日警據報前往緝拿，反被砍傷。審判結果一名死刑，二名無期徒刑，十二名有期徒刑。（三〇～三二頁）

苗栗事件規模最大，遍及於整個台灣，被逮捕者達七百數十人，其主導者為著名的羅福星。這次起義完全受辛亥革命的影響。苗栗事件細分為苗栗事件（首領羅福星）、關帝廟事件（首領李阿齊）、東勢角事件（首領賴來）、大甲及大湖事件（首領張火爐）和南投事件（首領為陳阿榮）。惟其目的和組織是一致的，故統稱苗栗事件。（三二頁）

羅福星又名羅東亞和羅國權，籍設新竹廳苗栗一堡牛檷湖庄，但出生於廣東省嘉應州鎮平縣高思鄉大地村。一九〇三年隨其祖父來台灣，進苗栗公學校，三年後又回其故里。中途在廈門加入同盟會，爾後在其故鄉和新加坡、巴達維亞等地擔任過小學教員，和在緬甸同盟會所經營的書報社曾任過書記。

他參加過中國第一次革命，對中國革命極為嚮往。一九一二年十二月十八日前來台灣，居住台北大稻埕（今日延平北路）北門外街台南館、得勝街三合興茶棧等處，並常往返苗栗，糾合中國同志黃光樞、江亮能，台灣人謝德香、傅清鳳、黃員敬等人，積極展開革命的工作。（三五～三六頁）

羅福星組黨用許多暗號（密碼）；但於一九一三年十二月十八日，在淡水芝蘭三堡下柔奎山庄五百四十番地農民李稻穗家被捕。這是李稻穗和陳金枝密告的結果。羅被逮時，身帶黨名冊、感想日記及羅東亞、羅國權圖章等等，所以才被捕那麼多人。（三七～四一頁）

羅福星手記詳述他參加中國革命的經過，提到胡漢民、趙聲、黃興、林時爽、丘逢甲等人；同時不遺餘力地抨擊日本的暴政。茲將他的〈祝我民國詞〉、〈絕命詞〉和〈寄愛卿詩〉錄於後，以紀念這位不可多得的先烈。

祝我民國詞

中土如斯更富強　華封共祝著邊疆
民情四海皆兄弟　國體苞桑氣運昌
孫真國手著光唐　逸樂豐神久既章
先客早傳靈妙藥　救人于病身相當

將每一句的第一個字連結起來，便是「中華民國孫逸仙救」，可見羅福星愛國之情操和民族之正氣。

絕命詞

獨立彩色漢旗黃　十萬橫磨劍吐光
齊唱從軍新樂府　戰雲開處陣堂堂
海外煙氛突一島　吾民今日賦同仇
犧牲血肉尋常事　莫怕生平愛自由
槍在右肩刀在腰　軍書傳檄不崇朝
爺娘妻子走相送　笑把兵事行解嘲
背鄉離井赴瀛山　掃空東庭指顧間
世界腥羶心滌盡　男兒不誤大刀還
彈丸如雨炮如雷　喇叭聲聲戰鼓吹
大好頭顱誰取去　何須馬革裹屍回
勇士飛揚唱大風　黔首皆厭我獨雄
三百萬民齊努力　投鞭短吐氣如虹
青年尚武奮精神　睥睨東天肯讓人
三州區區原小弱　莫怕日本大和魂
軍樂悠揚裂喚鵝　天風情長感慨多

男兒開口從軍樂　何唱台疆報我仇
東來客族雷我原　驅逐夷蠻我國尊
白種更傳黃禍身　何難今日此事爭

寄愛卿詩

人世因緣萬劫空　歐風亞雨表英雄
筆花不詳江郎夢　辜負神娥夜夜風
五夜西風一段情　月光人影兩分明
台灣那有春秋別　連理枝頭善感情
渾身冠劍看如何　國步艱難感慨多
走馬告掃華盛頓　耳還嘲以自由歌
傳語卻敲無線電　留聲且喜自音筒
於近造就飛行器　不似雙星一夜逢

對於苗栗事件，於一九一三年十一月二十五日，在苗栗設立臨時法院，舉行審判，結果是被判死刑者二十人，有期徒刑者二百八十五年。（四四～四七頁）[四]

四　關於羅福星、戴國輝教授有專文，題目為〈台灣的詩與真實較——羅福星的一生〉，我已將其譯成中文，將與其他文章，出版專書。

六甲事件發生於一九一四年五月五日，羅嗅頭等人由嘉義廳下店仔口支廳前大埔派出所宿舍盜取了兩支村田步槍和五發子彈，旋即被日警圍捕，羅嗅頭等三人在山中自殺，李岑等九人因抵抗被警察殺死。在這個過程中，日本警官野田又雄中彈身亡。審判結果，死刑八人，無期徒刑四人，有期徒刑十人。（五〇～五二頁）

西來庵事件發生於一九一五年五月，規模龐大，遍及台北、台中、南投、嘉義、台南、阿緱（屏東）各支廳，尤其集中於台南、阿緱兩廳交界之山地。與前述苗栗事件事六甲事件一樣，西來庵事件也是受中國革命的影響而引起的。台灣總督府稱，這個事件靠宗教力量，〈迷信〉中國革命黨會來解放台灣而發生的。

西來庵事件的主導者是余清芳、羅俊和江定。余清芳又稱余先生、余滄浪、余清風和徐清芳，一八七九年十一月十六日出生於阿緱廳港西中里阿緱街。曾任台南縣和鳳山縣的巡查捕，但皆遭撤職。（五三頁）

江定係台南廳楠梓溪里竹頭崎庄土名隘寮腳居民，一八九七年被推為出任區長，為一有名望的人。惟因在區長任內殺死張椪司被噍吧哖憲兵分隊逮捕，後逃逸山中，參加反日行動。（五四頁）

羅俊又名羅壁、羅秀、賴俊江、賴秀、賴乘，一八五五年十二月二十八日出生於嘉義廳他里霧堡他里霧街（今日斗六）。學於書房，並為教師和醫生。後因為抵抗當局被通緝，逃

往大陸。在大陸做地理師，賣藥，從醫。一九一一年十月十日，武昌革命起，他欲乘此機會在台灣有所作為。（五五頁）

後來余清芳、江定、羅俊三者合作，欲依靠宗教信仰力量、驅逐日人，回歸祖國。本書五九頁刊有〈余清芳諭告文〉，宣告其起義之本意；六一頁亦刊登羅俊之祈禱文，正告其起事的目的。

一九一四年五月，他們曾襲擊台南廳六甲埔支廳、小張犁、大坵園阿里關三個派出所和漢蚊仔尺、河表湖、小林三個駐在所，殺死警察、其家族共計三十六人。一九一五年八月，襲擊台南廳噍吧哖支廳下南庄派出所。

日本當局遂派遣步兵第二聯隊今井中隊，前往噍吧哖，與黑田部隊和由村上中尉率領的山砲隊聯手，圍捕反抗日方的余清芳等人。南庄派出所警部捕（巡官）吉田國三以下十四名警察（其中一名台灣人巡查捕）、公學校校長坂間仁太郎等二十人被殺。

對此事件派出步兵四個中隊大約四百人，山砲兵一小隊二門砲，警察一百人，由蕃薯寮、大目降（新化）、六甲三方面圍攻噍吧哖。（五五～五六頁）

八月二十二日，余清芳被捕。被扣押刻著〈敕封大元帥余之印〉的石印、兩顆余清芳普章印章、毛瑟步槍三支（其中一支為五連發）、子彈一百二十顆、一把指揮刀、三把台灣刀、一只懷錶、幾件衣服、一個問神用之降筆器以及江定用於指揮的一支紅旗等等。

（六五～六七頁）

余清芳曾留下兩首詩及詞。詩其一「興化火燒奸黨多，忠良受害夜奔波，山林茂塞險滿隘，步步難行心鬱陶」；其二「百刃泰山不怕高，人心半寸可憂忉，英雄未到敢強害，後到天兵你奈何」。

宿交嫂坑

奉旨討賊復三台　縣望軍兵得勝開
詎料眾心相叛逆　豈意輔佐少賢才
俗子事君如雪月　凡夫扶主似塵埃
怨嗟忠良何處覓　際會風雲定金階
苦雨淒涼實可悲　胯下受辱何足奇
英雄落魄無依地　祭起寶劍滅四夷
石裡玉藏何足知　能知藏玉掀天奇
豪人仰是明如鑑　倭子手扶不識琦
奉旨平台在此時　英雄未會暗獨悲
可憐元帥涉山若　赤膽忠心扶國為
嗟乎何時見明天　匡扶社稷賴聖賢
而今嘗膽臥薪舊　誓滅萬國靜乾坤
太息江河日下秋　問涯砥柱作中流

可恨部下真愚昧　未決雌雄血淚愁
沙場不戰幾時休　勝負未嘗交鋒日
臨陣膽寒時堪憂（六八頁）[五]

余清芳的手記，令人讀來既覺淒慘和感慨萬千。他更提到康熙四十年十二月諸羅（嘉義）劉卻、康熙六十年五月朱一貴，以及雍正九年三月鳳山吳福倡亂之事。（六九～七一頁）

對於西來庵事件，利用台南地方法院設立臨時法院，自八月二十一日開始審判，至十月三日結束。結果死刑八百六十六人；十五年以上有期徒刑十八人：十二年以上有期徒刑六十三人；九年以上有期徒刑三百七十二人。（七一～七七頁）。惟因大正天皇於一九一四年十一月十日正式即位，故亦對自大正元年（民國元年，一九一二年）至大正四年（一九一五年）的台灣犯人實行三次大赦、特赦和減刑。因此只有余清芳等九十五人遭到死刑。（七八頁）

關於噍吧哖事件，我小時候聽過親戚長輩說過其情形，這個長輩就是從噍吧哖逃來我故鄉山上鄉南州村的。另外要提的是，當時的台灣總督佐久間左馬太，自任討伐軍令，於一九一四年六月二十六日視察前線時，由懸崖摔下來受傷，[六]並於隔年八月五日去世。[七]這可能與前

五　余清芳的詩和詞，係錄自《台灣》。日人對漢字不甚清楚，故或有錯誤，請指正。
六　台灣經世新報社編《台灣大年表》（東京綠蔭書房，一九九二年，復刻版），九五頁。
七　台灣經世新報社編《台灣大年表》（東京綠蔭書房，一九九二年，復刻版），九九頁。

述受傷有關係。從這個大事件以後，台灣也就沒有再發生大規模的抗日運動，而進入本書的所謂確立統治的時期。

四

在確立統治台灣的時期，本書討論了「台灣同化會」、「設立台灣議會運動」、「自治運動」和「民族革命運動」。其中最重要的應該是台灣文化協會的運動。台灣文化協會係由林獻堂、蔡培火等和稍微激進的蔣渭水等所組織，後來社會主義者連溫卿等進來，取得了領導權，林、蔣等民族主義者遂組織了台灣民眾黨。（〈解說〉一七頁）

台灣第一任的文人總督田健治郎於一九一九年十月二十九日履新時，正值朝鮮的三．一運動，[八]和受中國五四運動的影響，民族意識高漲的時候。當時因受中國大陸的影響，台灣也興起了白話文運動。為對付這種情勢，田健治郎曾欲利用舊文化人，以復興從前的文化運動，但沒有成功。

八　所謂「朝鮮三．一萬歲」，也稱為「萬歲事件」，是一九一年三月一日，朝鮮民族起來要求獨立的事件。在漢城發起的這個獨立運動，擴大到整個朝鮮，日方動員軍隊和警察予以鎮壓，朝鮮人在六百多處起來反抗，參加者超過二千萬，死亡八千人，受傷四萬五千人，逮捕四萬九千人。

成立台灣文化協會的契機，山邊認為乃由於一九二〇年，台灣出身的飛行家謝文達在日本榮獲飛行最高和飛行最快的兩個獎而回到台灣這件事。（〈解說〉一八頁）關於台灣文化協會，本書刊載六十四頁，包括成立該會之主旨、會則、主要幹部及會員之姓名、籍貫、住址、學經歷、會內身分、職業和出生年月日。總理為林獻堂，協理林幼春、專務經理蔡培火，理事有蔣渭水、王敏川、陳逢源、蔡式穀、林呈祿、蔡惠如、楊肇嘉、賴和、韓石泉、謝春木等後來的名人。東京帝大出身、台北高等商業教授的林茂生為評議員。（二六六～二六九頁）

文化協會從一九二三年到一九二六年，為了喚醒台灣人的民族意識和促進台灣人的團結，在台北、新竹、台中、台南和高雄舉辦了七百九十八場演講會，其中因為言論觸及敏感問題，被解散了五十九次。演講者達二千九百九十一人次，其中因言論被認為有問題被打斷二百七十六次。聽眾，台北達七萬七百八十五人次；新竹三萬七千四十人次；台中十二萬四千三百四十八人次；台南八萬零五十八人次；高雄一萬一千五百六十人次。（二六九～二九〇頁）

文化運動部分還介紹了許多社團，譬如新民會、《台灣青年》雜誌、東京台灣青年會、上海台灣青年會、上海台灣自治協會、台韓同志會、北京台灣青年會、廈門台灣尚志社、中國台灣同志會、閩南台灣學生聯合會、中台同志會、台灣革命青年團等等。台灣革命青年團還出了《台灣先鋒》，其創刊號刊有戴季陶的演講筆記〈孫中山與台灣〉；我師任卓宣先生還寫了一

篇〈台灣青年之使命〉的文章。（二五九頁）

其次，我想來談談設立台灣議會的運動。台灣的知識份子和有識之士，鑑於前述六三法之不合理，乃要求設立台灣議會，以制定合乎台灣人所需要的法律。但日本統治當局深怕所選出來的議員，必然全是台灣人，勢必與統治者也就是行政對立，無法推動行政。而且議會與政府的對立，必將帶來民族對立的色彩，對日本殖民地統治帶來不良甚至危險的影響。因此，對於申請〈台灣議會期成同盟會〉的設立，田總督於一九二三年二月二日，覆文禁止設立。（一三一頁）

另一方面，以林獻堂的台灣精英，自一九二一年一月起，至一九三四年三月，曾向日本貴族院和眾議院，請願於設立台灣議會，但都未能成功。在貴族院，協助請願的議員有江原素六、山脇玄、渡邊暢等人：在眾議院則為田川大吉郎、清瀨一郎、神田正雄、中野寅吉、土井椎太、清水留三郎等議員。十五次之中清瀨一郎參與十三次（一一四～一一六頁），很是難得。二次大戰之後，清瀨曾任眾議院議長。

以下介紹台灣地方自治聯盟的規約草案，台灣地方自治改革大綱、其制度改革要領、台灣農會改革要領等有關資料。

台灣地方自治聯盟本部創立於一九三〇年八月十七日，設有台中、嘉義、台南、鹿港、南屯、員林、能高、屏東北門等支部，但南屯有兩個支部，本部設於台中。（一四六～

一四七頁）不可思議的是，它的名稱為「聯盟」但其綱領卻叫做「黨的綱領」，其成員稱為「黨員」。難怪日本統治當局要緊張。資料介紹到一九三五年。要讓殖民地實施地方自治，談何容易，問題太多太複雜了。我記得我唸小學（那時叫做國民學校）五年級左右的時候，我故鄉還舉辦過鄉（庄）的代表選舉。

民族革命運動部分，介紹了台灣民主黨，一共三十三頁。該黨以推翻異民族日本帝國主義者的統治，進而建立台灣漢民族的台灣民主國為目的。它規定除日本人及曾為日本人走狗或曾重大危害漢民族者外，都可參加該黨。（一八九頁）

台灣的農民運動是受日本農民組合運動的影響而產生的。日本農民組合（農會）成立於一九二二年，而不是日本農民組合派人來台灣指導，而是台灣人看日本報紙報導佃農的抗爭，開始組織農民組合的。

最早在台灣組織高雄州鳳山農民的組合的簡吉，於一九二五年往訪日本農民組合請益，開始台灣的農民運動。對於日後台灣農民的問題，日本農民組合屢次派遣其法律顧問前來協助，所以台灣的農民運動與日本有很密切的關係。（〈解說〉五〇頁）

台灣農民運動與日本農民運動最大的不同在於台灣有許許多多的蔗農。因台灣總督府規定，蔗農只能將其甘蔗賣給總督府所指定區域內的糖廠。而且甘蔗的買賣價格，起初由地方政府批准，後來幾乎是由糖廠片面做決定，因此蔗農與糖廠糾紛不斷。（〈解說〉五一頁）

台灣農民組合的組織大致如下：

各支部	成立年月日	有關地區
台灣農民組合	一九二六年六月二十八日	台灣全島
台灣東港支部	一九二七年三月	高雄州東港郡
台灣潮州支部	一九二七年三月十日	高雄州潮州郡
台灣曾文支部	一九二六年六月二十八日	台南州曾文郡
台灣嘉義支部	一九二六年九月二日	台南州嘉義郡
台灣小梅支部	一九二七年三月七日	台南州小梅庄
台灣虎尾支部	一九二六年八月二十一日	台南州虎尾郡
台灣北門支部	一九二七年一月十日	台南州北門郡
台灣新營支部	一九二七年三月十一日	台南州新營郡
台灣大甲支部	一九二六年六月	台中州大甲郡
台灣二林支部	一九二五年六月二十八日	台中州斗六郡
台灣大屯支部	一九二六年十一月	台中州大屯郡
台灣中壢支部	一九二七年三月	新竹州中壢郡
台灣鳳山支部	一九二五年十一月十五日	高雄鳳山郡
台灣桃園支部	一九二七年七月	新竹州桃園郡
台灣大溪支部	一九二七年七月	新竹州大溪郡
台灣湖口支部	一九二七年七月	新竹州新竹郡

此外，還有台灣民眾黨系統的農民組織，譬如蘭陽農民協會、瑞芳農民協會、桃園農民協會、大甲農民協會、東港農民協會、台灣農友組合等等，但沒有什麼活動。（〈解說〉五

〇～五一頁）上述這些農民組合，大部分在中南部，應該多以蔗農為主。

蔗農的糾紛，發生最多的是一九二五年，為五千二百九十件，其中台南州佔了一千零七十五件，台中州五百四十件。但迨至一九三二年以後，就沒有發生蔗農的糾紛。（四三二～四二四頁）

關於佃農的糾紛，本書刊有自一九二四年至一九三四年各州的糾紛件數、糾紛人數、日本人、台灣人、耕作面積、要求內容、交涉方法等資料，相當詳細。（四二三～四四五頁）

最後是勞工運動。台灣的勞工運動沒有像農民運動那樣活潑有力，主要是因為當時台灣的工業並不發達。當時台灣最多的工業是食品產業，其次是粗糖製造業，生產粗糖後運往日本去精製。化學方面是製造樟腦。

本書刊有許多自一九二五年至一九三四年有關勞工的資料，共計三五頁。有各州的勞工人數，經營者人數，還分成日本人人數、台灣人人數，中國人人數、男女人數、一日平均工資、各州交通運輸勞工人數、官業、民營三百人以上員工之機關、企業、工廠，各行各業，幾乎全部包括，甚至中國（原文為支那）勞工團體的名稱、設立年月日、會員人數、負責人姓名，極為詳細。

其中最值得注意的是，日本人與台灣人之工資的差距。譬如一九二九年底，在官公營工廠，日本人男工每日工資為二、二元，台灣人男工則為一、〇九元，（四八八頁）；官營鐵路日本人員工月薪為六十六、六一元，台灣人為四十五、八〇元；私營鐵路日本人員工月薪為六十五元，台灣人則為二十、八六元，差距更大。（四八二頁）

五

日據時代台灣的政黨運動，可以說因為台灣文化協會的領導權被社會民主主義者連溫卿等所奪取之後，由脫離文化協會的右派民族主義者蔣渭水等人開始的。

《台灣》第二卷一開始介紹了台灣平民黨綱領、台灣自治會綱領、解放協會綱領、台灣民黨綱領、台灣民眾黨綱領等，其中以台灣民眾黨的組織和聲勢最大。不過在殖民地要組織政黨，必然免不了對殖民當局的不滿和反抗，最後總會帶上民族主義的色彩，從而為殖民當局所不同，遭到解散。

台灣民眾黨成立於一九二七年七月十日，以確立民本政治，建設合理的經濟組織，和革除社會制度缺陷為綱領。因此在政治上，要求州市街庄（街庄相當於今日的鄉鎮）自治機關民選，並擁有議決權。選舉方法採取普選制。

實現集會、結社、言論、出版之自由。要求即時許可在台灣島內的台灣人發行報紙雜誌。

要求改革學制：（一）實施義務教育；（二）公學校授課併用內（日）台語；（三）公學校應以漢文為必修科；（四）內（日）台人之教育機會應為平等。

要求廢除保甲制度；要求改善警察制度；要求改善司法制度和實施陪審制度；要求實施行政裁判法；要求廢除到中國（原文為支那）需要使用護照。

在經濟上，要求改革稅制和節省冗費；要求台灣金融制度之改革和早日成立農工金融機構；擁護生產者的利權，廢除一切剝削機關和制度；改革農會和水利組合（水利會）；改革專賣制度。

在社會上，支援農民運動和勞工運動，促進社會團體的發展；確立男女平等的原則，支持女權運動，反對人身之買賣。（一五頁）

由上述台灣民眾黨的綱領和政策，我們可以知道台灣人的不滿和需求。他們所求的不外乎是平等、自由和尊嚴。但日本殖民當局是不會輕易接受台灣人的要求的，否則台灣就不成其為殖民地了。

此外，有許多勞工團體、農民團體和一般團體支持台灣民眾黨。該黨的主要幹部有蔣渭水、彭華英、楊肇嘉、陳逢源、蔡培火、蔡式穀、謝春木、韓石泉等人。（二九～三三頁）但該黨終於一九三一年二月十八日，被台灣督太田政弘所解散。（六五頁）

關於台灣共產黨問題，本書刊有三百頁的資料。內容為〈檢舉日本共產黨台灣民族支部東京特別支部員的來龍去脈〉、〈檢舉台灣共產黨概要〉、〈台灣共產黨的諸綱領〉、〈台灣共產黨的重建運動、附分裂活動〉和〈救援犧牲者的運動〉。

台灣共產黨在一九二八年四月十五日，成立於上海法國租界某中國人家的二樓，參加者六個人都是中國共產黨黨員。有中國人的來賓致詞。林民埰擔任議長，還通過政治綱領，包括勞工、農民、青年、婦女等運動的對策。林民埰、翁某、吳某出任中央委員。這是被日本當局逮捕的陳來旺所說的。（八五～八六頁）[九]

台灣民眾黨一九二七年年底的支部如下：（二〇～二一頁）

州別	支部名	創立年月日	負責人	常務委員	黨員人數
台北州	台北支部	1927年九月六日	吳清海	蔣渭水・吳清海・謝賜福・謝春木	五七
	宜蘭支部	同九月二十二日	蕭阿乖	林火木・蕭阿乖	一九
	基隆支部	同十月十五日	蔡炳煌	吳金發・蔡炳煌・楊慶珍	三一
	汐止支部	同八月二十四日	簡來成	吳有士・簡來成	二三
新竹州	新竹支部	同八月二十八日	陳定錦	陳定錦・黃　豹・楊良	一一
	桃園支部	同八月三十日	林阿鐘	楊連樹・林阿鐘	一七

九　關於台灣共產黨，參閱楊碧川編著《台灣歷史辭典》（前衛出版社，二〇〇〇年十月），二五一頁。

台中州	台中支部	同九月二十五日	黃朝清	彭華英・黃朝清	三三
	大甲支部	同八月十五日	王錐	吳淮水・王錐	二三
	清水支部	同十月二十三日	蔡年亨	黃清波・蔡年亨	二九
	南投支部	同八月七日	洪元煌	洪右・洪元煌	二五
	彰化支部	同十月一日	許嘉種	楊宗城・許嘉種・黃有禮	三四
台南州	台南支部	同八月七日	王受祿	韓石泉・王受祿・曾右章 盧丙丁・陳宗惠・黃三朋	七九
	嘉義支部	同九月四日	王甘棠	鄭石為・王甘棠	二二
	北港支部	同十一月二十六日	蔡少庭	林麗明・蔡少庭	一六
高雄	高雄支部	同十一月二十四日	黃賜	李炳森・黃賜・楊金虎	三八
合計	十五支部				四五六

備註：黨員人數為各支部創立當時之人員數

被日本當局逮捕、受訊的台共黨員有陳來旺、林兌、林添進、楊景山、郭華州、洪才、陳在發、庄守、陳逸松等人。他們都是留日學生。可見台共主要由留日學生所組織。東京台共黨員之被捕，乃由於日共產黨員菊地克己手上的黨員地址被拿走，不堪刑訊，供出日共高幹市川正一和日共事務局長間庭末吉所導致的。（〈解說〉一六頁）

上述受日本統治當局訊問的留日學生，必經嚴酷拷打，故什麼都說出來，包括其出身、家庭、經歷、去東京求學之情形以及各種活動。我將這些人的簡歷介紹於後。

陳來旺當時二十一歲，台中大甲人，在東京使用千島一、林文夫的名字，一九二五年，十七歲時去東京，曾就讀於正則英語學校中等科，成城高等學校尋常科，第一外國語學校中等科三年等等。（八三～八四頁）

林兌，二十三歲，也是大甲人，日本大學商科三年級學生。他曾肄業於台北師範學校，三年級時因參加該校同盟休校（罷課）而被開除學籍。一九二五年插班日本大學附屬第一中學三年級。畢業以後進入日本大學預科。

林添進，二十三歲，也是大甲人。使用林鐵軍、林銃（槍）兵、黑川靜夫、洪三方等別名。就讀台北師範學校普通科時，因參與罷課而遭到開除學籍。一九二五年二月前往東京，一九二六年四月進東京美術學校雕刻科。陳還列舉了當時被開除的二十六名同學的名單。

楊景山，二十四歲，台中彰化人，為楊肇嘉姪子。曾就讀於廈門集美中學，畢業於泉州私立中學。一九二六年十一月下旬與楊肇嘉赴日，進早稻田第一高等學院，一九二五年四月入早稻田大學政經學科一年級。

郭華洲，二十四歲，基隆市人，使用別名棲鶴。一九二〇年肄業於台北師範學校，三年級時退學，插班日本大學附屬第一中學三年級，畢業後進該大學預科政治學科。

洪才，二十一歲，台中州北斗郡人，又名洪明桂、南一。肄業台中一中時，牽連該校罷課，被開除學籍。一九二九年七月到東京，曾就讀於研數學館。

庄守，二十四歲，台中彰化人。又名陳紫山、庄乙川、一村。台中商業學校畢業後，一九二八年進早稻田大學專問部（相當於專科學校）政經學科。

陳逸松，二十三歲，台北州羅東郡人。陳家為地主。他於一九二〇年八月赴日，進岡山二中，第六高等學校畢業後，於一九二八年四月進東京帝國大學法學部政治學科。邱永漢曾告訴我，陳逸松出國到日本是他向調查局沈之岳保的，結果陳逸松由東京轉往大陸，出任人大常委。邱在東京伺機找他算帳，一直沒機會。

台灣共產黨係由東京台灣青年會左派學生所組織，台共成立之後，台灣青年會成為它的外圍組織。青年會所發行的news刊登來自台灣的消息，所以對於瞭解台灣的情形極有幫助。關於檢舉台灣共產黨的來龍去脈、其諸綱領、分裂運動、救援其犧牲等，因與其次學術研討會無直接關係，故我就不介紹了。最後我們來看本書有關霧社事件的部分。

六

在敘述霧社事件之前，本書還有對蕃地（本書皆用此名稱，姑且用之）的調查，蕃人之動搖之討伐概略和理蕃，供佔二百八十八頁。

對於台灣蕃地調查，極為詳細，包括其人口及分布情形、其性質與風俗，蕃地的土地、資源，一九三〇年以後理蕃（管理原住民）之情形，包括蕃地警察機關、扣押武器、開鑿馬路、教育、醫療、交易、授產，蕃地的事業，包括製樟腦、林業、製茶、礦業及事業面積，開發蕃地所需經費（一九三〇年度），十年後母牛隻數等等。

一九二五年當時，原住民人口為十四萬一百六十九人（三八九頁）。當年台灣出口最多的物資是茶葉、糖、樟腦、米、黃金、煤、硫磺、龍眼和痲。在金額上，由基隆淡水出口最多，為四百七十二萬六千二百三十一元，安平、高雄居次，為一百五十三萬一千三百四十三元。茶葉主要輸出到美國紐約、加拿大、新加坡等地；樟腦輸往英國、德國、美國；糖銷日本；龍眼、薑黃、竹筍銷中國大陸。（三八九～三九一頁）

本書說從一八九五年至一九二九年，在山地設立警察局分室、駐在所、警戒所、分遣所、隘寮、監視所（原文為見張所）從一百零二所，逐漸增加到五百四十所。（四〇四～四〇五頁）

從一八九六年至一九二九年，日本統治當局曾討伐蕃地多達一百五十二次，遍及整個台灣，扣押槍械二萬八千四百九十二支（一九〇五年至一九二四年）。（四〇六～四一二頁）從一八九六年至一九二九年，因被原住民砍頭反抗而犧牲，以及前述討伐、隘勇前進受到原住民反抗殺死或傷害達一萬一千二十一人。（四一二～四一四頁）

自一九〇五年至一九二九年，日本當局開鑿了六百三十萬二千八百七十三公里路

（四一四～四二五頁）。無需說是為了方便於控制原住民，交通利便，容易搬入和搬出物資，提高原住民生活，有助感化原住民，奠定開發東部基礎。國父說「道路者，文明之母也」，就是這個道理。至於教育、產業、耕地面積、所開支經費等等，有非常詳細的記載，因篇幅關係，不再介紹。編者山邊說，這是為了瞭解霧社事件而擺進去的資料。

最後，我們來談談霧社事件。霧社事件不是換發事件，應該是有計劃的事件。它始於一九三〇年十月二十七日凌晨四時半左右，到該日下午四時前後，十二個警察駐在所等被襲擊，其中七個駐在所被燒掉；隔日凌晨四時左右，又有一警察駐在所被襲擊。（五九一頁）由此，日本人警察、其家族、政府官員等死者一百三十四人；台灣人二人。被搶走的槍枝一百八十挺，子彈二萬三千三十七顆。（五九一～五九三頁）由此可知，他們目的在殺日本人和奪取武器，以便反抗日本統治當局。

參加此次起事的有九個蕃社，三百十八戶，男性七百零五人，女性六百九十四人，其中壯丁三百二十五人。除警察駐在所外，被襲擊的地方還有小學校、公學校、郵局、霧社酒保、製腦會社辦公分處等。（五九九～六〇〇頁）

發生事件的原因，當然是由於原住民對於日本當局尤其是警察的不滿和懷恨。譬如原住民為修繕道路作工，一天工資本為兩毛五，警察卻只付一毛五，自己賺一毛錢，從中抽頭；日本警察以蕃婆為情婦，引起原住民青年的嫉妒；以蕃婆為妻或情人的日本警察，最後大多予以遺棄而離去，使原住民非常憤怒；戶口調查使原住民懷疑，要把他們殺光；蕃地調查和測量土地，使原住民誤解要沒收他們的土地；將原住民開墾好的土地，隨便撥給日本人耕種；霧社警察分室主任佐塚警部太太為白狗社頭目之女，霧社蕃與白狗蕃為世仇，故霧社蕃以受佐塚管治是一種恥辱，且懷疑佐塚偏愛白狗社蕃，欺侮霧社蕃；花岡一郎為台中師範學校出身，卻只給乙級警員職位，使其很不滿，諸如此類，不一而足。（以上是多數日本人及台灣人的意見）

對於原住民的起事，日本當局出動了軍隊，包括步兵、砲兵和空軍，予以鎮壓，甚至傳說用了毒瓦斯，引起世界的關注。其所出動兵力如下：（六二九頁）

霧社方面出動軍隊人員表（一九三〇年十一月二十四日當時）

出動月日	部隊別	階級別				摘要
		軍官	士官	兵卒	計	
10/28.29 11/15.17 11/15涉	軍司令部	五	四	—	九	因十一月十七日換班一士官出發
10/29	守備隊司令部	一	五	五五	六一	此外軍官一、士官二、兵卒十二編入守備隊司令部
11/2	同	二	四	四一	四七	

10/28	同台中分屯大隊	二一	三七	二九六	三五四	其中戰死軍官一士官一、兵卒三、負傷兵卒六
10/30 11/12.15	台南步兵第二聯隊	三四	五七	五二一	六一二	其中戰死軍官一、士官一、兵卒一一、花蓮港大隊軍官六、士官一〇、兵卒八二、十一月二十一日歸還
10/27 10/28	屏東飛行第八聯隊	八	七	二六	四一	
11/7	基隆重炮兵大隊	一	二	五	八	
10/28.30 11/1涉	台灣衛戍病院	二	六	一〇	一八	
11/1	台南衛戍病院	一	一	四	五	
10/27 10/28	憲兵隊	三	一〇	一五	二八	
	計	八〇	一三七	一〇七三	一一九四	

而從資料來看，領導反抗的是馬黑坡社的頭目莫那達奧，但真正的領導者應該是原住民精英花岡一郎。日本人誇稱他們對原住民的政策是世界最成功的例子，尤其以霧社為模範。但結果卻爆發了這樣大規模的叛亂，最後不得不動用軍隊來鎮壓。

霧社事件中，有兩位精英，他們是花岡一郎和花岡二郎，他們不是親兄弟，但有親戚關係。一〇花岡一郎的太太是日本人，叫做川野花子，生有一子，名叫幸男（出生一個月左右），三個人在森林中上吊自殺。（六三三頁）花岡二郎埔里小學畢業，擔任警員助理，在另一個地方自殺，其妻子初子沒有死。反抗的原住民最後多是在樹林中吊死自殺，不肯向日軍投降。

本書所刊登第一張照片，所謂花岡一郎的遺書，山邊認為這是日本人偽造的。山邊同時在其〈解說〉還特別提到，日本警察不但揩油原住民，而且還壟斷了原住民的交易。山邊認為，日本對台灣的統治之中，最可惡的是其鴉片政策。台灣總督以許可制准許台灣人抽鴉片。抽鴉片的人數雖然在減少，唯因更多的人抽更高級的鴉片，因此其專賣利益反而增加，這是三井物產公司的獨占輸入品。蔣渭水曾秘密向國際聯盟報告日本當局的惡質鴉片政策，結果國際聯盟一九三〇年九月，派十多名調查委員前來台灣，作實地調查，使日本丟盡面子。由蔣渭水等所領導的台灣民眾黨，遭到台灣總督解散，實與此事有關。（〈解說〉一四頁）

關於霧社事件，吾友戴國輝君有專文討論。我將其譯成中文，同時交主辦單位印出來，供各位參考。

一〇　前引《台灣歷史辭典》，把花岡一郎和花岡二郎寫成兄弟，這是錯誤的。該書九十二頁。該項又說，花岡一郎上「台灣師範學校」，其實他讀的是台中師範學校。它又把花岡一郎的出生年份寫成不詳（？），但他係出生於一九〇七年九月二日。（《台灣》，五八〇頁）

附錄二　日據時代歷代台灣總督簡介

今年為甲午中日戰爭，清廷戰敗，簽訂馬關條約，將台灣、澎湖割讓給日本的一百一十周年。近幾年來，因研究台灣史尤其日治時代的人愈來愈多，但對於人、事常常弄錯，所以我想乘這個機會來介紹十九個台灣總督的簡歷，供國人參考。

第一位台灣總督府為樺山資紀（一八三七—一九二二），鹿兒島縣人。海軍大將。一八八一年為陸軍少將，一八八三年在轉任海軍大輔（等於海軍副大臣），一八九〇年出任海軍大臣，旋即成為預備役。一八九四年爆發甲午中日戰爭，恢復現役，出任軍令部長（相當於陸軍的參謀總長）。一八九五年出任台灣總督。一八九六年出任內務大臣；一八九八年為文部大臣，一九二二年二月八日去世。伯爵。

第二任總督為桂太郎（一八四七—一九一三），山口縣人。陸軍大將。甲午中日戰爭時是中將、第三師團長。一八九六年六月二日出任台灣總督；一八九八年昇任大將，在其八個月之前任陸軍大臣。一九〇一年六月二日出任首相。一九〇八年他第二次組閣；一九一二年第三次組閣。公爵。為有日本「陸軍之父」之稱的山縣有朋的徒弟。與孫中山有交往。他是唯一日後出任首相的台灣總督。

第三任為乃木希典（一八四九—一九一二），山口縣人。陸軍大將。一八八五年陸軍少將，曾參加中日甲午戰爭。一八九四年升中將；一八九六年十月十四日出任台灣總督。一九〇五年日俄戰爭時，出任第三軍司令官，攻克最難攻的旅順，其兩個公子均戰死於此時。該年六月升任大將。伯爵。一九一二年九月十三日，明治天皇大殯之日，乃木及其夫人靜子一起自殺。

第四任是兒玉源太郎（一八五二—一九〇六），山口縣人。陸軍大將。一八九一年他任官少將，九二年出任陸軍次官兼軍務局長，四年後升中將。一八九八年二月二十六日，兒玉出任台灣總督。他任台灣總督前後雖然八年多，但兩年多後兼任陸軍大臣，兩年多後，又兼任內務大臣，兩個月後更兼任文部大臣。一九〇四年六月升任大將。日俄戰爭時他是滿洲軍總參謀長，真是集文武大官職於一身。因兒玉工作大多在中央，所以他的民政長官後藤新平是這期間實質上的台灣總督。

第五任為佐久間左馬太（一八四四—一九一五），山口縣人。陸軍大將。中將時出任第二師團長，參加甲午中日戰爭，攻陷威海衛，為其占領總督。一八九八年升任大將，一九〇二年停戰，隨日俄戰爭之爆發復職，一九〇六年四月十一日出任台灣總督，在任將近九年。一九一五年去世於仙台。伯爵。

第六任安東貞美（一八五三—一九三二），長野縣人。陸軍大將。一八九八年少將，出任台灣守備混成第二旅團長，一九〇五年中將，出任第十師團長，一九一二年朝鮮軍司令官，一九一五年升大將。一九一五年五月一日出任台灣總督，卸任於一九一八年六月五日。

第七任為明石元二郎（一八六四－一九一九），岡縣人。陸軍大將。一九〇七年陸軍少將，一九一二年出任朝鮮司令官，該年昇中將，一九一四年出任參謀長，一九一八年六月六日出任台灣總督。七月升任大將。一九一九年十月二十六日，因腦溢血病逝於其故鄉福岡，葬於台北。他是唯一在台灣總督任內去世的人，男爵。

第八任為田健治郎（一八五五－一九三〇），兵庫縣人。東京大學畢業。他是第一位文人總督。一九〇一年當選眾議院議員，一九六〇年為貴族院議員。一九一六年出任寺內正毅內閣的遞信大臣。一九一九年十月二十九日出任台灣總督，卸任於一九二三年九月十日，同年出任山本權兵衛第二次內閣的司法大臣。

第九任是內田嘉吉（一八六六－一九三三），東京人。東京大學畢業。一九一〇年出任台灣總督府民政長官，一九一七年出任遞信次官。一九一八年貴族院議員。一九二三年九月六日出任台灣總督，卸任於次年八月三十一日。

第十任為伊澤多喜男（一八六九－一九四九），長野縣人。東京大學畢業。為曾任最早台灣總督府學務部長之伊澤修二的胞弟。一九一四年出任警視總監，一九一六年為貴族院議員。一九一六年東京市長。一九二四年九月一日出任台灣總督。

第十一任為上山滿之進（一八六九－一九三八），山口縣人。東京大學畢業。一九〇八年出任農商務省山林局長，一九一二年年任熊本縣知事，一九一四年農商務次官，一八一八年任貴族院議員，一九二六年七月十六日出任台灣總督。

第十二任是川村竹治（一八七一－一九五五），岩手縣人。東京大學畢業。曾任和歌山、香川、青森縣縣知事、內務省警保局長，內務次官、滿鐵社長，一九二八年六月十六日出任台灣總督，卸任於一九二七年七月二十九日。在此期間，一九二二年任貴族院議員，一九三二年曾出任犬養毅內閣的司法大臣。

第十三任為石塚英藏（一八六六－一九四二），福島縣人。東京大學畢業。一九〇五年出任關東州（位於遼東半島西南端的日本租借地）民政長官，一九一六年任貴族院議員，一九二七年七月三十日出任台灣總督，卸任於一九三一年一月十五日。

第十四任為太田政弘（一八七一－一九五一），山形縣人。東京大學畢業。曾任內務省警保局長、福島、石川、熊本、新潟、愛知各縣知事；一九二六年任貴族院議員；一九二六年出任關東州長官；一九三一年一月十六日就任台灣總督，卸任於一九三二年三月二日。

第十五任是南弘（一八六九－一九四六），富山縣人。原姓岩間。東京大學畢業。一九一二年任貴族院議員，一九二八年出任原敬內閣的文部次官。一九三二年三月二日出任台灣總督，同年五月二十七日卸任，前後只有兩個月二十四天，是在任期間最短暫的總督。他後來曾任齋藤實內閣的遞信大臣。

第十六任是中川建藏（一九七五－一九四四），新潟人。東京大學畢業。一九一七年出任遞信省通信局長，一九二三年任香川縣知事，次年任熊本縣知事，隔年任北海道廳長官，一九二九年東京府知事，一九二三年任香川縣知事，次年熊本縣知事，隔年任北海道廳長官，一九二九年東京府知事，一九三二年五月二十七日出任台灣總督，卸任於一九三六年九月一日。一九三六年出任貴族院議員，一九三九年任大日本航空公司總裁。

第十七任為小林躋造（一八七七－一九六二），廣島縣人。海軍兵學校（官校）二十六期畢業。海軍大將。一九三〇年出任海軍次長，一九三三年大將，一九三六年九月二日出任台灣總督，卸任於一九四〇年十一月二十六日。一九四四年任貴族院議員，繼而出任國務大臣。

第十八任為長谷川清（一八八三－一九七〇），福井縣人。海軍兵學校第三十一期畢業。一九三二年中將，一九三七年出任第三艦隊司令長官，一九三九年升大將，一九四〇年十一月二十七日出任台灣總督，卸任於一九四四年十二月二十九日。

第十九任為安藤利吉（一八八四－一九四六），宮城縣人。陸軍士官（軍官）學校和陸軍大學校畢業。一九三二年少將，一九三六年第一獨立守備隊司令官，升中將，一九三八年任第五師團長，旋即出任第二十一軍司令官，一九四一年台灣軍司令官，一九四四年升大將，旋兼第十六面軍司令官，並兼台灣總督；於次年四月十九日在上海監獄自殺。

從以上所述，我們可以知道，從第一任到第七任，和第十七任到第十九任是武官總督；第八任到十六任是文官總督。九位文官總督中，有七位曾任貴族院議員後出任台灣總督，有二位卸任台灣總督後出任貴族院議員。而在這十位武官總督當中，有三位是海軍大將，其他七位不是陸軍中將就是陸軍大將。前七位武官總督是著重台灣治安的安定和建設，後三位武官是中日戰爭前夕，一直到日本戰敗。中間九位文官總督是第一次世界大戰結束，在日本民主風潮盛行所致。

至於每位台灣總督的所作所為，他們的政績和功過，自應該看專門的著作。目前，國內在所謂本土化的風尚下，研究台灣史者日多，尤其日治時代的研究更不可或缺，碩士、博士論文，以其範圍和內容者特別多。我簡介十九位台灣總督，無非欲提供最基本的資料。

（原載民國九十四年十二月三十一日，義守大學《人文與社會》第一卷第七期）

附錄三　日據時期台灣大事紀

一八九五年

五月八日　在芝罘交換馬關條約批准書，台灣、澎湖成為日本領土。
五月十日　海軍大將子爵樺山資紀被任命為第一任台灣總督。
六月二日　樺山與李經方在基隆港外海橫濱丸上辦理台灣割讓手續。
六月七日　近衛師團占領台北城。
十月二十二日　日軍占領台南城。至此全台灣被日軍平定。

一八九六年

一月一日　學務員揖取道等六人被殺。
三月三十日　公佈法律六三號。台灣總督得法律第六十三號在其管轄區域內發佈具有法律效力之命令。台灣全島設台北、台中、台南三縣，澎湖島廳及撫墾署掌管「蕃地蕃人」事務。
四月十四日　民政局長水野遵到任。
六月二日　陸軍中將子爵桂太郎就任總督。
六月十三日　首相伊藤博文、海軍大臣西鄉從道來台。
六月十七日　《台灣新報》發行第一號，為台灣第一家報紙之誕生。
十月十四日　第二師團長陸軍中將乃木希典被任命為台灣總督。
十二月三日　將台南延平郡王祠改稱為開山神社。

一八九七年

三月三十日　台北東門學校開校，這是台灣的第一所小學。
四月十二日　批准創立台北鐵路股份公司。
五月八日　台灣日報創刊。
五月十六日　台灣、內地海底電線竣工。
五月二十六日　國語學校附屬學校設立女子部，這是台灣最早的女子教育。
六月二十八日　命名台灣最高山為新高山，即今日的玉山。

一八九八年

六月二十日　任命後藤新平為總督府民政局長。
七月一日　台南准許有台灣人公娼。
七月二十八日　公佈台灣公學校官制，台灣小學校官制。
八月二十六日　總督府國語學校第三附屬學校開始台灣人女子教育。

一八九九年

二月八日　延期六三號法律第一九〇二年。
五月　在台北縣設立台北仁濟院；創辦台北商工學校。
八月六日　決定起用台灣人為巡查（警員）捕。
十月二日　台北師範學校開學。
依匪徒刑法令本年度判處死刑台灣人一千二十三人。

一九〇〇年

三月一日　禁止纏足。
三月二十九日　執行簡大獅死刑。
四月八日　台灣民報社創立大會舉行於淡水館。八月二十九日在台北開始發行。
四月二十五日　台灣時報在台南開始發行。
該年一月至十月，被兇蕃殺死者日本人一百三人，台灣人三百四十七人，共計四百五十八人。

一九〇一年

二月十四日　宜蘭羅東街發生大火，住家四百多戶盡失。
七月二十三日　清國知縣俞戴祐及按察使潘震德來台調查鴉片和樟腦制度。
七月二十三日　台灣日日新聞發行於台南。
九月二十六日　總督官邸落成。
十二月二十日　總督府在台北、台中、台南設農業試驗場。

一九〇二年

一月十五日　台北監獄十八名囚徒逃跑。
二月十八日　台灣民報以妨害治安為理由，被停刊七日。
四月三十日　從開始討伐匪徒至今殺死或逮捕二千九百八十八人。
五月二十日　在斗六，歸順儀式時，以其有反抗妄動之舉殺死頭目張大猶以下一百五十多人。
五月三十日　殺死林少貓以下一百二十二人。台灣全島的反日份子之掃蕩告一段落。
本年度執行死刑五百五十七人。

一九〇三年

三月一日　台中每日新聞改稱中部台灣日報。
七月三十一日　台灣日本警察警部中田直久、警部捕小林利應，應聘清國海防廳。
八月十六日　瑞芳大火，住家二百十二棟成為廢墟。

一九〇四年

一月三十日　台灣民報慶祝發行一千號。
二月十一日　台灣銀大樓落成。
二月二十七日　台南、斗六間鐵路通車。
五月一日　台灣民報決定解散。
五月十五日　台南製糖公司舉行創建大會。
六月六日　總督兒玉源太郎昇任大將。

一九〇五年

一月　台灣蕃社有七百八十四社，人口十萬三千三百六十人。
全島田園面積，田三十一萬六千六百三十九甲，園十五萬八千八百八十甲。
特許鴉片吸食者十三萬七千九百五十二人。
三月三十日　公佈香煙專賣。
四月一日　決定日本內地與台灣的直接航線。
七月十四日　新渡戶稻造來台。

一九〇六年

一月　台北市內使用電燈者五百六十九人。
三月十七日　嘉義大地震，死者一千一百多人，受傷一千九百多人，倒塌房屋六千七百多戶。
三月三十一日　全島在監人員三千一百三人。
十二月二十七日　長途電話開始啟用。
明治製糖公司成立。

一九〇七年

三月五日　大東製糖公司在東京開創立大會，與台灣製糖公司合併。
四月十八日　台北自來水工程開工。
五月二十二日　公佈中學校、高等女學規則。
六月十九日　濁水溪鐵橋開通。
十月一日　打狗、九曲堂鐵路開通。

一九〇八年

一月十一日　松岡製糖廠啟用。

四月二十日　台灣縱貫鐵路全部開通，南北二百四十七英里。

四月二十六日　私立成淵學校開校。

四月三十日　練習艦松島艦在馬公火藥爆發沈沒，艦長矢代由松下以下二百二十二人全部罹難。

五月十七日　東港大火災，九十四戶住家燒失。

九月一日　台北幼稚園開學。

十一月一日　鐵路飯店開幕。

一九〇九年

一月十六日　蘇澳、南澳間道路竣工。

一月三十一日　全台灣電話數一千六百七十七戶。

二月二十一日　台北、台南直接電話開通。

六月十五日　林本源製糖公司獲准創辦。

七月十日　高砂製糖公司成立。
七月十一日　台北下水道完成。
十月二十五日　台灣設立台北、宜蘭、桃園、新竹、台中、南投、嘉義、台南、阿緱、台東、港蓮港、澎湖十二廳。

一九一〇年

一月三十日　新竹製糖公司第二工廠落成。
三月七日　台灣製茶股份公司成立。
四月　成立台北製糖公司。
六月　成立帝國製糖公司，合併台中、松岡、協和三製糖工廠。
九月二十四日　斗六製糖公司成立大會。
十月七日　組織台灣砂糖聯合會。

一九一一年

一月二十三日　林本源製糖公司開業。

四月一日　台灣開始實施貨幣法。
四月九日　成立台中製冰股份公司。

一九一二年

二月二十日　埔里社製糖公司開業。
二月二十五日　帝國製糖公司開業。
八月八日　在東京成立赤糖股份公司。
八月二十九日　颱風台北有的地方浸水達三尺，三千四百多戶全倒。
十二月六日　台灣製糖公司與埔里社製糖公司合併。
十二月二十六日　馬偕醫院開幕。

一九一三年

一月二日　台北、圓山間汽車公司開業。
一月二十日　廢止廳命令、佈示、告諭等之漢字譯文。
二月十六日　台南製糖股份公司開創立大會。

三月二十五日　召開全台灣醫師大會。
十月三十日　大稻埕公學校落成。
十二月四日　羅福星以下六人判死刑。
十二月二十日　新高製糖公司嘉義工廠落成。
十二月二十三日　在鐵路飯店舉行赤糖製造者大會。

一九一四年

一月十七日　板垣退助來台，視察各地十天。
四月八日　圓山動物園開幕。
六月二十六日　匪徒討伐軍司令官台灣總督佐久間左馬太從斷崖掉下來受傷。
全台灣學生人數：國語學校七百十八人，其附屬女學校一百二十人，台北中學校七百一人，台南中學校一百人，高等女學校四百二十三人，工業講習所一百七十人，全島小學校兒童總人數一萬一千六百七十五人，公學校六萬四千八百二十二人，蕃人公學校二千五百九十三人。

一九一五年

一月七日　台灣日日新報社發行晚報。

五月一日　發表陸軍大將安東貿美出任總督。

七月二十七日　台北高溫達華氏九十九．五度，創日本統治台灣之最高紀錄。

八月三日　發生噍吧年事件，殺死吉田警部補以下十八人，出動軍隊鎮壓。

九月三日　噍吧年事件，判羅俊等八人死刑。十月二日，又判六十一人死刑。

九月二十九日　判余烏秋等九十六人死刑，此外又判二百八十八人死刑。

一九一六年

五月一日　在台北舉行台灣埤圳會議。

五月三十日　台北製糖公司與台灣製糖公司合併。

一九一七年

四月十六日　私立靜修女學校開校。

五月二十六日　台南高等女學校開校。
六月十四日　商業學校開校。
六月十七日　台南公園開園。
十二月十三日　廈門商務總會總理黃慶元一行十人來台北現觀光。
十二月二十九日　早稻田大學棒球隊來台，與台北隊比賽。

一九一八年

四月二十七日　艋舺車站落成。
六月六日　發表陸軍中將明石元二郎出任總督。七月二日，明石昇任大將。
十月七日　林本源製糖公司紛爭，四十多名職員連袂辭職。

一九一九年

一月二十九日　華南舉行創立總會。三月十五日開始營業。
三月二十四日　在台灣三十三年，對製樟腦業有極大貢獻的約翰·阿彌諾夫去世。
台北自來水之父巴爾頓銅像落成，為台灣所造第一座銅像。

六月一日　淡水高爾夫球場開幕。
七月三十一日　台灣電力股份公司成立。
八月九日　因颱風，台東街幾乎全廢。
十月二十九日　田健治郎被任命為總督，為第一位文官總督。

一九二〇年

四月三日　淡水河木造台北橋首次試行。
七月十七日　新竹廳下夏加羅警戒所被蕃人掠奪五千五百發彈藥。
六月二十七日　全台灣的行政區域分為台北、新竹、台中、台南、高雄五州，台東、花蓮港二廳，台北、台中、台南三市，四十七郡，一百五十五街庄，為第六次大改革。
十月十七日　台灣人飛行家謝文達在台中飛行訪問其故鄉，這是第一位台灣飛行員。

一九二一年

一月二十六日　廢止清國人登陸台灣條例。
四月十七日　台北、新店鐵路開通。

七月三十一日　台北氣溫超過華一百一・五度。創最高紀錄。

一九二二年

七月二十四日　總督府設史料編纂委員會。

一九二三年

二月二日　蔣渭水等人之台灣議會期成同盟會依治安警察法遭到禁止。

四月十六日　皇太子（日後的昭和天皇）乘軍艦到達基隆，來台灣考察。二十九日由高雄回日本本土前，皇太子將高雄山改稱壽山。

澤田後治在阿里山發現一千二百萬年前的貝化石。

八月二十日　在台北古亭川端舉行全島游泳大會。

九月六日　內田嘉六被任命為總督。

一九二四年

二月十八日　福建督軍王永泉、參謀危道豐來台。

九月一日　伊澤多喜男被任命為新總督。
十月二十九日　蔣渭水、蔡培火被控訴判監禁四個月，陳逢源以下五人被判監禁三個月。
十一月二日　在彰化召開文化協會大會。
十二月四日　中國學者辜鴻銘來台考察和演講。
十二月二十八日　代議士田川大吉郎在宜蘭的文化協會聚會演講被解散。

一九二五年

二月二十三日　蕃人花岡一郎進台中師範學校，為第一位山地同胞進師範學校就讀。
三月二十三日　廈門大學校長林文慶來台，二十六日離去。
八月三十一日　新竹州立圖書館落成。

一九二六年

一月十日　中華會館基隆分會成立。
二月十一日　嘉南大圳烏山頭堰堤開工。
三月十四日　台南中華會館成立。

四月二十五日　台南運河開通。
七月十六日　上山滿之進被任命為總督。

一九二七年

二月二十一日　林本源製糖公司與鹽水港製糖公司合併。
台灣總人口為三百九十九萬三千四百八人。
四月三十日　台北市大約二千名車夫罷工。
七月二十九日　東洋製糖公司與大日本製糖公司合併，東洋南靖、烏樹林工廠移管明治製糖公司。

一九二八年

四月三十日　台北帝國大學（今日之台灣大學）開校。
五月七日　台灣高爾夫俱樂部獲准成立。
六月十六日　川村竹治被任命為總督。
六月十七日　嘉南大圳烏山隧道貫通。

十月十三日　台北第三高女創立三十周年。

一九二九年

三月十五日　新竹市自來水通水。
七月三十日　貴族院議員石塚英藏被任命為總督。
九月一日　台北市中央批發市場開幕。
十一月五日　日共中央委渡邊政之輔在基隆槍殺與世山刑警，然後自殺。
十二月二十四日　慶應大學棒球隊來台比賽。

一九三〇年

一月三十一日　金瓜石鑛山公司發五成七分七厘紅利。
四月二十五日　嘉南大圳竣工，工程費五千三百八十多萬日圓。
五月一日　台北市公共汽車開始營業，車票八分錢。
六月二十三日　在新營郡柳營庄果毅後發現鄭成功之參軍陳永華夫妻墓標。
十月一日　台中蔗民信用合作社開始運作。

十月十八日　台北、香港直接無線通信開始。

十月二十四日　發生霧社事件，日警、日人家族等被殺一百三十四人。台灣總人口四百五十九萬四千六十一人，男二百三十五萬四千六百七人，女二百二十三萬九千五百五十四人，八十萬九千七十八戶。

十二月八日　台南地方大地震，嘉南大圳烏山頭珊瑚潭堰堤大約五百坪崩潰，新營郡死傷四人，倒塌房屋一百五十三，曾文郡全倒房屋二百五十三戶。

霧社事件，陸軍軍官以下戰死者二十二人，負傷者二十三人，警察警部以下戰死者六人，負傷警部補以下三人；蕃人站在日方戰死者二十二人，輕重傷十九人。敵蕃戰死者大約一百人，自殺者四百五十人，投降者五百七十五人，行方不明一百十一人，參加事件蕃人一千二百三十六人。

一九三一年

三月十六日　昭和製糖工廠開始試驗蔗渣之工業用。

三月二十五日　台北帝大舉行第一屆學生畢業典禮。

三月二十七日　中華民國駐台北總領事林紹南到任。

十一月十四日　日月潭電力工程破土。

十二月七日　曾文溪治水工程破土。

一九三二年

一月一日　明治大學棒球隊來台比賽，連戰連勝。

一月九日　日刊台灣新民報獲准發行。

三月二日　南弘被任命為總督。

五月二十七日　中川健藏被任命為總督。南弘入閣，出任遞信大臣。

六月七日　台灣議會設置請願，貴族院未通過。

六月二十四日　明治製糖公司被東京地方法院判決罰款三千四百四十三萬日圓。

七月二十一日　中華民國東北艦隊所屬練習艦鎮海（一千八百噸）入基隆港，艦長等訪台北。

八月一日　颱風暴雨，中南部特別是台中州損失最大，住家全壞九百五十，災民三萬五千，損失金額達一百七十萬日圓。

一九三三年

一月三十一日　台灣議會設置請願書，由林獻堂等一千四百九十一人連署，由清瀨一郎和渡邊暢分別向眾議院和貴族提出。

十月四日　台灣香蕉輸出廈門，獨占其市場。

十月十六日　被譽為「台糖之父」的新渡戶稻造，去世於溫哥華的醫院。

十一月二十二日　昭和製糖公司，沙轆、新竹兩公司增加資金二百十萬日圓，其資本金成為七百萬日圓。

十一月二十五日　台南糖業試驗所開所。

十一月二十七日　士林、竹東、東勢、虎尾、新營，由庄昇格為街。

一九三四年

一月三日至五日　賀川豐彥在台北市各教會演講。

二月二十三日　報載烏龍茶在美國比綠茶、李普頓茶更受歡迎。

四月一日　東京相撲玉錦一行來台表演。

六月十八日　日月潭電力工程落成。

九月三十日　蓬萊米價格大漲。
十一月十一日　在花蓮花岡山發現石器時代貨幣。

一九三五年

四月二十一日　台中、新竹大地震，十五萬人遭受災害。
六月十三日　台北市公會堂（今日之中山堂）上樑，工程費九十五萬日圓。
七月十四日　台灣第一劇場上樑，位於大稻埕（今日延平北路）。
七月二十五日　宜蘭濁水溪蘭陽大橋開通。
八月二十三日　台北草山（今陽明山）道路鋪成柏油路。
十月十五日　廈門市長來台參觀博覽會。
十月二十一日　福建省主席陳儀一行乘逸仙輪來台。
十月二十七日　陳儀在鐵路飯店招待中川總督、寺內軍司令官等。隔日，陳儀離台。

一九三六年

六月六日　高濱虛子由歐洲乘箱根丸回國途中來台。顏國年在其台北私邸開歡迎會。

六月十七日　林獻堂在台中公園舉辦的始政紀念祝賀會被日人毆打，以其在中國旅行中言行不當而出於此種行為。
六月二十四　林獻堂辭去總督府評議會員等公職。
八月十六日　台中機場啟用。
九月二日　海軍大將林躋造被任命為總督。
九月五日　台北新公園落成。
十二月十七日　台北第三高女新校舍落成。
十二月二十二日　作家郁達夫來台，預定住兩個星期。

一九三七年

一月十六日　公學校廢止漢文科。
二月七日　杜聰明出任台大醫學部藥物學主任教授。
二月九日　迎接陳清水在淡水球場舉行全台灣職業高爾夫選手比賽。
三月八日　福建省政府委員林知淵一行到花蓮考察。
九月四日　眾多中國人由基隆趕回大陸。五日，日本封鎖整個中國沿岸。
十月二日　成立台灣茶業協會。

一九三八年

四月一日　電影館一天只能放影三個小時。
四月二日　在楠梓仙溪放六十萬隻香魚。
十二月十三日　日本政府決議將南沙群島（日人稱為新南群島）編入其領土，屬於高雄州管轄。

一九三九年

五月十九日　台灣總督小林躋造，在東京宣布台灣的皇民化、工業化和南進基地化方針。
十一月二十一日　街（鎮）庄（鄉）舉行議員選舉。

一九四〇年

二月十日　准許台灣人改用日本姓名。
十一月二十七日　海軍大將長谷川清出任總督。

一九四一年

三月二十六日　修改台灣教育令，廢止小學校、公學校之區別，統統改稱為國民學校。

十一月六日　陸軍中將安藤利吉出任總督。

一九四二年

四月一日　台灣實施陸軍特別志願兵制度。台灣志願兵一千人入伍。此年台灣人日語普及率達六〇%。

一九四三年

二月一日　台灣第二次陸軍特別志願兵，報名六十萬人，錄取一千人。

七月一日　台灣實施海軍特別志願兵制度。報名三十一萬多人，錄取一千人。

十一月二十五日　美軍轟炸新竹機場。

一九四四年

一月十一日　美軍轟炸高雄、鹽水。

一月二十四日　鼓勵和簡化台灣人改用日本姓名手續。

九月一日　決定明年起台灣實施徵兵制度。

一九四五年

六月十七日　廢止台灣的保甲制度。

八月十五日　日本無條件投降。

十月二十五日　在台北公會堂（今日中山堂），陳儀接受台灣總督安藤利吉之降書。

附錄四　《現代日本小史》前言與總說

矢內原忠雄　著
陳鵬仁　譯

前言

日本太平洋問題調查會戰前就有，我是太平洋問題調查會國際組織之一員，戰爭中停止活動，終於解散。戰後以故高野岩三郎博士為理事長，完全以新的組織，重新出發，開始從事研究調查活動，得到太平洋問題調查會秘書長W．L．荷蘭特氏之大力支持，於一九四九年十一月，得到同意，重新加入國際組織。

本書是在上述同意之前就開始計劃，一九五〇年三月完成了日文原稿，因為編輯和推敲花一些時間迨至今年年底始得完成。至於本書之出版，我們得到太平洋問題調查會之精神上和經費上之補助。在這一點，我們要向荷蘭特氏之推薦，不知道如何感謝。

本書是把明治維新以來至最近之日本的發達，分成政治、經濟、勞動、法律、教育各項，邀請各部門之第一流權威學者執筆，加上我的總說而成。在這期間，日本民主化過程如何進展，如何被歪曲，受到怎麼樣的阻礙，現在要在新的基礎上如何重新出發這樣的歷史探討，是我們每一個執筆者的共同問題意識。本書之敘述，以太平洋戰爭最末期做結束，至於其以後的發展，亦即占領下的日本之變化和面貌，準備在本書之續篇來調查研究。但是，在另一方面，為弄清楚戰前之發展的特殊性，提示戰後之發展傾向，對於占領下之改革，也會最小限度地著墨。

本書的目的是想以簡單的敘述方法來呈現近代日本之發達的特殊性，是一本小史（分上中下三小冊……譯者），不是那麼詳細，如能成為今後日本之民主化的踏石，則屬萬幸。各篇皆由各執筆者單獨負責撰寫，依照編輯方針，再度改訂原稿，身為編輯者的我，非常惶恐。而且各位撰稿人都欣然接受我的懇求，協助本書之完成，非常感謝。雖然如此，各篇之間仍然有一些重複或不統一的地方，這是因為各篇是各自獨立撰寫的原故。請各位讀者願諒。

本書之完成，比起初之計劃拖延不少，身為編輯者的我，要負一部分責任。除表示歉意之外，對於本書即將見天日，我還是非常高興。在此，向撰稿之諸位教授、W．L．荷蘭特氏以及事務局諸位之辛勞和善意，我由衷表示謝意。

一九五一年十二月三十一日

日本太平洋問題調查會調查委員長　矢內原忠雄

總說

（一）舊日本與新日本

日本的歷史相當長，但又很新。在傳統上，日本人對其國民教日本歷史，係從神武天皇之即位開始教起，西曆一九五〇年為日本紀元二千六百一十年。日本紀元之計算大約有六百年之誤差，這是今日歷史家之常識，所以日本紀元之長短，應該和西曆差不多。雖然如此，日本民族生存一千九百年以上，在同一個島嶼上作為一個民族繼續獨立生存，雖然和歐美民族不同，她擁有自己的政治組織，涵養自己的文化，可以說是世界史上非常顯著的一個事實。

在這很長的歷史過程中，日本人民族不是孤立生存的。日本還是世界的一部分，生存於這個世界。不過這個「世界」是亞洲的世界，和歐美的世界是隔離的。這是因為形成「世界」之地理歷史條件，還沒有成熟和擴大整個地球「世界」的緣故。

日本民族長久生存的世界是亞洲的世界。中國大陸有漢民族或古民族，老早就有國家和文化，這個文化直接或經由朝鮮傳到日本來，給予形成日本民族的國家和文化極大的影響。又產生於印度的佛教以及佛教文化，經由中國和朝鮮傳到日本來，佛教成為日本民族之宗教。在吸收外來文化的過程中，日本民族不只是單純的外形模倣者，而在其心靈深處好好咀嚼，形成了自己的文化。因此在被稱為「發現時代」的十六世紀，首次前來日本之耶穌會傳教師方濟各，並不認為日本民族是未開化的野蠻人，以為日本民族具有高度的文化，要在這樣民族之間傳道基督教，必須遣派智力很高的傳教師。

方濟各於一五四九來到日本，那是戰國時代結束，日本之封建政治在織田信長手下將要整合全國體制的時代。織田信長及其繼承人豐臣秀吉對於新來的宗教與文化，採取善意的態度，德川幕府因為內政上和外政上之理由禁止天主教（日文為切支丹）發布鎖國令。在這期間，並沒有和西洋文化絕緣，以長崎出島（島名稱）為窗口，引進了荷蘭文化，但在大體上，德川三百年之歷史，在國際上是閉關自守，日本之封建政治和文化是安定的。這個安定破產，日本迅速引進西洋文明，才變成近代國家。而為其決定因素的就是一八五三年美國提督培理之來到日本。因為培理之要求，隔年締結了安政條約，這是日本近代史之出發點的大事，值得大書特書。

從當時到現在，大約一百年，作為近代國家的日本的歷史還算是蠻新的。這個一百年，日本民族以跟他們的祖先輸入中國和印度的文化同樣的熱心，輸入了歐美的文化，並予以消化變成自己的文化。但是日本與沒有文化之未開社會不同，為具有在東洋發達之文化的社會，所以新來的西洋文化雖然搖晃了在地的東洋社會之基礎，同時也遭遇到在地文化之強力抵抗。在傳統與革新，動與反動之中，從德川末期以來之近代日本史，在感覺激烈動搖中前進。明治時代之思想家的大部分，譬如岡倉覺三（一八六二～一九一三）、內村鑑三（一八六一～一九三〇）、新渡戶稻造（一八六二～一九三三）等，融合東西文明，或以「接木於武士道台木之基督教」，感覺日本民族應該完成的世界史使命，嘗試描繪新日本的理想面貌。

要達到這個世界史的使命，需要長期的歷史過程，可能是需要幾個世紀的事業。自明治維新以來，以至今日，日本民族所走過來的道路是，功罪成否，一切皆為為達到這個使命之過程的經驗。日本民族如果能夠學習這個經驗，修正過去之錯誤，將來繼續努力，相信日本民族必定能夠完成其生存的世界史意義，由之，能夠對人類之進步與世界之和平有所貢獻。

日本之近代化的關鍵，在於引進歐美之制度和技術來日本，並予以消化的問題。簡單來說，也就是日本社會和文化之西洋化。但要使日本成為和西洋各國完全一樣的國家，日本民族太長時間擁有非常豐富的過去。要日本社會完全西洋化，對世界也沒有幫助。世界之文化，正因為具有各民族文化之特徵的差異而豐富。但是，日本要完成為其民族理想之融合東西文明的使命，不能只輸入西洋文化之淺薄的外形就滿足，要學習其精髓、其根本精神，將其消化，使其變成自己的血肉。為近世西洋文明之中心的德謨克拉西便是。若是，日本近代化的中心問題，就是日本的民主主義化。

因此，日本近代史之反省和回顧應該是，自明治維新以來，檢討如何推動或沒有推動日本之民主主義，幫助它的是什麼，妨害它的又是什麼這些問題。從這樣的觀點來研究明治維新以來日本社會之發達，我們可以發現第二次世界大戰之後重建日本的中心問題是什麼。得知日本民主化的道路之後，我們便能夠重新評估日本之以往的傳統、歷史和生活。由此欲融會貫通東西文明之日本民族之世界史使命的理解，必將更加清楚。

（二）《開國五十年史》

作為近代日本小史之此書的先驅，是大隈重信伯爵之《開國五十年史》。這是美國提督培理和德川幕府簽訂安政條約（一八五四年）以來，以至日俄戰爭第一年（一九〇四年）之五十年來近代日本之發達，從政治、法制、經濟、教育、學術等非常廣大範圍，撰稿者六十名以上，是一本很大的書，執筆者都是明治時代重要的政治家、企業家和學者，好多篇論文具有作者之自傳的色彩。

收在《開國五十年史》之論文，執筆於一九〇四年至一九〇七年之間，成稿之後，出版英文（一九〇九年）版和日文版（一九〇七年～〇八）。出版本書之目的是，我想是要讓外國人知道近代國家日本之發達，俾能獲得他們的理解與信用，以提高日本在國際上之地位。

同時也要讓日本人知道我們的前輩之經營的足跡，「將來益盛外交，在世界和平的競爭場裏，愈能接觸泰西之文化，摘取其長處，以一路向上勇往邁進」（大隈伯爵「結論」，下卷一〇五七頁）。亦即說明日本開國以來五十年，該與世界之強國俄國打仗，變成能夠予以打敗的國家之由來，以啟蒙全世界。

通觀本書之各篇論文，有三個一貫的共同思想。第一是，開國以來五十年之日本的進步，是令人非常驚訝的世界史事實，但這絕不是偶然來的，也不是單純的模倣西洋文明。日本民族因為具有引進西洋文明之素養，而其引進更加有所選擇，充分將其消化之後，使其成為自己的血和肉。從這樣的觀點，許多執筆者，為說明日本民族之「素養」，敘述德川三百年之文化的歷史，或者概說遠自神話時代以後之日本民族的歷史。連安部磯雄之「社會主義小史」也說，「要敘述我國社會主義的歷史，也需要知道遡至上古何許人統轄人民之主義，當時支配我主權者之思想」（下卷九五五頁），欲從日本國情來說明，在日本國土種下社會主義種子，得到不少收獲的歷史事實。當時輕率無智的一部分西洋人以為，明治維新前後歐美人前來之前，日本是一個沒有文化和教育的野蠻國家。為打破這一種偏見，本書的各位執筆者都在說明和証明，長久以來，日本民族具有引進西洋文明之文化素養和思想訓練。新渡戶（稻造）博士引述蘇格拉底之助產方法結論說，「因歐化有早些生產，減少痛苦之利益，但以為嬰兒為歐洲之所賜，那是非常的錯誤。……一言以蔽之，日本之歐化是把日本固有之力量給予提早發展之機會而已。」（新渡戶稻造「泰西思想之影響」，下卷一九八頁）這可以說是其代表性的議論。

各位撰稿者都在敘述的第二論點是，開國後五十年來之令人驚訝的吸收西洋文明之態度和能力，實出自日本民族之國民性這一點。日本民族的國民性虛心坦誠而不偏執，接觸外來文明時，一旦會反彈表示守保的態度，但逐漸會適應時勢之要求，但一知道其對民族有幫助，便會馬上很熱心地引進外來文化，因此日本民族的歷史一向是進取的。

日本民族的國民性一向被稱為是「來自神的道理」。這在宗教不是神道，而是日本民族之原始的自然狀態的意思，可以說是神話時代日本民族之原有的情形。這不是神法，可以說是自然法。所謂日本民族的自然之道，一句話，就是不偏執的清淨之心。因此，在一個歷史的階段，固定於一定的制度和思想時，新的思想成為革新勢力的時候，它會先採取主張要回到來自神的道這樣的保守運動形態。它是要打破固定的制度和思想，回歸來自神，沒有成心偏執之自然狀態，具有消極角色的革命因素。但是，當它打破這個時代已經固定的制度和思想時，這個沒有偏執的清淨心，立刻會變成熱心吸收新思想和制度之積極因素。這是當日本民族引進中國、印度等外來文化時候的態度，德川幕府末期開國時候的現象。尊王攘夷論，其形式是保守的，但當它回歸來自神之道這樣立場的時候，它便要打破德川幕府的制度和封建思想，打破成功以後，便有如新吸紙一般，熱心地轉成為開國進取的政策。

因此，日俄戰爭當時，以被認為前進的政治家之大隈伯爵為代表的日本有識之士，具有共同的見解。我之所以要提出大隈伯爵之《開國五十年史》，認為它呈現以後五十年的變遷。我們辛辛苦苦所建設的近代國家日本，日俄戰爭之後更有輝煌的發展，第一次世界大戰之後，日本成為世界四大強國之一，三大海軍國之一，具有國際政治上和國際經濟上之世界強國的實力。可是在第二次世界大戰，日本犯了攪亂世界和平之大罪，其結果，日本之國際地位急轉直下，被剝奪從甲午中日戰爭所得到的一切殖民地和領土，被解除武裝，限制經濟力。戰爭結束時，外國軍人之中，有人大言壯言要使日本的經濟水準回到明治維新當時之農業國家的狀態。一八五三年，培理率領軍艦來到浦賀，要求通商，一九四五年，麥克阿瑟率領艦隊前來東京灣，簽署降書，這期間經過大約九十年，近代國家日本一時有如登天，不久竟跌至陰間。在這期間使日本興隆的是什麼？使日本崩潰的是什麼呢？日本興隆歷史中缺少的是什麼？為復興日本需要的是什麼？對於這些事體做科學研究作為出發點，不僅是我們學人對日本民族應負的責任和義務，同時也是日本民族對於世界之和平，人類之福祉所負的義務。日本之復興，唯有往推動世界之和平這個方向去努力推動才對。

（三）近代國家日本之性質

日本自明治維新以後迅速發達，就其內容而言，有兩三個重要特色，這些歪曲了近代國家日本的性質。以下略述其要點。第一，日本自開國以來，一時引進歐美各國之文化，因此在制度上和思想上免不了產生若干混亂。就東洋而言，所謂西洋，在大體上是屬於具有同一系統之文化的各國，但就歐美各個國家來說，都是不同其歷史和社會背景的民族，而其文化又有其特色，日本開國時並不是只從一個外國輸入其制度和思想，而是從好幾個國家引進文化，這是聰明的政策。因此，不但豐富了日本民族的文化內容，而且依其目的隨時引進其認為適當的文化。但是同時引進各有其特色之各國的文化，並予以融合於日本，的確不是那麼容易的事情。

明治維新當時，在文化上給予很大影響的國家有英國、美國、法國和德國。其中，日本從法國學習陸軍、學制、法典以及孟德鳩、盧騷等之共和主義思想。德川幕府所創設之陸軍為法國式，維新後明治政府之陸軍也採用法國式，一八七一年請來法國軍官來負責。一八七二年初制定的學校制度是法國式的。民法典之編纂最早的草案是法國人波亞索那特起草的，是法國式的民法。可是陸軍、學制和法典，不久便由法國式改成以德國式為模範。改變的一個原因是，普法戰爭結果德國勝利，國家日益興隆；第二，明治政府所要建立的國家理念不是法國的共和主義，而是德國的國家主義。法國的共和主義思想刺激了明治初期的自由民權論，但這從政府看來，是不合乎日本國情的偏激主義，為危險思想，故予以鎮壓。所以，法國的共和主義思想常常成為反政府之民間的政治思想，以對抗政府所支持之德國的國家主義。從輸入法國自由思想之中江兆民流派，後來產生無政府的社會主義者幸德傳次郎，不是沒有道理的。

但是自開國以來，日本接觸最多的外國是英國和美國。從這兩個國家，日本學到史賓塞和穆勒等功利主義的自由思想，經營銀行、公司以及其他企業之組織和經營，學問和教育制度，語言和風俗習慣；海軍起初以英國為模範。由於明治政府在國家組織之根本和編纂法典採取德國主義，因此日本在國家是德國式，社會上卻為英美式。經濟的實務是英美式，其有關法典是德國式的。英美之經驗主義的自由主義，和法國的共和主義，形成了當時之日本民間的社會思想，以對抗政府之德國的國家主義。如此這般，明治時代初期日本所組織的政黨，都是反政府的，推動它的政治思想都是英美的或法國的自由民權主義。同一個時候，在日本創刊的報紙，幾乎都是反政府的，同樣標榜英美法的自由主義。當時民間所設立的私立學校，慶應義塾、早稻田、同志社等大學，都是以英美之自由主義為創校的精神，官立大學是德國學風的大本營，這是很好的對照。

亦即英美和法國的自由主義思想大量引進日本，長久以來站在對抗政府之國家主義的在野思想的地位，可以說是德國的國家主義和英美法的自由主義並存，貫通於政府和民間。這一種奇妙現象，就是來自開國時，日本同時引進歐美各國之文化所造成的結果。這一種不調和，也很明顯地顯現於陸軍和海軍之間。陸軍取經德國，海軍完全學英國，所以同樣為日本的軍隊，陸軍和海軍，其風氣和訓練不同，其不調和，從太平洋戰爭以至日本之戰敗，即從日本之建軍歷史，從頭到尾一直存在的。

近代國家之後進國家的日本，引進先進外國國家文化的時候，同時引進各種思想和制度是不得已的事，這不是笨的作法。不過其結果，各國之思想和制度的影響，有時候互相不融合，甚至對立而和日本的思想和制度結合，因而產生不調和和矛盾現象。這應該是日本之近代化不正常的原因之一。

其次的問題是，為什麼明治政府和德國的國家主義結合，日本的社會和英美法的自由主義思想結合呢？對這我們來作一些分析。

日本在國際上開國是，在國內要打倒德川幕府，建立以天皇為中心之中央集權的近代國家。這個時候之可能性的選擇是，德川幕府繼續實施開國政策，或者打倒德川幕府，以樹立其他幕府的政權，或者建立以天皇為主權者之統一的新政府。最後應時勢之要求和領導人之政治思想，選擇了最後的一條路。可是離開政治實權很久的天皇，沒有組織新政府之自己的官僚，也沒有防衛新國家之自己的軍隊。因此打倒德川幕府，負責建立新政權之事業的是大藩出身的政治家認為，最要緊的事情是，新政府本身要擁有自己的官僚和軍隊，以加強其實力。因此於一八六八年，組織新政府之同時，命令全國之諸藩主，對新政府提供徵士及貢士，同時由薩摩長州土佐三藩供應藩士，以組織天皇之親衛隊。以後充實中央政府之機構與權力，以及擴張軍隊，都是新政府對內對外必須努力做的事，在這過程中，維新之功勞者的薩摩長州土佐肥後四藩，尤其是薩摩長州出身之政治家居重要地位和扮演重要角色是理所當然的事情。

反對和批判新政府有兩個形態。一個是一八七三年之征韓論，朝議分裂，主張它的西鄉隆盛、副島種臣、後藤象二郎、板垣退助、江藤新平諸參議聯袂辭職。主張征韓論之理由並不甚清楚，可能有宣揚成立中央集權國家之余威於海外之政治意圖，受到當時歐美各國行動之刺激，可能有幼稚病帝國主義者之心理，或許有要打開幕末以來國民之窮困的意思，尤其值得注意的是，這可能是要救濟隨廢止封建制度的各藩士族的出兵政策。也就是說，他們不一定反對中央集權的新政府，但希望把廢止封建制度所產生的犧牲和摩擦轉移到國外。在此種意義上，他們的行動，比反對征韓論之岩倉具視、木戶孝允、大久保利通諸參議更加封建。

可是於一八七四年一月十八日，主張征韓論諸參議中，除回去其故鄉的西鄉隆盛以外，留在東京之土佐、肥前的板垣、後藤、副島、江藤四人，與當時遊學英國回來盛讚英國議院制之優點的由利公正等幾個人，一起向政府提出設立民選議院之建議書，並組織愛國公黨這樣名稱的政黨。這是明治初期澎湃而起之自由民權運動的開端，這不是人民對專制政府要求想獲得自由權之運動，而是土佐肥前藩閥政治家對於薩摩長州政治家之專橫的反抗。板垣等以自由民權運動來替代西鄉隆盛在西南戰爭所表明之反政府的政治態度。在當時之日本，在人民之中，還沒有產生純粹自由民權運動的社會基礎。那不外乎是離開政權中心之藩閥政治家之不平，與外來思想之刺激結合的，對政府的反抗運動。建議設立民選議院之一個人的江藤新平，提出建議書之後就回去其家鄉，被佐賀士族之擁戴舉兵，由此可見自由民權論之實際，乃士族對於政權之不滿。

明治初年所發生自由民權運動之性質，實有如上所述，它發展成為全國性的一大國民運動，終於一八七五年一月，以朝野之妥協為目的之大阪會議的結果，及至該年四月，賜頒「逐漸建立立憲政體，欲與眾庶共得其慶」之詔敕，經過各種曲折，於一八八一年十月十二日發布詔敕，決定十年之後，亦即一八九〇年要召開國會。形成此種形勢的，不外乎是自由民權運動成為國民運動的結果，而其所以能夠成為國民運動，乃因為日本社會漸漸資本主義化，以及日本國民熱烈接受自由民權思想的緣故。也就是說，日本民族具有吸收自由民權思想之素養和能力，與一切之新而又好的東西一樣，能夠積極引進。

如上所述，以強化以天皇為中心之新國家的權力這一種國家主義思想，以及與要求主張自由民權之民間的要求妥協的產物，就是一八八九年二月十一日發布大日本帝國憲法。起初，關於制定憲法之程序，自由民權論者主張「以聖天子之特命委員，以及國民特選之代議者協議制定協定憲法」，政府不接受這個主張，在一八八一年開設國會的詔勅中，公布命令閣臣立案（起草）帝國憲法，勅命伊藤博文起草，交附樞密院審議之後，制定發布。

這個欽定憲法，一方面包含三權分立之立憲政治體制，和臣民之自由權的各種規定，另一方面，維持天皇之大權，把宣戰媾和、諦結條約以及軍事大權置於帝國議會之權限之外。這個憲法之為政府之國家主義和民間之自由民權思想之妥協的產物。為準備制定憲法之伊藤博文，調查歐美各國旅行時，他有感波斯國法學家斯坦因之言，遂草擬國家主義憲法草案。他的草案在樞密院審議期間，此時該院內外還有極端的保守主義暗流，可是明治天皇卻毅然幾乎多站在自由、進步思想這一邊。其結果這樣制定了明治憲法，伊藤博文這樣寫著（伊藤博文〈制定帝國憲法之由來〉，《開國五十年史》上卷一二三六頁）。

如上所述，明治憲法是國家主義和自由主義之妥協的產物，其運用偏於那一方，決定了以後之日本的發展。明治大正之交，東京帝國大學憲法教授之間，有過激烈的爭辯。亦即穗積八束、上杉慎吉兩位教授據極端的國家主義，講說帝國憲法，反此，美濃部達吉教授以立憲主義來解釋帝國憲法。美濃部博士以支持自由主義、立憲制之憲法學者身分論述，這是眾所周知的。而且第二次世界大戰之後修改帝國憲法論的時候，美濃部博士並不認為需要作全面性修改，以為可以以運用的方法來達到民主立憲政治之目的。明治憲法之條文中，國家主義雖然很濃厚，但也有自由主義之立憲政治的旨趣，日本要成為絕對主義國家，還是民主主義國家，不是因為憲法之規定，而決定於日本之政治的發展本身。

日本之政治發展，在絕對主義傾向和立憲政治傾向兩者之間動搖中前進下來的，隨日本社會之近代化的普及，擴大選舉權，政黨內閣制有逐漸實現之傾向，自倫敦海軍裁軍會議以來，軍事大權在實際運用上受到限制。當然有過好大抵抗，在大正年代，日本民主化之傾向，大體上是前進的。可是自九一八事變前後迅速轉變，國家主義因素加大，開始具有法西斯全體主義國家形相，乃因為當時之前國際環境對她有利，比較順利發達之日本帝國主義碰到瓶頸的結果。要之，我認為國家主義和自由主義之不和諧地混合在一起，是歪曲近代國家日本的第二個原因。

我們認為，使近代國家日本之發達扭曲的第三個原因，可以求諸日本社會之經濟結構。日本之資本主義化沒有在社會各階層均衡發展，工業與農業，都市與農村之間，有顯著的不均衡，這個跛行的發達，使近代國家日本產生了其特殊性。

這一種狀態是後進國家在資本主義化過程中通常會出現的現象和形態，而為其最顯著的例子就是殖民地。即前資本主義社會不是在其本身內部生產力發達之結果，而是因為資本主義之外面的刺激，急速開始其資本主義化過程時，許多資本會集中在國內最容易資本主義化的部門，其他部門即將繼續其原來的生產方式。此種時候，金融業、外國貿易、工業、交通等業容易資本主義化，農業最為困難。也就是說，亞當．斯密所說使用資本的自然順序，在這一種社會，不一定是這樣。

在日本，明治維新當初，得到外國之資本和技術上之援助，上述產業部門之資本主義化，由政府或民間企業很快就開始了。可是農業，長久以來，一直繼續從前之生產方法，所以生產關係之近代化非常落後。不過一八七三年政府所實行之地租的修改事業，花了幾年的工夫的調查，丈量全國之土地，明確區分官有和民有，承認土地之私有權，發給各所有者地券，斟酌土地之收穫量和利率決定地價，以其百分之三為地租，繳納政府，同時廢止用米糧納地租，改為以金錢繳納地租，對於德川時代之封建的土地關係，作了根本的變更，由之奠定了農村近代化之基礎。可是，因主要農產物之米麥的大部分不是能夠輸出的商品，故其生產大多不是資本家之企業組織，仍然繼續其從前的生產方法。而且隨日本之近代國家化，需要膨脹的財政負擔，主要靠地租，這是農民窮困的原因。

在另一方面，成為日本資本主義發達之中心的輸出品工業，以工資便宜為最有力的武器，而其便宜的工資勞力之供給泉源就是農村。農村之保守性溫存家族主義，結果留在農村之便宜的勞力，依靠出去城市之家族的寄生活補貼，農家之經濟能維持最低限度，使農村之近代化改良慢下來。

都市之工業依靠農村供應勞工，對他們以其有接濟留在農村之家族為理由而便宜地雇傭他們，消耗盡其勞力，便令其回去家鄉，從農村募集新手。因工業生產過剩發生失業者的時候，因農村有接受他的餘地，不會成為太大的社會問題，需要勞力時候，農村可以提供。所以，農村是對工業提供便宜之勞力的泉源，同時又是調節勞工需求與供應的安全栓。亦即日本資本主義工業之發達，是以農業生產手段不發達之犧牲下進行的，農村有許多潛在的過多人口，以以往之生產方法和家族主義結合在一起，被稱讚為日本獨特的美風良俗。加以日本陸軍將其兵力主要求之於農村，農村人口之移出，將促使農業生產方式之近代化以及家族制度之崩潰，這不是他們所喜歡的。

由於上述之結果，在明治維新之出發點，已經出現工業與農業之不均衡的發達方向。爾後資本主義之影響也漸漸浸透於農村，但至今還是無從修正兩者之跛行的發達狀態。就日本的情形而言，在德川末期，已經有前期的商業資本，形成利貸資本，也有若干近代工業之端緒，所以明治政府之實行資本主義化政策，不是完全沒有前時代之準備的。明治政府雖然接受外國之援助，但是仍然保持其自主的獨立國家之立場，而各國亦予以尊重，所以日本資本主義之跛行性，沒有像諸多殖民地那麼嚴重。亦即它搞歪近代國家日本之發達，阻害日本之民主化是無可否認的事實。

總而言之，在工業、礦業、商業、交通業、金融業等各部門，發達了典型的資本主義，累積了資本，建設了近代都市，佔國民人口之一半的農業部門，仍然還是具有相當半封建因素，資本之累積很小，近代之生活方式不普及。這是近代國家日本之特別的經濟結構，但國家主義者和軍國主義者卻認為，這一種跛行的結構正是在國際競爭上日本的長處。但是這在經濟上和軍事上，阻礙工業部門和戰爭中技術之機械化的進步，在政治上和思想上保存保守的家族主義，妨害了自由主義以及民主主義之普及。

若是，形成上述那樣跛腳形經濟結構的原因是什麼呢？第一，日本的資本主義主要是因為受外面刺激而開始的，所以從海港開始及於內。因此資本主義之要求始於外國貿易，以外國貿易為主軸在旋轉的。此種情況使產生於日本之資本主義工業的生產物市場，比國內市場更加需要國外市場，國內市場並沒有增加農村之購買力，反而以便宜的工資為武器以振興輸出，賺取外滙為富國之道。

第二，一個國家之資本主義化如果順自然進行的時候，農業革命會先於產業革命。隨農業生產關係之資本主義化，農村人口會發生分解，與游離土地之農民集中於都市之同時，會圖謀移植國外，於是國內人口進行再度分布，形成農村與都市之均衡的資本主義化。但日本的情形是，因為是資本主義的後進國，遭受到外邊之刺激才走上資本主義化，所以沒有經過農業革命就進入產業革命，因此農村人口之近代的分解便不容易達到。有的人離鄉背井，移民至夏威夷、秘魯、美國加州等，但比歐洲各國之移民美國，日本人之移民海外，在不利的情況下，無法有很大的發展。因此在半封建的生產關係下，潛在的過剩人口滯留在農村，這是使日本農村之近代化落後的原因之一。

第三，無論那一個國家，農民的心理都是保守的，在日本，都市的生活日益歐美化，但農村仍然多是日本式的生活方式和家族制度，這使以歐美化之風潮為反動的國家主義者決定以農村來作維護日本主義之堡壘。他們不知道農民之勤勉和節儉是生活程度之低的農奴勞動，反而稱讚這是日本人故有的美德。

由於上述之理由，近代國家日本之經濟機構是跛腳性的。爾後資本主義雖然漸漸波及農村，但存在於農工兩個部門之間的資本主義之不均衡並沒有消除。

（四）帝國主義國家日本

日本成立近代國家僅僅二十七年，累積其經濟力和軍事力，便在與清國之戰爭獲得勝利。甲午中日戰爭結果，日本從清國得到兩億兩（三億五千萬日圓）賠款和得到台灣，以這一筆賠款，日本實行了金本位的貨幣制度；在台灣實施殖民地經營。但是，當時之日本還沒有達到產業資本之成熟期，故甲午戰爭不是具有帝國主義戰爭之性質的戰爭。這可以從把清國之馬關條約割讓的遼東半島，因三國干涉把它歸還清國這個事實可以看得出來。

三國干涉之後，日本國民的黑話是「臥薪嘗膽」。政府一心一意專心於增強經濟力和擴張軍事力，締結英日同盟，以提升日本在國際上之地位。這樣打了日俄戰爭，此時日本已經確立了產業資本主義時期，戰勝結果，進入獨占資本主義階段。日俄戰爭之性質，一半是國民主義，一半是帝國主義的戰爭。

日俄戰爭之後，以至第一次世界大戰之十年，日本雖然為農村之跛腳的後進性，但已經進入獨占資本主義之階段，除台灣之外，日本增加了朝鮮和南庫頁島殖民地，也繼承了俄羅斯在南滿洲之利權，開始經營大陸。以第一次世界大戰為契機，日本得到帝國主義勢力之地位是眾所周知的。第一次世界大戰之後的日本，成為擁有巨大軍事力量和相當巨大資本力量，以及相當之農業生產力的世界強國。

可是日本擁有巨大軍事力及資本力之同時，身為近代國家之日本，自明治維新以來之內部的矛盾也在擴大。一次大戰之後，一九二〇年發生經濟恐慌，在此之前的一九一八年發生過「搶米事件」。一九二七年發生金融恐慌，一九二九年在美國發的經濟大恐慌也衝擊了日本。日本的資本主義為了經得起這樣的考驗，恢復國際競爭力，自不能只依靠農村之便宜工資的勞力，而必須採取集中資本，產業之合理化，生產方法之機械化，財政之緊縮，公債之整理等等，「健全資本主義」之一連串政策。為此，要禁止黃金之輸出，實施緊縮通貨政策，促進物價下跌。整理因集中企業弱體化的企業，以機械化和合理化來降低生產成本。縮小不合乎經濟力之膨脹的軍備，以減輕財政之負擔，立償還公債之法，以累積資本。可是這個合理化政策之推動者的大藏大臣井上準之助和總理大臣的浜口雄幸卻先後被暗殺。有如明治初年，政府當局者頻頻遭受暗殺，昭和年代初期，發生類似的情況，「非常時」之口號充滿於整個社會。這是近代帝國主義國家之日本，到達一大變革之危機的事實的標識，自明治年代初期以來所完成赫赫發達所貫流之內部矛盾，要求以某種形態來解決。

這個解決，可以有兩個方向。一個是前述之「合理化主義」。現在對它稍作說明。如前面所說，以井上、浜口兩位為代表的合理化主義，是推動資本主義之常道的政策。那是徹底的價格經濟，以價格來實現有秩序而均衡的經濟社會。也就是說，以價格為中心，修正日本之經濟機構的跛腳性發達，消除半封建制之殘滓，俾能使整個日本社會資本主義化。因此這個政策不但是經濟之合理化，也包括政治之合理化。所謂資本主義社會之政治的合理化，不外乎是要依民主主義原則來運作的議會政治。

在倡議自由民權論之明治初期的當時，其合理的社會基礎之資產階級還不發達，對於獨占政權之藩閥政府的政策，其他藩閥士族之不平，與從英國、法國留學回來的書生論結合起來。因此其要求，有時候以武力叛亂或政治騷擾之形態出現，其結果，使藩閥政治之政策變成更加反動。這樣頒布憲法，開設議會之後，政府具有超然內閣之性質，政黨除反對政府以外，不知道什麼是政治。此種狀態，絕對不能說是資本主義社會之合理的政治形態。

可是經過幾次國會之後，政府和政黨積政治之經驗，一方面日本日漸資本主義化，成立了本來意義之市民社會。因此「憲政之常道」受到尊重，選舉權逐漸擴大，一次大戰之後，及至一九二八年，實現了男子之普通選舉制。加以長久以來，在日本政治上具有勢力之元老，一個一個去世，也沒有有力的繼承人，最後剩下西園寺公望公爵，他是明治初年留學法國，受過自由主義之感化，故希望在自己去世之前，能夠確立在議會得到多數之政黨領袖為當然閣揆，以組織內閣之慣例，政友會原（敬）內閣之後，西園寺奏薦若槻（禮次郎）內閣。

在學術界和評論界，一次大戰之後，民主主義思想之啟蒙的主張盛行，特別是東京帝國大學之美濃部達吉、吉野作造兩位教授之辯論給社會很大的影響，幫助了民主主義思想之普及。樞密院和貴族院之改革，軍事大權之憲法學上之解釋等等，基於民主主義思想之主張，對於實際政治應該有所影響才對。

一次大戰之後，日本之殖民地統治政策也有所改變。因為這一次戰爭，日本資本主義發達，另一方面，由於殖民地之民族運動結果，開始以文化統治政策取代從前之軍事統治政策，以殖民地資本主義開發和生產力之發達為重要著眼點。轉變其政策的是，一九二〇年出任朝鮮總督之齋藤實。「合理主義」之政策，進而及於國際關係。由於一次大戰之刺激，中華民國也大起基於國民主義之收回利權運動，國民黨勢力也擴大到滿洲，與日俄戰爭以來主張滿洲之特殊權益的日本傳統政策發生衝突，加上碰到世界之不景氣，滿鉄之經營也開始感覺困難。可是固執「因日俄戰爭之膏血所得特殊權益」這個傳統思想，不是合理主義外交政策所應該採取的態度。理應坦誠接受中國國民主義之興起這個事實，在這個尊重上面建立新的對中國政策才對。不要拘泥於滿洲之利權，以武力來保護它，而要以整個中國之經濟發達為前提和平地來尋求日本之經濟利益才是正道。⋯⋯這就是被稱為「幣原外交」之政策，也是資本主義之合理主義的一個顯現。

亦即經濟、政治、思想、殖民地統治以及外交等，在整個國家政策顯著地走向合理主義傾向，在這方面第一次世界大戰之後克服了經濟恐慌，日本意圖完成近代國家之重編。這個政策之主要推動者是民政黨。這是因為民政黨比其他政黨更和都市資本主義結合所致。但說是以農村為主要地盤的政友會，也並沒遊離資本主義勢力，在支持合理主義政策這一點，雖然有程度上之差別，在大體上立場是一樣的。

當時反對合理主義政策的勢力是軍。軍雖然是經過幾次戰爭，「連戰連勝」使日本成為帝國主義強國之一的功勞者，但這是到達這個地步之明治初年以來，犧牲許多財政經濟上要求擴張軍的結果。時至今日，軍成為龐大的設施，積蓄資本，對於財政之均衡的要求，成為完全不成比例的規模。所以，合理化經濟，使日本產品在國際價格上能夠競爭，設法累積資本，在國內外培育國際發展之經濟力，適合財政之收支，為挽救國家免於破產，非對軍事費用開刀不可。但這不只是日本的問題。一次大戰之後謀求經濟力復興之各國，都曾經經濟設法縮小軍備。因結果理由，一九二二年召開華盛頓，一九二五年舉行倫敦會議，簽訂海軍裁軍條約，更進一步說是要裁減陸軍。

因裁軍所產生資本之剩餘和勞力之剩餘，將成為增加經濟生產力之原因。因裁軍直接受打擊之利害關係者是軍產業和職業軍人。他們可能因為一時之裁軍和一時之失業，但因社會一般經濟生產力之發達，必將有轉業之機會。因此說裁軍將威脅利害關係者之生計，大多是杞憂，惟因達到巨大規模之軍，會主張其縮小將妨礙帝國主義國家之發展。沒有經濟不可能有軍是非常明白的道理，但卻會錯覺沒有軍就不會有經濟。所以對於經濟之合理主義的要求裁軍，其第一個反對者便來自軍中。

政治上之合理主義，批判憲法上之軍的特權，既如上所述。軍依靠一八八二年明治天皇給予陸海軍人之勅諭說：「朕以汝等為股肱」這一句話，以為他們在國家組織中居於特權地位，明治憲法更把軍之統帥和編成之權限置於議會之外，隸屬於天皇的大權之結果，軍人之特權意識便愈來愈強。他們以為，日本軍之所以強大，乃在於其對於議會之特權地位，錯覺失去軍事大權之保護，即將失去軍，因此他們便反對政治上和思想上之合理主義。

統治殖民地之文化政策，外交之和平主義，也是軍所不喜歡的。特別是一九二二年之華盛頓會議，被否定日本在滿蒙之特殊權益，令支持傳統上滿蒙政策之陸軍非常不滿。

如上所述，為克服一次大戰之後的經濟不景氣，近代國家日本之重編的合理主義政策

（在經濟上那是產業的資本主義合理化，政治上是立憲政治之貫徹，思想上為民主主義之啟蒙，殖民地統治採取文治政策之資本主義的開發，包含外交之和平的經濟主義之一連串的資本主義運動）的對立，不是有若明治初年之自由民權運動，政府對政黨，在朝對民間，官學對私學，而是政府和政黨、學者、評論家大家團結起來成為「憲政之常道」派，與對憲政要求特權地位之軍之間的鴻溝。也就是說，日本正在推動立憲政治時，最後的抵抗勢就是軍。若是，軍為克服第一次世界大戰之後的經濟恐慌，完成日本國家之重編，到底實行了怎麼樣的政策？那就是日本國家機構之法西斯革命，和以武力征服中國，把這兩者關連為不可分的政策來實行，這是眾所皆知的事實。

發生浜口首相被暗殺事件之隔年（一九三一年），他們發動了九一八事變。他們準備在滿洲建立法西斯國家。可是他們的經濟理論是混合若干共產主義、若干資本主義和若干封建制之不三不四的知識，不是理論。他們用所謂「王道政治」這個玩意要來矇騙大家。他們經營滿洲的時候，起初拒絕日本之財閥資本。以為這樣拒絕了獨占資本主義。他們為經營滿洲給予國民的基礎，除令現有財閥以外之資本家、中小企業家和農民移居。尤其是對農民之移居，強調屯田兵式之防衛國境兵力的軍事意義。他們從共產主義學習的不是土地之解放，也不是企業之國有，也不是廢止價格經濟，而是以國家權力之一元的統制。只要他們不離開資本主義立場，阻止日本之有力資本家進入滿洲，就經營滿洲而言，就是自殺的行為。得知沒有繁榮經濟之基礎的農民移居政策，意味著軍事費用之增加的時候，「滿洲國」呈現軍人、官僚和獨占資本家之結合之法西斯國家的性質。

與法西斯化滿洲之同時，藉其威力，他們意圖法西斯化日本之國家機構。他們以軍人之集體恐怖主義，暗殺被視為反對法西斯化勢力之政治家。一九三二年五月十五日，政友會內閣之首相犬養毅為其犧牲者之一（五．一五事件），一九三六年二月二十六日，以海大將岡田啟介為首相的內閣時，他們發動兵變，襲擊首相官邸和主要政治家，暗殺了內大臣齋藤實、大藏大臣高橋是清（譯者譯過高橋是清自傳，將在台北蘭臺出版社出版）、（陸軍）教育總監渡邊錠太郎等維護憲政的重臣（二．二六事件）。

兵亂被鎮壓下去，要以政變建立法西斯政權的計劃雖然失敗了，但政府、議會和軍的大前輩都沒有壓制革新派的實力，照他們的要求行動，所以在事實上，日本國家之法西斯編成，經過若干抵抗和躊躇之後，很簡單地完成了。

國內經濟被統制了。但這不是為了增加經濟生產力，也不是為了要保護勞之利益。而是為了滿足軍事上之需要，犧牲民間之消費，來增加軍事上之積蓄。有關軍事上之生產，現今財閥以及新興資本家利用國家之統制以尋求利益，也是法西斯政治很自然的事。

政治上之合理主義被丟棄在腦袋瓜之後，議會變成只給予軍事預算合法性之形式上的存在。憲法之運用，為強化軍之政治而被歪曲，無視明治天皇頒給陸海軍人之勅諭，禁止軍人干與政治，軍竟公然搞政治。

他們又企圖統一國民之思想，並鎮壓一切自由主義的民主主義思想。他們準備統一的國民思想是皇室中心主義。但他們不是尊敬天皇為主權者，而是把他當作他們強制國民法西斯國家主義、軍國主義思想之手段，才高舉崇拜天皇之「王牌」。不少自由主義者、和平主義者、基督徒、社會主義者之著作論文被他們查禁，被奪去其社會地位，被拘禁於警察署（分局）或監獄。鎮壓思想之激烈，為明治維新以來日本歷史上所未有。一八八七年，藩閥政府為鎮壓自由民權論者發布保安條例；一八九〇年發布教育勅語之後，第一高等中學教師內村鑑三以不敬事件（對皇室不尊敬之罪）而被免職，當時的社會還有言論之自由，還可甲論乙駁。這比九一八事變以後以至太平洋戰爭結束之法西斯政權之鎮壓思想，藩閥政府之鎮壓還算是輕的多。

法西斯政治也給予殖民地統治政策很大的影響，以國家權力強行推動「皇民化」運動，在殖民地迅速實施法西斯日本國家結構之一部分的政策。

在外交上，與希特勒之德國和墨索里尼之義大利合作，與英、美、法等民主主義國家對立。自來，日本自德川幕府末年以來，最受英美兩國之援助，特別是日俄戰爭之勝利與結束，得到這兩國的很大幫助。因此，日本之傳統外交政策在於維持與英美之親善關係，這個態度不僅顯現於大隈伯爵之《開國五十年史》，爾後之外交政策在大體上也遵守了這個路線。一九二二年華盛頓會議之九國公約之簽署，以及一九二三年之不繼續英日同盟等，當然影響了日本與英美之國際關係，日本雖然感覺有自主外交之必要，但並沒傾向於反英美之外交政策。可是自九一八事變以後，在法西斯勢力指導下之日本外交，才故意離開英美陣容，拒絕李頓報告，脫離國際聯盟，和德國、義大利一起與世界之民主主義國家為敵，發動失去理智之戰爭，侵犯世界之和平，終於亡國而後已。

（五）日本民主化之問題

如前面所述，自開國以來，日本的政治思想有兩個流派。一個是英美法之民主主義，另外一個是德國的國家主義。德國的國家主義主要傳於國家機構、法典、政府、官學和陸軍；英美法之民主主義主要傳承於民間、企業、政黨、私學和海軍。到日俄戰爭時候，其潮流大致如此。爾後這兩個潮流之流域有過若干變化，尤其是官學與私學之特色，很難以這兩個潮流來作區別。為克服一次大戰之後的危機，日本面臨要以那一個流派為主力作為重整國家體制之選擇。兩者之混淆不清，隨日本資本主義之發展階段，成為混不下去之情勢。可是欲以英美之合理主義的勢力，卻屈服於德國式國家主義之意識形態的軍事勢力。日本以這樣形態重整其國家體制，統一其國民思想。若是，合理主義勢力，為什麼那麼脆弱地屈服於軍之法西斯主義勢力呢？

毫無疑問，槍劍以及以槍劍為背景之憲兵、警察以及檢察署的恐怖政治是它的原因之一。因此，有許許多多的人犧牲其生命，在這個恐怖政治之下，人人都不敢講話，操取消極態度，這是無可奈何的事。生活過從九一八事變前後之所謂「非常時」期，以至太平洋戰爭結束這一段時間的我們，不得不贊成法西斯主義的許多合理主義者，嘗試一些批評和反對之後，知道自己之無力，只有旁觀軍之橫蠻亂幹，觀看「他們之亂搞，以至自己倒下去。」「他們不到倒下去，是不會醒過來的」，記得當時我們是私下這樣說的。他們認為，在法西斯勢力倒下之後，重建日本之任務，將落在戰爭中隱身之合理主義者身上。在當時，國民絕對沒有全部被法西斯主義化。

雖然如此，日本之所以曾經一時被法西斯主義化，不能說只是因為受到槍劍之威脅所致。使其成為可能，是因為明治維新以來日本發達的本身之體質。以下我來列舉，已經說過的將簡單一點，沒有提到的，將作比較詳細的說明。

(1)建設了遠超經濟力量之巨大軍隊。

這雖然是因為受到周遭國際情勢之影響所致，經過甲午戰爭、日俄戰和第一次世界大戰，建立帝國主義強國之日本的軍，為支撐自己重量而把國家法西斯化，終於失去了我們自己的國家。

(2)國家的經濟結構跛腳性發達，致使農村之近代化落後。

第一，國民之一半為封建保守之分子，成為民主主義之阻力。第二，失去農村之窮困要由資本主義政黨救濟之希望，譬如令人錯覺移民滿洲之法西斯大陸政策是求生之正道。

(3)一次世界大戰後之經濟恐慌。

在這世界恐慌中日本在國際上陷於孤立，缺乏支持其大為增加之人口的國內資源，而且日本之移民，被適合移居地之各國限制或禁止，遂令日本人認為只有法西斯以外沒有經濟上之路可以走。

(4)工會以及社會主義政黨之不發達。

能夠阻止軍之強行法西斯政策的唯一社會上勢力是工會和社會主義政黨，但在日本這兩者都不發達，發生九一八事變、五．一五事件以及二．二六事件時，工會沒有遊行示威，或以罷工表示反對，連無產政黨也國家主義化，反而期待九一八事變能夠改善勞動者之地位。而日本勞工運動以及社會主義政黨之所以不發達，是因為被資本家之家族主義的溫情主義所歪曲，以及歷代政府之鎮壓政策。

日本之勞工工會（原文為勞動組合）運動，受一八九七年，高野房太郎等所成立工會之刺激，其會員中之鉄工一千八百零四人於該年發起鉄工工會，隔年（一八九八年），日本鐵道會社（公司）火車頭司機組織叫做矯正會的工會，公司卻借警察力量予以解散。一九〇一年，片山潛、幸德傳次郎（秋水）等幾個社會主義者組織社會民主黨，五月二十日發表宣言，政府當日命令解散。

如上所述，工會和社會主義政黨之成立，馬上遭受到解散，資本家和政府視其為洪水猛獸，不幫助其健全之發達。特別是自一九一一年，幸德傳次郎等之大逆事件（一八七七年，暗殺明治天皇嫌疑事件）以來，政府遂具有社會主義與日本之立憲君主制勢不兩立之牢不可破之偏見，從此以後，社會主義運動一直在政府壓迫之下。政府和資本家認為，家族主義之溫情主義是規範勞資關係之日本形態，意圖以這樣的方法阻止勞工運動和社會主義。

當然以為這樣的家族主義政策能夠適用於近代資本主義企業是很大的誤解，自一次大戰之後的恐慌襲擊資本家企業以來，姑息的政策破產，勞工運動活潑起來，社會主義之研究以及勞農政黨之活動也很積極。而且政府與學校和資本家全力鎮壓社會主義，工會運動也受到其餘波，而走向國家主義之方向。因此迎接九一八事變時，為阻止法西斯主義之進展，工會和社會主義黨都沒有舉手。

(5)徹底普及教育國家主義。

明治維新以來，日本對於國民教育之普及非常熱心，結果對於日本之近代化和資本主義之發達，有過很大的幫助。唯其為劃一的國家主義教育，成為阻止日本民主化之一個很大的原因。

明治初年，政府實施近代教育制度時，很受美國之影響。一八七二年創設師範學校時，聘請美國人史考特來講授小學的教授法。被派遣歐美各國調查學校制度之理事官的田中不二麻呂，回國之後，特別介紹美國各州之學校法，並翻譯其他有關教育和教授之美國人的著作。又聘請美國人大衛・馬雷出任文部省（教育部）之顧問。在北海道設置開拓使時，請來美國麻省州立農科大學校長威廉・S・克拉克，創立札幌農學校，這是眾所周知之事實。

如上所述，開始時日本之教育引人進不少美國之制度和方法，但隨時代之變遷，德國之國家主義的教育思想之所以風靡於日本，是因為經驗佐賀、薩摩等之封建士族之兵亂，以及自由民權論者之偏激議論的明治政府，認為必須趕緊確立中央集權的國家權力，教育也必須普及國家主義。亦即一八八五年就任文部大臣之森有禮，大事改革學制，同時「邀請德國人豪斯克聶希特為講師，在帝國大學文科大學講授教育學，從此以後德國之學說大為流行，和國粹保存主義一致而受到社會之歡迎，各種事項皆參酌德國為其模範。向來國民之教育一定考量國體之為何，關於日本倫理之基礎，學者之間，議論紛紛，不知其歸趨。一九〇〇年四月，芳川顯正出任文部大臣，十月三十日關於教育，對文部大臣賜頒勅語，令其頒布全國。至此日本之教育基礎及倫理標準確定。該月修改小學令。以此時實施地方自治制度，認為有此必要。本令大致上以德國制度為模範來編制，比從前所制定者大有進步」（侯爵西園寺公望「明治教育史要」，『開國五十年史』上卷六九四～九五頁）。

由此可知制定憲法，實施地方自治制度，修改小學令，發布教育勅語等是，以德國國家主義思想取代明治初期之英美法之影響的一連串政策。有如明治憲法是英美法之三權分立，以及保障臣民之自由權，和德國國家主義之混合或妥協，教育勅語也是市民社會之德目與國家主義之義務的混合乃至妥協，這兩者都表現近代國家日本之特殊性。而且其運用，不管憲法還是教育勅語，都強調絕對主義之帝國主義思想的層面，因此日本之國民教育，不是市民教育，而是一種臣民教育，不是個人之人格的自由或責任，而是以作為國民的自覺和義務為著眼點。事實上，教育勅語之客體是「爾臣民」，完全沒有民主主義之「個人」的思想。教育勅語在全國所有學校一再地捧讀，背誦，形式上受到尊重，以其為日本教育之理念。從一八九〇之發布，以至一九四五年日本國家主義之潰滅，繼續了五十五年。這一種國家主義教育理想形式之反覆普及承襲，在日本國民之間，阻礙了民主主義人本觀之覺醒自不待煩言。法西斯勢力利用天皇絕對之思想，假天皇之名號令國民時，受過此種國家主義教育的國民，對它不會抵抗也是理所當然的事。

(6)日本國及其國民對基督教授取偏狹之態度。

明治維新當初，政府依照恢復王政之旨趣，把神祇官擺在諸官省上面，留存幕府時代禁止切支丹（天主教、基督教等）之牌子，沒收德川幕府所保護之佛教寺院的特權和財產，使廢佛毀釋之勢猖獗。可是一八七一年，外務卿岩倉具視一行抱著修改條約之希望歷訪歐美各國時，各國政府指摘明治政府繼續禁止切支丹，不承認信教之自由的國家不是文明國家，批評要求修改條約實大有問題，由於培養西洋文明之骨幹是基督教，所以日本開國引進西方文明時，也有人善意地忠告有必要把為其骨幹的基督教也同時引進來，據稱美國總統格蘭特和德國宰相俾斯麥，曾經對岩倉一行建議日本引進基督教。

因此，岩倉遂以信教之自由為很重要的政治問題，遂立刻報告日本政府撤銷對切支丹之禁令。爾後基督教之傳道及信教自由了，但傾向國家主義之明治政府對於基督教並不特別表示關心，更沒有要引進它的態度。他們以為，日本國民作為近代國家之精神上或道德的因素是，以以往之神道、儒教、武士道等，培養的國民精神已經足夠，需要從歐美引進的只是科學上、技術上以及物質上的東西而已。在日本的道德基礎上，接上西方之技術以及制度是他們要建設的近代國家日本之性質，就他們而言，「和魂洋才」是最理想的新日本人之類型。因此，他們很熱心於引進西方之制度與物質文明，對於基督教卻採取不關心的態度。

一八八六年以來，外務大臣井上馨開始致力於修改條約，日本為表示其近代化遂鼓吹歐化主義，據稱井上且受基督教會之洗禮。由於這是政略上之方便，修改條約運動失敗了，歐化主義走下坡，為其反動，國粹主義運動抬頭，特別是森有禮以文部大臣鼓吹國家主義教育，自一八九〇年發布以國家主義為中軸之教育勅語以來，以基督教不合乎日本之國體而予以攻擊，這主要發自帝國大學教授之間。一八九一年一月，發生於東京第一高等中學之內村鑑三的不敬事件，以及一八九二年一月，在熊本英學校所發生之奧村禎次郎舌禍事件，把國民對於基督教之反感烽火燃燒起來。一八九三年，帝國大學文科大學教授井上哲次郎發表「宗教與教育之衝突」一文，斷然說基督教與日本教育是衝突的，對於日俄戰爭時候，內村鑑三倡議非戰論（不打仗），前帝國大學總理，當時之帝國學士院長的加藤弘之，在「吾國體與基督教」演講斷言這兩者不一致，並把它印成小冊子（一九〇七年）向社會推廣。

井上、加藤兩位博士之論斷，成為後來日本國民之常識，尤其成為教育界之主要見解，給後來人很大的毒害。不過沒有傷害到法律上之信教自由，也沒有顯著的迫害基督徒，平靜地傳教和繼續信教，信徒的人數雖然不多，但基督教感化，慢慢地在浸透於國民各階層。但九一八事變以後，在法西斯政治之下，對於自由主義者、社會主義者和基督徒之迫害日熾，信教之自由變成有名無實。

明治以來，日本政府、國民、特別是如上所述教育界對於基督教之偏見，殆害日本國民之心情培養民主精神之機會，在形成近代國家日本這一點，是很大的損失。

(7)給神社帶來很重要的政治上、教育上意義。

明治政府以其國家主義政治為精神的中心，給予神社很重要的地位。但為避免它與信教自由之憲法上原則發生衝突，遂不得不作「神社不是宗教」這樣的解釋。因在日語，「kami」是「上下」的「上」，意味著一切位居社會上上位者，不一定都是宗教上的禮拜對象。本來是同族者聚集於氏族之長之下，以求氏族之統一和交驩。在此種意義上，參拜神社不是宗教上儀式，應該解釋為國家之公事，或社會的活動，教學校學生要崇敬神社，率領學生參拜神社等，說這不是宗教生活之訓練，而是國家主義之國民教育的一個方法。

這個問題之困難，種因於「kami」的性質之愛昧。如果是「上長」這個意義的「kami」，便沒有神人、君臣之區別，在等級的意義上，對於「shimo」有「kami」，「kami」受到尊重。可是日本人之「kami」這個觀念，不只是這樣，還是有幽明普照之神意，相信神之保佑，向神祈禱。在此種意義上，「kami」不僅在政治上或社會上，也具有宗教上之意義。加以自明治維新以來，在佛教在國民間失去活的信仰力量，對於基督教，以其不合乎國體予以排斥的情況下，政府和教育界重視神社，獎勵甚至強迫參拜神社，或舉行祈願拜拜，或授與神牌等，進行宗教行為。自九一八事變以後，在法西斯政治下，極端強制國民崇敬神社，不問什麼宗教，要各家庭奉祠神龕，通過神社前面，即使在車中。也要求人人脫帽致敬。至此神社幾乎被賦予國教之地位。

如上所述，政府和國民對於神社之態度，因日本民族自古以來之「kami」觀念之曖昧，使日本人之神觀不純，因此也使其人生觀曖昧，妨害了到達人格之觀念。所以我們無法否認它阻害了民主主義精神之確立。

(8)視天皇為絕對活神的思想。

天皇被國民尊敬為日本民族宗族上之「kami」，其關係繼續大約兩千年，這是日本國家之歷史上的特殊性。但把天皇當作民族之「元首」來尊敬，不是要把他當作宗教上之「神」來禮拜。天皇決不會給我們從現世到永遠來世之心靈上的平安，把天皇當作宗教上之對象意義來禮拜，在明治以前之日本民族歷史上是沒有過的。不過，稱天皇為「現人神」（活的神）是有過的。但那是把天皇當作日本民族之宗教意義上的「長上」，將其解釋為適合宗教上地位最高，心情清明而應該無私的人。在新憲法，所謂天皇是日本國之象徵，統合日本國民之象徵是，應當可以解釋為要去除我們的祖先所說「天皇為現人神」這個氏族和宗教上意義的現在表達。

明治維新以來，意圖國家主義統一之政府加強了天皇之權位，以天皇為國家統一之中心。這在日本歷史上不是完全沒有理由的，在當時的情勢上或許是聰明的政策。但他們超過其程度，脫離國民本把天皇當作「kami」的原來觀念，不僅在憲法上天皇之地位為絕對不可侵犯，在精神上和宗教意義上，給予天皇蓋以「神聖」之面紗，對於天皇之不敬，不但是在國法上犯罪，批判其為近乎宗教上之冒瀆。本來沒有宗教之明治政府和國民，想把天皇神格化作為國民道德教育之中心，更為國民之宗教上禮拜之對象。這個傾向自九一八事變以來，在法西斯政權下達到顛峰，有如羅馬帝政時代，大有禮拜皇帝之概。顯而易見，神格化天皇之思想，阻礙了日本國民之民主化。

(9)科學特別是社會科學不十分普及。

如前面所說，日本要從西方學的不是宗教、道德等精神方面的東西，而是科學、技術等物質方面的事體，這是明治初期以來，政府和國民之共同意見。歐美各國經過幾個世紀之累積與發展到達的文明階段，日本自開國幾十年就要學到，所以不按照從根本作起，趕緊移植現成的成果，或許可以說是非得已之事，但為日本之近代化，它卻有其根本的錯誤。為日本引進西方醫學之功勞者之一的德國人艾爾溫．馮．柏爾茲，於一九〇一年在職東京帝國大學教授二十五年之慶賀演講時，稱贊日本學者學習西洋醫學之技術，同時呼籲學習「學問之精神」，這是很值得我們肯定的。

社會科學在西方各國，比自然科學，作為「科學」之發達慢得很多，所以引進日本之法律學、政治學、經濟等，大多以法律技術、政論、實業等應用方面為主，科學地分析社會，科學地認識社會之發達這一種科學的、法則的精神還不夠也是無奈何之事。但其結果卻是非常重要。國家決定重要政策時，國民沒有充分的批判能力，太容易接受政府之要求，統一國論，乃因為社會科學不發達所致。譬如一次大戰之後，開始法西斯政治時，在當時之國際情勢下，日本求生存之道路，對於主張除九一八事變之外沒有其他路可走的軍的主張，因國民之間缺少能夠從社會科學觀點來批判之態度和精神的學者，終於「既然沒有其他路可走，這是不得已的事」，而跟軍一起上國破滅家亡的道路。

(10)保存家族主義。

以皇室為中心的國家主義，不外乎是把家族主義在政治上之擴大。又資本家之溫情主義的勞資合作，也是家族主義的一種勞工運動對策。農村之家族主義被認為，農民為忍耐窮苦，或為忍耐都市之低工資勞動者甚至失業的有效制度。因此政府、教育家、資本家稱贊家族制度為日本固有之美風，鼓勵永遠保存，不能廢止，而這也是阻擋日本之民主化的一個原因。

(11)財閥之發達。

日本之財閥，起初形成於資本家企業之家族制度基礎上面，這與明治政府之保護產業政策結合，發達成為獨占資本的康采恩。財閥對於形成近代國家日本及其發達上扮演過怎麼樣角色，這裡不談。我只指出它在日本跛腳性經濟機構，接續農民經濟之低谷，擁有摩天樓之偉容，這是阻擋整個日本社會之民主化的原因之一。

以上，我們舉出了明治維新以來妨害日本之民主化的十一個原因。戰敗以後，日本意圖要變成民主主義國家。為成就這個事業，必須反省以上所述各點，除去妨害日本之民主化的原因，並充實其欠缺的要素。現在，我簡單就各個項目，檢討戰後所在進行之民主化政策。

(1)巨大的軍。

這已經完全清除乾淨了，今日，除外國軍隊駐屯之外，日本沒有一兵一卒。在這一點，比明治開國之初，更非軍事的國家。非軍事的社會，有助於民主主義之發達，在這一點，現今之日本是在很值得我們祝福的狀態。

(2)農村近代化之落後。

這正在戰後之農地改革嘗試中。明治初年之修改地租，確認土地所有權，把基礎擺在資本主義社會基礎上面，土地之所有關係以及佃耕關係沒有加以根本之改革，因此未能充分幫助農民之貧窮。反此現在之農地改革是，限制土地之所有權，對佃農開放農地，改革佃耕條件，所以對於幫忙農民之窮困應該有改善作用才對。但是與此同時，如果不謀求農業生產方法和近代化生產關係，要經常提高農民之經濟地位，要除去日本經濟機構之農工兩個部門之跛腳性是非常困難的。

(3)經濟恐慌。

今日日本，還沒有被完全接受回歸到國際經濟，但還是免不了世界的經濟恐慌。不但不承認日本人之移民海外之自由，在外地外國之日本人（日僑）也被強迫回來日本，這些回國者，以及每年自然增加超過一百萬人，在領土變小的這個地方，要如何養活這些人？假定國民使用不自然增加人口的方法，要這在社會上生效果，也需要幾年的時間。又即使人口之自然增加率降低，但還是不能絕對消除自然之增加。在這樣情況下，為謀求日本人之經濟生活的安定與繁榮，有什麼道路可以走，就日本之民主化而言，實具有很重要的意義。這不僅是日本的問題，也是要支援日本之民主化的世界各國必須思考的問題。

(4)工會及社會主義政黨。

戰後日本之發達令人結舌瞠目，我不得不感覺這是日本民主化之原動力。但是其運動方法在民主意義上還不夠成熟，需要改善的地方很多。另一方面，政府對於日本共產黨以及共產黨系的勞工運動的態度，令人聯想明治初期之自由民主運動。

(5)教育之態度及其精神。

明治初年以美國式為模範，後來改為德國式之日本教育制度之主義和方法，戰後根本修改，再度完全採用美國式。一八七、八年代之美國的教育制度和方法，與今日之美國教育制度可能有差異，總而言之，日本之教育，捨棄國家主義，引進美國式，對於日本之民主化，至少對於美國式民主化必將有所貢獻。

(6)基督教的問題。

只以美國式教育制度和方法，很難給予日本國民民主主義精神。日本人必須改變對於基督教之信仰的心理態度。否則，將犯只引進明治初年之歐美的文明與制度，沒有引進其精神基礎的同樣錯誤。戰後基督教由壓迫和迫害得到解放，占領軍當局堅持信仰自由之原則，作為占領政策之一部分，或者作為政府之政策，特別保護基督教之傳教是不恰當的。基督教之傳道，應該是離開占領軍或政府，必須是純粹的民間活動才對，政府以及國民對於基督教之態度，不能像從前那樣偏見或無智，希望大家對基督教有善意的理解和尊敬，最好能夠信仰。戰後所編纂之中學小學教科書，包括代表基督教之人本主義思想之教材，但基督教之人本主義與基督信仰是不一樣的。

(7)神社的問題。

戰後，國家對於神社之保護全部廢除，神社失去政治教育之意義，但是神社本身還是繼續存在。因此自古以來著名的神社，具有國家政治意義者衰微，反此，接觸市民生活成為給予利益之祈願對象，出現具有宗教意義的神社繁榮的奇怪現象。強制國民之禮拜對象的神社之消滅，對於國民思想之民主化是有利的，一般來說，除神格化天皇之思想以外，民間之崇拜偶像的迷信，並不因為戰敗除去或減少。所以正確的宗教之傳道以及社會教育之普及，是非常有其必要的。

(8)天皇之問題。

明治憲法所規定天皇之超越的大權被完全掃除，新憲法規定天皇為「日本國之象徵，為統合日本國民之象徵」。亦即天皇制本身在戰後的憲法上還是存在的。而且天皇親自發自己不是活的神的「人間宣言」，脫掉明治以來被穿上的神格外衣。一般並不認為此種意義上之天皇制的存在，對日本之民主化有害，反而對於脫離神格的天皇，日本國民似乎感覺新的意義上的人之敬愛。

(9)科學特別是社會科學之問題。

改革戰後學術研究體制，成立「日本學術會議」，要策動政府和國民從本來就不多的國家預算，要求其科學研究費之增加，在現今以復興經濟為第一優先的目前情勢下是很不容易的。修正自然科學和社會科學之發達的不均衡，促進社會科學之發達的必要也得到一點點認同，但在這方面仍然有待努力。

(10)家族制度之問題。

戰敗後之新政修改了民法，廢止了以往的家族制度，這對於日本國民之民主化一定有幫助。

(11)財閥的問題。

財閥之解體，排除集中之指令，這是出自美國禁止托拉斯法之同一主旨，它擴大了資本家間之自由競爭的範圍，在此種意義上，是民主主義的事體，但競爭必定優勝劣敗，結果一定是資本之集中和累積。資本家間之競爭不會產生民主主義社會，有經濟繁榮之餘地的各種條件使資本家之自由競爭成為可能，因而由之會產生民主主義社會。總而言之，解體明治以來牢固的獨占勢力之財閥，在將國民之資本與企業分成小單位，在令其站在同一開跑線上這樣意義上，這個政策幫助了民主主義的企業家精神。

除此之外，改革行政機構，以委員會制度取代官僚行政，修改中央集權，給地方權力（分權）。這些改革對於日本的民主化可能也會給予有益的刺激，惟在日本，中央和地方的關係，跟美國聯邦政府之關係不一樣，在歷史上和心理上不同，這是可以理解的。對於一切事項，太多的美國化政策，對日本不是民主化，反而會變成表面上的淺薄東西，有予以歪曲的可能。為著日本的民主化，引進美國之制度、方法和思想，在現階段，的確是最要緊的事，但在這過程，不能太急，太細膩，也不能太勉強。日本要在適合日本之限度（國情）和方式，學習美國民主主義才是。與此同時，除美國之外的廣大世界，日本是不能閉鎖的。日本不要成為任何國家之屬國，在國際社會必須保持自主的立場，完成自己的民主化。

（六）結論

以上，我將自開國以來，作為近代國家的日本之發達的特殊性，特別從民主化的觀點來探討。其結果可以概括如何。

(1)自由主義或民主主義之傾向，不是自明治維新以來日本歷史上所沒有的。這主要在民間。

(2)但是與此同時，有強大的國家主義流派。這主要在政府和軍。
(3)這兩個流派之鬥爭形成了日本的近世史。
(4)迨至第一次世界大戰，政府與民間這兩個流派，合起來對抗軍，欲在民主主義路上前進一步。
(5)可是以九一八事變為轉機，在軍之法西斯政治下，自由主義流派被迫沈默了。
(6)戰敗之後，在占領軍指導下，桌子完全旋轉，日本將變成民主主義國家。一個世紀以前，培理扮演了日本開國之助產士角色，麥克阿瑟，繼而李威作了。由於要生產嬰兒的是日本國民，究竟日本國民有沒有具有生下民主主義國家的素質和能力，成為最後的問題。日本民族之歷史的回答為「是」，我也抱著希望回答說「是」。

我們在日俄戰爭當時，大隈重信在所撰『開國五十年史』看到近代國家日本之發達不是偶然的，遠自兩千年來日本民族歷史中，已經培養了其素養和能力，這是該書撰文者共同的看法。這個素養和能力，不一定只有國家主義傾向。我們在日本民族歷史傳統中，一樣可以發現民主主義因素。即使只看明治維新以來之歷史，我們便可以知道這個事實。惟因顧及當時之國際情勢和國內之所需，明治政府認為採取國家主義因素對日比較有利。因此他們大力鎮壓自由主義、民主主義傾向之思想和運動，最後日本走上法西斯政權，成為勃發太平洋戰爭之遠因；但與此同時，日本自開國以來之一百年歷史，在不同的國際情勢，不同的國家需要，不同的國民發達階段，令人知道日本民族並不缺乏形成民主主義國家之素質和能力。我們要虛心接受外來之刺激和教訓，藉此以再來發現日本民族之潛在素質和能力，並予以陶冶，磨練，擴張，以完成時勢所求國民之復興，為世界和平，人類之福祉作出貢獻。

羅馬非一日所成，明治維新之日本近代化事業也不是無中生有的。其基礎在德川時代封建制度下，在社會上貧窮的下級武士之堆積以及商人資本家階級之興起所形成，在思想上，以佛教、儒教、武士道所鍛鍊以及國學之復興所準備的。同樣地，太平洋戰爭之後的日本的民主化，也不是沒有任何準備就開始的。日本民主化之過程，從明治維新以後大約有一個世紀的歷史。惟日本民主化之事業，因日本之特殊情況而被歪曲和被阻止，我們應該承認這個事實。今後我們的任務是，要反省和檢討其歪曲、阻礙的原因是什麼，要努力除去它，並培育適合日本國情的民主主義。

上述歪曲和阻擋日本民主化之各種理由的一半是，因為日本資本主義之後進性，其他一半是日本民族在過去，因為思想素養上人格觀念之稀薄（缺乏）。由於後進國家日本參加資本主義列強之競爭，所以在經濟勢力之涵養上強調國家所佔之角色，強調國家主義思想。在另一方面，功利的儒教思想和汎神論的佛教以及神道精神，很容易和國家主義思想結合在一起，或在國民之間培養對於國家權力之消極服從之態度，沒有刺激德謨克西之基礎的個人人格觀念。因此，為著日本的民主化，因太平洋戰爭戰敗，國家主義幻滅是求之不得的絕好外來機會，這是今後日本國民涵養個人人格觀念最好的環境。培育人格觀念之根本的哲學和宗教，與安定國民經濟生活之同時，匡正戰後日本民主化之表面而一時之風潮，將是建構根本而永遠之日本民族之骨幹的條件。

參考文獻

大隈重信撰《開國五十年史》二卷一九一〇年～一一年

Okuma.s.(ed),Fifty Years of New Japan,1909.

吉野作造編《明治文化全集》二十四卷一九二七年～三〇年

《福澤諭吉全集》十卷一九二五年～二六年

《田口鼎軒全集》八卷一九二七年～二九年

《內村鑑三全集》二十卷一九三二年～三三年

朝日新聞社編《明治大正史》五卷一九三〇年

東洋經濟新報社《現代日本文明史》十二卷一九四一年～四二年

信夫清三郎《大正政治史》四卷一九四一年～四二年

岡義武《近代日本之形成》一九四七年

土屋喬雄《日本資本主義五十年史》一九三七年

揖西光速、大島清、加藤俊彥、大內力共著《日本資本主義之發達》一九五一年

東京政治經濟研究所編《日本政治經濟年鑑》一九三二年

《朝日年鑑》、《時事年鑑》各年版

Nitobe,I.Japan,1931

Norman.E.H.,Japan's Emergence as a Modern State ─ Political and Economic Problems of the Meiji Period 1940.（大窪愿二譯《日本における近代国家の成立》一九四七年

Reischauer.E.O.,The United States and Japan,1950.

Samson,G.B.The Western World and Japan,1950.

附錄五　《戰後日本小史》前言與總說

前言

盟軍在日本的的時候，麥克阿瑟元帥說日本的民主主義是十二歲，這是非常出名的一句話。十二歲的意思是小學畢業的程度。若是，日本的民主主義真的是這個程度嗎？我把這一句話，一直掛在心裏頭。

我還在東京大學的時候，有一位英國學者來訪，我說日本的國會議員選舉免不了腐敗（賄選），對於民主主義之前途表示不樂觀時，他以安慰我的表情說，英國從前也是，七十多年前還是這樣。過幾年之後，日本也會好起來。若是，過幾年幾十年日本的民主主義會好起來嗎？這個問題一直在腦海盤旋著。

明治初年，日本自開國以來，自由與人權的民主思想，有如潮水般湧進日本來。可是，日本的民主主義還是不十分發達，終於被法西斯推向太平洋戰爭。若是，能夠幫助日本民主主義之成長的要因是什麼？阻礙和歪曲的原因是什麼？研究這個問題是要從反動維護日本民主主義，使其健全地成長發育所不可或缺的基礎工作。

從這樣的觀點，我們便從明治維新到結束太平洋戰爭之日本民主化的進展，以及它如何被歪曲和被妨礙的過程，從政治、經濟、法律、勞動、教育以及總說各項分別作歷史上之探討，將世成果，以《現代日本小史》（一九五二年，由みすず書房發行）。執筆者為岡義武氏〈政治〉、大內兵衛氏〈經濟〉、我妻榮氏〈法律〉、大河內一男〈勞動〉、海後宗臣氏〈教育〉以及矢內原忠雄〈總說〉六個人。

作為其續篇，太平洋戰爭以後至最近之小史，係從民主主義之進展及其困難這個同樣觀點，由同執筆者著述，計劃由同一出版社出版。惟因執筆者都非常之忙，不容易集全所有原稿，這一次收到總說（矢內原）、經濟（大內）、勞動（大河內）三篇，作為《戰後日本小史》上卷出版。政治（岡）、法律（我妻）和教育（海後）三篇，原稿一收齊，將以本書之《下卷》出版。

我之所以擔任編輯，是因為本書之規劃是《現代日本小史》之續篇，由日本太平洋問題調查會之調查委員會出版的，因我為其委員長所致。可是調查委員會停止活動很久，在今日還是有名無實的存在，因此獲得日本太平洋調查會之諒解，與其毫無關係地出版。不過對於本書之著述，很早便得到該會之研究費的補助，於此謹代表所有執筆者，對該會表示謝意。

前著《現代日本小史》與本書之年代的區分，係以太洋洋戰爭之結束為基準，因敘述上之關係，有一些重複。這一點要請各位讀者願諒。

無需說，本書是純粹的科學性的研究，沒有任何政治意圖。我們所希望的是，日本的民主化能夠健康地成長和發展，自由與和平的新鮮血液能夠浸透到日本國的每一個角落。這是我們作學問的心願，也是國民的心願。本書如果能夠對社會有所幫助，將是我們最高的事甚至到蓋棺之後。

一九五八年六月二十四日

矢內原忠雄

總說

第一節　太平洋戰爭之歷史上意義

（一）九一八事變

太平洋戰爭是第二世界大戰的一部分，其歷史上意義，應該從世界史的觀點來研究才是，在太平洋地區這個局部地區限定下，不可能瞭解其全部的意義。但把以日本為中心打的第二次世界大戰其中的之太平洋戰爭之部分，叫做太平洋戰爭也不是完成沒有道理，作為帝國主義之日本，實以國家之興亡為打賭的戰爭。但所謂「太平洋戰爭」是日本投降之後，盟軍所指示的名稱，在此之前，日本自己一直把它叫做「大東亞戰爭」。

所謂大東亞戰爭是，以建設「大東亞共榮圈」為目的，政府和軍部以及協助它的學者思想家之一夥，構成了大東亞共榮圈之理念，努力於對國民提示之戰爭之目的。

無需說，「大東亞戰爭」（一九四一～四五年）是開始於一九三七年之中日事變的繼續，而這個中日事變是，一九三一年之九一八事變的繼續。因此，「大東亞戰爭」亦即太平洋戰爭之起因是九一八事變，所以弄清楚九一八事變之原因，就能夠搞清楚太平洋戰爭之原因及其性質。

九一八事變是第一次世界大戰之後，為解決日本資本主義之窮途末路的戰爭。一次大戰之後，日本之軍事上、經濟上之勢力增強，但隨戰後歐美各國之重建經濟之進展，日本商品在國際市場之競爭上受到壓迫，日本緊縮在戰爭中膨脹之經濟，必須進行產業之合理化，以降低生產之成本。一九三〇年，浜口（雄幸）內閣之以解除輸出黃金為中心的緊縮政策，其目的是要恢復日本商品之競爭力為目的，因此被犧牲的是農村、中小企業和軍部。

在另一方面，在國際上，欲抑制因為一次大戰日本之插足中國大陸之美英各國的政策，於一九二二年之華盛頓條約具體化，廢除英日同盟，一九二四年美國制定移民法，使明治以來所營造與美英兩國之和諧外交發生了極大很大變化。

加以一次大戰以後列強之裁軍政策，給予日本影響，因華盛頓和倫敦兩個裁軍會議，決定了海軍之裁軍，美英和日本三國之海軍保有比率為五・五・三。日本強力主張五・五・五，結果日本讓步，變成五・五・三。其次，以裁軍陸軍為目的之國際會議，此時也成為國際政治上的話題。

如此這般，因為屢次之戰爭而膨脹的日本軍部，在第一次大戰之後的整理期，因國內及國際之原因，被要求裁軍，同時為以往軍部之主要推動力所企圖的中國大陸政策不得放棄或修正。這使軍部之意識，不但要保全其勢力，認為這是為日本之發展值得憂慮之事態，並作這樣的宣傳。

尤其是第一次世界大戰之後，在中國崛起之中國國民黨勢力及於滿洲的形勢，就一向以確保滿蒙為日本之特殊權益的勢力範圍的關東軍認為，為確保滿蒙必須採取決定性之手段，否則自甲午戰爭以來士兵流血流汗所得到的這地區的特殊權益，將永遠消失。他們認為，要以和平手段在中國大陸獲得經濟之發展的廣田（弘毅）外交，實在太消極。

以井上（準之助）財政合理化經濟為目標的緊縮政策，以及以廣田外交來搞經濟之和平外交不滿的軍部，推動其反資本主義、反民主主義的政策。上層者暫且不談，中堅青年軍官，在研究蘇聯之共產主義和德國的納粹主義，與軍部之外的封建國家主義思想家合作，意圖建立反資本主義、反民主主義之全體主義的國家體制和實施統制經濟。

他們商議這一種全體主義革命要在中央政府實施，或者在滿洲實行，最後決定在滿洲在執行，擬以其力量迫中央政府之改組。他們在滿洲之謀略很容易成功，進而建立了滿洲國。

建設滿洲國起初標榜的或期待之政策的特色如下：

一，對於在資本主義壓力下受苦的農民和中小企業，提供移住地，使其有活路。拒絕財閥進來，以中小資本或國民的資本，作為開發滿蒙之資金。

二，在偽裝民族自決主義之下，來建設滿洲國。

三，滿洲國之政治口號為「王道政治」，思考不屬於資本主義或共產主義的政治理念。

四，以滿洲國為日本之國防線，日本本土之國防線要設在此地，以節減軍事費。

五，建設日滿經濟集團，以實現廣域經濟。

總而言之，為九一八事變之推動力的軍部，是以籠統的反資本主義、反民主主義之意識形態為其出發點，沒有階級基礎之政策，絕少會有事實上之效果，首先在拒絕財閥這一點，把日本資本主義機構原封不動，只想把滿蒙之經濟經營以反資本主義般來地實行，那是辦不到的事情。為經營滿蒙之經濟中心的滿鐵，和日本之財閥具有很密切的資本關係，加以滿鐵本身，就是一個獨占資本的企業。拒絕大資本家之插足，得不到為經營滿蒙之資金，軍部馬上就知道了。於是他們拒絕現有之財閥，卻歡迎新興的財閥。如果這樣，滿蒙之經營，將開放給日本全部的大資本家，同時將依靠它們，這是當然的趨勢和變遷，起初為軍部忌避，同時自己對於九一八事變之展望消極和懷疑的現有財閥，也逐漸出於積極的態勢。

第二，在民族自決美名下之下的滿洲國建設，其為偽裝自始就是非常清楚的。事實上和在歷史上，在滿洲，根本就沒有要建立一個從中國獨立的另外一個國家的民族運動。滿洲人和漢民族，在政治上、經濟上和社會上完全同化，沒有滿洲人的民族意識，而多數之漢民族移居滿洲，滿洲人口之大部分為漢民族。這些滿洲人以及移居此地的漢人，完全沒有要求在政治上要從中國獨立的傾向，相反地，中國國民黨之勢力逐漸及於滿洲，國民政府之統一中國的事業，也把滿洲置於其組織之下。而這正是中國國民之民族運動，是民族自決主義之顯現。事實上，日本軍部非常震驚新中國民族運動有把滿洲納入其範圍的傾向，欲阻止和中斷它，為要把滿蒙擁有為日本特殊權益地區才發動九一八事變，它不是支持滿蒙之民族自決，其目的是要阻止其自決。

第三，所謂「王道政治」這個政治理念，其內容實模糊不清，沒有一個標準，具有東方封建思想之神秘性。因此它始終只是一個名稱，實質上是相當於希特勒或墨索里尼之法西斯主義，這是必然的結果。不過在德國或義大利，還有某種程度上的國民基礎，但在與其完全不同的滿洲，搞所謂「五族協和」這個空洞的口號，其曖昧性立刻會破看穿，毫無社會上、階級上之基礎，完全依靠軍部和官僚之作為的領導意識形態在搞。

第四，以滿洲為日本之國防前線的政策，就是明顯的軍事帝國主義，第五的日滿集團政策，是獨占資本主義的帝國主義。此時，當初之指導地位是軍事上的見地，經濟上的見地是從，但資本見地卻逐漸增加其重要性。按照帝國主義政策理論之法則，軍事勢力和資本勢力會互相合作，互為利用，以邁進滿洲國之經營。

（二）中日事變

很意外地，九一八事變之抵抗並不激烈，好像很容易地成功了的樣子。但就軍部而言，並不因此而感覺滿足，在某種意義上，借其餘威，在某種意義上，為使用其完成成功，在滿洲之外還搞了兩個革命事業。一個是日本本國之法西斯化；另外一個是把以滿洲為中心之軍事上、經濟上的支配圈擴大到華北。

為使滿洲國成功和健全，必須使日本跟滿洲國一樣成為法西斯政治和經濟體制。不，在軍部意識上，滿洲國之建設，是使日本法西斯化的一個階段，一個手段。日本從明治初年以來，一直走著資本主義化、民主主義化的道路，特別是在大正時代（一九一二～二六年），逐漸形成政黨政治之形態，採取產業合理化之社會近代化政策，為實現阻止這個發展之法西斯體制，便出於軍事革命之手段。於是他們開始搞暗殺擁護立憲政治之重臣，資本主義之中心勢力的財界巨頭，以製造政變的機會，乃發了五．一五事件、二．二六事件。這些政變雖然皆失敗，但在把日本之政治和思想之掌舵轉變到法西斯方向這一點，軍部內之革新勢力是成功的。

滿洲國之推動者的軍部，在另一方面，把眼睛轉向華北。滿洲在地理上和經濟上接近華北，居住滿洲之漢民族的大部分，皆為華北之移居者，故欲擁有滿洲者，想確保華北，似乎是歷史之宿命。日本軍部起初所支持之張作霖，他在滿洲之地位安定時，進步華北，欲統治華北，搶了其政策的日本軍部，遂把張作霖丟棄。但推翻張作霖、張學良父子政權，建設滿洲國的日本軍部本身，等到滿洲國就緒時，為確保其成功，便意圖把華北納入自己之勢力範圍，在經濟上採取將日滿經濟集團，擴大為日滿支經濟集團。

有如九一八事變係起於當地軍隊之衝突，中日事變也是當地盧溝橋之軍隊的衝突。近衛（文麿）首相對於這個衝突要局地解決，或以中國政府為對手，對於中日紛爭作全面的解決，面臨決定所謂事件之擴大或不擴大政策的岐路。日本之財界和媒體，起初對於擴大事變，大致上是消極的。但是軍部卻主張強硬政策，近衛首相稍微躊躇和動搖之後，接受了軍部之主張。這當然應該是因為軍部之強大壓力的結果。

軍部之所以對華北主張強硬政策，我認為是由於下面之兩個理由。

第一是，滿洲和華北，在軍事上和經濟上是不可分的，在軍事上要防衛滿洲，必須將防衛線延伸到華北，在經濟上，要開發滿蒙，需要將華北納入其集團化。這是軍事上、經濟上之帝國主義之邏輯。

第二，根據軍部之判斷，當時之中國不能說是統一的國家，因為軍閥政權蟠踞各省，有關中國之政治問題，以為與地方政權交涉可以解決。在軍事上，以武力打倒一個政權，不會影響其他之政權，因而日本軍部可能以為，可以以各個擊破之方法，來擴大日本對整個中國之支配。彼稱為中國通之民間的諸國家主義者，支持這樣的見解。在共產主義者也不認為，國民政府是一個統一的政府這一點，和軍部的判斷是一樣的。關鍵是，在國民政府手下的中國，是不是一個統一的民族國家，或者快要成為民族國家這樣的認識問題。筆者認為，有承認當時之國民政府手下，中國開始具有民族意識這個事實的必要，並主張不應該以戰爭的方法來解決中日間之紛爭，但這一種見解，被軍部和政府所忽視，中日事變遂迅速日益擴大。

如上所述，為了確保滿蒙，必須控制華北，為了確保華北，需要掌控華中，軍事帝國主義之「無止境的膨脹慾」，在整中國擴大戰爭。可是中國國民之民族抵抗，遠強大於軍部之想像，而戰爭本身加強了中國之統一民族意識。

隨戰爭之拖長，日本國內之法西斯化急速進展，由之強化言論思想之統制，在文部省（教育部）新設教學局，特高警察和憲兵隊之活動日熾，對於自由主義思想之學者以及媒體人加強鎮壓，因此受難受罪者日多。

法西斯政治下之言論、思想統制的指導理念是，皇室的神格化。對於皇室之不敬連在一起的話，一切反法西斯、反戰之言論，很簡單地訴追刑法上之犯罪，或剝奪自由主義者之社會上地位。筆者直接聽有骨氣的老政治家古島一雄氏（譯者譯過古島之「辛亥革命與我」一文，發表於一九七〇年十月號臺北《東方雜誌》，收於拙譯著《孫中山先生與日本友人》，一九九〇年七月，再版，臺北水牛出版社）說，開始中日事變前後之言論、思想之鎮壓、比明治二〇年（一八八七年）左右之保安條例時代更苛酷和厲害。

（三）太平洋戰爭

九一八事變和中日事變在國際上有兩個好大效果。一個是中國國民之打倒帝國主義之運動開始集中指向日本，抗日意識之熾烈化使中國民族運動迅速進展。另外一個是，刺激在東方具有利害關係的美英以及歐美各國之對日反感，使日本在國際上陷於孤立無援之地位。九一八事變時，拒絕根據李頓調查團報告所作勸告之日本，面臨以世界為敵人來作戰，還是要放棄九一八事變以後帝國主義侵略之成果的大部分之一途，終於與德國和義大利法西斯政權一起，進入第二次世界大戰。

在九一八事變和中日事變之日本政府和軍部的口號是，為國民之自衛。但軍事行動之範圍廣及於東南亞，需要高舉具有積極內容之理想主義的戰爭目的，乃倡議建設「大東亞共榮圈」之口號。

大東亞共榮圈之概念具有以下的特色。

第一，要從歐美各國之殖民地解放亞洲各民族，幫助他們各建設其自主的民族國家。在這一點，欲使這個戰爭具有為亞洲各民族之解放戰爭的性質。

第二，要以日本為盟主，糾合這些獨立之諸民族國家形成一個廣域的經濟圈。亦即在國際政治、經濟競爭上要擴張日本之獨占勢力範圍，強化日本在經濟上和軍事上之自給自足性，培養能夠經得起長期戰爭之考驗的自主的經濟基礎。

為推行基於大東亞共榮圈之理念的政策，在國內外大力推動所謂「皇民化」運動，為宣撫國外諸民族之工作，提出「八紘為宇」這個很不自然之形式和內容的口號作沒有道理的宣傳。

對於進行大東亞戰爭，起初，日本之財閥是懷疑的，一個理由是，因軍部假國家之美名強求，另外一個理由是戰爭初期，日軍之成功顯著，遂逐漸積極支持戰爭。當時之日本的勞工運動，沒有反對和抵抗法西斯政權之力量和政策，國民很容易被法西斯戰時體制組織。知識分子之中，對於軍部之強硬政策，有不少人持批判和消極的心情，但除少數的例外之外，沒有也不敢公開抵抗，持「除非搞到沒有辦法之地步，軍部是不會醒的」這樣半死心的旁觀者態度。

法西斯政治是，以軍部權力為基礎之資本主義統制的政治，不是得到民眾之支持為權力基礎的政治。因此，軍部權力本身變成弱體時，會立刻崩潰。在這一點，以民眾之支持為權力之基礎的民主政治，完全不同其性質。所以以軍部為推動力之法西斯權力，因為戰敗崩潰時，對於戰爭之原因及其經過的真相都不被告知，只是依軍部之宣傳和鞭撻，協助進行戰爭，被其驅策之一般國民，比覺得打敗仗可惜的心情，更感覺被軍部騙了。甲午戰爭後，因為三國（俄德法）之干涉，歸還遼東半島時，在臥薪嚐膽這個標語下，日本國民以悲壯決心，充實國力，遠比它受到更大國家打擊下，迎接太平洋戰爭之結束的日本國民，並沒有對外的敵意，反而對自己政府和軍部痛感敵意和失望。

從九一八事變之後，被稱為「非常時」的時期，經過中日事變以至太平洋戰爭中，知識分子中之自由主義的，對於軍部之法西斯政治，是批判的和消極的。日本之知識分子，除少數的超國家主義者外，一般都是自由主義的。有不少連因為各種各樣的理由，站在協助戰爭活動的人，心中對於法西斯政治，還是批判的，懷疑的，乃基於盡量修正其過分這樣的善意，為完成戰爭之目的，而參加國民總動員運動的。甚至於有人拒絕這一種意義上的合作，抵抗軍部之政策的少數自由主義者。這些明示或時默的自由主義者，從九一八事變前後，氣憤和傷心被軍部之法西斯政治極端縮小了言論和思想之自由，因此有的人抵抗，犧牲自己，有的人繼續作沈默之抵抗，有的人死心採取旁觀態度，等待軍部法西斯權力之倒塌。軍部權力之走投無路和崩潰，除非敗戰不可能發生，在進行戰爭，神格化天皇之情形下，加強言論思想之統制和鎮壓，會有如神經病，凡此，皆成為自由主義者們的常識。

再說一遍，知識分子之中，有以下四種之態度。

第一種是，積極協助軍部之法西斯政治和進行戰爭，提供法西斯統制、天皇之神格化以及大東亞共榮圈之理念的少數超國家主義者。

第二種是，雖然不喜歡軍部之法西斯政治和進行戰爭，但覺得日本如果打敗仗，亡國將不得了，不得已，只有幫助戰爭。

第三種是，雖然不贊成軍部之法西斯政治和戰爭政策，但如果讓其亂搞，對國民將非常危險，所以親自參加其間，盡量努力於維護國民之自由，盡量緩和軍部之法西斯政治，盡量讓其走合理的道路才幫助戰爭。

第四種是，沒有積極或消極幫助戰爭的少數人。

上述之第一種範疇的人，當然因為戰敗在精神上和物質上損失很大；第二、第三、第四種範疇的人，因為戰敗，由軍部之法西斯政治之壓迫獲得解放的時機終於到來這樣的解放感。他們依其立場雖然有程度上之差別，不會把戰敗當作奇恥大辱而悲憤慷慨，倒覺得未能以戰敗以外之方法予以拖下來以法西斯權力終於倒下來而得到解放感。

日本投降和迎接盟軍進駐日本本土當時之日本國民的心理，大體上如上所述。戰爭係軍部所搞，不是國民所喜歡的這一種心理和意識，使日本國民很順從地迎接了盟軍，說明了他們為什麼沒有拼命去抵抗的原因。也就是說，對於軍部之焦土作戰他們不共鳴，反而厭惡其作為。

在另一方面，戰敗不但搗毀了「大東亞共榮圈」之幻影，對於明治以來資本與軍部合作下所擴張之日本帝國主義的發展，也很快地劃上句點。不僅以往所獲得和經營之一切殖民地，也失去了明治初年以來日本本土之一部分的千島，沖繩（琉球）、小笠原諸島也被軍事占領，日本之領土後退到德川幕府末期當時之範圍。

朝鮮和臺灣，從日本得到解放，滿洲國也消聲匿跡了。

除日本帝國主義這樣消滅之外，太平洋戰爭還在國際政治上留下兩三種非常重要的遺產。

(1)日本在進行太平洋戰爭時，標榜要解放歐美諸國之殖民地的東南亞地區之民族，但在事實上，在這些地區卻實施軍事占領下的統治，這些居民成為軍事行動的受害者，因此，不能說日本是幫助這些民族之獨立的解放者。不過從歷史上和客觀上來看，太平洋戰爭使歐美各國在這個地區之殖民地勢力倒退，造成民族獨立之機緣，是無可否認的事實。在此種意義上，出現了與戰前，完全不同情勢之東南亞各國，出現於戰後之國際政治舞臺上。

(2)中國堅持到底中日戰爭，加強了中國之統一的民族意識，國民黨政府因為長期抗戰疲弊不堪，無法抵抗共產黨之攻勢，中國本土歸於共產主義政府，國民政府僅僅存在於臺灣。亦即中國之情勢，比戰前發生了根本的變化。

(3)戰爭結束之前之蘇聯的參戰和軍事行動，成為二分朝鮮之開端，中共革命之成功與北朝鮮之共產化，加強了東洋之共產陣容。

(4)美國在東洋之政治勢力壯大起來，日本成為她的軍事上、經濟上統治的根據地。也就是日本帝國主義潰滅之後，具有世界最大之資本和軍備的美國，成為東洋之支配勢力。

如上所述，在太平洋戰爭爭霸東洋和南洋之帝國主義戰爭中，決定日本敗退，美國之優勝，但以太平洋戰爭為契機之國際政治上之變化，並沒有確定美國之優勝地位。

第一，以中國和印度為首之亞洲各民族的國民主義國家建設，不僅日本，也喪失或減少了歐美諸國之帝國主義權益。特別是成立中國共產黨之人民共和國，全盤喪失了帝國主義時代資本主義諸國之權益。

第二，以蘇聯為背後之中國和北朝鮮的共產主義政權之建設，在越南戰爭之共軍的勝利，出現了以蘇聯為領導勢力之共產主義集團，和以美國為龍頭的資本主義集團（或自由主義陣容）之直接接觸和對立關係，包括日本，亞洲之任何新興國家，都自動或被迫參加某個陣容，不僅就該國國民而言，世界資本主義勢力（自由主義陣容）和共產主義陣容，皆具有國際政治上的重要意義。

總而言之，世界以第二次世界大戰為契機，通過單純的帝國主義時代，進入資本主義、共產主義陣容對立的時代，可以說是進入歷史上的新階段，在這樣國際情勢下，盟軍占領了日本。

第二節　占領之歷史上意義

（一）占領日本

康德在其所著《永久和平論》，列舉了會成為永久和平之障礙的事項，其中，他舉出戰爭進行中，勝利者就戰後處理彼此之間簽署秘密協定這樣的一項。它有兩個理由，如下：

(1)這一種秘密協定，不僅是單純地規定戰後處理之方針，往往是導致戰爭之勝利這樣的戰爭目的。因此，關於戰後處理之方針，盟邦之間互相承認各自之利益和主張並交易。可是這樣終結戰爭之一時目的所作的商定，要真成為戰後永續之和平建設基礎是不適當的。

(2)這樣的秘密協定是，除去戰敗國之意思、主張和利益的片面的東西。要把它作為處理戰後之方針，片面地強制於戰敗國，是反民主的，不能作為戰後世界之永續和平建設的基礎。換句話說，永久和平之基礎，應該是戰勝國和戰敗國雙方協定之媾和會議作決定才對。我認為這是康德的思想。

康德所舉上述之原則，在結束太平洋戰爭時是否遵守了？文探討為終結戰爭盟邦所採取之政策，對於戰後世界之永久和平發生了什麼效果，是一件很有趣的事情。

在太平洋戰爭之戰爭中，盟邦曾經秘密協定打倒日本結束戰爭時，決定將如何處理日本之方針，並以該協定提高盟邦之戰鬥意志，加強團結一致，作為獲得最後勝利之手段。這樣之盟邦間的秘密協定，已經於一九四三年十一月二十七日，對於日本，美、英、中三國首腦之開羅宣言（羅斯福、邱吉爾、蔣介石簽名）公布。其要點如下：

(1)美、英、中三國，將從海、陸、空「給予野蠻的敵國毫不留情地鎮壓」。
(2)三國是要阻止日本之侵略行為，給予處罰，但對於日本沒有領土野心。
(3)日本要歸還一九一四年以後所獲得領土以及由清國所獲得之領土。
(4)要把日本以暴力奪取或占領之區域趕出去。

(5)解放朝鮮。
(6)要求日本無條件投降。
其次，於一九四五年二月十一日，簽訂了要使蘇聯參加對日戰爭為主題的雅爾達協定，美、英、蘇三國首腦（羅斯福、邱吉爾、史大林）簽字。其要點如下：
(1)盟邦將打擊日本以至停止抵抗。
(2)要求日本無條件投降。
(3)要除去日本之戰爭指導勢力。
(4)要軍事占領日本。
(5)限制日本之領土。
(6)解除日本之武裝。
(7)處罰日本之戰犯。
(8)恢復和加強日本之民主主義。
(9)禁止日本之軍事產業。
發布這個波茨坦宣言當時，日本在國外之戰局完全不利，國內諸都市遭受美軍轟炸，損失很大，但政府和軍仍然在虛聲張勢，豪稱要本土作戰，出於要無視波茲坦宣言之態度。因此，美軍於八月六日，對廣島投擲原子彈，兩天後（八月八日），蘇聯對日宣戰，一天之後（八月九日），在長崎投下第二顆原子彈。因此，日本政府遂於八月十日決定接受波茨坦宣言，同時對盟邦訊問有關天皇之地位，但沒有得到確實的回答，於八月十四日，在御前會議，通告盟邦，正式決定要接受波茨坦宣言和無條件投降，隔（十五）日，由天皇以詔勅公布國民。

盟軍之先遣隊於八月二十六日飛抵厚木機場，同月三十日，麥克阿瑟到達厚木，在橫濱設立臨時總司令部。九月一日，第八軍開始在橫濱登陸，隔（二）日，在美國戰艦密蘇里號甲板上，舉行日本全權（**重光葵—譯者**）簽署投降文書儀式，九月八日，最高司令部道駐東京，十月二日，在第一生命（人壽）大樓設立最高司令部。起初，美軍要求在東京大學設立其總部，交涉結果讓步，便決定設在第一生命（人壽）保險公司大樓。

盟軍之進駐，與日本國民之間，盡量設法不能有摩擦，而日本國民之態度，毫無抵抗，甚至於是合作的。起初，美軍以為日軍及日本國民會拔刀殺陣抵抗，但事實上完全一直是無抵抗的投降。這固然是由於日本國民徹底喪失了戰鬥意志，但事實上太平洋戰爭是軍部之戰爭，不是國民的戰爭，日本國民之國民性，往往為外國人所誤解，不是那麼好戰，是和親所致。日本國民之反感，並沒有指向盟軍，而指向迫使國民走上戰爭的自己國家之軍部。

政府也考慮不能給國民太大刺激，故不說「投降」，而說「終戰」，不稱「占領軍」，而把它叫做「進駐軍」。占領軍士兵之態度，除進駐當時之若干例外之外，多保持良好秩序。特別是從戰地直接進駐之歷戰部隊回去美國，美國本土之軍隊進駐之後，占領軍士兵之暴行事件減少了。

在這樣情形之下，開始盟軍之占領行政，所以在此種意義上，日本國民可以說是不幸中之幸運。

（二）占領管理日本之機構

由於以軍事行動打倒日本的主力是美國，因此對於占領和管理日本，當然美國擁有最大的發言權。但是由於對於日本參戰的國家有五十三個，因此對於占領和管理日本之組織及其運作非常複雜，在其中，由美國扮演主導角色，計劃和執行。盟邦之管理日本的最高機關為設在華盛頓的遠東委員會（FEC），以美國、英國、中華民國、蘇聯、法國、加拿大、澳洲、紐西蘭、印度、荷蘭和菲律賓十一個國家代表構成，議長是美國代表，副議長為英國、蘇聯和中華民國之各代表，一九四六年二月二十六日召開第一次會議，委員會之權限如下：

(1)為令日本履行無條件投降樹立所需之政策及原則。

(2)決定給予盟邦最高司令官之指令，以及最高司令官所採取措施之重新檢討。

(3)審議參加國之同意所附託案件及其他問題。

不包括純軍事上問題以及領土問題，這些都不是委員會之權限。

這個委員會，起初的美國案是，諮詢機關的遠東諮詢委員會（FEAC），因蘇聯之反對，改為決議機關的遠東委員會（FEC）。但是美國政府，除轉達遠東委員會之決定給最高司令官外，緊急狀況時，具有以下的權限：除（1）日本憲政機構之根本改革；（2）變更管理機構；（3）日本政府之全盤更替之三項問題以外，被賦予暫時性之能指令的特別權限。

盟邦之駐日占領管理機構，以聯軍最高司令官（SCAP）為統帥，他兼任美國太平洋陸軍總司令（後來為美國遠東軍總司令）以及美國遠東陸軍司令官之將官，其任免權屬於美國總統。麥克阿瑟元帥就任這個地位，後來韓戰時，關連進攻滿洲作戰，被杜魯門總統免就職是在這位地位。

盟軍最高司令官之諮詢機關，在東京設有對日理事（ACJ）。這是以美、英、蘇、中之代表組織的委員會，議長是最高司令官或由其指定的美國人來代理，一九四六年四月五日召開第一次會議，以後定期舉行。最高司令官要發出重要指令時事先需要諮詢這個委員會，但麥克阿瑟元帥以其為諮詢機關做為理由，尤其是因韓戰開始冷戰之後，就把這個委員會擺在一邊，使蘇聯對於管理日本事沒有說話的機會，甚至利用它作為反蘇宣傳的地方。

最高司令官下面，設有盟軍最高司令部（GHQ），除幕僚之外，設有總務、政治、經濟科學、天然資源、涉外賠償、民間情報·教育以及民間通訊、公共保健福利、法務、外交各局，另外附設遠東國際軍事法庭，和國際檢察局，為統治日本之日本政府上面的政府。這些各局彼此之間，有相當程度上的本位主義，透過日本政府內部之各部門，予以指令或建議，所以有時候會使日本政治陷於混亂。但在大體上，可以說（美國）對日本實施了相當強力的占領政策。

最高司令部下面設有地方軍政部，以管理和指揮地方行政。

以上政治機構之外，駐紮美國第八軍（初期還有第六軍）、駐日海軍，第五空軍以及英國聯邦軍，皆在盟軍最高司令官指揮之下。

（三）占領之意義

由於日本無條件投降，遂由盟軍占領和管理，中、蘇之參加占領沒有實現，除英國聯邦軍參加局部占領外，全部由美軍占領日本。又在占領管理機構，美國佔主要地位，在華盛頓之管理占領日本之最高機關的遠東委員會之決定，其實施，要透過美國政府轉達東京之最高司令官。最高司令官是兼任美國遠東總司令官的美國將官，駐紮日本之占領軍，不管是那一個國家的軍隊，都要受這個最高司令官之指揮。在另一方面，在設在東京之最高司令官之諮詢機關的對日委員會，蘇聯毫無說話之餘地，這個理事會，被麥克阿瑟完全冰凍起來。所以，日本之占領和管理，在形式上雖然是盟邦在管理，但事實上，大部分係根據美國之政策在實行。這從對日戰爭，美國扮演了壓倒性的角色來看，是理所當然之事。

占領管理是因為停戰所產生軍事行動之變態，所以完全是片面的事體，不是媾和條約所同意之結果。又占領管理不僅是停戰締結媾和條約之前的軍事占領，意味著在這期間之全面的統治。而且這個期間，自一九四五年九月至一九五二年四月二十八日，簽訂舊金山和約生效的六年半，在這期間，日本之政治、經濟、教育等，全面地進行了劃時代之改革。

盟邦管理日本之方法，採取了間接統治之方式。亦即保存包括天皇之以往的統治機構，並運用它來使占領管理圓滿實施。這具有下面三種意義。

(1)由於日本自明治維新以來，發達成為資本主義的國家，所以美國不想根本變革日本之社會組織，也覺得沒有這樣的必要。其占領目的，是要把資本主義國家日本變成美國資本主義支配之下。

(2)由於日本之官僚機構強有力和很有效率，所以不但不能破壞它，不如利用它，這樣對於占領和管理比較會有效率，因此不採取日本經營滿洲國當時將許多日本官吏安插於滿洲官廳方式，也沒有這樣的必要。

(3)關於天皇之地位，在美國國務院和國防部之間，從一九四三年左右，已經在討論，「日本派」認為天皇、重臣以及大實業家為穩健派，主張維持天皇制和運用穩健派；反此「中國派」認為，天皇等也是侵略主義者，主張廢止天皇制。一九四四年五月，格魯（前美國駐日本大使——譯者）就任副國務卿之後，「日本派」得勢，波茨坦宣言之美國原案有「容許立憲君主利」一項，但在向蘇聯提示之前，被刪除了。日本接受波茨坦宣言時，詢問美國有關天皇之地位的時候，美國之回答是曖昧含糊的。美國國務院、陸軍部和海軍部共同擬訂之「投降後美國對日本之初期方針」（一九四五年八月二十九日，通知麥克阿瑟元帥，九月二十二日白宮發表）其內容如下：

「鑑於現今日本社會之性質，以及要達到以最少兵力和資材達到美國之希望和目的，最高司令官只要能夠滿足美國之目的，可以透過包括天皇之日本政府機構來行使權力（中略），又上述方針對於最高司令官，並非可以抑制美國進步美國之政革，以及支持天皇或其他日本政治機關。亦即上述方針，不是要利用現今之日本統治形式。」

爾後，在遠東軍事法庭，沒有追究天皇之戰爭責任，制定新憲法時，承認天皇之「象徵」地位，凡此美國在進行管理日本的時候，考慮到日本國民對於天皇之感情，作為統治之方便，運用了天皇的結果。統治不同民族，採取間接的統治方式，是要盡量節省統治國之費用，減少居民之反抗和反感以及政治上之摩擦這樣的兩個目的，這和美國管理日本之方式，是與這個原則一致的。

但是，同盟國絕對沒有放棄要直接統治日本之權利，如果可能，希望隨時不經天皇、議會或政府，自行立法和下達命令。事實上，他們有不少時候也確實這樣做。是即最高司令官是日本的主權者，天皇、國會、政府和法院都在其手下。最高司令官以絕對權力「指令」

（命令），日本之天皇、國會、政府和國民，都必須服從他。此時只有懇求、懇請和說明，日方完全沒有要求最高司令官之任何權限。

比較美國之占領和管理日本，和日本之經營滿洲國，是一件很有趣的研究。日本把滿洲國當作獨立國家，根據條約（即日滿議定書）日本對於滿洲國除具有國防之權利和責任之外，日本沒有管理和統治滿洲國之正式立場。不過依照日滿議定書之秘密附屬文書，日本對於滿洲國政府具有內面指導權（私下或背後指導權），因滿洲國之國內法規規定採用日本人官吏是合法的，所以在事實上，日本透過滿洲國政府各機關，間接在統治滿洲國。反此，美國以軍事占領之實力來管理日本，不是根據條約上之權利，由於是透過日本政府來實施管理和統治，所以在性質上算是直接統治。不過在事實上是利用日本政府圓滑化占領行政罷了。

最高司令部要員之中，在占領初期，有把日本當作試驗臺，拿來在美國國內很難實施的革新政策的革新理想。但這些逐漸改行現實的政策。也有對於日本國民需要很有理解的優秀而能幹的人物，其中不能完全沒有在美國得不到好位置的人，在占領軍光環下，作為最高司令部要員，與日本國民接觸者。最高司令部之各部門之本位主義發出幾道命令，又因為是軍政，命令是片面的，令人怨嘆「軍國主義者在任何國家還是軍國主義者」。

美國在日本所作的，與日本在滿洲國所搞的相當類似。即對於異民族之統治所不可避免的政策特徵，在滿洲和日本，都同樣相當露骨。

第一，使其合乎統治國之利益，欲依照統治國之模型，來指導被統治國之政治、經濟和教育。

第二，即使是出於善意，因對於被統治國國民之歷史、文化、社會等沒有知識和誤解而來的政治上缺陷。

第三，政府要員之個人的醜聞。

具有統治異民族之經驗的我們日本國民，接受最高司令部之管理日本的同時，感覺「在搞日本在滿洲國類似同樣的事情」而覺得有一些可笑。但在大體上，美國之管理日本，係以善意實行，可以得到日本國民之信賴，可以說是成功的。

占領和管理日本之主體是美國，不是英國或蘇聯，對於戰後日本之歷史具有重大的關係。如果這是英國，或許會維持立憲君主制，日本之經濟、政治和教育會實行英國式之改革。如果是蘇聯，日本會被改革成為人民民主主義，或共產主義的國家，完全廢止天皇制，國民的生活，在量上和質上都強行其變化。由於管理日本的是美國，因此在戰後日本所實行的全面改革，主要是美國的形態。唯在管理日本之手段上利用天皇這個意義上，在憲法上給予天皇以「象徵」的地位罷了。

由於蘇聯之參戰，在日本將要投降的時候，蘇聯成為占領和管理日本的盟邦之一，惟因其對日軍事行動只在滿洲和北朝鮮之一部分，沒有工夫進軍北海道及其他日本本土。如果在戰爭末期，蘇軍對於北海道採取軍事行動的話，盟軍之占領和管理日本，或被分割蘇聯與美英雙方，陷於和德國或朝鮮之同樣命運也說不定。日本之領土，因為戰敗之結果，被限定於其本土以及其周邊之島嶼，雖然變小了，卻沒有被分割，整個一齊被占領和管理，算是不幸中之大幸。

有關盟軍之占領和管理日本之根本政策，擬在下一節敘述，係以日本之非軍事化和民主化為目標。這雖然不中斷日本之歷史，但它卻是以由外國軍隊占領這個強有力的事實為基礎的全面管理，同時在短期間集中地推行變革，因此導致不是國民本身之議會主義立法所能實現的激進改革。美國之主要的占領管理對於日本之影響，大致如下：

（一）日本繼續為資本主義國家。

（二）在質上和量上全面促進了日本之民主化。

（三）日本之非軍事化。

（四）日本被納入美國勢力圈內。

上述之第一點是，日本自明治維新以來所走道路之繼續，一旦到達的帝國主義勢遭受到挫折，屈服於美國資本主義。但戰後日本繼續為資本主義國家，所以在歷史上沒有中斷，也沒有飛躍，在資本主義體制內部進行了多多少少之改革，但日本之資本主義沒有質上的變化。

第二點，日本自明治維新以來發達的資本主義本身所孕育的資產階級民主主義，打破了被軍國的超國家主義所阻止的情勢，迅速促進了全面的民主化。但是民主主義本身不是戰後才引進日本的，而是由於美國之占領管理全盤急激實施的結果。

第三點，使日本之資產階級民主主義正相反之超國家主義中勢力的軍部崩潰，除去以往為日本民主主義發達之一大障礙的軍部勢力，與促進日本之民主化的同時，在國際政治上完全奪走了日本的軍事競爭力。

第四點意味著在國際政治領域，為美國之主要競爭對手的日本，在其競爭落敗，由之日本被納入美國在軍事上、政治上、經濟上以及文化圈圈內。

因此，如後面所說，以韓戰為契機，美國之遠東政策開始轉變，美國在第四點，亦即要在遠東維持美國在軍事上和政治上勢力，在加強美國之支配圈的意義上，修正日本之非軍事化政策（第三點），建議日本重新軍備，修正日本之民主化（第二點）之「過當」，更明確維持日本之資本主義立場（第一點）。

日本國民在過去兩千年歷史，沒有被外國軍隊侵入過，更何況被外國軍隊之占領。惟因為在太平洋戰爭戰敗，不得不無條件投降，被外國軍隊占領和管理（統治）六年半，這真是日本國民在歷史上未曾有之大事，一大奇恥大辱。雖然如此，一般日本國民卻沒有痛切的國恥意識，對於戰勝者也沒有什麼敵愾同仇之情緒，平穩地過了占領行政下的幾年，其原因是什麼呢？地震、海嘯、颱風等其他自然之天災地變而心甘情願接受，是日本人通有諦觀心理態度，是不是也把戰敗、投降、被占領同樣看待的結果？或者對於搞戰爭之軍國主義者，超國家主義者之法西斯政治無法反彈之不滿的日本國民，違反其意志，將其拖進此種狀態之結束，出現自己所希望而無能為力的民主化和非軍事化之政策，由盟軍實施，覺得其為國民的解放軍，國民之友人，歡迎盟軍之心態的結果。

我個人覺得這兩種都有可能。如果歷史沒有偶然，在太平洋戰之日本的戰敗，以及以美國為主軸之占領管理日本，就日本國民而言，決不是偶然的命運，而是日本自明治維新以來所走民主化的道路，因為這些事件去除了那頑固的障礙物，因而走上應該走的方向。這樣思考，我們才能夠正確認識占領之真正意義。

第三節　占領政策之意義

（一）改造日本

盟軍之占領日本，不是單純的一時之軍事占領，而是無期限的統治日本，這在前一節我們已經說過。是即占領政策，不外乎是盟軍之統治日本政策。其根本目的，我們可以把它概括如下：

第一，要把日本從法西斯國家改造變成民主主義國家。第二，要把日本從帝國主義強國之地位弱體化變成隸屬地位。第三，保存日本這個國家，使其成為強化所謂自由陣容之一分子。

根據以上方針，要剷除軍國主義之法西斯國家日本，以去除其對世上和平之威脅，剝弱日本在國際經濟上之競爭力量，確立盟邦特別是美國在東洋之霸王地位，這是占領政策之主旨。

為此所採取的第一項政策就是日本之非軍事化。一九四五年九月二日，簽署降書之同時，發布第一號指令對日本陸海軍之一般命令，以及根據隔日所發布對於日本政府及帝國大本營應該採取戰後措施之指令第二號，(1)內地陸海軍軍人三百三十六萬人之全員復員；(2)內地部隊之解除武裝及回收武器；(3)在外部隊之投降、解除武裝及復員及送還本國；(4)禁止民間擁有武器；(5)廢止大本營、參謀本部軍令部（海軍）、教育總監部、陸海軍省等軍事機關；(6)廢止兵役法、國防保安法、軍機保護法、軍用資源秘密保護法、要塞地帶法、陸海軍刑法等軍事法令；(7)禁止生產軍事用品；(8)禁止軍事科學之研究；(9)廢止或解散戰時行政機構、戰時立法、戰時以及軍事團體等，更整肅軍人之公職、教職，逮捕、裁判和處刑可疑戰犯。這樣徹底的非軍事化，在一次大戰也沒有過，二次大戰之戰勝國對於戰敗國所課的戰後措施，首次實施。

在另一方面，與日本之民主化和非軍事化之同時盟邦所提出的占領政策之一個根本目的，以這個目的又再二再三發布指令。從一九四五年九月占領開始，以至該年十二月，發布如下之指令：

(1)廢除統制新聞之指令（九月二十四日）。

(2)新聞通信之自由（九月二十九日）。

(3)關於政治、民權、信教之自由的指令（十月四日）（這包括廢止治安維持法及其他鎮壓法，立刻釋放政治犯，廢止特高警察（政治思想警察），批判天皇之自由，整肅元特高幹部等）。

(4)為民主化之五大改革的指令（十月十一日）（包括婦女之解放，勞工之團結權，由專制政治之解放，以及經濟民主化）。

(5)整肅軍國主義、超國家主義教員之指令（十月三十一日）。

(6)凍結財閥之資產，解體財閥之指令（十一月二日）。

(7)凍結皇室財產之指令（十一月二十日）。

(8)有關停止軍人養老金等之指令（十一月二十五日）。

(9)解放農民之指令（十二月九日）。

(10)有關財閥之資產及限制活動之指令（十二月十一日）。

(11)分離國家與神道之指令（十二月十五日）。
(12)恢復政治犯之公民權指令（十二月二十日）。

十二月二十一日，最高司令部（GHQ）宣稱有關日本民主化之基本指令已經告一個段落，但十二月二十八日，GHQ發表聲明稱，天皇制統治之諸條件基礎已經喪失，同月三十一日，發出停止修身、歷史以及地理教育之指令，一九四六年一月一日，天皇以宣言之形式否認其神格，該月四日，發出整肅公職之指令等等，開始占領半年之內，陸續發出有關民主化之基本指令。日本政府忙於使其立法化之措施，在這過程中，鑑於日本之國情，也有訴請其緩和者。在這短短期間內要實行這些急進的改革，除非依占領之權力，由外面施加壓力，不可能改變日本之風貌。

如上所述之非軍事化和民主化之兩大政策，被作為新憲法之骨幹。關於制定新憲法，不準備在這裡細說，對於起初日本政府所設立憲法調查委員會之案，GHQ要求大幅修正，並私下交來GHQ案，政府遂根據此案作成修改草案，並於一九四六年四月十七日發表。這個修正案於該年六月八日在樞密院通過之後，六月二十日提出眾議院，八月二十四日眾議院通過。十月六日，貴族院修正通過，隔（七）日，貴族院修正案在眾議院通過。這樣完成正軌立法程序之後，一九四六年十一月三日（明治天皇之生日——譯者）公佈新憲法，隔（一九四七）年五月三日開始實施。

新憲法之最重要特色是以下三點。

(1)明確規定主權在民，天皇為國家之象徵。

在憲法上如何規定天皇之地位是，盟邦和日本政府最費心的問題。日方希望以天皇為國家之元首，但因GHQ之強力暗示，決定了主權在民。不過盟邦考慮，完全廢止天皇制，必將傷害國民感情，不利於統治日本，結果遂以在法律上和政治上完全無力，只在社會上、儀禮上有存在價值之天皇。這一種天皇制之憲法上的存在，美國自不在話下，也和英國憲法不同，非常特別，這對於日本之民主化之發展，將給予怎麼樣影響，可能成為今後日本民主主義之歷史的一個重要原因。

(2)永遠放棄為國權之發動的戰爭，以武力之威脅或武力之行使，作為解決國際紛爭之手段，不保持為達到此目的之陸海空及其他之戰力，不承認國家之交戰權。

這是新憲法第九條之規定，由於規定放棄戰爭，否認軍備和交戰權，因不僅為攻擊之戰爭，連自衛、防衛之戰爭也包括在內，在國會審議憲法草案時，曾經議論紛紛，政府回答放棄包括自衛和防衛之一切戰爭，在這樣諒解之下在國會通過。在世界各國歷史上，憲法上宣稱放棄戰爭之先例只有五個，一七九一年之法國憲法，一八四八年之法國憲法，一八九一年之巴西憲法，一九三一年之西班牙憲法和一九三五年之菲律賓憲法，其中前兩個憲法已經失去效力，現在仍然有效的是後面三個憲法。而且這五個憲法放棄的是為征服的侵略戰爭，並不否認自衛或制裁之戰爭。所以日本之新憲法，不僅侵略征服之目的，包括自衛、制裁之一切戰爭，絕對否認戰爭，徹底廢止軍備，這不但與明治憲法比較，為世界歷史上之創舉，值得大書而特書。戰敗後之日本國民這樣絕對放棄戰爭，成為徹底不擁有軍備的國家，感覺欣慰和心安理得，由衷讚美和平國家之理想。

(3)明確確定尊重基本人權，以民主主義運作國家政事之原則。

明治憲法在原則上承認臣民之自由權，但新憲法以基本人權為不可侵犯和永久之權利，尊重個人，一切國民在法律之下一律平等為根本原理，根據這個原理，詳細而徹底地規定保障基本人權之內容。這不僅是對於明治憲法的之進步，作為資本主義國家之憲法，具有世界上最進步的內容。

是即新憲法比明治憲法，往民主主義邁進一大步，特別是對於主權之所在，不但是革命性的變革，在世界憲法史上，具有值得大書特書之進步的內容。隨新憲法之後，一九四七年又制定了國會法、裁判所（法院）法、國家公務員法、地方自治法、警察法、教育基本法、勞動基準日、獨占禁止法等等。一九四八年制定人身保護法、國家行政組織法、刑事訴訟法、公共企業體勞動關係法等。一九四九年制定勞動組合（工會）等。一九五〇年制訂公職選舉法、刑事補償法等，此外修改民事法、刑事法以及農地調整法及其他經濟法規，及至一九五一年舊金山和約期間，完成了改造日本的立法措施。

（二）日本之國際地位的變化

如上面所說，占領政策之重點在於日本之非軍事化和民主化，此外它還包括要剝弱日本在國際上之地位。

日本之領土，依照波茨旦宣言，局限於本州、北海道、九州和四國，以及盟軍所決定之周邊小島，事實上回歸到明治維新當時之範圍。日本投降之後最早進駐的美國提督之一位宣稱，不僅日本之領土，連日本之經濟力，也要把它拉回到明治初年之狀態是占領之目的。但破壞日本之工業生產力，要把它拉回到明治初期之農業國的狀態，那是一個不負什麼責任之將軍的失言，最高司令部之占領政策，應該不是這樣。

在占領政策兩大目的之中，從結果來看，日本之非軍事化是一暫時的政策，民主化是永久的。日本之非軍事化是，為了完全去除投降當時之日本的軍事抵抗為目的，也解散了取代軍隊所設之禁衛府。占領軍之非軍事化日本的政策，具有如下之目的或效果。

(1)去除對於占領軍之抵抗的可能性，俾使占領和管理能夠順利。

(2)以往之日本的政治、經濟、教育、社會等國民生活，主要是在軍事上影響之下的法西斯性質。因此為著摧毀日本法西斯體制和政策，使其成為民主主義國家，必須予以非軍事化。在此種意義上，非軍事化可以說是民主化的一個手段。

(3)防止日本再復興成為軍事強國，威脅世界和平。這有如下雙層意義。

(a)不使日本再成為從前那樣的帝國主義國家，再侵略弱小民族。

(b)防止日本再與世界之強大國家一道，成為在國際政治、國際經濟上有力的競爭者。

最後這一點，從戰勝國之盟邦的現實政治來看，是當然的要求。此種意圖，不管有意或無意，盟軍之占領政策是這樣。

對於禁止從事軍事產業和軍事科學之研究，其意圖應該也是一樣。如所周知，明治以來日本之資本主義大企業和軍事結合在一起，而發展成為幾次戰爭之契機。因此盟軍為著去除日本之將來的軍事力量，要禁止日本之軍事產業和軍事科學之研究，這也是很自然的事情。但不僅要去除日本之軍事威脅，從結果來說是要削弱日本資本主義之競爭力量。「日本投降後美國初期之對日方針」第四部，就投降後日本經濟之再編成這樣說：

日本軍事力量之現有基礎已經遭受破壞，同時一定不能再容許其復興。以往之日本的政策，導致日本國民在經濟上之大破滅，同時使日本國民面臨經濟上之困難和苦惱。……其復興只有日本國民放棄一切軍國主義之目的，欣然和專心要過和平的生產方式時才能實現。日本在重建物質之同時，其經濟活動以及經濟上之各機構要徹底改革，要使日本國民沿著和平路線就對人類有益的職業。

戰爭結束之後，要從軍事產業轉變到和平產業，無論是戰勝國還是戰敗國，這是一切國家必須要作的事，而能夠迅速和圓滿轉型的國民，在國際經濟上必將增強其競爭力，是不待煩言的。但占領軍對於日本進行徹底的非軍事化和非軍事產業化的目的之中，有對於日本國民之重建經濟之好意，但同時也不能說，絕對沒有要剝弱日本經濟在國際上之競爭力的意圖。

對於解體財閥，整肅公職等民主改革的措施，有人認為，是為了要弱體化日本之領導階層，使其對盟邦失去其競爭力。但我們卻肯定，盟邦之大膽措施，幫助去除從前阻礙日本之民主化的障礙。教育制度之改革，關於教授內容以及科科程度之修改，在形式上，把日本國民之知識水準往下拉一點。因此，也有人認為，這是要把日本國民當作美國之奴隸，但我認為這是來自對於美國之意圖的誤解或曲解。日本之教育制度和教育內容的改革，大體上依照美國之模式，所以在形式上，是和美國是一樣的。因此我認為，說這個改革，是要把日本國民之知識水準拉到美國人以下，使日本國民不僅在軍事上和經濟上，在知識上也不如美國人這一種說法的有問題的。

總而言之，殖民國統治殖民地，或者戰勝國統治占領地，即是是出自真正之善意的政策，因對於被統治者之社會、歷史、生活、感情等理解之不足而失敗，所以絕少能夠得到被統治者之感謝。何況在本國難得實施之理想的政策，激進的政策，可能會試驗性地實施於殖民地或占領地。據稱，占領和管理日本之最高司令部內部，在占領初期，有不少激進的新政派要員，意圖要徹底實施對於日本之非軍事化和民主化政策。這個改革到底合不合日本之國情暫且不談，至少我認為，這些人實具有要使日本這個國家改造成為好的國家之熱情。

不過在占領和管理這個現實的政治問題，站在統治和管理這個立場，其國家之現實利益自然會佔第一優先。所以，隨韓戰以後之國際情勢的變化，盟邦尤其是美國之現實政治上利益之要求的變化，修改管理日本之方針是不足為奇的。在另一方面，盟邦特別是美國，在國際關係上，期待日本扮演怎麼樣的角色，當然會改變日本在國際上之地位。

第四節 從韓戰到舊金山和約

（一）占領政策之轉變

美蘇兩國在第二次世界大戰雖然是盟邦，但這是對於以日本、德國和義大利為共同敵人，為軍事作戰方便的臨時政策，美蘇兩國之間，戰後沒有永續的共同利害關係或在歷史上沒有政治上之連帶意識。相反地，這兩個國家在世界政治上之經濟的和軍事的利害關係上，以及國民的意識形態上是互相對立的，互相衝突的。因此，在二次大戰之國際政治和國際經濟之日本、德國和義大利的戰敗，英國、法國、荷蘭之相對或絕對的後退之後，美蘇兩大國之競爭勢力日益對立，兩國之產生了「冷戰」狀態。尤其於一九五〇年六月二十五日，爆發了韓戰之後，美國之輿論支持對蘇採取強硬政策，多認為「難免一戰」，「一戰不可避免」。這個情勢給予美國大大地改變了對日本的占領政策。

中國革命成功之後，一九四九年九月成立中華人民共和國，由此美國開始更加重視日本之地位。美國為要把日本留在自己陣營，改變了三點日本的占領政策。

第一，要阻止日本之共產主義化。為此，要壓抑日本之激進的勞工運動，幫助保守勢力。

第二，促進日本之軍事基地化，使日本為美國之防塞化。

第三，強化日本之經濟力量，為美國，要使日本之「遠東工廠化」。

要之，要使在美國支配下之日本成為「民主主義陣營」內強有力之一員，要其變成共產主義陣營之反對勢力。這從二次大戰結束後，弱體化日本之政策看來，是很大的轉變，也是日本之非軍事化和民主化之初期占領政策之基本方向的大修正。

日本共產黨在占領前是非法的，幹部被關在監獄裏，占領軍把包括共同黨員的一切政治犯放出來（所以他們稱占領軍為解放軍──譯者），廢止鎮壓法令，制定勞工法，積極協助勞工運動。共產黨立刻重建，以戰後不久之通貨膨脹和欠缺糧食，勞工階級之窮困為背景，共產黨之活動非常積極，指道勞工運動，動員官公廳職員，組織全學連（全日本學生自治會總連合之簡稱），煽動共產主義革命。

占領軍初期之助長勞工運動政策，比一般人所想像的還要積極，另一方面，勞工運動之革命化（尤其其政治化）比盟軍所想的還要厲害，被當作日本民主化之一個項目推動的勞工運動，變成「搞得太過頭」。於是在美國國內之抨擊共產主義政策之決定，在對日占領政策，自一九四六年五月，國務卿艾奇遜到對日理事會發表反共聲明之後，日本勞工運動之政治化，特別是相繼採取了阻止共產主義化之措施。其主要的，依其年代順序，列舉如下：

(1)一九四六年六月十二日，GHQ發出違反占領目的取締令。

(2)一九四七年一月三十一日，麥克阿瑟元帥發出禁止二．一大罷工之命令。

(3)一九四八年三月二十九日，GHQ發出禁止全國通信勞工之罷工命令。

(4)該年七月二十二日，麥帥指示就禁止公務員爭議修改公務員法。

(5)該年十二月二十日，GHQ勸告停止年底鬥爭罷工。

(6)一九四九年四月四日，實行團體等規正（導正）令。

(7)該年六月十一日，GHQ勸解國家鐵路停止罷工。

(8)該年八月十九日，制定禁止公務員之政治言行的人事院規則。

(9)該年九月八日，依團體等規正令，解散朝鮮人連盟。

(10)一九五〇年六月六日，麥帥整肅日本共產黨幹部。

(11)該年七月二十八日，從新聞、通訊、廣播界清共。

(12)該年八月三十日，解散全國勞連（全國勞動組合連絡協議會之簡稱）。

如上所述，以一連串之措施鎮壓共產黨和激進分子，與此同時，一九五〇年十月十三日，GHQ同意大幅解除整肅，從隔（一九五一）年六月至八月，實行解除整肅，其結果，保守分子回歸到政治、企業、思想、教育各界。在「修正民主化過頭」的美名下，成為把日本民主化的鐘錶針稍稍往後拉的形勢。

與民主化之同時，占領政策之初期的重大目標之一的日本非軍事化政策，因為「冷戰」之美蘇的對立，特別是從爆發韓戰以來，大大予以修正。即一九四八年一月六日，美國陸軍部長羅以雅聲明「要使日本成為亞洲之干城」隔年七月四日，麥帥宣稱「日本將成為反共必勝的堡壘」，事實上在韓戰，日本被當作美軍出擊之基地。

美軍不但在日本各地建設軍事基地，爆發韓戰不久的七月八日，麥帥便指令日本政府創設警察預備隊，同時強化了海上保安廳。

韓戰不但在軍事上把日本強化成為美國防衛體制之一環，在經濟上變成「遠東之工廠」（杜奇），被編入美國防衛體制之一環。也就是經濟九原則之指令，MSA之美日經濟之合作體制，以及被稱為「特需」之為韓戰所需要之軍需產品的訂單，日本之軍事生產大量增加。如此這般，產生與占領初期剝奪日本之軍事生產政策剛剛相反的結果。

（二）舊金山和約及其前後

如上所述，美蘇兩國之間的「冷戰」，以及朝鮮之真正的「熱戰」，大大地改變了美國之對日政策。美國加強了日本在國際上之地位，由之加強了民主陣營之勢力，改變成為對抗共產陣營之政策。因此回應日本國民之要求，停止占領情況，採取承認日本之國家獨立的政策。正因為如此，所以受到蘇聯之反對。因應此種情勢，在日本國民之間產單獨媾和全面媾和兩論的論爭。

單獨媾和論是保守勢力之主張，認為即使和蘇聯圈之媾和往後，也應該早日結束占領狀態，恢復國家之獨立，在事實上是追隨美國之政策。反此，向蘇一邊倒的共產黨，假全面媾和之名，反對是理所當然的，社會黨和許多所謂前進的文化人，以向美一邊倒有被捲入第三次世界大戰之危險，離開蘇聯和中華人民共和國，日本將變成「亞洲之孤兒」之理由，主張全面媾和。

但是，美國和日本之保守勢力取得密切連絡，於一九五〇年四月二十七日，美國國務卿杜勒斯宣稱，將早日媾和。特別是在爆發韓戰之後，美國更加積極推動單獨媾和政策，杜勒斯再三訪問日本，進行了媾和及其附帶的安全保障協定之準備。其結果，於一九五一年八月十五日決定了媾和最後草案，從九月四日，包括蘇聯的五十二個國家參加在舊金山之對日媾和會議。這是對日參戰國之會議，不許日本參加。討論事先美國所準備的媾和條約原案，蘇聯之修正案被否決之後，在蘇聯、捷克和波蘭三國缺席之下四十八國簽字的條約案於九月八日，提示日本全權，經日本全權首肯後簽字。就日本而言，這不是商議媾和條件之會議，而是一種等同指令的集會。

簽訂媾和條約之後，美軍馬上以無期限防衛日本，要駐屯日本為內容之美日安全保障條約，同樣在舊金山，由美日兩國全權代表簽署。根據這個條約，一九五二年二月二十八日，簽訂了美日行政協定。

舊金山和約和美日安全保障條約於該年（一九五二年）四月二十八日成效，由之日本恢復國家之獨立，因接受波茨坦宣言之盟邦的「占領」日本告一個段落。但是因為美日安全保障條約和美日行政協定，日本同意美軍仍然繼續駐屯和設定基地，所以在軍事上還是在美軍占領之下。一九五三年一月三十一日當時，在日本全國的美軍基地一共五百八十一個。

締結舊金山和約之後，日本迎合美國之意，公然表示親美反共之態度，一九五二年五月三十日，要求撤回蘇聯代表部，拒絕核發前往蘇聯和中華人民共和國之護照，限制貿易等等。可是美蘇間之「冷戰」，雖然面臨過幾次爆發大戰之危機，但都能夠避免，美國之反共煽動者麥加錫在政治上之失勢，在蘇聯承認共產主義和民主主義之共存的赫魯雪夫政權之放棄史大林主義，國際政治情勢大為轉變，日本終於於一九五六年十月，因與蘇聯恢復邦交，以往一直反對日本加入聯合國，因而於該年十一月實現，日本之獨立性獲得更一層的肯定。

日本與中華人民共和國之間的經濟上、文化上交流，逐漸活絡起來，因受美國對中國政策之影響，還沒有締結邦交。但眼看蔣介石之中國（臺灣）和李承晚韓國政府，中華人民共和國和日本之交涉，一定會日深。這是歷史的必然。

美國之幫助日本復興許多是事實。雖然如此，使一部分日本人擁有反美感情的是其軍事占領。美軍之駐留日本之事實上的繼續占領，這雖然是根據美日安全保障條約之條約上的權利，但這與英國、法國等之美軍的駐屯是共同戰線之延長，在沿革上和日本是不一樣的。因此在美軍方面和日本國民方面，沒有對等的國民感情。由於在東洋之戰爭的危險之遠離，以及需要緩和日本國民之反美情緒，美國採取把遠東軍司令部、陸軍和海軍陸戰隊從日本撤走的政策是完全正確的。惟因空軍和海軍仍然在繼續駐紮，所以問題並沒有完全解決。

以美軍之撤退為前提，美日兩國政府在推動日本再軍備政策。爆發韓戰之後，一九五零年八月十日創設警察預備隊，後來改編為保安隊（一九五二年八月二十日）。一九五四年三月，成立雙邊安全保障協（MSA）結果，日本接受美國軍事援助之同時，對美國也負有再軍備之義務，由之設立防衛廳，保安隊改編為陸上、海上、航空自衛隊，也以外敵為對象。由於憲法條文之關係，保守黨政府強辯說它不是軍隊，但事實上其為軍隊是內外眾人周知的事實，這是毫無疑問的。就今日之美國和日本之保守勢力來說，剩下來的問題只是日本國憲法之修改，公然化日本之再軍備。也就是說，只是消除設立防衛隊是違反憲法的疑問這個手續而已。

如上所述，占領政策之兩大目的之一的非軍事化已經被放棄了。這是要其非軍事化之美國要日本放棄的，日本保守勢力便「順手推舟」，「欣然接受」。若是，另一方面的日本民主化的情形是怎麼樣呢？這也是為日本民主化點火的美國本身，因為共產主義旋風，燃燒成美國所想像不到的大火，驚慌失措，遂大滅其火，而改變援助日本之保守勢力，這是我們在前面說過的。特別是，因為舊金山和約，日本恢復獨立國家的地位之後，改正了占領下之「過當」，在要把各種改革使其合乎日本國情這個名目下，顯著壓抑新興民主主義運動和思想。這是被稱為所謂「逆行」的政治傾向，這個傾向是因為和蘇聯恢復邦交，與中華人民共和國的交涉多起來，因此不僅要修正，還要防止國民受共產主義之影響，反而增加了其強度。

上述傾向，帶來破防法（破壞活動防止法之簡稱，一九五二年七月一日實施）、罷工規制法（一九五三年八月五日實施）、教育二法之修正（一九五四年七月一日實施）、秘密保護法（一九五四年七月一日實施）、警察法修正（一九五四年七月一日實施等一連串的立法。立這些法律時，在國會內外，革新（左派）勢力展開激烈的反對運動，國會曾經邀請文化人學者作參考人，他們幾乎全部表示反對的意見，但國會以佔多數之保守勢力，強行通過。如此這般，不僅從軍事上、國防上觀點，也改正了民主化之過當，以要使占領下之改革，合乎日本之國情，保守勢力主張要修改憲法，所以在占領下開始的日本民主化政策令人有陷於危機之感。

第五節　日本之民主化

（一）日本民主化之諸問題

我在前著《現代日本小史》，對於妨害明治維新以來之日本民主化之原因舉出十一個項目，概說這些在戰後有過怎麼樣的變化，以嘗試展望日本之民主化。可是簽訂舊金山和約以後，恢復國家獨立以後的情勢，在說要驕正民主化政策之過當這樣趣旨之下，重新燃燒起保守勢力和思想，鐘錶之鐘擺稍稍往右去。雖然應該不會回到戰前之日本，為方便起見，將前著之各項，加上簡單之檢討，來弄清楚問題之所在。

(1)軍

我在前著說：「這（軍）已經完全清除乾淨，今日日本除外國軍隊駐屯以外，一個兵也沒有。在這一點，比明治開國初期更是非軍事國家。非軍事社會有助於民主主義之發達。在這一點，現在之日本是值得我們祝福的。」（四十五頁）這一點很遺憾，因為以後之發展產生很大變化，日本現在事實上有軍隊、軍事產業和軍事科學，好像在走重新軍備的道路。軍之為帝國主義之要塞，就民主思想而言是不同其性質的東西，這不必提J・A・霍布遜之《帝國主義》也是非常清楚的，連在美國國內也說，最不民主的社會是陸軍。因此日本之再軍備是妨害民主化浸透至全國的原來之一，必須予以警惕。

不過不存在天皇之統帥權，防衛廳長官又是文官，軍之統率以國會為基礎之內閣總理大臣管理掌之下，所以軍要發生成為阻止民主主義之特權存在的作用，應該不會像戰前那樣才對。

(2)農村

日本之農民多年來處身於封建的佃作關係，農村近代化之落後，為日本民主化之障礙，根據一九四五年十二月九日之麥克阿瑟元帥的指令，實施了農地改革，對佃農解放農地，提高了佃作農民之地位，刺激農村之近代化，算是劃時代的改革。但農村之保守傳統和意識形態並沒有因此統統馬上掃清。反而因為加強了農民之小所有者、商人意識，由之強化了他們對社會主義之抵抗，所以解放農地之後，仍然為保守勢力之地盤。

(3)經濟

一般來說，在資本主義國家之因為通貨膨脹導致勤勞階級之經濟窮困，以及因恐慌資本主義發生問題時，會刺激對共產主義之革命，在另一方面，會走向帝國主義之戰爭。為著日本民主化之進展，戰後之國民經濟要安定，生活物資之供應是需要的。在這一點，美國曾經給予日本許多財政援助，對於國民供給生活物資，和協助資本主義方式之經濟復興，成功於遠離共產主義革命。

(4)工會與社會主義政黨

因占領軍之積極協助，勞動組合（工會）迅速發達，戰前只有七%的組織率，戰後立刻到達五十%以上。以工人之團結權，承認罷工權，排除封建性的勞動條件，以及制定改善勞動條件等為內容之勞動組合法（工會法，一九四六年二月二十五日公布）以及勞動基準法（一九四七年四月七日公佈）是劃時代的事業，由此勞工成為日本民主化之有力的推動力量。不過日本之工會具有社會主義之傳統，同時在日本，勞工運動的問題最後需要政治解決。因此戰後日本勞工運動之進展，有反於只接觸過經濟主義之美國勞工運動的GHQ之期待，覺得它帶有偏激的政治傾向和色彩，當共產系掌握領導權時，曾出於暴力主義之行動。嚇一跳的GHQ，自麥帥指令禁止一九四七年二月一日之大罷工以來，對於勞工運動之極左化，皆採取鎮壓之方針。在工會內，觀念極左暴力主義得不到支持，由總評（日本勞動組合總評議會之簡稱）掌握主導權，合法主義之社會民主主義左派和共產黨劃一介線，提出以一般大眾為基礎的運動方針。但保守勢力喜歡在總評指導下之勞工運動，對它採取強硬的態度和好措施。

日本共產黨在戰後初期之荒廢和混亂時刻，特別在勤勞階級和學生之間做工作，因為錯誤認識占領下之國際上和國內情勢，採取暴力的軍事主義戰術，因而失去一般民眾的支持。社會黨於一九四七年四月，依新憲法所舉行的第一屆大選，成為第一大黨，組織日本第一個社會黨的片山（哲）內閣。惟因在國會（眾議院）沒有過半數，遂與民主、國協兩黨成立聯合內閣，標榜妥協的中道政治。因此終歸失敗，失去對於革新政黨之期待，從此以後，政權便掌握在保守黨手中。一九五一年十月，國會批准舊金山和約和美日安全保障條約時，對其贊成與反對，社會黨左右分裂。爾後保守黨合併成立自由民主黨（簡稱自民黨），社會黨左右兩派也合而為一，成為兩大政黨之態勢，因革新勢力之社會黨還不大成氣候，這意味著日本民主化推動力仍然弱體，成為所謂「倒行」仍然有實現之可能。惟最近幾次之眾議院大選，社會黨議席稍微在增加，勉強能夠阻止保守發動修憲所需之三分之二席次，我們要注意這個消極效果。

(5)教育

占領軍以戰前之軍國主義、超國家主義教育為妨害日本民主化之重要原因，因此實施教職人員之整肅，停止修身、歷史和地理科之教育，廢止教育敕語，制定教育基本法（一九四七年三月三十一日公布）。教育基本法取代教育敕語，這是日本教育之根本指導理念，其第一條說：「尊重個人尊嚴，期許培育追求真理與和平之人本教育，以及徹底實行創造普遍而個性豐富的文化教育。」即戰前之教育以培養國家之忠良國民為根本目標，而戰後之教育即以民主主義理念來培育人為目的。

與教育基本法同時制定了學校教育法，從前以歐洲為模範之日本的學校體系，作根本改革，全部改成美國式。又制定教育委員會法（一九四八年七月十五日公布），以謀求教育行政之民主化，廢止國定教科書，同時修改了教學內容。教育制度之變革是全面性的，在占領下的各項改革中，與廢止軍一樣，最廣泛和最深刻的就是教育改革。其主要目的，顯而易見，是為教育行政之民主化，教育之機會均等，以及教學內容之變更，俾能教育出民主的人群，以推動日本之民主化。但如果沒有教育設施和充分的人員以及物資準備，而立刻進行全面的改革，可能會引起一些混亂，這恐怕是難免的。

戰後日本教育民主化之推動力，強有力的日教組（日本教職員組合之簡稱）之存在值得注目。惟其行動往往是政治性的，為對抗它，保守黨政府遂修改教育委員會法，將教育委員之選舉制改為任命制（一九五六年六月）。反此，不僅社會黨，大部分教育界的有識之士都反對，可是在國會佔多數的保守黨政府卻強行把它通過了。此外，要加強教科書之檢定，恢復道德教育，倡議發揚民族意識等等，這種培養國家觀念，對於戰前之教育理念之鄉愁，比要培育具有自由精神之民主人群要重。

(6)基督教

基督教是培養民主主義的人生觀，培育西歐各國德謨克拉西的根本，日本國民能不能接受基督教，國民對於基督教之態度如何，與日本之民主化有很大的關係。戰前對於基督教所做無理解的鎮壓和冷眼相看現在沒有了，信教自由得到承認，國民接觸基督教之社會性障礙去除了。

占領軍堅持信教自由之原則，沒有給基督教特權或保護。同時也不是所有的美國人都信基督教，歐美各國國民與基督教信徒不一定相同，這有許多實際上例子。凡此，對於日本基督教之純粹化有其意義。另一方面，戰後許多外國傳教師來到日本，尤其是中國共產主義革命成功之後，從前在中國大陸活動的外國傳教師之團體對日本投下許多人和金錢，對於日本國民之純粹基督教之宣道不一定有幫助。我相信，在日本之基督教，必將由日本人自己，最純粹而永久有效果地傳道下去。

基督教之傳道以及信仰比戰前自由，事實上應該比戰前在民間更廣泛，但浸透到傳統因習很深的一般國民，還是微乎其微，我們不能說戰後在國民之間產生了基於基督教的思想革命。

(7)神社

盟軍占領日本以後不久，以一九四五年十二月十五日指令，命令國家（政府）與神道之分離，其結果不再強制國民參拜神社為國家事，確立了信教思想之自由。但神道被公認為宗教，神社並沒有被廢止。失去國家之保護的神社，一時有衰微的樣子，旋即因過去之歷史因習和國民感情而復興，祭禮等活動似乎比戰前還要盛況。伊勢神宮失去戰前之國家上意義，成為一種宗教營造物繼續存在，戰後成立新內閣，也有去向其有所報告的國務大臣，但這有違分離國家（政府）與神社之精神，有暗淡信教之自由的原則。

(8)天皇

占領軍承認天皇制之繼續存在，免責（昭和）天皇之戰犯，沒有要求（昭和）天皇退位。一個理由是考慮日本之國民感情；另外一個理由可能是尊重現今之天皇的和平人品。但制定新憲法時，明定主權在民之原則，沒有以天皇為元首，只是統合國民之象徵，為儀禮性的存在，為遠比日方所擬訂之憲法草案要激進的改革。

GHQ占領當初立刻承認批判天皇之自由，廢止大逆罪、不敬罪，一九四五年十二月二十八日，聲明天皇制失去其統治之諸條件的基礎。隔年一月一日，天皇親自發表否定天皇之神格。

如上所述，以往妨害日本之民主化的各種情況中，最大的難題是天皇神格之思想以及否定天皇之絕對權，占領軍斷然否定它可以說是占領政策之英斷。在民主國民之間對於天皇之地位，戰爭結束之後主要是共產黨，對天皇個人之揶揄和誹謗，但國民感情逐漸穩定起來，似乎日漸增加之敬愛。在保守勢力之中，更進一步要予天皇以元首之地位為目標，欲修改憲法者。要不要維持天皇在憲法上之現在的地位，將是日本民主主義之性質的重要特徵的一個指標。

隨廢止天皇之元首制，許多皇族下降臣籍，以及完全廢止了華族制度。這對於日本之民主化有效果。

(9)科學特別是社會科學的問題

科學之精神在於探求真理，學問之自由，事實之客觀觀察以及批判性的研究態度，所以民主主義之社會，可以科學精神之普及來培養。尤其是在社會科學、人文科學領域，直接研究社會及人類之民主化的問題。因此在民主社會，一般都必須鼓勵科學之發達和普及，特別是自然科學、社會科學、人文科學彼此之間的緊密連繫與均衡，期其發達，至為重要。在國家（政府）歲出總預算中，防衛（國防）預算之經費與學術經費之比率如何計算，就國民民主化之發達來說，具有很重要的關係。就這一點而言，戰後之日本，不能說對於學術之研究做了充分的努力。我們同時要注意，近幾年來，我們有偏重科學技術教育之傾向。

(10)家族制度

因戰後之改革，廢止封建的家族制度，我覺得這對於日本之民主化有很大的幫助。但有人眈心這樣一來家族倫理將會走下坡，因此主張要恢復家的制度，成為所謂相反的流向。

(11)財閥

占領軍於一九四五年十一月二日，指令解體財閥及凍結其資產，繼而制定禁止獨占法

（一九四七年四月一日公布）和排除經濟力集中法（該年十二月十八日公布），同時意圖証券民主化。但解體財閥和禁止獨占之政策是，戰後諸改革中最不徹底，同時最早開倒車的。因為不對資本主義機構開刀，而想消滅獨占資本，在本質上是不可能的。在改變占領政策協助日本資本主義經濟力之復興之後，財界之獨占傾向很快就復活乃是必然的結果。舊金山和約以後，財閥之解體實質上已經解除了（一九五二年四月二十四日）因禁止獨占法之緩和（一九五三年九月一日實施）等等，財閥迅速復興，財閥銀行和會社（公司），復活並使用戰前之名稱。

我在前著就戰前妨害日本民主化之十一個項目，占領後之變革以及反變化的簡單敘述，自可大概明瞭戰後民主化怎麼進展，對它保守反動的動態。

此外，因占領政策廢止了內務省，成立自治廳，俾矯正行政之中央集權。改變文部省之目的，廢止命令統制之中央機關性質，變成服務的機關。修正地方自治制度，改革警察制度，設立各種行政委員會等，以謀求行政機關之民主化，對於這些，已經廢止自治體警察，選舉的教育委員會改成任命制度，對於教育加強文部省之指導建議的權限等，以要使其合乎「日本國情」為名目，要矯正「民主化之過當」，逐漸在復活中央集權官僚行政之形勢。

（二）日本民主化之將來

由於如上所述，對於戰後日本民主化之性質，我們可以知道以下三個事實。

第一，因為戰後之各種改革，去除了戰前妨害日本之民主化的各種原因，出現了發展民主主義的良好情勢。

作為近代國民之日本的民主化，自明治維新以來便開始，惟因如上所述各種原因所阻止和被歪曲。這些原因是，日本自明治初年以來發展成為近代國家期間，自己製造出來的矛盾，或者無法以自己力量去去除的矛盾。這因為占領軍這個外來強權一下子予以去除，雖然它是「外來的」和「來自上面的」力量，在明治初年以來應該發達而未能發達推動日本民主化的歷史潮流上，實具有很大的意義。

第二是，因為占領行政，推動日本民主化的中心勢力為美國這個事實。

有如日本指導滿洲國政治的時候，如有一部分的人想在滿洲國實施其認為理想的革新政策，GHQ內部的一部分人對於日本似乎也有同樣想法。不過在大綱上，占領政策是欲把美國的民主主義制度和政策適用於日本，因此受到美國國情之限制。也就是說，那是資本主義社會的民主主義，是排斥共產主義的，往往會有把社會民主主義當作共產主義之同路人，而予以排斥之傾向。

第三，戰後日本的領導人，和戰前的領導人，在質上有很大種類之差別。

占領軍大量整肅指導戰爭中之日本軍國主義、超國家主義之政治家、軍人、實業家、教師、學者和文化人，更換之以戰後佔日本各界之領導地位的人，除少數例者外，在本質上他們並不代表被整整肅者之另外政策或思想，他們多是偶然沒有遭受到整肅而已。因此從個人來看，雖然有更換，但從思想層面來看，不一定是由更民主的人來承擔戰後日本之重建。所以美國的政策變成相當反共，日本占領行政也隨之迅速轉變以反共為中心，轉變抑制激進民主思想之方向時，占領軍很容易找到保守勢力的合作伙伴。

矯正占領下之日本的非軍事化政策與民主化之過當是，在反共壓力之下占領軍自己開始的，由之得到力量的保守勢力，自舊金山和約之後，假自主獨立之美名走上這一條路。要之，日本之民主化的性質是資本主義社會之民主主義。明治維新以來發達之日本資主義的民主傾向，因排除了壓迫它梗塞之絕對君子制法西斯勢力，突然予以發育環境之好轉，還不能脫離麥帥所說的少年期，內部還縕藏著相當的動搖和反動的因素。

占領下之政治，使日本之制度民主化之同時，也對國民之思想和生活注入民主國家空氣，但還是不能一下子改變日本國民之保守感情和思想傳統。國民的思想與生活，除非從心靈深處民主化，制度上之民主化，不可避免地會隨著情勢之變遷而逆轉。要使民主主義在日本國民思想和生活中生根，需要長期的教育、經驗和政治訓練。但是因為戰後之改革，呼吸過民主自由之空氣的日本國民，除非有強大外來勢力之強制，我相信他們不會自己去選擇左右之任何全體主義，但要用自己之腳堅實去走民主主義的道路，必須理解個人人格之尊嚴和人們之自由，學習愛它，尊重它的思想，繼續往民主化的康壯大道邁進才行。

舊金山和約以後之日本，以依靠美國之關係為樞軸，與蘇聯恢復邦交，參加聯合國，謀求與中華人民共和國之經濟上、文化上之親善，加強與亞洲各國之互相理解，以多面的外交政策，重新出現於國際政治舞臺。但是，如果以國力之增進為理由，有人意圖日本之再軍備，那是「要回去走老路」，這對於日本和世界都絕對不是好事。徹以和平為國是之憲法的精神，是幫助日本之民主化的道路，作為和平的民主國家，民主的和平國家，日本國民才能對世界有所貢獻。夢想重建日本為軍事國家的人，是完全忘記太平洋戰爭之歷史教訓，是愚蠢的罪惡。

戰前之人口，自然增加率很高，就日本之軍國主義者而言，尋求國民之生存作為對外擴張領土和帝國主義戰爭之藉口，對外國來說，日本國民之帝國主義行徑的威脅壓力，被外國人所害怕。可是戰後之日本的死亡率，大為減少，出生率大降，人口自然增加率有漸減之趨勢。因此外國學者之中，有人著眼這一點，認為日本不會因為人口之壓力，再走上帝國主義戰爭政策之必然性。但帝國主義政策之原因，不只是人口的壓力，所以不能只以這個事實作為和平的保障。

日本要作愛好和平的國民，堅持走和平的道路，必須推動國民之思想和生活之民主化。

我們不能因為復古感情和保守階級之利益，走倒退的道路，摘掉已經發芽的民主化之芽，讓人類之自由思想凋謝。我們要以教育、信仰和正確的社會實踐以及政治訓練，有耐心而腳踏實地大步往和平與民主主義的康壯大道邁進。這是我們應該領取之經由太平洋戰爭所學的歷史教訓。

參考文獻

外務省編《終戰史錄》一九五三年新聞月鑑社刊
歷史研究會編《太平洋戰爭史》東洋經濟新報社刊
日本外交學會編《太平洋戰爭原因論》一九五三年新聞月鑑社刊
日本外交學會編《太平洋戰爭終結論》一九五八年東大出版會刊
《日本占領及管理重要文書集》一九四九—五〇年東洋經濟新報社刊
横田喜三郎編《日本管理法令研究》一九四六年有斐閣刊
横田喜三郎、田中二郎、石井照久《日本管理法之解說》一九四七年東洋經濟新報社刊
横田喜三郎編《聯合國之日本管理》一九四七年大雅堂刊
高野雄一「第二次大戰之占領、管理」（《國際法講座第三卷》一九五四年有斐閣刊
芳賀四郎《管理日本之機構與政策》一九五一年有斐閣刊
鮎川國彥譯《麥克阿瑟書簡集》一九五五年日本弘報社刊
佐藤功《修改憲法之經過》一九四七年日本弘報社刊
持株整理委員會《戰後日本經濟之再編成》一九四九年自由書房刊
日本政治學會編《戰後日本之政治過程》一九五三年岩波書店刊

中村哲、大河內一男等《戰後日本之動向》一九五四年創文社刊
《日本資本主義講座》一九四四～四五年岩波書店刊
日本政治學會編《政治學年報一九五〇年》第一集一九五〇年岩波書店刊
《現代史講座》別卷一九五四年創文社刊
岩波講座《教育》第二卷一九五三年
《思想》特集一「占領與日本」一九五三年六月號岩波書店刊
《時事年鑑》
《朝日年鑑》

附錄六　細川嘉六與矢內原忠雄

我們都知道，細川嘉六和矢內原忠雄是，太平洋戰爭中，因有關中日關係的言論，而受到荒誕的日本法西斯主義迫害的鬥士。即細川被逮捕坐牢（自一九四二年九月至一九四五年九月）；矢內原被趕出東京帝國大學（今日的東京大學，簡稱東大）（一九三七年十二月至一九四五年十一月）。

同時他們兩個人也是日本的科學的亞洲研究的草創者。細川主要地在大原社會問題研究所（一九二〇年至三六年）和滿鐵調查部（囑託）、矢內原則在象牙之塔東大經濟學部任教。

乍看之下，他倆好像同樣從「殖民地問題」進入亞洲研究的範疇，但其內容不但非常不同，而且他倆的基本立場，從其起步就迥然有異。

在中日民族將要開始新關係的今日，以及日本與亞洲應該具有何種關係成為熱門話題的最近，曾為大正民主主義之寵兒的細川和矢內原，我覺得來予以吟味互相背向背所行走對中國和亞洲認識的軌跡為何，當有其時代的意義。

從許多傳統及其本身所撰雜文等，在我腦海裡的細川是一位粗魯的野武士，是「正宗」的吉訶德（Don Quijote）。至於矢內原，因有見面之緣，所以覺得與細川完全不同，在我印象中，他是一位很摩登的洋紳士，如其許多門徒所說的「神」。

細川嘉六於一八八八年九月二十七日，出生在明治維新以後曾經發生過三次大規模搶米事件的富山縣新川郡朝日町泊。父親是貧民同時也是貧商。正如細川自己所說，他從無產階段的生活環境出來，經故鄉前輩（當時快要畢業的大學生）的介紹，成當日後其老師的小野塚平次（東大政治學教授，曾兩度出任東大校長）的書生（住在主人家裡幫忙做雜事的年輕人）。

後來細川因不習慣小野塚家的家法禮節而離開，一邊送報經錦城中學考進第一高等學校英法科。有趣的是，英法科的同班同學中竟有矢內原忠雄。細川不僅是工讀生，而且進錦城中學以前的學歷，只是上過非正規的正則預備學校（補習班）而已。

反此，矢內原出生不知苦生活的愛媛縣今治的醫生家庭。他慢細川五年，降世於一八九三年。成績優秀的矢內原，由其父親謙一交給在神戶的親戚照顧，上聞名日本的神戶一中。當時的該校長是，與內村鑑三、新渡戶稻造在札幌農（業）學校，一起受克拉克（William Smith Clart）的教誨，以禁慾主義教育馳名的鶴崎久米一。

細川與矢內原於一九一〇年考進第一高等學教（簡稱一高），當時細川二十二歲，矢內原十七歲。工讀生出身，依靠人家（加賀藩的加越能獎學金等）的錢上學，吃過相當人生苦辛的年長高校生細川，與一向是高材生，從沒憂慮過學費和生活費，且才氣煥發的小正宗菁英矢內原之間，從其開步，舊有思考模式和行動的差異，可以說是很自然的事。

一向不是高材生，也不顧慮提供其學費者的粗魯的野武士細川，與一直跟舞出長五郎（日後出任東大經濟學部教授）爭班上第一名，很早就拜內村鑑三為師，欲為神的使徒，同時以高尚人格而為同一輩所另眼相看，且為雄辯會（辯論會）龍頭的矢內原，可能水火不相容。

值得一提的是，發生所謂排斥新渡戶稻造一高校長問題時，細川和矢內原曾經站在完全相反的立場。即細川發表指責新渡戶的演說，矢內原則為新渡戶的留任而奔波，至今成為一種美誤。矢內原曾走在自名同學的光頭，從本鄉（東大本部）到小石川台，將新渡戶校長送到其家裡，並在新渡戶美國籍夫人面前，有生以來首次以英語演說。

對於矢內原的這種言行，我從來沒聽說過是裝模作樣。同樣地，對於末弘言太郎（曾任東大法學部教授，為著名的中國農村風俗習慣調查的領導者）和細川的指責新渡戶的演說，我也沒聽說過在日本近代思想史上具有何種的意義。我所聽到的是，在日俄戰爭後一高的風潮中，日本最時髦（西洋之化主義）的校長新渡戶代表進步，其指責反彈是保守，但真的只是這樣嗎？

當時，人們感覺西洋文明日暮途窮，新的「思潮」接近遠東的日本石，不認同把保守的部分說成現代化即是洋化，以日本優良傳統為基礎和為民眾的現代化，即是否有形成真正的民族主義的萌芽？作為一個關心日本思想史的國學人的我時有此種疑問，故請方種能賜教。我認為，野武士細川與洋紳士矢內原的原型，大概成型於這個時候。

爾後，細川與矢內原同樣進東京帝國大學法科大學政治學科。當時，吉野作造是剛由歐洲回來的朝氣蓬勃的教授。如所周知，吉野是辛亥革命前，由日本派往清國的「教習」之一，在天津北洋法政專門學校執政，同時兼任清朝最高權力者袁世凱的家庭教師，從一九〇六年至〇九年，目睹了中國情勢的發展。他留學歐洲時，曾將第一次世界前的歐洲特別是德國社會民主黨等的動向往日本國內介紹，「論民本主義的發達，及於我國憲政之將來」，而成為大正民主之義的輿論領航人。上課時，民主主義，對於中國問題，則根據他自己的經驗，發表孫中山思想在中國革命的意義，和指出混沌中中國真正本質的見解。

矢內原從吉野有所學；但細川不是很欣賞吉野的講課內容，除與公私皆受其照顧的小野塚教授學習以外，也出席「周公之研究」的作者林泰輔教授所開「中國古典尚書」的課。日後細川回憶說，尚書的研究決定了他尋求民主主義之發展的走向，這是值得我們注目的。無需說，尚書是書經的別名。矢內原欽佩信仰之師內村鑑三；但細川為鑽研日本古代法制史宮崎道三郎教授之「和平而體貼的人，擁有古武士風格，安於貧窮，不為名利所惑，過著研究生活」的人品所感化，則矢內原和細川的氣質的對照，非常有趣。

細川於發生俄國革命的一九一七年春天，與矢內原由東大畢業，因與小野塚教授的關係，以「所謂帝大銀手錶群[一]高材生同一資格」進入住友總公司工作。顯而易見，所謂「銀手錶群高材生」，是細川以矢內原為對手所說的話。因為矢內原在畢業以前，曾往訪小野塚教授報告說：「希望到朝鮮去做日本人和朝鮮人的橋樑」，後來以為家族屬義務比去朝鮮更重要，而與細川不同經過考試進住友總公司的（但在其故鄉附近的別子業所服務）。

他們就在不久的該年十一月，俄國發生十月革命，成立蘇維埃政府。隔年一月，主張民族自決之原則的威爾遜發表和平原則十四條，八月，在細川家鄉富山縣奐津村爆發的搶米騷動[二]，發展成為前所未有的大規群眾行動，從而擴大到全日本的主要城市。

血氣方剛的奐民子弟細川，認同最風行的民主主義論，不是用腦筋而是以身體體會俄國革命在世界史上的意義，他從一直被壓抑的勞動大家在搶米騷動時所發揮的激烈精力中，看出我的歷史動向，並辭去住友公司的工作，可以說是極為自然的事。

爾後，細川經讀賣新聞又回到東大經濟學部，以助教的身分參加高野岩三郎所主持月島勞工街勞工生計的調查。在月島，他與該分所的勞工交往，同時受吉野作造之托，時或前往橫頭賀的工會演講。

此時，矢內原在做什麼事呢？根據其「年譜」，他在別子鉉業工作的同時，住在該所的

一　所謂「帝大銀手錶群」，乃是指舊東京帝國大學畢業的高材生之謂。

二　搶米事件，在日語為「米騷動」，是因米價高漲而人民暴動。一八九〇年和九七年發生於富山縣一帶。而一九一八年七至九月，幾乎發生於日本全國各地。

宿舍，參加該地方的基督教活動，該年五月與信仰之兄藤井武夫（聖名人喬子）的妹妹愛子結婚。最能使我們得知此時矢內原之心情的是，他在其母校「第一神戶中學校友會『會法』第三九號」所發表「寄自新居族」的第一篇之章。

該文首先說明其長子伊作的誕生之後稱：「我自出所謂『社會』所感覺的一件事是，在這個世界，形而上的問題並不流行。出社會以後，要將形而上的問題裝進腦袋實難之又難。我覺得學生時代拎該主觀這一點。我認為『你年輕時必須認識造物主』」，指出神的使徒與「俗世」的矛盾，進而提到該校的前輩，在鉉課工作的鷲尾說：「鷲尾因病而休職中。諸君若未別子，務必請進坑內之。進入坑內請一定與坑交談。在地下幾百尺黑暗中站在旁邊，談『鷲尾先生』的事，他們的熱心必定使你很驚訝。以並不很健康的身體開鉉石，推鉉車，架設支持示範坑內工作，促進工作效率，出坑則開私塾與坑夫一起過著質樸嚴格的生活，以盡教養，解決他們的困難和問題。人各有天職，但我覺得鷲尾的精神非常偉大。現金他養病於九州。獻身而生病遠勝全而領高薪。我禱告天帝加佑他」。初中的同學會之刊自有其限度。惟因為是同學會之刊，所以也報導其前輩的消息，同時稱其奉獻精神。但如後面所說，考諸中年以後矢內原的想法，他關心的不是坑夫工作的痛苦，而是從神之使徒的「奉獻」精神發現其美，而這充分說明他在信仰上的人品。

放棄一般東大高材生要走的，出任官員或財閥之掌櫃的道路，而選擇在火車尚未開通的鄉下別子的工作，「城市、鄉下我都不喜歡。遺憾的是沒有書店和能接觸的人很少」（寄自「新居族」）這種心情，如果沒有信仰的熱情和作為使徒的奉獻精神，是無法忍受的。

在鄉下擔任經理課調查股工作，專心向信仰之道邁進並思維的矢內原，於一九二〇年三月離開住友公司，繼承擔任國際聯盟秘書長的新渡戶稻造，出任東大經濟學部副教授，擔任「執迷政策講座」。

矢內原回到東大前的一月，日本思想界發生了震撼大學人的森戶辰男筆禍事件。結果，細川與矢內原相反地與櫛田民藏等，抗議政府的鎮壓而辭去東大的工作，將任成立沒多久的大原社會問題研究所。

在野從事研究，甚至於從言論到實踐的細川，與走向神的使徒加上大學人之道路的矢內原，此時已經截然不同。

細川不是普通的學者。其所以辭去讀賣新聞社（今日讀賣新聞社之前身，此時市川正一、青野季吉等也在該報社擔任記者，他們曾予人道主義者、民主主義者的細川以「很好的影響」〈細川自己所說的話〉，是因為參加了對該報社不名譽的罷工所說。在說要再好好從事研究的東大，他參加了以高野岩三郎為領導者的同人社（實際上發展成為日後的大原社會問題研究所，該研究所長期地以同人社名義從事出版事業），其研究報告是「英國煤坑工罷工的問題」。

將到大原社會問題研究所以後，細川的研究方向還是沒有改變，他研究煤坑工運，寫成「國家內的國家」；同時研究煤坑工的工資制度，將前述二文由該研究所以小冊子叢書發表。另一方面，他與生俱來的正義感仍然極其旺盛，因親自參加勞農黨運動和反對鎮壓言論運動，而一角遭到逮捕。

而鞭策細川投入實踐運動的，當然不只是他的血氣方剛所使然。讀賣新聞社的同事，更熱衷於無產階級運動的市川正一，以及與出入於大原社會問題研究所的勞工運動、農民運動的實踐家的交往，細川所努力尋求並為其所吸引的，就是列寧的帝國主義論。

以帝國主義論為基礎，他撰寫了「帝國主義與無產階級獨裁」，並進一步以「侵略中國」的題目，翻譯列寧的「中國戰爭」（列寧全集的四卷）。這是一九二四年年底的事情。

無需說，列寧的論文指出一九〇〇年中國人民之反帝國主義運動（義和〈拳匪〉團事件）的本質，並不遺餘力的以日本為的帝國主義列強的武力干涉。

在日本，細川率先翻譯這篇論文時，他的意圖究竟為何，不得而知。但從附於譯文的譯著和譯語的文字，以及將列寧對中國問題的見解知論理有機地聯結起來這一點來看，譯者之假託列寧論文，以抵判日本帝國主義是險而易見的。

細川在註解說：「一九〇〇年是，從十九世紀中葉以後，英法的侵略政策所引起中國民眾的排外感情，因一八九四—九五年的甲午中日戰爭，以及爾後所發生以俄國為最先鋒的法、德、英各國的帝國主義侵略而激烈化，從而演變為拳匪事件。……今日，不發生拳匪事件，而發生張、吳、馮諸將軍之間的戰爭，但這只是表面上的糾紛，其為資本主義列強在中國的帝國主義鬥爭，與在這戰爭中所進行中國資本主義發展的互動的原動力，這與寫這篇文章的二十幾年而與觀在並無不同。因此各國對於在中國再起伏的帝國主義鬥爭的無產階級立場，也不會有所不同。在這篇文章所說的，實與無產階級對於帝國主義鬥爭的一般立場是吻合的」。

再因經過甲午、日俄、第一次世界大戰和二十一條要求，一路順風的插足中國大陸之新與帝國主義日本勢如破竹中情勢下，得意忘形的日本知識分子中，細川雖然受到列寧的影響，將義和團事件界定為反帝運動，雖不夠詳盡，卻在某種程度上點破了軍閥抗爭的本質，這一點我們應該予以肯定才對。

細川不把「中國戰爭」當作戰爭而視為侵略，大可以將其譯成掠奪政策的，他卻使用小偷（強盜）政策這個名詞。他說：「這個小偷政策是，多年來歐洲各國政府對中國所採取的政策，今日俄國君主獨裁政府變成了她們的伙伴。普遍所謂殖民政策就是小偷政策」。他的翻譯，譯得非常「巧妙」。

我認為細川有假託的意圖，是因為除上述的例子以外，將譯之中的俄國換成日本便是當時的日本帝國對中國的態度。

雖然如此，同班同學細川與矢內原的緣分，實在夠離奇。細川認為義和團事件是反帝運動，抨擊帝制俄國在「滿洲」所行暴虐譯為「中國戰爭」，以進入研究中國；反此矢內原被趕出東大之後，受人之托翻譯蘇格蘭傳道醫師克利斯底的「瀋陽三十年」。如矢內原所說，克利斯底是過了「一生無私純愛奉獻」的人，所以對中國人一定充滿善意的一個人。但克利斯底雖然在「滿洲」目睹俄軍的所作所為，卻與列寧不同，沒有批洋俄軍，並以「狂暴的拳匪」來形容義和團的本質，沒有列寧般的眼光。這是理所當然的，因為義和團當前的敵人是基督教徒。

關於基督教徒在中國的所作所為，列寧在上述的論文這樣寫著：「我們的政府，甚至於強辯說沒有和中國戰爭。政府只是在鎮壓叛亂，懲罰暴徒，幫助中國合法的政府恢復法律秩序而已。……若是，中國人之襲擊歐洲人，英國人、法國人、德國人、俄國人、日本人等如此努力於鎮定的這個暴動，為何發生呢？主戰論者強詞奪理說，這是因為『黃色人種對白色人種的敵意』，『中國人對於歐洲文化和文明的憎恨』而發生的。不錯，實際上中國人恨歐洲人。但中國人到底恨那一種歐洲人和為什麼恨她們呢？中國人並不恨歐洲各國的人民（他們與中國人並沒有任何衝突），而是恨歐洲的資本家，和完全聽從資本家的歐洲（各國）政府。只是為賺錢來到中國，為欺騙、掠奪、暴行而利用其拿手的文明，為著獲得販賣麻醉中國人民之鴉片的權利與中國戰爭（一八五六年英、法兩國與中國的戰爭），偽善地，以弘揚基督教瞞騙其搶奪政策的人們，中國人怎麼能不憎恨這種人？」

當時一般中國人心目中的基督教徒，正是列寧所描寫的那樣。但不僅克利斯底，一部分中國的近代主義者，無論其為神之徒徒與否，都把義和團當作陷於迷信之野蠻的作亂。

醉心於無產階級之徒徒列寧的細川，與稱讚神之使徒克利斯底「無私純愛的奉獻人生」的矢內原之間，當然有很大的距離。從研究的起點就存在的這種不同，日後便顯現於他們對中國認知的差異。

即白皙身高的矢內原副教授，「回到」東大不到半年，就遇「研究殖民政策」，奉命留學美、英、德三國兩年。矢內原於一九二〇年十月從東京出發，經由上海、蘇州、新加坡、科倫坡、蘇伊士運河、賽德港、馬賽、巴黎、加來、多佛海峽，於十二月二日到達倫敦。

在英國時，主要於大英博物館從事研究，在這期間撰寫了「關於英國殖民部」，寄給日本拓殖局調查課，同時旅行北威爾斯、愛爾蘭、蘇格蘭，在愛丁堡往訪亞當・斯密的墳墓，過著真正殖民政策研究者的留學生活。

完成大約九個月的英國留學之後，矢內原於該年九月十三日將往柏林。在柏林大學，除旁聽保爾・羅伊薛博士所講授馬克思主義國民經濟課程外，「並沒有像一般留學生一樣，辛辛苦苦地上德國大學的課。他大部分時間用於視察下層社會，看聖經和畫」（大內兵衛）。

在這裡我要特別提到的是，在德國期間，他曾與石川鐵雄（一高時代，曾與前田多門等，被視為新渡戶稻造門徒十折之一，曾任四高德文教授，經歷東亞經濟調查局出任滿鐵總公司調查課長）在威廉柏爾格布拉茲看過德國革命三周年紀念日示威遊行。我判斷，這個經驗，使日後矢內原坦白道出看羅札・盧森堡書信時，「好幾個地方讀來令我流眼淚」的一個契機。

後來矢內原加上留學法國，並於一九二二年四月，前往布拉哈、羅馬、開羅和耶路撒冷，尤其旅行巴勒斯坦大約兩個星期。這可能與他的宗教信仰有關，但為了進一步認識民族問題，就他而言確有此必要。事實上，根據此次旅行他所撰寫「關於錫安運動（猶太人鄉土建設運動）」，乃是他提出殖民政策新方向的第一篇論文。

爾後，矢內原於次（一九二三）年四月上旬，經由美國回到日本。該年八月三十日昇任教授，回國不到一年的一九二四年一月底便出版「殖民政策講義案」共三冊。如所周知，「殖民及殖民政策」（一九二六年六月出版）乃是以這三本講義案為骨幹完成的。

「殖民及殖民政策」不僅是為瞭解矢內原的學問所不可或缺，而且是日後他對台灣、中國問題表示意見之原點的著作，所以有予以說明的必要。但在對它作說明之前，我們應該來看看他的同班同學細川的留學情形。

二次大戰之後，細川曾經這樣寫過：「一九二五年夏天，我出國參觀。此時，我得概觀了以中國為首的殖民地半殖民地各國，目睹了先進國家掉到何種進化的死胡同。我實驗了讀書研究對我不被欺騙迷惑非常重要這個事實。因此覺得沒有必要在歐洲訪問學者專家問答，請教他們，所以我沒有訪問任何人，而專心搜集列寧主要在帝國主義論所引用的專書和資料」。

或許有人會譏笑，我以旁點引用部分的內容很幼稚。但如果我的理解沒有錯誤，這個部分正說明了細川不驕飾的做人，經歷了以自己實踐運動和以列寧的帝國主義論為主要理論根據所到達的認識，因實地見聞而得到檢證的自信。事實上，大內兵衛在悼辭「再見細川嘉六君」評論在大原社會問題研究所的細川回憶說：「細川對於他的政治論尤其是殖民政策論非常有自信」。

關於自己的留學，細川又說：「在這國外旅行使我感覺最深的是，只要誠實做過文學研究，未知的外國情形就可瞭解，另外一點是，在任何社會，只要沒有隔閡和無視他人的利慾，中產階級以下特別是勞者社會層，在國際上，情意是相通的」。這一段話，的確會令人感覺到正面的細川是吉訶德般的好人。因此細川為人們所愛，也因此而受到洋紳士們的「歧視」。

細川在德國則參拜羅沙・盧森堡（Rosa Luxemburg）、卡爾・李卜克內西（Karl Liebknecht）等人的墳墓；在倫敦吉往訪東・曼（Thomas Mann，在倫敦領導碼頭的罷工，為片山潛的好朋友）；一九二六年三月，訪問片山潛[三]於莫斯科。除往訪莫斯科馬克思、恩格斯研究所外，又參拜了多年來他傾慕不已的列寧靈墓。

與片山潛交得到啟發的細川，回國之後便開始研究發生逾期故鄉富山縣的搶米事件。關於細川的研究成果暫且不誤，以此為開端他花幾年功夫在日本全國所收集的資料，戰後為井上清教授所運用，而成為五大冊的「搶米事件的研究」，這是大家都知道的。

除搶米事件外，對於中國問題，細川也可能受到了片山許多的啟發。片山於細川往訪直前的一九二五年五月，目睹可以說是中國大革命之前哨戰的五・三〇事件（以上海日本紡紗工廠的罷工為開端而發生的大反帝愛國運動）並這樣寫著：

「中國的勞工運動雖然很落後，但其知識分子出身的領導者皆具有主義信仰者，都很有信念。……與日本比較，中國的勞工運動比較腳踏實地，團結力比日本勞工強。……中國的勞工尤其是一般人民，毫有官尊民卑的觀念，尤其不怕官員。……因此如果這些帝國主義者執迷不靈，違反中國四億的民意，繼續從事剝削，中國勢將變成工農俄國……中國革命的勢力，有如無法阻擋的長江流水，以很強大的氣勢前進著。這是我去中國所得到的感覺」（片山潛「中國旅行雜感」）。

三　片山潛（一八五九―一九三三），岡山人，勞工運動家。在東京做印刷工人，半工半讀，一八八四年赴美曾在耶普大學求學，一八九六年回國。曾指導日本工人成立鐵工工會等許多工會。後來受俄國革命影響，成為共產主義者。去世於莫斯科。

細川很早就關心中國革命，他訪問莫斯科時五‧三〇事件的餘火還在燃燒，片山回到莫斯科還沒多久，所以他們兩個人一定會讀到中國革命的問題。細川於一九二六年四月八日，矢內原出版「殖民及殖民政策」兩個多月以前回到日本。

矢內原在「殖民及殖民政策」序文，就其研究之意義及心情說：「如果本書在類書之中能獲得一席之地的話，我想應該在於殖民及殖民政策之實質的研究，也就是在於對它努力研究的一點。換句話說，我所意圖的是，闡明作為社會事實之殖民及殖民政策的意義，殖民對人類尤其對有利害關係的殖民國與殖民地，殖民者與原住者的影響，以及殖民之社會各關係的特色。這種意義的殖民研究，無論對於殖民國民還是殖民地人，對於資產階級或勞工階級，甚至對於帝國主義者或非帝國主義者，沒有任何偏見都能夠接近的。因為基於客觀分析的事實關係的掌握，將是一切實際政策的基礎。」

以列寧的帝國主義論為主要立場之根據的細川，讚揚矢內原的志氣，以矢內原對於日本的殖民政策學者根本不屑一顧的列寧、盧森堡等的著作也相當注意，而認為矢內原是日本殖民政策學者中的異才，但同時批判矢內原的立論在基本上與其他學者沒有什麼兩樣。

至於細川對於矢內原的批判，容後論述；而從當時台灣地主階級來看，在東京帝國大學擔任「殖民政策講座」教授的矢內原，確是擁有出色意圖和問題意識的人物。事實上，矢內原對於傳統的殖民政策論（大多擁有觀實的殖民地統治，在「學問」上協助殖民地體制的強化），予以他自己的嚴厲批判。對於在殖民地體制中受苦的被殖民者的人權保留了一部分算是他的缺點，但在欲與信仰結合的形態上予以承認這一點，是值得肯定的。

尤其在該書最後一章「殖民政策的理想」的結論：「解放被虐待者，提昇下沈者，自主獨立者的和平結合，這是人類不分古今永遠所追求的。希望！信仰！我堅信：和平的保障在於『強神之子不朽之愛』」，乃是信仰者矢內原的信仰坦白，和精神主義者矢內原之理念的提示，有血有肉，實打動了被殖民者之上層、知識分子特別是基督徒的心弦。就早便主張「學問是人生的一部分，人生的一切在於對神的信仰」（一九二五年三月，「學問與信仰」）的矢內原而言，這是很自然的說法，但卻大地感動了什麼都想依靠的許多台灣的上層資產階級（朝鮮的情形可能也是一樣）。因此，對於撰寫具有本書所展開理論之實地檢證之側面的「（日本）帝國主義下的台灣」的現地調查和搜集資料，才能夠得到台灣文化協會四中國偏左和右派人士的積極支持。

但台灣的激進分子卻看出，矢內原的信仰坦白和理念的提示，對於殖民地體制的現狀並沒有影響，也不可能將化為打破現狀的思想力量。在這裡，我要特別指出這一點。

本來，被殖民地統治者是不能接受殖民地體制的。因此，對於矢內原在「殖民地的價值」這一章所說「殖民不僅將增加地球的人口支持力，而且將豐富人類經濟生活的內容。亦

四　台灣文化協會成立於一九二一年，是日治時代台灣人民族運動的團體，由林獻堂等人所領導。

即殖民將擴大人類所能利用天然資源的地域，並將提高勞動和資本的生產力，發達國際的分工，促進人類經濟的生產和消費的種類」；區別殖民的利益將及於一般人類和有關殖民國，以及於殖民地原住民來討論的論理，是絕對無法接受的。但能夠分得一部分殖民地統治利潤的買辦資產階級和買辦地主自不在此限。當買辦階級將擴大自己權益和增加殖民地利潤分贓的理論根據發現於矢內原理論時，在台灣也出現了把矢內原神格化的現象。想來，「殖民地的價值」在理論上的前提不外乎是，他認為萬民間的和平共存，將由「強神之子不朽之愛」保障這種堅強信心。

而對於前述矢內原最後一章「殖民政策之理想」所說「希望！信仰！我堅信：和平的保障在於『強神之子不朽之愛』」這一段話，唯物論者細川大事挖苦說「從科學的世界昇天到空空曠曠的世界」，乃是以批判矢內原為主要目的而寫的「現代殖民運動中階級利害的對立」的這篇之章（最初刊登於大原社會問題研究所雜法）第五卷第一號，後來改題「殖民政策批判」，於一九二七年五月出版）。

細川在該篇論文界定殖民政策學為「研究為資本家階級為集中資本所需海外發展之利害的科學」，質疑「從事所謂殖民政策學之研究的他們的代言人都主張，殖民是為了全國民家的生活；但真正的科學的現代殖民的分析，是否肯定這種所謂社會的共同利害呢？」而不贊同矢內原對於「殖民」的本質所下的定義。

矢內原對於其研究對象「殖民」的本質所下的定義如下：「殖民是一種社會現象。故要瞭解殖民的本質，則必須明瞭它具有何種特色的社會現象。社會現象之本質的研究，我認為不要拘泥於形式條件下之限制，而應該探討附著於現象本身實質上的特殊性。因為人類社會係由種族民族國民等的社會群或社會集團的交錯和並列而成。各社會群雖然各佔居一定的地區，但並不一定完全受其束縛，而隨其需要移動其地域。其新居住地可能是無人居住之地，或已有其他社會群佔居。總之因有新的自然和社會環境，移居此地的社會群的集體生活便產生特殊的景象。我認為社會群移居就地區所表現社會經濟上的活動現象就是殖民。這是殖民這個社會現象的特殊性本質」。

對此，細川批判說：「矢內原教授對於殖民的本質似乎主張說，如果沒有母國民移居的國外地域這個事實便沒有殖民。科學研究的價值在於其研究是否能正確說明事實。若是，該教授的主張，對於最近歷史事實，尤其從一九世紀七十年代到二十世初葉，強弱各國的戰爭，迅速幾乎被分割完畢的美國、玻里尼西亞的分割史，繼而各強國在資本主義後國家的鬥爭史等等，以至引起一九一四年世界大戰的鬥爭史的說明，有何價值？據我個人的觀察，現代的事實，否定了該教授所主張以母國民的移居為基礎條件的殖民說的科學價值」。

細川要說的是，矢內原雖然批判了以往殖民定義的形式說並立了實質說，但並沒有真正確立，「與其說是本能否定殖民上階級利害的對立，毋寧在其究竟與其他殖民政策者一樣，仍然是資本家階級之利害的代言人」。

詳細討論細川對矢內原的批判自有其學術意義，但只有留待以後再說。

如上所述，矢內原和細川皆專門研究殖民地問題。但細川從解放殖民地運動切入，矢內原則從其殖民政策論著手研究，在這個關聯上也討論到帝國主義。這意味著細川全面理解列寧的帝國主義論，作為他的立論根據；而矢內原則不但零星地作為分析的手段利用列寧、盧森堡和馬克思等人的見解，運用於建立自己的理論。他們兩個人更進一步以它為基礎，就中國問題發表其意見。

細川不是翻譯而親自撰寫的有關中國的論文，「支那革命與世界之明日」可能是第一篇。這篇論文是細川於一九二七年秋天，為來大阪服務而與來大阪的尾崎秀實等同好商量，在大原社會問題研究所內所開中國革命研究會的成果，於一九二八年三月，由同人社發行。該研究會因尾崎將任上海和一九二八年春天發生三・一五事件而自然消滅。

細川的這篇論文，與伊藤武雄的「支那無產階級政黨」（一九二八年，同人社版，收於社會思想叢書第一卷「各國無產階級政黨史」），乃是將中國共產黨介紹到日本的最早論文。正如細川自己所說，他的著作受伊藤著「現代支那社會研究」（一九二七年三月）不少啟示，但同時也應該包括對於列寧的研究，片山潛的影響和與尾崎秀實討論的成果。細川的這篇論文，發表之後馬上被譯成中文，服務於「朝日新聞」上海分社的尾崎把它寄給細川。

細川在該篇論文首先指出：「我在這裡要提出的是，中國現代革命是否只是資產階級民主主義革命呢？換句話說，共產派運動要先混入資產階級民主主義革命，資產階級民主主義革命成功以後才能達到其目的」，從中國社會經濟關係的分析，實證地論證「中國的資產階級民主主義革命在其進行過程中，自我放棄，從而進入共產革命」。

在「中國通」的「中國混迷論」風行，大革命失敗以後的挫敗感和法西斯主義的鎮壓，左翼知識分子大多不知所措的一九二八年那種狀況下，細川發表了這篇論文，這是很難得的。

一九三二年以尾崎回到大阪朝日新聞社服務，水野成（在上海參加運動而被強制回國，爾後因牽涉左爾格是見，一九四五年三月死於仙台監獄）出任大原社會問題研究所助理為契機，細川又開始研究中國革命。

在這期間，即一九三三年三月，細川因牽連共產黨事件（拘禁半年保釋，判決緩刑四年），判決後大約兩年隱藏起來研究搶米事件，從一九三五年左右再度開始發表論文。其一連串的成果結集於「亞洲民族政策論」，一九四〇年由東洋經濟新報社出版單行本。其表達文字雖然改成奴隸用語，但細川始終站在無產階級的立場主張民族自決，一直沒有改變。

在其發表於一九四二年七月「大陸新報」（吳濁流著「天亮前的台灣」東京社會思想社

版有詳細的記載）的「中日和平根本之道」，是值得一提的。

細川在左爾格事件雖未遭到逮捕，但於一九四二年九月在「改造」月刊所寫卷首論文「世界史的動向與日本」一九四二年八月、九月）觸怒軍部而被捕。如所周知，這個禍事件後來被擴大而成為泊事件亦即橫濱事件[五]。

矢內原對於中國問題發表意見，最早是他在一高學生時代所寫「一高健兒的滿洲觀」、「滿洲之旅」等，但在這裡我不提。至於以殖民地台灣為主題的「《（日本）帝國主義下的台灣》」雖然被認為一種名著，但並不是所有的台灣人都是這樣看法，這是我特別要提到的。

不錯，《帝國主義下的台灣》出版不久的一九三一年十月，上海神州國光社（這是由十九路軍的陳銘樞所支持的出版社，社會民主主義者王禮錫擔任總編輯）出版，由楊開渠所翻譯的中文版本。二次大戰以後，在臺灣，矢內原的信仰門徒陳茂源，和同文書院出身，留學京都大學的周憲文（一九三〇年代擔任中華書局的編輯，就後來台灣出任法商學院（日治時代的台北高商）院長和台灣銀行經濟研究室主任）也翻譯過這本書。

但有中文譯本，並不意味者所有的中國人（包括台灣人）接無條件接受這本書，這是可以說是當然的常識。尤其是神州國光社以一九三〇年發生的抗日運動和霧社事件為契機，為

五　泊事件亦稱為橫濱事件，是太平洋戰爭期間，神奈川縣特高警察之一連串的壓迫言論的事件。

著啟蒙認識「台灣問題」的需要，以及從炸死張作霖以來「滿洲」遭到侵略的危機狀況下，作為暴露日本帝國主義者之「真面目」的手段，利用日本人特別是具有「權威」的東京帝國大學教授的著作，才是其出版中文譯本的真正意涵。因日本和台灣的矢內原信徒，皆以有中文譯本的存在為理由，而往往把矢內原當作「神」，所以要特別指出這一點。

話雖如此，在面對法西斯主義瘋狂的威脅，左翼知識分子爭先恐後地相繼「向右轉」的冷酷情況下，矢內原基於信仰，嘗試發表學問和良心意見的努力，還是值得尊敬和讚揚的。

矢內原認為，「九一八事變」、「滿洲國的誕生」等等，無非是日本帝國主義在「滿洲」擁有其特殊權益之政策的具體實行，其結果，一定妨礙中國的統一運動，因此「中日的衝突」必不可避免。他敘述其反戰和平的論理，同時堅決主張：「日本對中國政策的基本，在於協助中國現代統一國家化。無中國的統一則無日本的帝國，只要中國排日一天，日本便無幸福。唯有親鄰才是真正合理具有永恆意義的對中國政策」。我相信有識之士都承認，「滿洲問題」（出版於一九三四年）等矢內原的著作，今日仍然具有真理的光芒。

基於上述的觀點，矢內原在其著名的論文「中國問題的所在」（發表於一九三七年三月）大聲疾呼警告說：「中國問題的……中心點應該是，認識中國正在邁向作為民族國家的統一建設途中。只有站在這種認知的對中國政策才是科學上正確的，只有實際政策才能獲得最後的成功。基於此種認識，肯定中國民族國家的統一並予以援住的政策，才能幫助中國，幫助日本和幫助東洋。強行違反這種科學認識的獨斷政策時，其災禍將遠及於後代，並將陷中國、日本國民和東洋的和平於痛苦。日本的對中國政策，必須回歸立足於上述科學認識的正常之道。這是調整中日邦交的一大鐵則，除此別無他途。」這是七・七事變前夕高度緊張的時候。

無需說，在「沒有民族，國家意識的中國人」、「無可救藥的劣等民族中國人觀」橫行，向「滿洲」建國頻送秋波的日本，矢內原的正論，對今日的狀況（譬如越南戰爭），給我們很大的啟示和衝擊。

但矢內原自「殖民及殖民政策」的著作以來所擁有之認識的局限，原封不動地持續到「中國問題的所在」，而視南京政府亦即浙江財閥為中國統一運動的主角。他對於中國與資產階級所以具有高的評價，除上述論理的缺陷以外，「帝國主義下的台灣」的論理本身，與台灣出身的資產階級蔡培火、林獻堂、楊肇嘉等的深厚友情等等，可能有些影響。此外，據說，戰後矢內原曾經對其心信表示，在「中國問題的所在」對於與資產階級給予過高的評價的自己的方法論，需要思考。

對於細川與不同的神的使徒，只從事基於信仰的基督教運動，完全沒有參加實際政治活動的矢內原的法西斯主義，七・七事變以後，以「國家之理想」和「神國」（一九三七年九月與十月）的內容有問題，而把矢內原趕出東大。

戰後，細川出獄以後馬上參加共產黨，一九四七年當選參議員，一九五〇年再度當選（日本共產黨國會議員團長），一九五一年九月，因麥克阿瑟書翰而被迫辭職，將而主持亞洲問題研究所，努力於中日友好促進運動。

一九五八年三月，因長崎團旗事件中共與日本的貿易中斷時，細川與伊藤武雄等曾發表「反省聲明」，一九六二年十二月二日，因併發腦出血和急性肺炎而與世長辭，享年七十四歲。

沒有遭到獄囚之禍的矢內原，戰後不久便回到東大，在戰後混亂期的東大民主化和重建運動扮演了一定的角色。

與細川一樣，社會並沒有給予矢內原關於象牙之塔的很多時間，矢內原將他的課程國際經濟論改為低開發國家問題，並由他的徒弟楊井克已繼承他的課程，繼而由川田侃接課。因一九七二年川田將任上智大學教職，故在形式上，矢內原的堅強性格，由之從東大經濟字部的講座消失。

在年齡上，小細川五歲的矢內原，比細川早一年，於一九六一年十二月二十五日，因胃癌而去世。這雖然是偶然的一致，則細川因腦出血倒下是，矢內原去世的隔天。

關係並不好的同班同學。研究的主題雖然相同，但卻一直背向著背的「敵手」，同樣受法西斯主義之禍，但皆未屈服堅持到底的他們兩個人，可能在另外一個世界手牽手，對我們苦笑：「人，知識分子，歸根結底沒有什麼了不起，不知道我們已經論爭的事，他們不厭其煩地還在那裡爭論中日關係應該如何，後進國家問題，未開發的『自助』、『援助』等等。真是糟糕透了」。感覺可恥的只是我一個人嗎？

譯者參考「細川嘉六著作集」（理論社）和「矢內原忠雄全集」（山石波書店）等。

我的好友戴國煇

我的老友史學家戴國煇兄走了。我們於民國四十三年，在預備軍官訓練班一起受訓，而且我們是同一個中隊，生活在一起。

後來我們又到日本東京大學留學，他念的是農業經濟，我念政治學和國際關係。但他比我拿東大博士學位早得多。不過後來他專研台灣史，這可能與他的博士論文有關係，因為他寫的是日治時代台灣的糖業，對日人治台有許多感觸，而延伸研究台灣的歷史和台灣人的命運。

民國五十五年我由東京轉到紐約繼續求學，六十二年，應斷交後首任代表馬樹禮邀請，回東京負責日本的僑務工作。那時，國煇兄也參與僑社的活動，擔任東京崇正公會的理事，故時會見面和聊天。

記得在留學生時代，他因參加東大中間偏差的讀書會，被我國大使館視為「左派份子」，且被沒收護照。當時，我曾對黨特派員李德廉說，戴國煇不是左派份子，經過一段時間，這個問題始獲得解決。

兩年前，國煇兄離開國安會議，轉往中國文化大學史研所專任教授。我於半年前告別中國國民黨中央黨史會，轉任文化大學日研所專任教授。國煇兄很高興我也轉到文大，與他同事。

三個多星期以前，在文大教職員專車上，他鄭重其事地對我說：「讓我們好好把文大搞起來，我們共同來為文大奮鬥。」我將這番話轉告了文大日研所蔡華山所長。蔡所長非常感動，並說我們真的要把文大的學術地位提高，使文大成為一流的大學。

如今，國煇兄突然走了，文大一定要把國煇兄這句話當作留給文大的遺言，好好為這所大學的學術地位奮鬥，以慰國煇兄在天之靈。

（原載民國九十年一月十一日《聯合報》）

懷念戴國煇兄

陳鵬仁

戴國煇小我四個多月；我們於民國四十三年，在預備軍官訓練班第三期一起受訓。我們屬於第二大隊第八中隊。由於一切訓練皆以中隊為單位，所以訓練和生活在一起。分科時，我分到海軍陸戰隊：他似乎被分配到裝甲兵，最後一個月的政治教育又在一起。

預訓班結訓後不久，他就到日本留學，進東京大學得農業經濟學博士學位。民國四十六年我考取留學考試，他的夫人林彩美也是同期。民國四十七年春天，我去日本進修。有一天在東京的電車上，偶然碰到林彩美。她告訴我說她最近要結婚。我問對象是誰，她說「戴國煇」。我說老戴是預訓班的同學，老朋友，她也覺得好巧。東京人口一千多萬，在電車裡能碰到熟人，少之又少，幾乎不可能。我去東京不多久便碰到了老友的未婚妻，這只能說是一種緣分。

在預訓班受訓時，戴國煇被迫參加國民黨，但結訓後，他一直沒有「歸隊」。這也難怪，因為他是被迫的。他大概希望以無黨無派的立場來從事他的學術研究工作，所以沒有參加任何政黨。

兩年前，戴國煇離開國安會議，轉到中國文化大學歷史研究所專任教授。我也於半年前，由中國國民黨中央黨史會退休，轉任文化大學日研所專任教授。去年十二月十三日，他還特別請我擔任他所指導文大歷研所許瓊豐同學的碩士論文口試。許同學寫的是有關日本神戶華僑尤其是吳錦堂在日本和國內的事業發展及其貢獻。

現在我要說的是，我認為戴國煇的日文著作，應該設法把它譯成中文在台灣出版這件事。據我的瞭解，他的書只有兩種中譯問世。但譬如《日本人與亞洲》、《與日本人的對話》、《台灣與台灣人》、《台灣霧社蜂起事件——研究與資料》、《華僑》以及他的博士論文等等，都很值得譯成中文出版。

而我認為，戴國煇那麼念念不忘，要把它提升成為一流大學的中國文化大學，實有肩負起這份工作的責任和義務。我相信文大是能夠做得到的。

例如《日本人與亞洲》這本書，其內容就非常精彩而有深度。此書分成四大部分。第一部「日本人與殖民地」，討論樺山資紀與水野遵；伊澤修二與後藤新平；細川嘉六與矢內原忠雄六個人的思想及其與台灣的關係。

第二部「殖民地與知識份子」，論述吳濁流的心靈世界和創作；郁達夫與台灣，探討中國新文學運動的另一個層面；台灣的詩與現實，敘述羅福星的一生，都是巨作。

第三部「台灣史與『華僑』問題」，包括台灣史略，東南亞華人系住民，今日研究霧社起事的意義。第四部為「雜感六束」，有憂慮新亞洲主義的抬頭、連帶與多管閒事，河上肇

「在」中國，讀「同文同種」、「耕織圖」與東亞和弱者的優點，其所談皆發人深省。

據悉，戴夫人決定將先生的一切藏書，全部捐給中國文化大學。如所周知，一所大學的好壞，端賴教授陣營如何堅強，和有多少藏書。今日，戴教授的藏書決定悉數捐給文大，必將豐富文大的藏書內容，而無疑地它將是提升文大學術地位的一個主要因素。我深信，國煇兄一定很高興他夫人的這種決定，而我們的努力也將告慰國煇兄在天之靈。

（原載民國九十年三月號《傳記文學》）

國家圖書館出版品預行編目資料

近代中日關係研究. 第一輯：日本帝國主義下的臺灣 / 矢內原忠雄編者/
陳鵬仁譯著. -- 初版. -- 臺北市：
蘭臺出版社, 2021.05
冊；　公分-- (近代中日關係研究第一輯；4)
ISBN 978-986-99507-3-2(全套：精裝)
1.中日關係 2.外交史

643.1　　　　109020145

近代中日關係研究 第一輯 4

日本帝國主義下的臺灣

編　　者：矢內原忠雄
譯　　者：陳鵬仁
主　　編：沈彥伶、張加君
編　　輯：盧瑞容
美　　編：沈彥伶
校　　對：周運中
封面設計：陳勁宏
出 版 者：蘭臺出版社
地　　址：台北市中正區重慶南路1段121號8樓之14
電　　話：(02)2331-1675或(02)2331-1691
傳　　真：(02)2382-6225
E—MAIL：books5w@gmail.com或books5w@yahoo.com.tw
網路書店：http://5w.com.tw/
https://www.pcstore.com.tw/yesbooks/
https://shopee.tw/books5w
博客來網路書店、博客思網路書店
三民書局、金石堂書店
經　　銷：聯合發行股份有限公司
電　　話：(02) 2917-8022　　傳 真：(02) 2915-7212
劃撥戶名：蘭臺出版社　帳號：18995335
香港代理：香港聯合零售有限公司
電　　話：(852)2150-2100　　傳真：(852)2356-0735
出版日期：2021年5月 初版
定　　價：新臺幣12000元整（精裝，套書不零售）
ISBN：978-986-99507-3-2

版權所有・翻印必究